Schriften zum Medien- und Informationsrecht

herausgegeben von
Prof. Dr. Boris P. Paal, M.Jur.

Band 44

Dominic Habel

Roboterjournalismus

Nomos

Die Deutsche Nationalbibliothek verzeichnet diese Publikation in der Deutschen Nationalbibliografie; detaillierte bibliografische Daten sind im Internet über http://dnb.d-nb.de abrufbar.

Zugl.: Passau, Univ., Diss., 2019

ISBN 978-3-8487-6079-4 (Print)
ISBN 978-3-7489-0208-9 (ePDF)

1. Auflage 2019

Vorwort

Die vorliegende Monographie ist eine leicht aktualisierte Fassung meiner Dissertation zur Erlangung des Doktorgrades der Juristischen Fakultät der Universität Passau.

Zum Gelingen dieser Arbeit haben viele Menschen beigetragen. Dank gilt Prof. Dr. Kai von Lewinski, meinem Doktorvater und Mentor, der mir in meiner Zeit am Lehrstuhl für Öffentliches Recht, Medien- und Informationsrecht an der Universität Passau die ganze Bandbreite und Vielseitigkeit juristischen Denkens und Formulierens nahegebracht hat, der es verstanden hat, Synergieffekte zwischen der Forschungsarbeit am Lehrstuhl und den eigenen wissenschaftlichen Gedanken aufzuzeigen und ein kreatives Umfeld geschaffen hat, das maßgeblich zu dieser Arbeit beigetragen hat. Prof. Dr. Heckmann gilt ein großer Dank für die umsichtige und zügige Erstellung des Zweitgutachtens.

Die angesprochene Kreativität des Lehrstuhls wurde bereichert durch meine Arbeitskollegen und -kolleginnen, mit denen ich Gedanken diskutieren konnte, die mich motivierten, und stets, insbesondere bei den Lehrstuhlausflügen und -feiern, für jeden Spaß zu haben waren. Besonderer Dank gilt meinen Kollegen Benedikt Leven und Dirk Pohl für hilfreiche Anmerkungen und das schnelle Korrekturlesen der Arbeit, meiner Kollegin Dr. Annika Kiek sowie Thomas Öller, Felix Sobala und Kathrin Heinze. Danke für Euren Input und die tolle Zeit am Lehrstuhl.

Ein spezieller Dank geht an meine langjährige Freundin, Dr. Henrike Hans, ohne die ich die vorliegende Arbeit nicht geschrieben hätte. Trotz Fernbeziehung (u. a Passau-Basel) hat sie mich stets (selbstlos) in meinem Entschluss, eine solche Arbeit in Passau zu schreiben, bestärkt. Auch ihrem Vater, Dr. Günter Hans, gilt Dank für spannende Gespräche über Automatisierung der Verwaltung und Roboterjournalismus.

Meinen Eltern, Friedjof und Susanne Habel, danke ich für bedingungslose emotionale und finanzielle Unterstützung sowie Förderung in allen Projekten, die ich in meinem Leben habe angehen wollen. Ihnen ist diese Arbeit mit dem größtmöglichen Dank gewidmet.

Hamburg, im Juli 2019

Dominic Habel

Inhaltsverzeichnis

Kapitel 1: Einführung in den Untersuchungsgegenstand

A. *„Sagen, was ist."*[1]

Mit nur drei Worten beschrieb Rudolf Augstein, der Gründer des Nachrichtenmagazins „DER SPIEGEL", die grundlegende Aufgabe der Medien (in seinem Fall: der Printpresse). Wie Augstein erkannte, steht im Zentrum der Medienarbeit immer die „Nachricht": Seine Nachfolger verstehen auch heute noch die Mitteilung einer Nachricht als Wesenskern journalistischer Arbeit.[2] Auch das Grundgesetz schützt die so umschriebene Aufgabe, weil die Medien in der Demokratie als ständiges Verbindungs- und Kontrollorgan zwischen dem Volk und seinen gewählten Vertretern in Parlament und Regierung stehen.[3]

Dabei nutzen Journalisten schon immer technische Hilfsmittel. Seien es Stift, Schreibmaschine, Computer oder Drucker. Eine der interessantesten Innovationen bildet den Untersuchungsgegenstand für die vorliegende Arbeit.

Die Pioniere des „Roboterjournalismus" stammen aus den USA. Bereits im Jahr 2010 haben vier Studenten der Northwestern University in Illinois daran gearbeitet, Algorithmen das „Verstehen" und „Interpretieren" von Daten beizubringen.[4] Das Ergebnis des Forschungsprojekts, ein Algorithmus mit dem Namen „Stats-Monkey", hat so überzeugend über Baseballspiele berichtet, dass das Projekt in dem Unternehmen Automated Insight (AI) aufging.[5] AI hat im Anschluss in Zusammenarbeit mit der „Los Angeles Times" einen Algorithmus entwickelt, der Texte für Erdbebenwarnungen generiert. Am 17. März 2014 berichtete „Quakebot" noch vor Journalisten über ein Erdbeben der Stärke 2.7 auf der Richterskala. Als Autor des Textes wurde Ken Schwenke genannt, wenngleich der Autor selbst am Ende des Artikels auf den eigentlichen „Autor" – den von Ken Schwenke programmierten Algorithmus mit dem Namen „Quakebot" – hinwies.[6] Wie-

1 Vgl. DER SPIEGEL v. 22.12.2018 u. *Trenkmamp*, „Wie wir arbeiten", spiegel-online v. 25.3.2015.
2 Vgl. *Trenkmamp*, „Wie wir arbeiten", spiegel-online v. 25.3.2015.
3 BVerfGE 20, S. 162, 174 f. = NJW 1966, S. 1603, 1604.
4 *Bunz*, Die stille Revolution, 2012, S. 13.
5 Vgl. *Niesmann*, handelsblatt.com v. 24.8.2010.
6 *Schwencke*, latimes.com v. 17.3.2014.

derum die „Los Angeles Times“ nutzt zudem ein Programm, das über Todesfälle in Los Angeles informiert.[7] In Deutschland wie in den USA werden diese Programme bislang nicht von den großen Verlagshäusern entwickelt, sondern von (kleinen) Start-up-Unternehmen. In Deutschland sind Retresco (Berlin), text-on (Meckenheim) und AX-Semantics (Stuttgart) zu nennen. Retresco kooperiert seit Juli 2015 mit der „SPM-Sportplatz Media GmbH“ und generiert Vor- und Spielberichte für Begegnungen von Amateurfußballern.[8] Zudem erstellt das Traditionsunternehmen „Associated Press“ (AP) mit nach eigenen Angaben großem Erfolg seit 2014 automatisierte Finanzberichte.[9]

Die Unternehmen sehen in der automatisierten Auswertung und Darstellung großer Datenmengen einen Markt mit Wachstumspotential.[10] Das Geschäftsmodell ist eine konsequente Weiterentwicklung des Datenjournalismus, der sich bereits als eigenständiges journalistisches Lehr- und Forschungsfeld etabliert hat.[11] Auch im Datenjournalismus werden große Datenmengen (Big-Data) analysiert, um die aus Rohdaten gewonnenen Informationen aufzubereiten und zu verbreiten.[12]

Erste kommunikationswissenschaftliche Studien zum Roboterjournalismus zeigen zwei Tendenzen auf: Zum einen sind Journalisten überwie-

---

7 Vgl. hierzu die Studie von *Young/Hermida*, Digital Journalism 2015, S. 381–397.

8 Vgl. http://www.sportplatz-media.com/portfolio-view/textengine/ (Abruf v. 3.12.2018).

9 *Holland*, heise.de v. 1.7.2014.

10 Wenn es nach Kristian Hammond geht, dem Chefinformatiker von Narrative Science, sollen in 15 Jahren 90 Prozent der Nachrichten von Computern verbreitet werden (vgl. *Carlson*, Digital Journalism 2014, S. 416, 421). Der Kommunikationswissenschaftler *Konstantin Dörr* zählt in seiner Studie aus dem Jahr 2015 zwei Unternehmen aus den USA (neben AI noch „Narrative Science“), fünf Unternehmen aus Deutschland („Text-on“, „2txtNLG“, „Retresco“, „TextOmatic“), zwei Unternehmen aus Frankreich („Syllabs“, „LabSense“), ein Unternehmen aus Großbritannien („Arria-NLG“) und ein Unternehmen aus China („Tencent“) auf (*Dörr*, Digital Journalism 2016, S. 700, 712 f.).

11 Vgl. z. B. die Passauer Tagung „Formate des Datenjournalismus“ am 21./22. März 2019 (Tagungsband in Veröffentlichung), https://www.jura.uni-passau.de/lewinski/forschung/tagungen/formate-des-datenjournalismus/ (Abruf v. 19.4.2019) oder den Studiengang Wissenschaftsjournalismus mit Schwerpunkt Datenjournalismus der TU Dortmund, http://www.wissenschaftsjournalismus.org/studium.html (Abruf v. 8.5.2015). Vgl. aus der Praktikerperspektive den Beitrag von *Oppong*, Communicatio Socialis 2015, S. 58–64.

12 Bereits nach der Bundestagswahl 2013 wurden Wählerdaten analysiert und visualisiert (vgl. *Matzat*, datenjournalist.de v. 29.9.2013).

gend der Ansicht, „Roboterjounalismus“ sei echter Journalismus.[13] Zum anderen können die Leser nicht oder nur schwer zwischen einem softwaregenerierten Beitrag und einem von einem Menschen geschriebenen Text unterscheiden.[14] Leser schätzten Texte einer Software als glaubwürdiger, objektiver und informativer ein, als Texte, die von einem Menschen verfasst wurden.[15]

In den Kommunikations- und Sozialwissenschaften wird bereits diskutiert, welche Auswirkungen diese Technologie auf die Arbeitsplätze von Journalisten, die Organisation von Verlagen, die Rezipienten und schließlich auf unsere demokratische Gesellschaft insgesamt hat.[16] Spätestens mit der vorliegenden Arbeit ist diese Diskussion im Medienrecht angekommen.[17]

Der Untersuchungsgegenstand kann auf eine Leitfrage konzentriert werden, die im Verlauf der Arbeit ausführlich beantwortet wird:

Wenn nach Rudolf Augstein die Nachricht den Mittelpunkt journalistischer Arbeit bildet, kann es dann einen rechtlichen Unterschied machen, ob ein Mensch oder eine Maschine „sagt, was ist“?

B. Definition Roboterjournalismus

Roboterjournalismus betreiben Journalisten, die einen Journalismus-Bot programmieren, der automatisiert die zu kommunizierenden Daten nach Maßgabe vorgegebener Variablen auswählt, zu einem Beitrag aufbereitet und veröffentlicht, ohne dass ein Mensch nach der finalen Programmierung in den Programmablauf redigierend eingreift oder den Beitrag redigiert und ohne dass der Journalismus-Bot einen von einem Journalisten vorgefertigten Text lediglich auf verschiedenen Kanälen verbreitet.

---

13 Nur zwei von 70 Journalisten verneinten diese Frage (vgl. *v. Dalen*, Journalism Practice 2012, S. 648, 652). Vgl. zur Akzeptanz von Journalismus-Bots bei der „Los Angeles Times“: *Hermida/Young*, Digital Journalism 2015, S. 381–397.

14 *Clerwall*, Journalism Practice 2014, S. 519, 527.

15 *Clerwall*, Journalism Practice 2014, S. 519, 527; *Graefe* et al., Journalism 2016, S. 1–16.

16 Einen einführenden Überblick bieten: *Graefe*, Guide to Automated Journalism, 2016 und *Dörr*, Digital Journalism 2016, S. 700–722. Lesenswert sind zudem: *Napoli*, Communication Theory 2014, S. 340–360; *Anderson*, New Media and Society 2012, S. 1005–1021; *v. Dalen*, Journalism Practice 2012, S. 648–658.

17 Bislang hat sich nur *Weberling* in einem Übersichtsaufsatz speziell mit Roboterjournalismus und der Reaktion des Medienrechts befasst (ders., NJW 2018, S. 735–739).

Der Begriff Roboterjournalismus ist zwar in mehrfacher Hinsicht ungenau, aber anschaulich, weshalb er als (Titel-)Begriff dieser Arbeit verwendet wird. Er bezeichnet ein Teilgebiet des Computational-Journalism, das sich mit der automatisierten Generierung von Informationen aus großen Datenmengen befasst.[18] Die aus Rohdaten ermittelten Informationen werden zur Bündelung und Platzierung von Inhalten, zur Beobachtung des Rezipienten oder – wie im Roboterjournalismus – zur automatisierten Generierung von journalistischen Beiträgen genutzt.[19]

Hingegen wird das System mit guten Gründen nicht Roboterjournalist genannt, sondern Journalismus-Bot. Das System ist kein Journalist (I.), es ist auch kein Roboter (II.), sondern ein Software-Bot[20] (III.). Schließlich ist Roboterjournalismus dadurch gekennzeichnet, dass Journalismus-Bots nach der finalen Programmierung automatisiert eingesetzt werden, ohne dass ein Journalist einen Text nachträglich redigiert (IV.). Die Automation journalistischen Arbeitens wirft die Frage auf, ob der Beitrag noch einem Menschen zugerechnet werden kann. Journalismus-Bots agieren nicht autonom im menschlichen Sinne, sondern allenfalls in einem technischen Sinn (V.).

I. (Kein) Journalist

Roboterjournalismus wird nicht von Roboterjournalisten betrieben. Allenfalls umgangssprachlich können Roboterjournalisten als diejenigen Menschen bezeichnet werden, die das System programmieren und/oder nutzen.

Der Begriff Journalist/in ist eine vom Nomen Journalismus abgeleitete desubstantivistische Bezeichnung für eine männliche oder weibliche Person.[21] Eine Person im juristischen Sinn kennzeichnet, dass sie Träger von Rechten und Pflichten ist. Ein Journalismus-Bot als Computerprogramm ist jedoch kein Träger von Rechten und Pflichten. Zwar wird in der

---

18 *Flew* et al., Journalism Practice 2012, S. 157, 158; *Berger*, et al., Medienwirtschaft 2015, S. 22, 23; *Dörr*, in: Meier/Neuberger (Hrsg.), Journalismusforschung, 2. Aufl. 2016, S. 245, 246.

19 *Dörr*, in: Meier/Neuberger (Hrsg.), Journalismusforschung, 2. Aufl. 2016, S. 245, 246 f.; *Berger*, et al., MedienWirtschaft 2015, S. 22, 23.

20 Der Begriff „Bot“ ist eine Abkürzung von „Robot“. Der sich an dieser Stelle ergebende Widerspruch wird im Folgenden aufgelöst (insb. unter III. (S. 23)).

21 Vgl. *Fleischer/Barz*, Wortbildung der deutschen Gegenwartssprache, 4. Aufl. 2012, S. 246.

Rechtsrobotik eine Statusdebatte über die Einführung einer elektronischen Person geführt.[22] So existieren von Rechtsfähigkeit und Nichtrechtsfähigkeit verschiedene Grade, die dazu führen, dass auch nicht-menschlichen Systemen subjektive Rechte zugeprochen werden können.[23] *Kersten* führt das Beispiel der juristischen Personen auf, denen Art. 19 Abs. 3 GG eine Grundrechtsfähigkeit zuweist.[24] Allerdings existiert eine solche Regelung für elektronische Systeme nicht.[25] Nach geltendem Recht sind Journalismus-Bots keine Rechtssubjekte, sondern Rechtsobjekte. Mangels Sonderregelung und weil das Grundgesetz auf der Würde des Menschen aufbaut,[26] kann sich das System selbst nicht auf subjektive Rechte berufen.[27] Um diesen wichtigen rechtlichen Unterschied nicht zu vernebeln, wird

---

22 Dem gleichsam vorgelagert ist eine ethische Diskussion über die Frage, ob Systeme selbstbestimmt handeln können. Vertreter des Posthumanismus sprechen sich dafür aus, die aktuellen biologischen und sozialen Grenzen des Menschlichen zugunsten nicht-menschlichen und teil-menschlichen Akteuren zu überschreiten (zu den verschiedenen Ansätzen im Überblick, mit weiteren Nachweisen und den rechtlichen Auswirkungen: *Kersten*, in: Bumke/Röthel (Hrsg.), Autonomie im Recht, 2017, S. 315–351).

23 *Gruber*, in: Beck (Hrsg.), Jenseits von Mensch und Maschine, 2012, S. 133 f.

24 *Kersten*, in: Bumke/Röthel (Hrsg.), Autonomie im Recht, 2017, S. 315, 345 f. *Kersten* argumentiert, dass der Status des Menschen als natürliche Person ein rechtliches Konstrukt ist. Gleichzeitig folgt aus Art. 1 Abs. 1 GG, dass jedem Menschen dieser Rechtsstatus zugeschrieben wird, was aber gleichzeitig nicht ausschließt, auch nicht-menschlichen Akteuren einen rechtlichen Status zu verleihen. Art. 1 Abs. 1 GG äußert sich zu dieser Frage nicht, sodass *Kersten* vorschlägt, Art. 19 Abs. 3 GG analog anzuwenden, wobei im Verhältnis zwischen Mensch und Maschine die Menschenwürdegarantie gewährleistet, dass „die Subjektqualität menschlicher Akteure und ihrer Rechte“ nicht in Frage gestellt wird.

25 *Matthias* spricht sich dafür aus, autonome Systeme de lege ferenda als Rechtssubjekt anzuerkennen (ders., Automaten als Träger von Rechten, 2008, S. 253 f).

26 Vgl. *Savigny*, System des heutigen römischen Rechts, Bd. 2, 1840, S. 2: „Jeder Mensch, und nur der einzelne Mensch, ist rechtsfähig.“ Er entscheidet auch, ob die Rechtsfähigkeit auf „irgend Etwas außer dem einzelnen Menschen“ übertragen wird (ebd.). *Hilgendorf* spricht sich dafür aus, den Begriff Menschenwürde wegen seiner möglicherweise rassistischen bzw. speziestischen Implikationen zugunsten des weniger missverständlichen neutralen Begriffs „die Würde vernunftbegabter Wesen“ oder einfach „Würde“ aufzugeben (ders., in: Joerden et al. (Hrsg.), Menschenwürde und Medizin, 2013, S. 1047, 1061). Dagegen sprechen freilich Wortlaut, Geschichte, Systematik und Teleologie der Menschenwürdegarantie des Art. 1 Abs. 1 GG, sodass *Kersten* diesen Gedanken zu Recht ablehnt (*Kersten*, in: Bumke/Röthel (Hrsg.), Autonomie im Recht, 2017, S. 315, 342).

27 Dies wird im Kontext autonomer Systeme diskutiert. Im Kern geht es dabei um die Frage, wie Verantwortungslücken, die durch den Einsatz von autonomen Maschinen entstehen, geschlossen werden können. Die Übertragung einer menschli-

der Begriff „Roboterjournalist" für das System in der vorliegenden Arbeit nicht weiter verwendet.

II. (Kein) Roboter

Roboterjournalismus wird auch nicht mit der Hilfe von Robotern ausgeübt.

Für den Begriff Roboter existieren verschiedene Definitionen. Angefangen beim allgemeinen Sprachgebrauch, der unter dem Begriff dem Menschen (äußerlich) nachgebaute Maschinen versteht,[28] über den Begriff des Industrieroboters, verstanden als universell einsetzbarer Bewegungsautomat mit mehreren Achsen[29], über die Definition des „Robot Institute of America"[30], wonach Roboter programmierbare Mehrzweckhandhabungsgeräte für das Bewegen von Material, Werkstücken, Werkzeugen oder Spezialgeräten sind, bis zu den aktuellen Definitionen von *Günther* und *Thomas Schulz*, die die Faktoren Intelligenz und Lernfähigkeit in die Definition aufnehmen,[31] ist allen Definitionen gemein, dass Roboter verkörperte Elemente der physikalischen Welt sind.[32] Im Roboterjournalismus setzt sich aber nicht ein Roboter (physisch) an einen Schreibtisch und bedient einen Computer, sondern die Systeme liegen in unverkörperter Form vor. In der Kommunikationswissenschaft wird die fehlende Verkörperung des Systems berücksichtigt, indem statt Roboterjournalismus der

---

chen Entscheidung auf eine Maschine soll in erster Linie entlastend wirken, sodass der Mensch gerade keine Verantwortung für maschinelle Entscheidungen übernehmen will. Ob dies zulässig ist, wird vom maßgeblichen Lebensbereich abhängen (*Beck/Zabel*, in: Demko et al. (Hrsg.), Menschenrechte 2015, S. 197, 203). Zurechenbarkeitsfragen behandeln auch *Günther* und *Thomas Schulz*, die autonomen Systemen aber keine Eigenverantwortlichkeit zuschreiben wollen (*Günther*, Roboter und rechtliche Verantwortung, 2015, S. 97; *Schulz, T.*, Verantwortlichkeit bei autonom agierenden Systemen, 2015, S. 52). Für eine Teilrechtsfähigkeit autonomer Systeme im Hinblick auf die Abgabe fremder Willenserklärungen im eigenen Namen sowie eine Anerkennung als vertraglichen Erfüllungsgehilfen: *Schirmer*, JZ 2016, S. 660, 664.

28 Vgl. https://www.duden.de/rechtschreibung/Roboter (Abruf v. 12.10.2018).

29 VDI-Richtlinie 2860, vgl. hierzu: *Weber*, Industrieroboter, 3. Aufl. 2017, S. 18.

30 Zitiert nach *Beck*, JR 2009, S. 225, 226.

31 *Günther*, Roboter und rechtliche Verantwortung, 2016, S. 19; *Schulz, T.*, Verantwortlichkeit bei autonom agierenden Systemen, 2015, S. 43.

32 *Schulz, T.*, Verantwortlichkeit bei autonom agierenden Systemen, 2015, S. 42; *Günther*, Roboter und rechtliche Verantwortung, 2016, S. 19.

Begriff „Algorithmic-Journalism“ verwendet wird.[33] An dem Begriff ist richtig, dass Algorithmen wichtige Bestandteile des Systems sind. Anknüpfend an ein Teilgebiet der Informatik, in der Sprachsysteme „Natural-Language-Generation-Systems“ genannt werden, könnten Journalismus-Bots auch als „Natural-Language-Generation-Journalist“ bezeichnet werden.[34] Insbesondere ist die deutsche Übersetzung der Begriffe weniger anschaulich, weshalb diese in der vorliegenden Arbeit nicht verwendet werden.[35] Welcher Begriff für das Genre verwendet wird, ist im Ergebnis nicht so relevant wie die Bezeichnung des Systems selbst.

III. Journalismus-Bot

In der vorliegenden Arbeit wird das System als „Journalismus-Bot“ bezeichnet.

Ein Journalismus-Bot ist kein Journalist, sondern nur ein Hilfsmittel, das von Journalisten programmiert wird. Der Begriff „Bot“ ist eine Kurzbezeichnung für „Robot“ und daher auch mit der bereits geäußerten Kritik konfrontiert, dass Roboter verkörperte Werkzeuge sind. Als Alternative stünde in Anlehnung an die Unterscheidung in der Informatik zwischen Hardware- und Software-Agenten[36] der Begriff Journalismus-Agent bereit.[37] Da sich der Begriff (Software-)Bot sowohl in der Kommunikations- als auch in der Rechtswissenschaft für unverkörperte Kommunikationssysteme bereits etabliert hat,[38] wird er auch im Rahmen dieser Arbeit verwendet.

---

33 *Dörr*, Digital Journalism 2016, S. 700, 701; *v. Dalen*, Journalism Practice, 2012, S. 648, 652. Für „Robot-Journalism“: *Clerwall*, Journalism Practice 2014, S. 519–531; *Carlson*, Digital Journalism 2014, S. 416–431.

34 Zur Technik: Kap. 2 A. (S. 29 f.).

35 Vgl. aber *Dörr* et al., die den Begriff „algorithmischer Journalismus“ benutzen (ders., in: Filipović et al. (Hrsg.), Gesellschaft ohne Diskurs?, 2017, S. 121, 122.

36 *Ertel*, Grundkurs Künstliche Intelligenz, 4. Aufl. 2016, S. 18 f.

37 Vgl. *Hildebrandt*, Smart Technologies and the End(s) of Law, 2016, S. 21 f.

38 *Boshmaf* et al., The Social-Bot Network, 2001, S. 1; *Abokhodair* et al., Dissecting a Social-Botnet, 2015, S. 839, 840; *Adams*, AI-Powered Social-Bots, 2017, S. 1; *Kind* et al., Thesenpapier Social-Bots, 2017, S. 1, 11 f.; *Dankert/Dreyer*, K&R 2017, S. 73; *Steinbach*, ZRP 2017, S. 101, 102; *Milker*, ZUM 2017, S. 216, 217; *Volkmann*, MMR 2018, S. 58, 59.

Regelmäßig werden Bots nach ihrer Funktion voneinander abgegrenzt, die dann auch in die Bezeichnung der Bots aufgenommen werden.[39]

Bots werden als Such- und Indexierungswerkzeug[40] („Crawler") sowie als Transaktions- und Hackerinstrument für DoS-Attacken verwendet („Transactional-Bot").[41] „Social-Bots" und „Chat-Bots" kommunizieren mit Menschen in ihrem sozialen Umfeld, insbesondere in Sozialen Netzwerken, wie Facebook und Twitter, wo sie menschliches Verhalten simulieren.[42] Journalismus-Bots, Social-Bots und Chat-Bots haben gemeinsam, dass sie zu kommunikativen Zwecken eingesetzt werden („kommunizierende Algorithmen"). Social-Bots kennzeichnet im Besonderen, dass sie regelmäßig nicht einzeln auftreten, sondern als „Social-Bot-Netzwerk".[43]

Da die Bots des Roboterjournalismus zu journalistischen Zwecken eingesetzt werden, wird hier der Begriff Journalismus-Bot für die Bezeichnung des Systems gebraucht.

IV. Automatisierung

Der Begriff Automatisierung kann nur mit Bedacht für die Defintion von Roboterjournalismus verwendet werden, weil er eine lange Tradition in rechtlichem und insbesondere außerrechtlichem Kontext aufweist.[44]

Die Geschichte der Automatisierung reicht zurück bis in das Zeitalter der Dampfmaschinen und verläuft über die Fließbandproduktion und die ersten Computer bis zur heutigen Diskussion um die digitale Vernetzung von Maschinen.[45]

Das maßgebliche Charakteristikum eines automatisierten Prozesses ist, dass sich der Mensch nach seiner Initiierung aus dem Ablauf zurückzieht.

---

39 Vgl. *Adams*, AI-Powered Social-Bots, 2017, S. 1 f. und *Kind* et al., Thesenpapier Social-Bots, 2017, S. 1, 12.

40 Hierzu: *Schmidt*, Virtuelles Hausrecht und Webrobots, 2011, S. 24 f.

41 *Adams*, AI-Powered Social Bots, 2017, S. 2.

42 *Abokhodair* et al., Dissecting a Social-Botnet, 2015, S. 839, 848; *Dankert/Dreyer*, K&R 2017, S. 73; *Boshmaf* et al., Computer Networks 2013, S. 556. – Vgl. zudem die Definition des Büros für Technikfolgenabschätzung beim Deutschen Bundestag: *Kind* et al., Thesenpapier Social-Bots, 2017, S. 1; *Hegelich*, Analysen&Argumente 221 (2016), S. 1, 2.

43 *Boshmaf* et al., The Social-Bot Network, ACSAC 2011, S. 1; *Abokhodair* et al., Dissecting a Social-Botnet, 2015, S. 839, 840; *Dankert/Dreyer*, K&R 2017, S. 73.

44 Hierzu und zur Übertragung des Begriffs auf Internetphänomene: *Kastl*, Automatisierung im Internet, 2016, S. 39 f.

45 Vgl. zur Industrie 1.0 bis 3.0: *Schönfelder*, Muße, 2018, S. 10 f.

Der Mensch beschränkt sich auf die Überwachung und einzelfallbezogene Kontrolle eben dieses Prozesses.[46] Das Ziel der Automation ist es, Menschen zu entlasten, indem gefahrenträchtige oder Routineaufgaben von Maschinen vorgenommen werden.[47] Der Begriff Automatisierung bezieht sich auch bei Journalismus-Bots ausschließlich auf den tatsächlichen Vorgang des Generierens und des Veröffentlichens von Beiträgen, ohne dass ein Journalist den entstandenen Beitrag redigiert. Sofern ein Journalist den Beitrag überprüft und/oder anpasst, liegt kein Roboterjournalismus im hier definierten engeren Sinn vor.[48] Diese rechtliche Perspektive hat insofern keinen Neuigkeitswert. Zum Beispiel wird ein Verwaltungsakt nur dann i. S. d. § 35a Verwaltungsverfahrensgesetz (VwVfG) „vollständig durch automatische Einrichtungen erlassen", wenn kein Mensch prüft, ob die Voraussetzungen zum Erlass des jeweiligen Verwaltungsaktes vorliegen.[49] Auch das Verbot der automatisierten Einzelfallentscheidung greift nur für solche Entscheidungssysteme, bei denen das Ergebnis des Prozesses nicht von einem Menschen überprüft wird.[50]

V. Automation

Im Roboterrecht wird sich mit der Frage beschäftigt, ob technische Systeme wie ein Mensch autonom agieren können.[51] Dabei haben sich zwei Sichtweisen etabliert. Zum einen gibt es die Auffassung, die nur Menschen Autonomie zuschreibt,[52] zum anderen öffnen Autoren den Begriff für eine

---

46 *Fabeck*, Begriffe aus der Text- und Informationsverarbeitung und ihre Definitionen, 1985, S. 19; *Kastl*, Automatisierung im Internet, 2016, S. 41.

47 *Kastl*, Automatisierung im Internet, 2016, S. 45.

48 Wenn daher die von einer Software generierten Texte händisch nachbearbeitet werden, wie im Rahmen des Amateurfußballportals von nordbayern.de, dann liegt kein Roboterjournalismus im hier definierten Sinne vor (zum von den Nürnberger Nachrichten und der Nürnberger Zeitung gemeinsam betriebenen Portal, *Oberth*, nordbayern.de v. 11.3.2019).

49 *Heckmann*, in: Heckmann (Hrsg.), juris-PK-Internetrecht, 5. Aufl. 2017, Kap. 5, Rn. 489; *Berger, A.*, NVwZ 2018, S. 1260, 1261.

50 *v. Lewinski*, in: Wolff/Brink (Hrsg.), BeckOK-Datenschutzrecht, Stand: 1.11.2018, Art. 22 Rn. 23.

51 *Schulz, T.*, Verantwortlichkeit bei autonom agierenden Systemen, 2015, S. 42 f.; *Günther*, Roboter und rechtliche Verantwortung, 2016, S. 37; *Kastl*, Automatisierung im Internet, 2016, S. 75.

52 *Christaller/Wehner*, in: Christaller/Vollmehr (Hrsg.), Autonome Maschinen, 2003, S. 16 f.

technische Autonomie.[53] Diese ethische und philosophische Debatte kann und soll an dieser Stelle nicht nachvollzogen werden. Entscheidend ist im rechtlichen Kontext, wann die Automation bzw. der Output eines Computerprogramms nicht mehr einem *Menschen* zugerechnet werden kann. Die entscheidenden Faktoren, die einer rechtlichen Bewertung dabei zugrundegelegt werden sollten, hat *Andrew Tutt* bereits herausgearbeitet: Es geht um die Vorhersehbarkeit und Nachvollziehbarkeit der Automation/des Outputs.[54] Diese Faktoren sind wiederum davon abhängig, wie hoch der Automationsgrad eines Systems ist. Der Begriff Automation leitet sich vom griechischen Wort αὐτός (autós) ab und steht für das Ergebnis eines automatisierten Prozesses.[55] Eben dieses Ergebnis ist aufgrund der Automatisierung eines Prozesses entweder nicht vorhersehbar und/oder objektiv nicht nachvollziehbar. Systeme, deren Output aus ex ante Sicht eines Programmierers weder vorhersehbar noch ex post nachvollziehbar sind, haben einen hohen Automationsgrad erreicht, weil der Programmierer lediglich die Aufgabe vorgibt, deren Lösung das System eigenständig findet.[56]

Mit diesen Kriterien ist es zum Beispiel (noch) möglich, (einfache) Social-Bots und Journalismus-Bots voneinander abzugrenzen.[57] Während Journalismus-Bots vorgefertigte Textelemente frei miteinander kombinieren können, sind die einfachsten Social-Bots lediglich technische Boten, die vom Nutzer vorgefertigte Texte auf verschiedenen Kanälen verbreiten.[58] Der Output ist in diesen Fällen aus ex ante Perspektive des Nutzers absolut vorhersehbar und auch ex post nachvollziehbar. Lediglich der Zeitpunkt der Textverbreitung ist nicht absehbar, weil ein Impuls aus der Außenwelt – etwa der Post eines Dritten auf Twitter – den Social-Bot akti-

---

53 *Schulz, T.*, Verantwortlichkeit bei autonom agierenden Systemen, 2015, S. 43 u. S. 46.

54 *Tutt*, Administrative Law Review 2016, S. 83, 101; *Wischmeyer*, AöR 143 (2018), S. 42–48. *Günther* und *Kastl* sehen das Kernproblem nur in der Vorhersehbarkeit einer systemischen Entscheidung (*Günther*, Roboter und rechtliche Verantwortung, 2016, S. 38; *Kastl*, Automatisierung im Internet, 2016, S. 74 f.).

55 *Fiedler*, JuS 1970, S. 552; *Kastl*, Automatisierung im Internet, 2016, S. 40.

56 Vgl. zu verschiedenen Automationsstufen: *Botthof/Bovenschulte*, iit-Perspektive Nr. 2 (2011), S. 5.

57 Vgl. zu Social-Bots: *Abokhodair* et al., Dissecting a Social-Botnet, 2015, S. 839, 848; *Kind* et al., Thesenpapier Social-Bots, 2017, S. 14; *Dankert/Dreyer*, K&R 2017, S. 73; *Volkmann*, MMR 2018, S. 58, 59.

58 *Abokhodair* et al., Dissecting a Social-Botnet, 2015, S. 839, 848; *Dankert/Dreyer*, K&R 2017, S. 73.

viert. Nach der Typolgie von *Tutt* sind diese Systeme „White-Boxes“, weil der jeweils generierte Output absolut bestimmbar ist.[59]

Die angewandten Programmiertechniken gleichen sich aber an, wenn Social-Bots in der Lage sind, aus Nutzerkommentaren ihren Sprachschatz zu bilden und diesen neu zusammenzustellen.[60] Auch in diesem Fall ist die Beitragszusammensetzung ex ante nicht absolut vorhersehbar. Wie noch darzulegen sein wird, ist die Frage, ob ein System als „Black-Box“ einzuordnen ist, davon abhängig, ob die Beitragszusammensetzung ex post nicht nachvollzogen werden kann.[61]

Im Verlauf der Untersuchung wird sich zeigen, dass die Faktoren Vorhersehbarkeit und Nachvollziehbarkeit der Beitragszusammensetzung der mit Hilfe eines Journalismus-Bots generierten Beiträge eine entscheidende Weichenstellung für Zurechnungsfragen im Verfassungs-, Urheber und Haftungsrecht sind.[62]

C. Gang der Darstellung und Methode

Die Untersuchung gliedert sich in folgende Abschnitte:

Im zweiten Kapitel wird der für die rechtlichen Ausführungen relevante Lebenssachverhalt vorgestellt. Zur Realbereichsanalyse gehören die einem Journalismus-Bot zugrundegelegte Programmiertechnik und die potentiellen Auswirkungen des Einsatzes dieser Technik auf die Kommunikationslandschaft.[63] Der Erläuterung der Technik liegt neben einschlägiger Literatur ein Experteninterview zugrunde, das der Verfasser mit *Frank Feulner*

---

59 Vgl. *Tutt*, Administrative Law Review 2016, S. 83, 107.

60 Vgl. *Volkamm*, MMR 2018, S. 58, 59 und aus technischer Sicht *Adams*, AI-Powered Bots, 2017, S. 1, 3.

61 Im Ansatz hierzu: *Tutt*, Administrative Law Review 2016, S. 83, 107. Im Ansatz greift auch *Wischmeyer* diese Gedanken auf, ohne aber Zurechenbarkeitsgrenzen hiermit zu definieren (vgl. ders., AöR 143 (2018), S. 1, 42 f.) Anders als hier unterscheidet *Tutt* aber nicht konsequent zwischen der Vorhersehbarkeit des Outputs und der Nachvollziehbarkeit des Outputs.

62 Wichtig zum Verständnis dieser Zusammenhänge ist freilich die (Programmier-)Technik (Kap. 2 A.–C., S. 29 f.). Zur Meinungsfreiheit: Kap. 3 B.VI. (S. 133), zum Urheberrecht am computergenerierten Output: Kap. 4 D. (S. 185 f.) und zum Haftungsrecht: Kap. 6 (S. 268 f.).

63 Kap. 2 A.–D. (S. 29 f.).

am 24. September 2015 am Geschäftssitz von AX-Semantics in Stuttgart geführt hat.[64]

Die rechtliche Untersuchung beginnt mit dem dritten Kapitel. Das Kommunikationsverfassungsrecht[65] und die Kommunikationsgrundrechte[66] bilden den Regulierungsrahmen, den der Gesetzgeber u. a. für die Etablierung von Kennzeichnungspflichten[67] nutzen kann. Dabei ist auch zu untersuchen, inwieweit Kooperationsformen zwischen einem klassischen Medienunternehmen – etwa einem Verlag – und Start-up-Unternehmen („Softwareunternehmen") von der Medienfreiheit geschützt werden.[68]

Im vierten Kapitel werden die Rechte am Journalismus-Bot als System[69] und an den automatisiert generierten Beiträgen[70] herausgearbeitet sowie hinterfragt, wem diese Rechte in den praxisrelevanten Konstellationen, in denen Verlage und Softwareunternehmen zusammenarbeiten, zustehen.

Das fünfte Kapitel behandelt das Medienordnungsrecht.[71] Welche Pflichten sind im Umgang mit Journalismus-Bots einzuhalten? Ist zum Beispiel das Softwareunternehmen ausdrücklich im Impressum zu benennen? Wie ist die journalistische Wahrhaftigkeitspflicht mit der automatisierten Berichterstattung in Einklang zu bringen? Inwieweit ist das datenschutzrechtliche „Medienprivileg"" auf Softwareunternehmen anwendbar? Passt es überhaupt auf den vollautomatisierten Roboterjournalismus?

Nachdem diese und weitere Fragen beantwortet sind, wird im sechsten Kapitel die zivilrechtliche Haftung beleuchtet, wobei im Schwerpunkt die Außenhaftung des publizierenden Unternehmens zu Dritten untersucht wird.[72]

---

64 *Frank Feulner* ist Chief-Business-Development-Officer der Ax-Semantics GmbH. Ax-Sematics entwickelt u. a. auch Journalismus-Bots.

65 Kap. 3 A. (S. 64 f.).

66 Kap. 3 B. (S. 97 f.).

67 Kap. 3. D. (S. 143 f.).

68 Kap. 3. B. (S. 98 f.).

69 Kap. 4 A.–C. (S. 161 f.).

70 Kap. 4 D. (S. 185 f.).

71 Kap. 5 A. (S. 227 f.).

72 Kap. 6 A. (S. 268 f.).

Kapitel 2: Realbereichsanalyse

Das zweite Kapitel gliedert sich in zwei Abschnitte. Im ersten Abschnitt wird die Technik der Journalismus-Bots vorgestellt (A.).

Dadurch ist zum Beispiel leichter nachzuvollziehen, warum die Idee und Basisalgorithmen nicht urheberrechtlich geschützt sind. Auch die Zurechenbarkeitsgrenzen von computergenerierten Meinungsäußerungen können am Beispiel neuronaler Netze erst nach der Definition des Begriffs untersucht werden.

Im zweiten Abschnitt werden Chancen und Herausforderungen diskutiert, die der Einsatz des Journalismus-Bots für die menschliche Kommunikation mit sich bringt (B.). Insbesondere sehen sich Medien mit dem Vorwurf einseitiger Berichterstattung konfrontiert („Media-Bias"). Weil Tendenzneigungen sich auch im Programmcode eines Journalismus-Bots widerspiegeln, ist diese Diskussion für den Untersuchungsgegenstand relevant.

A. Technik

Journalismus-Bots bestehen aus Algorithmen (I.). Der Begriff des Algorithmus wurde in der Rechtswissenschaft bislang insbesondere in Arbeiten untersucht und angewendet, die die urheberrechtliche Schutzfähigkeit von Computerprogrammen diskutieren.[73] Dabei kann nach umstrittener Ansicht zwischen Basis- und Komplexalgorithmen unterschieden werden (II.). Journalismus-Bots sind auch Computerprogramme (III.). Computerprogramme werden zunehmend mit Methoden des maschinellen Lernens entwickelt, die dazu führen, dass der Output eines Computerprogramms weder vorhergesehen noch nachträglich erklärt werden kann (IV.).

---

73 Vgl. *Köhler*, Der urheberrechtliche Schutz der Rechenprogramme, 1968; *Preuß*, Der Rechtsschutz von Computerprogrammen, 1988; *König*, Das Computerprogramm im Recht, 1991; *Vendt*, Die Patentierbarkeit internetbasierter Geschäftsmethoden, 2005; *Böker*, Computerprogramme zwischen Werk und Erfindung, 2009; *Mende*, Softwarepatente, 2014; *Färber*, Die Patentfähigkeit von Algorithmen, 2017; *Hofmann*, Computerspielsysteme, 2017.

Schließlich werden Konzeption und Programmierung von Journalismus-Bots vorgestellt (V.).

I. Algorithmen

Algorithmen in einem weiten Sinn bestehen aus einer endlichen Serie von präzisen Regeln, die zur Lösung eines Problems führen.[74] Der hohe Abstraktionsgrad der Definition impliziert, dass Algorithmen in verschiedensten Lebensbereichen konkret angewendet werden: Die Aufbauanleitung für einen Kleiderschrank ist nach dieser Definition ein Algorithmus. Sie ist eine in einzelne Schritte untergliederte Anleitung, die zur Lösung eines Problems, der Frage, wie ein bestimmter Kleiderschrank aufzubauen ist, führt. Eine Aufbauanleitung ist aber kein Algorithmus im informationstechnischen Sinn. Ein Algorithmus im engeren, informationstechnischen Sinn löst nicht ein Problem – wie den Aufbau eines konkreten Kleiderschranks –, sondern löst Problemklassen.[75] Algorithmen sind daher abstrakte Lösungsanleitungen.[76] In der Informatik, im rechtlichen Diskurs[77] und in dieser Untersuchung wird der Begriff daher enger verwendet: Algorithmen lösen eine Vielzahl von gleichartigen Aufgaben.[78] Sie sind abstrakte Lösungsanweisungen, die keine unbegrenzte Zahl von Ressourcen benötigen dürfen, weil der Algorithmus dann nicht (praktisch) ausführbar ist. Algorithmen müssen effizient sein und vom Computer nachvollzogen werden können. Je effizienter ein Algorithmus mit Rechenressourcen umgeht, desto weniger Energiebedarf bei gleicher Geschwindigkeit löst er aus.[79]

---

74 *Zweig*, Algorithm-Watch, Arbeitspapier Nr. 1, 2016.

75 Enzyklopädie Naturwissenschaft und Technik, Bd. 1, 1979, S. 125.

76 „Ein Kochrezept ist genauso wenig ein Algorithmus, wie eine Wegbeschreibung ein Navigationssystem ist“: *Stiller*, Planet der Algorithmen 2. Aufl. 2015, S. 49; *Garey/Johnson*, Computers and Intractability, 1979, S. 4.

77 Vgl. etwa zur Regulierungsdebatte in Deutschland: *Hoffmann-Riem*, AöR 142 (2017), S. 1–42; *Martini*, JZ 2017, S. 1017–1072; *Wischmeyer*, AöR 143 (2018), S. 1–66. Zur Diskussion in den USA: *Tutt*, Administrative Law Review 2016, S. 83–123.

78 Hierzu und im Folgenden *Garey/Johnson*, Computers and Intractability, 1979, S. 4–12; *Cormen* et al., Algorithmen, 4. Aufl. 2013, S. 5 f.

79 Vgl. *Garey/Johnson*, Computers and Intractability, 1979, S. 5.

Die Effizienz und Effektivität von Algorithmen werden durch Big-Data-Anwendungen[80] herausgefordert, was Programmierer anspornt, hierfür Lösungen zu entwickeln. So sind seit dem Jahr 2010[81] enorme Fortschritte durch neue Techniken des maschinellen Lernens zu verzeichnen.[82]

II. Basis- und Komplexalgorithmen

Ensthaler und *Möllenkamp* unterscheiden zwischen Basis- und Komplexalgorithmen. Erstere bilden das methodische Handwerkzeug von Programmierern. Sie sollten ebenso wie die Algorithmen der Mathematik frei von Informationsrestriktionen sein, weil keine Schöpfungshöhe erkennbar ist und Grundlagenwissen nicht monopolisiert werden sollte.[83]

> Basisalgorithmen sind z. B. mathematische Algorithmen, Sortieralgorithmen, Suchalgorithmen, Geometrische Algorithmen.[84]

In Komplexalgorithmen werden Basisalgorithmen mit anderen einfachen Algorithmen kombiniert, wodurch eine den Einzelproblemen des Programms übergeordnete Gesamtstruktur entsteht.[85] Jedenfalls sind weder Komplexalgorithmen noch Basisalgorithmen mit einer bloßen Idee, einem Einfall, einem Gedanken oder einer Erleuchtung gleichzusetzen.[86] Die Abgrenzung zwischen Basis- und Komplexalgorithmen ist schwierig, aber – wie im urheberrechtlichen Teil dieser Arbeit aufgezeigt wird – nicht unmöglich.[87]

---

80 Big Data kennzeichnet den Zugriff auf große Datenmengen unterschiedlicher Art („High Volume") und Güte und Wege der Erhebung, Speicherung und des Zugriffs („High Variety") und auf die hohe Geschwindigkeit ihrer Verarbeitung („High Velocity"), hierzu auch: *Hoffmann-Riem*, AöR 142 (2017), S. 1, 7.

81 *Wischmeyer*, AöR 143 (2018), S. 1, 9.

82 Hierzu unter Kap. 2 A.IV. (S. 33 f.).

83 *Ensthaler/Möllenkamp*, GRUR 1994, S. 151, 152.

84 Hierzu mit weiteren Beispielen: *Ensthaler/Möllenkamp*, GRUR 1994, S. 151, 152.

85 *Ensthaler/Möllenkamp*, GRUR 1994, S. 151.

86 Vgl. zum Ideenbegriff: https://www.duden.de/rechtschreibung/Idee.

87 Hierzu Kap. 4 B.I. (S. 162 f.). Auch *Böker* diskutiert diesen Ansatz, aber folgt ihm im Ergebnis nicht, weil eine Abgrenzung zwischen Komplex- und Basisalgorithmen nicht möglich sei (ders., Computerprogramme zwischen Werk und Erfindung, 2009, S. 48 u. S. 139 u. S. 141). So im Ergebnis auch: *Färber*, Patentfähigkeit angewandter Algorithmen, 2015, S. 45 sowie *Preuß*, Der Rechtsschutz von Computerprogrammen, 1987, S. 186 u. S. 205.

Aus Komplexalgorithmen schreiben Programmierer den Quellcode.[88] Der Quellcode ist der Nukleus eines jeden Computerprogramms, dessen methodischer Entstehung im Folgenden nachgegangen wird.

III. Computerprogramm

In Computerprogrammen werden (Komplex-)Algorithmen konkret maschinen-lesbar umgesetzt.[89] Die Arbeitstechnik von Programmierern veranschaulicht diese Feststellung.[90] *Hoeren* und *Wehkamp* unterscheiden fünf Phasen des „Software Engineerings“: Problemdefinition, Anforderungsdefinition, Entwurf, Implementierung und Testen.[91] Während die Problemdefinition mit der Entdeckung eines fachlichen Problems umschrieben werden kann,[92] bestimmt die Anforderungsdefinition die Funktionalität des noch zu entwickelnden Komplexalgorithmus.[93] Der Komplexalgorithmus wird hier verstanden als Entwurf für das noch zu programmierende Computerprogramm.

> Komplexalgorithmen können in Flussdiagrammen, Datenflussplänen und Programmablaufplänen dargestellt werden, wobei die beiden letzteren Begriffe synonym verwendet werden.[94]

Das eigentliche Programmieren beginnt mit der Übertragung des Komplexalgorithmus in den Quellcode, der mit Hilfe einer Programmiersprache geschrieben wird. Ein Compiler übersetzt den Quellcode automatisiert in den für den Computer lesbaren Maschinencode.[95]

---

88 *Böker*, Computerprogramme zwischen Werk und Erfindung, 2008, S. 140.

89 *König*, Das Computerprogramm im Recht, 1991, S. 46; *Färber*, Patentfähigkeit angewandter Algorithmen, 2015, S. 45; *Mende*, Softwarepatente, 2014, S. 28.

90 Die Arbeitstechnik wird von Rechtsprechung und Literatur zum Urheber- und Patentrecht seit langer Zeit aufgegriffen: BGH, GRUR 1985, S. 1041, 1046. – Hierzu: *Schickedanz*, Pat. Mitt. 2000, S. 173, 176 und aus neuerer Zeit *Hoeren/Wehkamp*, CR 2018, S. 1–7.

91 *Hoeren/Wehkamp*, CR 2018, S. 1, 2.

92 Die Problemdefinition ist im sog. Pflichtenheft enthalten (*Loewenheim/Spindler*, in: Schricker/Loewenheim, UrhR, 5. Aufl. 2017, § 69a Rn. 5).

93 Vgl. *Hoeren/Wehkamp*, CR 2018, S. 1, 2.

94 *Loewenheim/Spindler*, in: Schricker/Loewenheim, UrhR, 5. Aufl. 2017, § 69a Rn. 5. Teilweise wird nur dies als Algorithmus bezeichnet (z. B. *Köhler*, Der urheberrechtliche Schutz der Rechenprogramme 1968, S. 12 u. S. 60).

95 Vgl. BGH, GRUR 1985, S. 1041, 1046.

IV. Maschinelles Lernen

Das maschinelle Lernen ist ein Teilbereich des Forschungsbereichs „Artifizielle Intelligenz“, in dem sich Mathematiker und Informatiker mit Lernalgorithmen für Computerprogramme befassen.[96] Dies ist sinnvoll, um große, sich ständig aktualisierende Datenmengen – Big Data – auszuwerten, weil ein hierfür geschriebenes Computerprogramm nicht umprogrammiert werden muss, um neue Daten auszulesen.[97] Daher „lernt“ das Computerprogramm die abstrakten Eigenschaften der zu verarbeiteten Daten, um neue Daten ohne (händische) Anpassung auswerten zu können.[98] Unterschieden werden überwachte und unüberwachte Lernverfahren danach, ob die Trainingsdaten und -variablen eigenständig durch ein Programm generiert werden oder vom Programmierer als Lehrer vorgegeben werden.[99] Ohne Lehrer wird der Output des Computerprogramms vom Programmierer oder einem weiteren Programm ex post mit richtig oder falsch bewertet, sodass das Computerprogramm richtige und falsche Entscheidungen erlernt („selbstverstärktes Lernen“).[100] Selbstlernende Systeme passen ihren Programmcode automatisch an. Vereinfacht heißt das, dass sie ihr Programm teilweise selbst schreiben.[101]

Im Bereich des für Journalismus-Bots relevanten Natural-Language-GenerationProcessing werden die abstrakten Eigenschaften der Sprache und überprüfte Rohdaten als Variablen vom Programmierer vorgegeben.[102] Es handelt sich daher um ein überwachtes Lernverfahren.[103] Die Wissensbasis wird zudem nicht durch neuronale Netze repräsentiert, sondern durch

96 Vgl. zu den verschiedenen Methoden: *Ertel*, Grundkurs Künstliche Intelligenz, 4. Aufl. 2016; *Haun*, Cognitive Computing 2014, S. 114 f. – Sehr gut verständlich die Darstellung von *Segaran*, Kollektive Intelligenz, 2008, S. 315.

97 *Segaran*, Kollektive Intelligenz, 2008, S. 4.

98 *Segaran*, Kollektive Intelligenz, 2008, S. 4.

99 *Ertel*, Grundkurs Künstliche Intelligenz, 4. Aufl. 2016, S. 313.

100 *Ertel*, Grundkurs Künstliche Intelligenz, 4. Aufl. 2016, S. 316.

101 *Tutt*, Administrative Law Review 2016, S. 83, 98.

102 Vgl. *Boden*, AI, 2016, S. 57 f.

103 Vgl. Interview des Verfassers mit *Frank Feulner* am 24.9.2015; *Weißgraeber/Madsack*, in: Alonso et al. (Hrsg.), Proceedings of the 10th International NLG-Conference, 2017, S. 156; *Yao* et al., in: Alonso et al. (Hrsg.), Proceedings of the 10th International NLG-Conference 2017, S. 31. Anders dagegen: Microsofts Chat-Bot Tay, der unüberwacht aus der Kommunikation mit Nutzern seine Sprach- und Wissensdatenbank generierte und dynamisch anpasste: *Sinders*, medium.com v. 24.3.2016. Das Beispiel greift auch *Wischmeyer* auf (ders. AöR 143 (2018), S. 1, 17).

Entscheidungsbäume. Die Entscheidungsvariablen werden vom Programmierer zum größten Teil im Voraus festgelegt.[104] Im Gegensatz zu den gleich zu behandelnden neuronalen Netzen ist das Wissen nicht als mathematische Funktion verfügbar, sondern der Entscheidungsbaum kann von Menschen leicht verstanden und interpretiert werden.[105] Zwar werden auch Heuristiken eingesetzt, um die Effizienz und Schnelligkeit des Algorithmus zu steigern, aber auch hier bestimmt der Programmierer die abstrakte Formel zur Wahrscheinlichkeitsberechnung.[106]

Zum Beispiel hat die „Süddeutsche Zeitung“ für die Berichterstattung über die Wahlergebnisse der Bayerischen Landtagswahl im Jahr 2018 einen Journalismus-Bot mit dem Ziel eingesetzt, unterschiedliches Stimmverhalten eines Wahlkreises im landesweiten Vergleich auch sprachlich zu betonen („Das Ergebnis weicht deutlich ab vom Wahlergebnis in Bayern“).[107] Der Journalismus-Bot hat die Ergebnisse automatisiert auf Grundlage des Jenks-Algorithmus ausgewertet.[108]

Eine besondere Art maschinellen Lernens ist die Programmierung von neuronalen Netzen, die menschlichen Zellen nachgebildet sind.[109] „Neuronale Netze“ dienen dem Wissenserwerb und der Wissensrepräsentation in einer Software, sind besonders flexibel, schnell und verbessern die Ausgabeeigenschaften von Computerprogrammen.[110]

> Die Google Software „AlphaGo“, die im März 2016 den südkoreanischen Go-Weltmeister Lee Sedol 4:1 besiegte,[111] ist ein Beispiel für eine Software mit einem vielschichtigen neuralen Netz („Deep-Learning-Netz“): Go ist ein strategisches Brettspiel aus China mit einer Vielzahl möglicher Stellungen (10^{170}).[112] Selbst einem Computer ist es nicht möglich, vor einem Zug vorherzusagen, welchen Verlauf das

---

104 *Graefe*, Guide to Automated Journalism, 2017, S. 16; *Dörr*, Digital Journalism 2016, S. 700, 704.

105 *Ertel*, Grundkurs Künstliche Intelligenz, 4. Aufl. 2016, S. 217.

106 *Ertel*, Grundkurs Künstliche Intelligenz, 4. Aufl. 2016, S. 219 f.

107 https://www.sueddeutsche.de/projekte/landtagswahl-bayern-2018/passau-ost/index.html (Abruf v. 16.10.2018).

108 Ebd.

109 Vgl. *Segaran*, Kollektive Intelligenz, 2008, S. 4 u. S. 83 f.; *Ertel*, Grundkurs Künstliche Intelligenz, 4. Aufl. 2016, S. 266. Zum Human Brain-Projekt, das zum Ziel hat, ein menschliches Gehirn nachzubauen: https://www.humanbrainproject.eu/ (Abruf v. 9.3.2017).

110 *Ertel*, Grundkurs Künstliche Intelligenz, 4. Aufl. 2016, S. 268.

111 DPA-Meldung, abrufbar unter http://www.zeit.de/sport/2016-03/go-alphago-mensch-maschine-viertes-duell (Abruf v. 19.3.2016).

112 *Jlménez*, welt-online v. 9.3.2016.

Spiel nach einem bestimmten Zug nehmen wird. „AlphaGo“ kannte in seinem Grundprogramm etwa 30 Mio. Spielzüge und entwickelte neue Zugvarianten, indem die Software gegen sich selbst spielte.[113]

Das „meist genutzte“ Backpropagations-Netz besteht (in seinem einfachen Grundmodell) aus drei Schichten: Einer Eingabeschicht, einer verdeckten Schicht und einer Ausgabeschicht.[114] Die Daten durchlaufen diese Schichten. Das Ergebnis wird sodann mit dem zuvor definierten Zielwert verglichen, wobei das neuronale Netz auf Abweichungen zwischen Ist- und Zielwert mit der Anpassung der Variablen innerhalb des Netzes reagiert.[115] Weil neuronale Netze oft aus Hunderten von Knoten und Tausenden von Synapsen bestehen, wird die Programmierung mittels neuronaler Netze auch als „Black-Box-Methode“ bezeichnet.[116] Das menschliche Gehirn ist in dieser Hinsicht durchaus mit neuronalen Netzen vergleichbar. Hier wie dort kann (noch) nicht exakt nachvollzogen werden, auf welchem Weg der Output oder ein Gedanke entstanden ist.[117] Bevor ein Computerprogramm mit neuronalen Netzen arbeitet, muss das neuronale Netz trainiert werden.[118] Allerdings existieren für Programmierer keine festen Regeln für die Wahl der Trainingsrate und der Netzgröße.[119] Vielmehr müssten diese Entscheidungen von erfahrenen Programmierern getroffen werden. Dies wird in der Informatik als Nachteil neuronaler Netze benannt.[120] Die Methoden maschinellen Lernens werden zudem kombiniert miteinander an-

113 *Beuth*, zeit-online v. 28.1.2016.

114 *Ertel*, Grundkurs Künstliche Intelligenz, 4. Aufl. 2016, S. 291.

115 *Ertel*, Grundkurs Künstliche Intelligenz, 4. Aufl. 2016, S. 293.

116 *Segaran*, Künstliche Intelligenz, 2008, S. 319. *Hartl* nutzt den Begriff (ungenau) als Synonym für Geschäftsgeheimnisse eines Suchmaschinenanbieters, dessen Funktionsweise für den Nutzer intransparent ist (*Hartl*, Suchmaschinen, Algorithmen und Meinungsmacht, 2017, S. 8). Neuronale Netze sind aber auch für die Programmierer intransparent. Im Rahmen von Bilderkennungssoftware werden neuronale Netze mit 650.000 Neuron und 60 Millionen Parametern verwendet (*Krizhevsky*, et al., Advances in Neural Information Processing Systems 25 (2012), S. 1).

117 Vgl. *Brouilette*, Spektrum.de v. 15.11.2018.

118 Der „Backpropagation-Algorithmus“ wird nach *Ertel* hierzu häufig verwendet (*Ertel*, Grundkurs Künstliche Intelligenz, 4. Aufl. 2016, S. 291).

119 *Segaran*, Künstliche Intelligenz, 2008, S. 319. *Martini* plädiert im staatlichen Bereich für verbindliche Vorgaben für Trainingsdaten, mit denen Algorithmen angelernt werden, *Martini*, JZ 2018, S. 1019, 1021.

120 *Ertel*, Grundkurs Künstliche Intelligenz, 4. Aufl. 2016, S. 308.

gewendet: Für die Software „Alpha-Go" werden neben den neuronalen Netzen auch Methoden des selbstverstärkenden Lernens angewendet.[121]

Die Vorhersehbarkeit und vor allem die Nachvollziehbarkeit algorithmischer Entscheidungen sind daher auch abhängig von der Programmiermethode. Entscheidungsbäume können vom Menschen nachvollzogen werden, während am Beispiel neuronaler Netze aufgezeigt werden konnte, dass der menschliche Verstand die programmatischen Entscheidungen des Algorithmus nicht mehr explizit erklären kann.[122] Letzteres wird aber auch in der Informatik als kritischer Faktor angesehen, sodass an Programmen gearbeitet wird, die ihrerseits Entscheidungen der „Black-Box" erklärbar machen.[123]

V. Programmaufbau des Journalismus-Bots

Der Aufbau eines Journalismus-Bots lässt sich vereinfacht anhand eines Input-Throughput-Output-Modells beschreiben.

---

121 *Ertel*, Grundkurs Künstliche Intelligenz, 4. Aufl. 2016, S. 331.

122 Zu den rechtlichen Auswirkungen dieser Umstände: Zur Meinungsfreiheit: Kap. 3 B. VI. (S. 133), zum Urheberrecht am computergenerierten Output: Kap. 4 D. (S. 185 f.) und zum Haftungsrecht: Kap. 6 (S. 268 f.)

123 *Heinert*, Einblick in die Black Box, 2015; *Martini*, Blackbox Algorithmus, 2019, S. 44 f.; Zur Parallele bei der Analyse der Gedankengänge des menschlichen Gehirns: *Brouilette*, Spektrum.de v. 15.11.2018 (Abruf v. 17.11.2018).

Abbildung:[124]

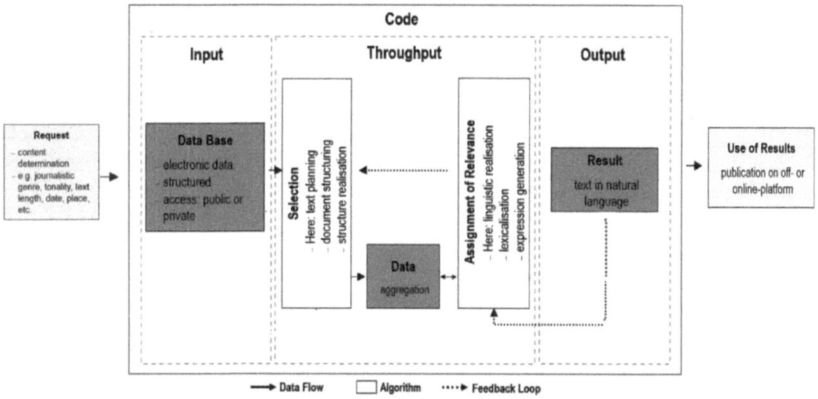

In diesem Modell sind die wesentlichen Arbeitsschritte des Journalismus-Bots skizziert.[125] Um aber die Methodik der Programmierung zu verstehen, ist ein tiefergehender Blick notwendig, wobei sich nach *Reiter* und *Dale* die verschiedenen Phasen auch nicht trennscharf unterscheiden lassen.[126]

1. Erstellung einer Wissensbasis („Data-Base“)

Als Input dient eine Wissensbasis, die aus vorstrukturierten Daten und sonstigen Informationen z. B. über den Nutzerkreis besteht. Der Journalismus-Bot als Computersoftware ist (noch) nicht in der Lage, eigenständig Fragen an Informanten zu stellen,[127] aber er kann sich theoretisch mit Hilfe eines Crawlers aus den verfügbaren Daten im Internet selbständig eine

124 Angelehnt an *Dörr*, Digital Journalism 2016, S. 700, 704. Vgl. auch *Leppänen* et al., in: Alonso et al. (Hrsg.), Proceedings of the 10th International NLG-Conference 2017, S. 188, 190.

125 Das System ist ungleich komplexer (vgl. etwa die Skizze des Programms von Narrative Science US-Patent No.: 8,355,903 v. 15.1.2013, Sheet 1–11).

126 Die verschiedenen Planungsphasen lassen sich nicht trennscharf voneinander abgrenzen (*Reiter*, in: Clark et al. (Hrsg.), The Handbook of NLP, 2010, S. 586).

127 *Graefe*, Guide to Automated Journalism, 2016, S. 6. Vgl. auch die Forschungen von IBM, die ein System entwickelt haben, das menschliche Nutzer befragen kann (*Mahmud* et al., Recommending Targeted Strangers from Whom to Solicit Information on Social Media, 2011, S. 1).

Wissensbasis zusammenstellen.[128] Allerdings wird in der Praxis auf vorstrukturierte Daten zurückgegriffen, die entweder von Drittanbietern oder von den Redaktionen selbst stammen.[129] Welche Informationen die Rohdaten erhalten, ist im Ausgangspunkt irrelevant. Die Vorstrukturierung der Rohdaten ist allerdings wichtig, um die Qualität des Outputs zu sichern.[130] Aus diesem Grund liegt es nahe, dass bislang insbesondere Wetterdaten, Sportdaten, Finanzdaten oder Daten aus der Gerichtsmedizin die Grundlage der Anwendungen bilden. Diese Daten werden bereits vom Datenbankhersteller, der nicht mit dem Programmanbieter identisch sein muss, (vor-)strukturiert.

> „Sun-Time" ist eine NLG-Software, die Wetterberichte erstellt. Hierfür wird eine Datenbank genutzt, in der Wetterdaten wie Temperatur, Windgeschwindigkeit sowie Prognosedaten gespeichert sind.[131] Journalismus-Bots der „Los Angeles Times" berichten über unnatürliche Todesfälle („Homicide-Report"). Hierfür werden öffentlich zugängliche Daten der Staatsanwaltschaft bzw. der Gerichtsmedizin wie Todeszeitpunkt, Ort, Geschlecht, ethnische Herkunft des Toten verwendet.[132]

Zudem zählt zu dieser Wissensbasis auch eine Sprachbasis mit vorgefertigten Textelementen, die sich nicht ändern („Templates").[133] Denkbar ist zum Beispiel, dass gesetzlich geforderte Pflichtangaben – wie etwa Impressumspflichten oder die Kennzeichnung von Werbung – bereits in der Datenbank fixiert werden. Mittels Templates können zudem typische Phrasen legendärer Reporter vorformuliert werden.[134] Ein anderes Beispiel

---

128 Vgl. Interview des Verfassers mit *Frank Feulner* am 24.9.2015 und Beschreibung des Narrative Science US-Patent No.: 8,355,903 v. 15.1.2013, Spalte 4.

129 Interview des Verfassers mit *Frank Feulner* am 24.9.2015.

130 Interview des Verfassers mit *Frank Feulner* am 24.9.2015.

131 *Reiter*, in: Clark et al. (Hrsg.), The Handbook of NLP, 2010, S. 575.

132 *Young/Hermida*, Digital Journalism 2015, S. 381, 388.

133 *Reiter/Dale*, Journal of Natural-Language Engineering 1997, S. 57, 63.

134 Dass sich auf diesem Weg Werte von Menschen in Computerprogrammen wiederfinden, wird unter dem Stichwort „Technical Bias" diskutiert (hierzu unter Kap. 2 B.I.3. (S. 51) und zur Tendenzautonomie von Journalisten unter Kap. 3 B.V.2. (S. 128)).

stammt aus Finnland, wo mittels Journalismus-Bots über Wahlergebnisse berichtet wurde.[135] Der Quellcode sieht dann wie folgt aus:

„{entity} won {value} new seats in {location}“[136]

In der Wissensbasis können auch „Erfahrungswerte“ eines Journalismus-Bots gespeichert werden (z. B. welche Wörter, Ausdrücke und Informationen bereits zu einem Output verarbeitet wurden, oder welche Informationen für einen bestimmten Rezipienten besonders relevant sind).[137] Ein digitales Gedächtnis muss nicht in jedem Journalismus-Bot implementiert sein. Wenn dies allerdings der Fall ist, dann ist der Journalismus-Bot ein sog. „Software-Agent mit Gedächtnis“, dessen „Intelligenzgrad“ höher ist als von Agenten ohne Gedächtnis.[138]

Um das finnische Beispiel aufzugreifen, könnten die Ergebnisse vergangener Wahlen gespeichert werden, mit der Folge, dass der Journalismus-Bot – wenn und soweit vom Programmierer vorgegeben – einen Vergleich zu den letzten Wahlen ziehen kann.

Zudem können Journalismus-Bots (theoretisch) über Sensoren Informationen aus der Außenwelt automatisiert in die Datenbank aufnehmen (z. B. kann eine Kamera Bilder aufzeichnen).[139]

Zwei wichtige Grundsätze sind an dieser Stelle festzuhalten, weil sie auch für die rechtliche Betrachtung relevant werden. Zum einen werden Informationen, die nicht in der Wissensbasis gespeichert sind, auch nicht im Beitrag ausgedrückt.[140] Freilich existieren verschiedene Möglichkeiten, um dieses Problem zu überwinden. Eine Erweiterung der Wissensbasis ist stets möglich. Der Wissensbasis eines Journalismus-Bots, der Wetterberichte generiert, können Messdaten zu beliebigen weiteren Umwelt- oder Wirtschaftsinformationen hinzugefügt werden. Auch manuell können Daten in die Wissensbasis eingegeben werden.

Der „Homicide Report“ ist faktisch ein Blog, der vom Journalismus-Bot aktualisiert wird, wenn neue Todesfälle bekannt werden. Das Pro-

135 *Leppänen* et al., in: Alonso et al. (Hrsg.), Proceedings of the 10th International NLG-Conference 2017, S. 188, 192.

136 „Entitiy“ ist die Variable für die jeweilige politische Partei, während „location“ für den jeweiligen Wahlbezirk steht. „Value“ ist die Variable für die gewonnenen Sitze der jeweiligen Partei.

137 *Reiter/Dale*, Building NLG-Systems, 2000, S. 44, 45 und Beschreibung des Narrative Science US-Patent No.: 8,355,903 v. 15.1.2013, Spalte 4.

138 *Ertel*, Grundkurs Künstliche Intelligenz, 4. Aufl. 2016, S. 19.

139 *Reiter*, in: Clark et al. (Hrsg.), The Handbook of NLP, 2010, S. 591.

140 *Reiter/Dale*, Journal of Natural Language Engineering 1997, S. 57, 64.

gramm verbreitet eine Meldung mit den in der Wissensbasis zugrunde gelegten Daten, die vom Journalisten ergänzt werden können, etwa zu Fragen nach dem Leben des Opfers und seiner Angehörigen.[141]

Zum anderen ist festzuhalten, dass, wenn falsche Daten in der Faktendatenbank gespeichert werden, diese Daten in der Regel auch in Beitragsform verbreitet werden. Zwar können „Ausreißer“ definiert werden, etwa, dass ein Fußballspiel nicht 30:10 enden kann, aber zum Beispiel können Namensverwechslungen nicht absolut verhindert werden. Für die Informationsrichtigkeit der Beiträge kommt es daher entscheidend auf die Qualität der Rohdaten an, was als allgemeiner Grundsatz algorithmischer Entscheidungssysteme diskutiert wird.[142] Um die Informationsrichtigkeit im Roboterjournalismus sicherzustellen, sind roboterjournalismusspezifische Sorgfaltspflichten im Verlauf der Arbeit zu diskutieren.[143]

2. Diskursplanung („Selection“)

Streng von der Wissensebene zu trennen[144] ist die Throughput-Phase, in der die Daten ausgewählt und verarbeitet werden. Die Throughput-Phase unterteilt sich in die Abschnitte Textplanung (a.), Satzplanung (b.) und Realisierung (c.).[145] Auch die Phasen der Diskursplanung sind nicht in sich abgeschlossene Teilphasen, sondern über Feedbackschleifen entsteht ein dynamischer Informationsfluss.[146]

141 *Young/Hermida*, Digital Journalism 2015, S. 381, 393.

142 *Wischmeyer*, AöR 143 (2018), S. 1, 23 f.

143 In einem unmittelbaren Zusammenhang hierzu steht die journalistische Wahrhaftigkeitspflicht (Kap. 3 V.1. (S. 122 f.)). Zur Umsetzung der journalistischen Wahrhaftigkeitspflicht im Roboterjournalismus: Kap. 5 B.I. (S. 241 f.).

144 Sinngemäß ist dies ein „informationstechnischer Trennungsgrundsatz“ bei wissensbasierten Agentensystemen, vgl. *Ertel*, Grundkurs Künstliche Intelligenz, 4. Aufl. 2016, S. 12.

145 Die Terminologie ist teilweise uneinheitlich und die Details sind umstritten, was aber für die rechtliche Analyse irrelevant ist (hierzu: *Reiter/Dale*, Journal of Natural Language Engineering 1997, S. 57, 68).

146 Vgl. *Reiter*, in: Clark et al. (Hrsg.), The Handbook of NLP, 2010, S. 575.

a. Textplanungsphase („Text-Planing")

In der Textplanungsphase wird die Textstruktur festgelegt.[147] Die Wissensbasis wird nach relevanten Daten gefiltert, wobei als Ergebnis dieses Prozesses ein Entscheidungsbaum entsteht, in dem die Art und Weise der Informationsdarstellung und Anordnung der Daten festgelegt ist.[148] Entscheidungsbäume haben grundsätzlich für den Programmierer den Vorteil, gut verständlich zu sein, d. h. die Auswahlentscheidung des Programms kann leicht nachvollzogen werden.[149] Die Relevanzzuweisung nimmt das Programm eigenständig vor, wobei Programmierer die Relevanzkriterien als Attribute vorgeben.[150] Relevanzkriterien sind insbesondere das Kommunikationsziel in Abhängigkeit von der Länge des Textes sowie der Rezipientenkreis. Ein Wetterbericht über 24 Stunden kann bei gleicher Länge mehr Details beinhalten als ein Wetterbericht über einen Monat.[151]

Zudem kann ein Text vom Programmierer an die Interessen und die sprachlichen Fähigkeiten der Rezipienten angepasst werden („Individualisierungskomponente").[152] So können Kochrezepte in unterschiedlicher Ausführlichkeit wiedergegeben werden.[153]

Ob und wann der Journalismus-Bot Sinnzusammenhänge, etwa zu historischen Daten, erstellen soll, wird vom Programmierer als Regel vorgegeben.[154]

> Die „Los Angeles Times" nutzt im Rahmen des „Homicide-Reports" einen speziellen Algorithmus, der nur eine Meldung generiert, wenn statistische Auffälligkeiten auftreten (z. B. unnatürliche Todesfälle in

---

147 *Reiter/Dale*, Journal of Natural Language Engineering 1997, S. 57, 68; *Horacek*, in: Carstensen et al. (Hrsg.), Computerlinguistik und Sprachtechnologie, 3. Aufl. 2010, S. 436.

148 *Reiter*, in: Clark et al. (Hrsg.), The Handbook of NLP, 2010, S. 579; Beschreibung des Narrative Science US-Patent No.: 8,355,903 v. 15.1.2013, Spalte 5.

149 *Segaran*, Kollektive Intelligenz, 2008, S. 314; *Ertel*, Grundkurs Künstliche Intelligenz, 4. Aufl. 2016, S. 232.

150 *Reiter/Dale*, Building NLG-Systems 2000, S. 50; und Beschreibung des Narrative Science US-Patent No.: 8,355,903 v. 15.1.2013, Spalte 5.

151 Ebd.

152 *Reiter/Dale*, Building NLG-Systems 2000, S. 97; Vgl. Interview des Verfassers mit *Frank Feulner* am 24.9.2015; *Carlson*, Digital Journalism 2014, S. 416, 425, der ein Vorstandsmitglied von Narrative Science zitiert.

153 *Reiter/Dale*, Building NLG-Systems 2000, S. 98.

154 *Reiter/Dale*, Building NLG-Systems 2000, S. 97 u. S. 100.

Gegenden, die normalerweise keine oder nur eine geringe Kriminalitätsrate aufweisen).[155]

Der Journalismus-Bot ist daher (bislang) nur in der Lage, Muster zu erkennen, wenn Programmierer die „Musterregel" im Programm implementiert haben. Programmierer priorisieren die Informationen nach eigenen Maßstäben, wodurch nicht der Journalismus-Bot, sondern der Programmierer den Nachrichtenwert einer Information bestimmt. Hiervon zu unterscheiden ist die Frage, mit welchen Wörtern eine bestimmte Information ausgedrückt wird (3.).

b. Satzplanungsphase („Document-Structuring")

In der Satzplanungsphase wird die Länge eines Textes festgelegt, zudem werden die abstrakte Anordnung der Textelemente und erste Stilfragen geklärt.[156] Freilich ist dies abhängig vom konkreten Anwendungsbereich und dem Kommunikationsziel.[157] Die Programmierer arbeiten jedenfalls zu Beginn eines Projekts eng mit dem Fachpersonal aus den jeweiligen Geschäftsbereichen zusammen.[158] Das Fachpersonal erstellt nicht nur Mustertexte, an denen sich die Programmierer orientieren, sondern die Programmierer entwickeln zudem ein Verständnis für den konkreten Berichterstattungsgegenstand.[159] Wenn zum Beispiel nicht bekannt ist, dass ein Spieler mit zwei gelben Karten bei einem Fußballspiel mit Gelb/Rot des Platzes verwiesen wird, wird diese Tatsache auch nicht in das Programm integriert. Für Sportberichte hat sich mittlerweile ein Standard entwickelt, der von klassischen Medienunternehmen ohne große Anpassung genutzt werden kann.

Die Satzplanung erfolgt durch zwei Methoden, die kombiniert angewendet werden können.[160] Zum einen werden Satzbausteine verwendet,

155 *Young/Hermida*, Digital Journalism 2015, S. 381, 389.

156 *Reiter/Dale*, Building NLG-Systems 2000, S. 51 u. S. 65 ff.

157 Was wiederum zeigt, dass die verschiedenen Planungsphasen nicht streng voneinander abgegrenzt werden könnnen, vgl. *Reiter*, in: Clark et al. (Hrsg.), The Handbook of NLP, 2010, S. 575.

158 Interview des Verfassers mit *Frank Feulner* am 24.9.2015.

159 Interview des Verfassers mit *Frank Feulner* am 24.9.2015.

160 *v. Deemter* et al., Computational Linguistic 31 (2005), S. 15, 21 f.; *Batemann*, in: Carstensen et al. (Hrsg.), Computerlinguistik und Sprachtechnologie, 3. Aufl. 2010, S. 638; *Reiter/Dale*, Journal of Natural Language Engineering 1997,

die in jeden Text integriert werden („Flache Generierung").[161] Zum anderen werden abstrakte Grammatiken der jeweils verwendeten Sprache programmiert („Tiefe Generierung").[162] Nomen, Verben und Adjektive werden definiert und ihr Verhältnis zueinander festgelegt. Dies erfolgt grundsätzlich händisch, wobei Ansätze entwickelt werden, in denen das Programm selbstlernend aus allgemeinen Grammatiken kleine anwendungsbezogene Grammatiken entwickelt.[163] Die Wortbedeutung ist dem System „bekannt", sodass Zuordnungsprobleme bei Wörtern mit Doppelbedeutung – anders als bei der Spracherkennung – nicht auftreten.[164] Bislang zurückhaltend werden neuronale Netze eingesetzt.[165]

Mit der Kontextualisierung auf Ebene der Grammatik (Syntaxebene) darf aber nicht die Fähigkeit zur grundsätzlichen Einordnung einer Information in einen rechtlichen, politischen oder gesellschaftlichen Kontext verwechselt werden. Dies ist dem Journalismus-Bot (noch) nicht möglich.[166] Weder kann ein und dasselbe Programm über Sportergebnisse und Wettervorhersagen gleichzeitig berichten, noch ist eine universale Berichterstattung ausschließlich mit Journalismus-Bots möglich.

c. Lexikalisierung („Assignment of Relevance")

Erst in der Lexikalisierungsphase legt das Progamm fest, welche Wörter und Templates gewählt werden, um die Daten aus der Wissensdatenbank in lesbarer Form auszudrücken.[167] Die in der Sprachdatenbank hinterlegten Wortgruppen werden konkreten Rohdaten zugeordnet. Es wird daher auch bestimmt, unter welchen Voraussetzungen bestimmte Schlussfolge-

---

S. 57, 70; *Horacek*, in: Carstensen et al. (Hrsg.), Computerlinguistik und Sprachtechnologie, 3. Aufl. 2010, S. 452.

161 *Batemann*, in: Carstensen et al. (Hrsg.), Computerlinguistik und Sprachtechnologie, 3. Aufl. 2010, S. 638.

162 *Batemann*, in: Carstensen et al. (Hrsg.), Computerlinguistik und Sprachtechnologie, 3. Aufl. 2010, S. 638.

163 *Batemann*, in: Carstensen et al. (Hrsg.), Computerlinguistik und Sprachtechnologie, 3. Aufl. 2010, S. 639.

164 Vgl. Interview des Verfassers mit *Frank Feulner* am 24.9.2015.

165 Vgl. Interview des Verfassers mit *Frank Feulner* am 24.9.2015; *Henderson*, in: Clark et al. (Hrsg.), The Handbook of NLP, 2010, S. 229.

166 *Graefe*, Guide to Automated Journalism, 2016, S. 30; *Dörr*, Digital Journalism 2016, S. 700, 709.

167 *Reiter/Dale*, Building Natural Language Generation Systems 2000, S. 52.

rungen aus einzelnen Rohdaten innerhalb eines Rohdatensatzes gezogen werden.

> Zum Beispiel, dass ein „ungefährdeter Sieg“ eines Fußballteams nur bei einem Sieg mit mindestens zwei Toren Vorsprung vorliegt. Beim American Football hingegen wäre ein Sieg mit zwei Punkten ein sehr knappes Ergebnis, was veranschaulicht, dass die Programme für jede Sportart individuell programmiert werden müssen.[168]

Zudem wird im Rahmen der „Oberflächenrealisierung“[169] die Grammatik festgelegt (etwa Tempi, Singular, Plural, Pronomen, aktiv, passiv, etc.), wovon dann auch abhängig ist, wie viele Sätze für die Darstellung der Daten genutzt werden. In dieser Phase können grundsätzlich auch Methoden maschinellen Lernens eingesetzt werden, wie z. B. Entscheidungsbäume,[170] Memory-Based-Learning[171] und Neuronale Netze[172]. Allerdings steht die Entwicklung dieser Techniken gerade im journalistischen Einsatzbereich noch am Anfang.[173] Die hier bereits erwähnten Beispiele des „Homicide-Reports“, „Quakebot“, aber auch die Wahlergebnisberichte aus Finnland basieren auf Templates.[174]

3. Zwischenergebnis

Einerseits wird das Verhältnis von Input zu Output detailliert vom Programmierer vorgegeben, mit der Folge, dass sich im Rahmen automatisierter Textgenerierung im Journalismus die angesprochene „Black-Box“-Pro-

---

168 Zum Beispiel American Football: *Lareau* et al., in: Gardent/Striegnitz (Hrsg.), Proceedings of the 13th European Workshop on NLG, 2011, S. 200–205.

169 Die „Linguistic Realisation-Phase“ wird formal als eigenständige Phase aufgefasst, was aber für die vorliegende Betrachtung nicht relevant ist. – Hierzu *Reiter/Dale*, Journal of Natural Language Engineering 1997, S. 57, 81.

170 *Schmid*, in: Clark et al. (Hrsg.), The Handbook of NLP, 2010 S. 180 f.

171 *Daelemans/van den Bosch*, in: Clark et al. (Hrsg.), The Handbook of NLP, 2010, S. 154 f.

172 *Henderson*, in: Clark et al. (Hrsg.), The Handbook of NLP, 2010, S. 230.

173 Vgl. Interview des Verfassers mit *Frank Feulner* am 24.9.2015; *Dörr*, in: Meier/Neuberger (Hrsg.), Journalismusforschung, 2. Aufl. 2016, S. 245, 255, zu einem Beispiel aus dem Bereich der Finanzberichterstattung, in dem ausschließlich Satzbausteine verwendet werden: *Nesterenko*, in: Garden/Gangemi (Hrsg.), Proceedings of the 2nd International WebNLG, 2016, S. 37–40.

174 So die Analyse von *Leppänen* et al., in: Alonso et al. (Hrsg.), Proceedings of the 10th International NLG-Conference, 2017, S. 188, 189.

blematik bezüglich weitläufiger neuronaler Netze („Deep-Learning") – Stand heute – nicht stellt.

Aber dies kann sich zukünftig ändern: Der AppEntwickler *Max Deutsch* hat mit Methoden des „Deep-Learning" ein neues Kapitel von Harry Potter geschrieben.[175] Hierfür wurde ein neuronales Netz mit Formulierungen aus den ersten vier Harry Potter-Bänden trainiert. Der Algorithmus hat dann die Worte neu angeordnet und daraus entstand ein neues Kapitel, dessen (nachträgliches) Feintuning aber *Max Deutsch* – also einem Menschen – vorbehalten war.

B. *Journalismus-Bots: Risiken und Chancen für die Kommunikation von Menschen*

Explizit für Roboterjournalismus existieren noch keine Studien, die sich ausdrücklich mit den Auswirkungen dieser Technik auf die menschliche Kommunikation beschäftigen. Hingegen liegen insbesondere zu Teilbereichen, wie Suchmaschinen und Sozialen Netzwerken, bereits empirische Forschungsergebnisse vor.

Der folgende Abschnitt soll ausgewählte Problembereiche kurz zusammenfassen,[176] um dann jeweils Bezüge zum Untersuchungsgegenstand herzustellen.

Ein „Dauerbrenner" in der Medienökonomie ist die Diskussion um die Tendenzneigung von Medien (I.), die von der Kommunikationswissenschaft auf den Roboterjournalismus übertragen wird.[177] Dabei ist festzuhalten, dass Menschen eine natürliche Tendenzneigung haben (I. 1.). Individuelle Neigungen von Journalisten können sich daher gerade auch in der Sprachstruktur eines Journalismus-Bots auf vielfältige Weise niederschlagen, weil die Programmierung von Satzbausteinen und vorgegebenen Variablen gerade journalistische Auswahlentscheidungen widerspiegeln (I. 1.–3.).[178] Problematisch sind hingegen die evidenten Fälle außerhalb jeglicher natürlicher Tendenzneigung. Insbesondere mittels „kommunizierender Algorithmen", wie Journalismus-Bots oder Social-Bots, ist es möglich, Inhalte mit einer unmenschlichen Reaktionsgeschwindigkeit und einer

175 *Deutsch*, medium.com v. 8.7.2016.

176 Vgl. auch den Überblick von *Ingold*, Der Staat 56 (2017), S. 491–533.

177 *Dörr*, in: Meier/Neuberger (Hrsg.), Journalismusforschung, 2. Aufl. 2016, S. 245, 251.

178 Zur Technik bereits unter Kap. 2 A.V. (S. 36 f.).

unmenschlichen Breitenwirkung zu äußern. Theoretisch ist es denkbar, dass ein einzelner Nutzer seine individuelle Meinung über verschiedene Plattformen und unter Verwendung unterschiedlicher Pseudonyme verbreitet, wodurch der Eindruck entstehen könnte, dass seine Meinung die (unbestritten) herrschende öffentliche Meinung ist (I. 4.). Letztlich stehen diesen Risiken auch Chancen für die Meinungsvielfalt gegenüber (II.).

I. Tendenzneigung von Medien

Unter „Media-Bias" verstehen Medienökonomen die Tendenzneigung von Medien.[179] Die Ursachen für eine Tendenzneigung sind vielfältig, bedingen sich wechselseitig und werden in der Medienökonomie mittels inhaltsbasierender, publikumsbasierender und wirkungsbasierender Forschungsansätze untersucht.[180] Ein Bias beginnt regelmäßig bei der Meinungsbildung von Menschen. Da freilich auch das Recht mit der (verlegerischen) Tendenzautonomie[181] subjektive Tendenzen innerhalb einer Medienorganisation einander zuordnet,[182] die psychologischen Grundlagen hierfür aber noch nicht rechtswissenschaftlich rezipiert worden sind, werden diese vorab behandelt. Bias ist menschlich (1.). Dass auch Journalisten und Programmierer eine Tendenz einnehmen, liegt daher in der Natur des Menschen (2., 3.). Lediglich evidente, außerhalb der natürlichen Tendenzneigung liegende Prozesse sind (rechtlich) problematisch (4.).

1. Bias ist menschlich

Nach der Theorie der kognitiven Dissonanz des Psychologen *Leon Festinger* aus dem Jahr 1957 streben Menschen ein Gleichgewicht in ihrem kognitiven System an.[183] Ein solches Gleichgewicht entsteht, wenn Menschen sich Informationen zuwenden, die ihre Sichtweise unterstützen[184] oder indem

---

179 *Münster*, in: Stern et al. (Hrsg.), Media Bias im Internet, 2016, S. 65–83.

180 *Münster*, in: Stern et al. (Hrsg.), Media Bias im Internet, 2016, S. 65, insb. S. 66–73.

181 BVerfGE 52, S. 283, 296 = NJW 1980, S. 1090, 1095.

182 Hierzu unter Kap. 3 B.V.2. (S. 128).

183 Vgl. die deutsche Übersetzung von *Festingers* A Theory of Cognitive Dissonance von Irle/Möntmann (Hrsg.), Theorie der kognitiven Dissonanz, 1978, S. 253.

184 *Festinger*, Theorie der kognitiven Dissonanz (Deutsche Übersetzung), 1978, S. 257 (Ergebnis Nr. 6).

sie sich nicht mit alternativen Sichtweisen auseinandersetzen.[185] Die Theorie der kognitiven Dissonanz bildet vielfach den Ausgangspunkt für die Analyse des Rezipientenverhaltens.[186]

Die amerikanische Kommunikationswissenschaftlerin *Knobloch-Westerwick* hat im Jahr 2007 eine computerbasierte Studie durchgeführt, in der die Auswahlentscheidungen der Studienteilnehmer in Echtzeit aufgezeichnet worden sind. Die Probanden konnten unter verschiedenen politischen Themen Beiträge auswählen.[187] Zu Beginn gaben die Probanden an, wie wichtig ihnen ein Thema ist. Die Ergebnisse der Studie fasst *Knobloch-Westerwick* wie folgt zusammen:

- Je relevanter ein Thema für einen Probanden war, desto länger hat er einstellungskonsistente Inhalte[188] gelesen (10 % länger).
- Je weniger ein Thema für einen Probanden relevant war, desto länger hat er einstellungsinkonsistente Inhalte[189] gelesen.

Demnach würde nicht in allen Fällen die Neigung bestehen, Informationen auszuwählen, die die eigene Meinung bestätigen; vielmehr sei das individuelle Interesse an einem Thema ein relevanter Faktor. Daneben treten aber weitere Faktoren, wie die Gewissheit zur eigenen Einstellung, die Intensität der Einstellung und das Vorwissen des Probanden.[190] *Donsbach* hat zudem nachgewiesen, dass bei negativen Nachrichten die Theorie der kognitiven Dissonanz nicht greift.[191] Auch das sog. „Framing", wie der formale Betonungsgrad einer Meldung oder die sprachliche Betonung bestimmter Tatsachen, haben Einfluss auf das Selektionsverhalten der Rezipienten.[192] Auch Journalismus-Bots können so programmiert werden, dass eine Information in einer bestimmten sprachlichen Form ausgedrückt wird.[193] Die Regulierung der Tendenzneigung ist daher schwierig, weil Tendenzneigungen in der Natur des Menschen liegen. Jedenfalls ist ein rein medi-

185 *Festinger*, Theorie der kognitiven Dissonanz (Deutsche Übersetzung), 1978, S. 257 (Ergebnis Nr. 6).

186 Vgl. *Knobloch-Westerwick*, Publizistik 2007, S. 51–62; *Garret* et al., Polit. Behav. 2013, S. 113, 115; *Hampton* et al., Social Media and the Spiral of Silence, 2014; *Munson/Resnick*, CHI 2010, S. 1457; *Beam*, Communication Research 2014, S. 1019–1041.

187 Hierzu und im Folgenden: *Knobloch-Westerwick*, Publizistik 2007, S. 51–62.

188 Inhalte, die die eigene Sichtweise bestätigen.

189 Inhalte, die nicht der eigenen Sichtweise entsprechen.

190 *Knobloch-Westerwick*, Publizistik 2007, S. 51, 61.

191 *Donsbach*, Medienwirkung trotz Selektion, 1991, S. 145.

192 *Zillmann* et al., Communication Research 2004, S. 58.

193 Hierzu bereits unter Kap. 2 A.V.1. (S. 37 f.). Zum Technical Bias unter Kap. 2 B.I.3. (S. 51).

enspezifischer Regulierungsansatz für die Einhegung natürlicher Tendenzneigungen ungeeignet, weil die Gründe von Tendenzneigungen vielfältig sind.

2. Journalismus-Bias

Die Diskussion über die verzerrte Auswahl[194] (a.) und Darstellung[195] (b.) von Informationen in den Medien ist so alt wie der Journalismus selbst und eng mit der jeweiligen Medienkultur verbunden.[196]

> Auch die liberale Presselandschaft in den USA war bis in das 20. Jahrhundert eng an einzelne politische Parteien gebunden, bevor sich in den 1930er Jahren diese Bindungen zunehmend auflösten. In Deutschland bestand zwar bereits in der Weimarer Republik eine Pressefreiheit, aber die Hälfte der rund 5000 Zeitungen war ideologisch, politisch oder kirchlich gebunden.[197]

Dabei bedeutet einen Media-Bias anzunehmen gleichzeitig, dass als Referenz eine nicht verzerrte Wirklichkeit existiert.[198] Ob ein Mensch bzw. ein Journalist eine objektive Position in diesem Sinne einnehmen kann, ist schon in der Philosophie umstritten.[199] Bereits die Entscheidung, über ein Thema zu berichten, bedeutet, dass andere Themen nicht bearbeitet werden („Gatekeeping-Ansatz").[200] Aus dieser Tatsache hat sich 1997 die Initiative Nachrichtenaufklärung (INA) entwickelt, die u. a. jedes Jahr die TOP

---

194 Sog. Gatekepping-Bias (*Engelmann*, Gatekeeping, 2016, S. 99).

195 Sog. News-Bias (*Engelmann*, Gatekeeping, 2016, S. 99).

196 *Lilienthal/Reineck*, in: Stern et al. (Hrsg.), Media Bias im Internet, 2016, S. 89.

197 *Donsbach*, in: Bitburger Gespräche, 1999, Band 1, S. 49, 51.

198 Vgl. *Siegert*, in: Stern et al. (Hrsg.), Media Bias im Internet, 2016, S. 45, 46.

199 Die sog. „radikalen Konstruktivisten" halten den Menschen für den Urheber seiner eigenen subjektiven Realität. Danach ist „Objektivität" unmöglich (z. B. *v. Glasersfeld*, in: Schmidt/Finke (Hrsg.), Wissen, Sprache und Wirklichkeit (Deutsche Fassung), 1987, S. 106), während die „naiven Realisten" davon ausgehen, dass die Realität in ihren wesentlichen Dimensionen von Menschen abgebildet werden kann (z. B. *Searle*, Die Konstruktion der gesellschaftlichen Wirklichkeit (Deutsche Fassung), 2011, S. 186 f.). „Die Massenmedien erzeugen eine transzendentale Illusion" (*Luhmann*, Die Realität der Massemedien, 5. Aufl. 2017, S. 12). Vgl. auch *Müntinga*, Die journalistischen Wahrheits- und Sorgfaltspflichten, 1999, S. 31 f.

200 *Engelmann*, Gatekeeping, 2016, S. 11 u. zu den theoretischen Grundmodellen ders. (Gatekeeping, 2016, S. 15–22).

10 der vernachlässigten Themen in Deutschland ermittelt.[201] Insofern macht dieses Beispiel deutlich, dass die Gesellschaft sich (auch) ohne Maßnahmen des Gesetzgebers auf Gefährdungen für die öffentliche Meinungsbildung einstellen kann.[202]

a. Auswahl-Bias

Nach welchen Faktoren Journalisten Themen aussuchen, wird in der Nachrichtenwertforschung untersucht.[203] Nach *Johan Galtung* und *Mari Holmboe Ruge* ist die eigene Erwartungshaltung des Journalisten nur einer von zwölf Faktoren, die Einfluss auf ihre Auswahlentscheidung haben.[204] Aus der Praxis der Initiative Nachrichtenaufklärung wird zudem festgestellt, dass die Medien ungern über medieninterne Skandale berichten, aber auch Arbeitsbelastung und die Schnelllebigkeit von Themen beeinflussen die Themenauswahl und die Sorgfalt der Recherche.[205]

Festzuhalten ist daher, dass auch die Auswahlentscheidung von Journalisten genauso wie die Auswahlentscheidung von Rezipienten immer einem natürlichen Gatekeeping-Bias unterliegt.[206]

Journalismus-Bots können dazu beitragen, den Auswahlbias zu reduzieren: Um den Auswahlbias zu vermeiden, hatte die „Los Angeles Times"

---

201 Hierzu *Bunjes*, in: Korczak (Hrsg.), Meinungsfreiheit oder die Macht der Medien, 2016, S. 25–39.

202 Zum Spannungsverhältnis der gesellschaftlichen Selbstregulierung und einer Regulierung durch den Gesetzgeber im Bereich medialer Selbst-und Fremddarstellung: *Heckmann*, NJW 2012, S. 2631 f.

203 Nachrichtenwerte wurden eingeführt, um Wirklichkeitsverzerrungen zu prüfen, vgl. *Stöber*, Kommunikations- und Medienwissenschaften 2008, S. 127.

204 Weitere Faktoren sind die Auffälligkeit der Themen (Schwellenfaktor), Themen, die sich bereits durchgesetzt haben, werden weiter behandelt (Kontinuität) sowie insbesondere in den nordwestlichen Industrieländern die Faktoren Eliteperson und -länder (über Personen und Länder mit höherem Status wird häufiger berichtet), Personalisierung und Negativismus (*Galtung/Holmboe Rue*, Journal of Peace Research 1965, S. 64–91). – Zu weiteren „Schlüsselstudien": *Maier* et al., Nachrichtenwerttheorie, 2010, S. 78 f.

205 *Bunjes*, in: Korczak (Hrsg.), Meinungsfreiheit oder die Macht der Medien, 2016, S. 25, 32 f.

206 Vgl. *Engelmann*, Gatekeeping 2016, S. 98. *David Manning White* veröffentlichte 1950 die erste Gatekeeper-Studie (ders., Journalism Quaterly 1950, S. 383–390). Vgl. aus der neueren Zeit: *Baden*, in: Stern et al. (Hrsg.), Media Bias im Internet, 2016, S. 137, 138; *Siegert*, in: Stern et al. (Hrsg.), Media Bias im Internet, 2016, S. 45, 47.

mit ihrem „Homicide-Report", den Journalismus-Bots generieren, ursprünglich das Ziel verfolgt, über alle Morde in Los Angeles zu berichten.[207] Da aber nicht jeder Mord den gleichen Nachrichtenwert hat, wurde der Algorithmus wieder abgeändert. „Quakebot" hingegen berichtet über alle Erdbeben unmittelbar nach ihrer Registrierung durch Erbebenbeobachtungsstationen.[208] „Software schläft nicht", wodurch auch nachts (Warn-)Meldungen veröffentlicht werden.

b. Darstellungs-Bias

Aber nicht nur die Themenauswahl kann einen Bias enthalten, sondern auch die Art und Weise der Themendarstellung. Dieser Umstand wird vielfach kritisiert, weil die Medien dadurch ihre Vermittlerrolle verlassen würden.[209] Zwar gilt die Trennung von Meinung und Nachricht als ehrwürdige Grundregel.[210] Aber in den meisten Artikeln seien Interpretationen und moralische Wertungen enthalten.[211] Bereits eine Studie von *Schönbach* aus dem Jahr 1977 hat ergeben, dass Nachrichten und Meinungen auf verschiedene Weisen alltäglich miteinander vermischt werden.[212] In der journalistischen Praxis würden zwar Kommentare von Nachrichten getrennt, aber eine strenge Handhabung dieses Grundsatzes würde wohl auch die Aufgabe der Medien missverstehen. Denn die Aufgabe eines Journalisten ist nicht nur das Vermitteln bloßer Fakten, sondern ebenso die Aufklärung über die Hintergründe dieser Fakten.[213]

Verzerrte Beiträge werden auch von Dritten verursacht. Neben dem Einfluss aus der Wirtschaft lassen sich die politischen Einflüsse auf die Medien[214] und die Tendenz zu unterhaltenden Inhalten unterscheiden.[215] Je-

---

207 *Young/Hermida*, Digital Journalism 2015, S. 381, 389.

208 *Graefe*, Guide to Automated Journalism, 2016, S. 18.

209 Zum sog. „Framing": *Entman*, Journal of Communication 1993, S. 51–58 und allgemein die Beiträge in Wagner (Hrsg.), Objektivität im Journalismus, 2012.

210 Vgl. auch § 10 Abs. 1 S. 4 Rundfunkstaatsvertrag, wonach Kommentare von einer Berichterstattung zu trennen sind.

211 *Entman*, Journal of Communication 1993, S. 51–58.

212 *Schönbach*, Trennung von Nachricht und Meinung, 1977, S. 72 f.

213 *Schönbach*, in: Bitburger Gespräche, 1999, Bd. 1, S. 49, 51; *Schweiger*, Der (des)informierte Bürger im Netz, 2017, S. 34.

214 Gemeint sind damit Kampagnen und Kommunikationsstrategien von politischen Parteien.

215 *Münster*, in: Stern et al. (Hrsg.), Media Bias im Internet, 2016, S. 65; *Siegert*, in: Stern et al. (Hrsg.), Media Bias im Internet, 2016, S. 45, 47.

doch ist ein kommerzieller Bias leicht zu erkennen, wenn Einflüsse Dritter von den Medien transparent gemacht werden, weil der Rezipient den Bias dann auf die Einflussquelle zurückführen kann.[216]

c. Zwischenfazit

Sowohl der Rezipientenbias als auch der Journalistenbias beginnen bei der Auswahl von Informationen bzw. der Entscheidung, zu welchem Thema Fakten recherchiert werden. In Kombination mit einem Darstellungsbias nehmen Journalisten Einfluss auf die Bedeutung eines Themas für die öffentliche Meinungsbildung („Agenda-Setting").[217] Journalismus-Bots haben theoretisch einen positiven Einfluss auf den Auswahlbias von Journalisten, weil sie zumindest nicht zwingend einem Auswahlbias unterliegen. Sie können über jedes singuläre Ereignis ohne Pause berichten.

3. Technical-Bias

Ob sich im Facebook-News-Algorithmus und im Programmcode von Suchmaschinen Tendenzen von Programmierern wiederfinden, wird zum Teil streitig unter dem Schlagwort Technical-Bias diskutiert. Journalismus-Bots hingegen sind gerade darauf programmiert, dass menschliche Wertungen sich in den Beiträgen wiederfinden. Der Bias im Programmcode lässt sich aufgrund der Programmiertechnik mittels Templates und der Implementierung von Nachrichtenwerten als Variablen in den Programmcode[218] nicht bestreiten (a.). Auch Individualisierungsstrategien werden mittels Journalismus-Bots verfolgt (b.).

---

216 *Siegert*, in: Stern et al. (Hrsg.), Media Bias im Internet, 2016, S. 45, 47.
217 *Maier* et al., Nachrichtenwerttheorie, 2010, S. 124.
218 Zur Technik bereits unter Kap. 2 A.V.1. (S. 37 f.).

a. Bias im Programmcode

Programmierer implementieren ihre Neigungen und Ansichten in den Programmcode der Journalismus-Bots.[219] Dies ergibt sich aus den psychologischen Grundannahmen, deren Wirkungen auf journalistische Auswahlentscheidungen, sowie der Programmiertechnik. Durch die Auswahl der Rohdatengrundlage wird im voraus festgelegt, über welche Themen der Journalismus-Bot berichtet. Insofern bestimmen die Daten die Tatsachengrundlage der Beiträge. Keinesfalls wählt ein Algorithmus außerhalb der Datenbank liegende Informationen, etwa über das Internet, aus, was technisch zwar möglich wäre, aber nicht dem anzulegenden Maß an journalistischer Sorgfalt im Roboterjournalismus entsprechen würde.[220] Zudem entwickelt der Programmierer auch vorgefertigte Textelemente, um die herum das Programm einen Text erstellt, wodurch individuelle Sprachstile implementiert werden können.[221]

> Im Fall einer Niederlage des FC Bayern München könnte der Titel eines Beitrags lauten: „Der SV Werder Bremen zieht den Bayern (endlich mal wieder) die Lederhosen aus". Wäre der Programmierer Bayern-Fan gewesen, bestünde zumindest die Möglichkeit, dass diese Phrase nicht in die Sprachdatenbank eingepflegt worden wäre.

Zwar liegen für den Journalismus-Bot (noch) keine Untersuchungen zu der Frage vor, ob dessen Texte eine Tendenz beinhalten, aber es existiert eine breite Diskussion zum „Search Engine Bias" von Suchmaschinen, die

---

219 *Graefe*, Guide to Automated Journalism, 2016, S. 5, und allgemein zu Bias in Software: *Haun*, Cognitive Computing 2014, S. 120; *Goldman*, Yale and Technologie 2006, S. 188, 189; *Friedmann/Nissenbaum*, Discerning Bias in Computer Systems, 1993, S. 141; skeptischer: *Lilienthal* et al., Digitaler Journalismus, 2. Aufl. 2014, S. 208: „Haltung ist kein Konzept, das sich Maschinen beibringen lässt." *Introna/Nissenbaum*, The Information Society 2000, S. 169, 181; *Martini*, Blackbox Algorithmus, 2019, S. 48. Hingegen ist mit dem durch *Lessig* geprägten Begriff „Code is Law" keinesfalls ein Programmiercode gemeint, sondern er bezeichnet rechtliche und außerrechtliche verhaltensregulierende Maßnahmen mit Bezug zu Hard- und Software (*Lessig*, Code 2.0, 2006, S. 72). – Hierzu auch: *Dankert*, in: KritV 2015, S. 49, 52.

220 Zu den technischen Hintergründen unter Kap. 2 A.V. (S. 36 f.). Zu journalistischen Sorgfaltspflichten unter Kap. 5 B. (S. 240 f.).

221 Vgl. *Carlson*, Digital Journalism 2014, S. 416, 425, der ein Vorstandsmitglied von Narrative Science zitiert.

freilich an eine allgemeine Diskussion um Bias in Computersystemen anknüpft [222].[223]

> Für Suchmaschinen ist kennzeichnend, dass die Web-Crawler nur digitale Informationen in der internen Datenbank aufzeichnen.[224] Trotz aller Digitalisierungsprojekte sind aber nicht alle Informationen digitalisiert verfügbar. Zudem können die Web-Crawler von Suchmaschinen aus technischen Gründen nicht das gesamte Internet absuchen. *Friedmann* und *Nissenbaum* nennen diese beiden Phänomene einen „endogenen Bias" (bei der Informationsauswahl).[225] (Such-)Algorithmen werden als die Gatekeeper der digitalen Welt[226] bezeichnet, deren Wirkung auf die freie und individuelle Meinungsbildung bereits rechtswissenschaftlich untersucht wurde.[227] Marktmächtige Suchmaschinen könnten sogar Einfluss auf Wahlergebnisse haben, so eine Studie aus dem Jahr 2015.[228]

Bereits aus psychologischer Sicht darf die in den Programmcode implementierte Tendenz ihrer Programmierer nicht über-, aber auch nicht unterbewertet werden. Bias ist menschlich.[229] Auch die freie und individuelle Meinungsbildungs- und Meinungsäußerungsfreiheit und damit das Grundgesetz berücksichtigen diesen Umstand.[230]

---

222 *Jürgens* et al., in: Stark et al. (Hrsg.), Die Googleisierung der Informationssuche, 2014, S. 101 f.; *Lewandowski* et al., in: Stark et al. (Hrsg.), Die Googleisierung der Informationssuche, 2014, S. 76–97; *Coldman*, William Mitchel Law Review 2011, S. 96–110; allgemeiner dagegen die Ausführungen von *Bozdag*, Ethics Inf. Technology 2013, S. 209–227.

223 *Friedmann/Nissenbaum*, Discerning Bias in Computer Systems, 1993, S. 141–142.

224 *Lewandowski* et al., in: Stark et al. (Hrsg.), Die Googleisierung der Informationssuche, 2014, S. 76, 81.

225 *Friedmann/Nissenbaum*, Discerning Bias in Computer Systems, 1993, S. 141, 142.

226 *Latzer* et al., in: Bauer/Latzer (Hrsg.), Handbook on the Economics of the Internet, 2016, S. 395, 402.

227 Hierzu: *Hartl*, Suchmaschinen, Algorithmen und Meinungsmacht, 2017.

228 Anzumerken ist, dass in der Studie andere relevante Informationskanäle (Nachrichtenportale, Rundfunk) komplett ausgeblendet wurden (vgl. *Epstein/Robertson*, PNAS 33 (2015), S. 4512–4521).

229 Hierzu bereits unter Kap. 2 B.I.1. (S. 46).

230 Hierzu unter Kap. 3 B.V.2. (S. 128 f.).

b. Fragmentierung des Medienpublikums

Die personalisierte Bereitstellung von Informationen mit Hilfe von Algorithmen spiegelt ein grundlegendes Ziel jedes Medienanbieters wider: Denn jegliche Medienwirkung setzt zunächst voraus, dass sich die Rezipienten bestimmten Medieninhalten zuwenden.[231] Die Dissonanzforschung hat ergeben, dass Faktoren wie der Stellenwert des Themas, die formale und sprachliche Struktur sowie letztlich das jeweilige subjektive Weltbild der Rezipienten die Informationsauswahl beeinflussen. Computerprogramme ermöglichen es, Medienanbietern das Selektionsverhalten aufzuzeichnen, um hieraus die Interessen und Werte der Rezipienten herauszufiltern. Auf diesem Weg können für einzelne Rezipientengruppen maßgeschneiderte Informationsangebote bereitgestellt werden.

> Journalisten-Bots bieten die Chance, die Individualisierungsstrategien auszubauen: Nicht nur die Themen können individualisiert werden, sondern auch die Sprache. Z. B. kann die Berichterstattung über ein Fußballspiel aus der Perspektive der Gewinnermannschaft, der Verlierermannschaft und aus neutraler Perspektive erfolgen.[232] AI produziert für jeden Spieler des Spiels „Yahoo Fantasy Football" einen personalisierten Matchreport.[233]

Friedmann und *Nissenbaum* sehen in diesem „emergent social bias", der durch die Kommunikation von Nutzern mit (Such-)Algorithmen entstehen könnte, ein Problem.[234] *Pariser* nennt dieses Phänomen plakativ „Filter-Bubble".[235] Wenn Rezipienten immer weniger mit ideologisch unterschiedlichen Meinungen konfrontiert werden, könnten einander separierte Öffentlichkeiten entstehen. Diese in den 2000er Jahren von *Handel* formulierte Fragmentierungsthese, nach der unterschiedliche Wissens- und Informationsniveaus zu einer Zersplitterung des öffentlichen Diskurses führen, hat sich daher im wissenschaftlichen Diskurs reaktualisiert.[236] Es

---

231 *Knobloch-Westerwick*, Publizistik 2007, S. 51; *Neolle-Neumann*, Öffentlichkeit als Bedrohung, 2. Aufl. 1979, S. 62.

232 *Thurman* et al., Digital Journalism 2017, S. 1240, 1250.

233 Mehr als 300 Millionen im Jahr 2014: *Graefe*, Guide to Automated Journalism, 2016, S. 21.

234 *Friedmann/Nissenbaum*, Discerning Bias in Computer Systems, 1993, S. 141, 142.

235 *Pariser*, Filter Bubble, 1. Aufl. 2012, S. 17 f.

236 *Handel*, Die Fragmentierung des Medienpublikums, 2000, S. 12 f. Vgl. zur Diskussion: (eher) kritisch: *Jürgens* et al., in: Stark et al. (Hrsg.), Die Googleisierung der Informationssuche 2014, S. 98, 113 u. S. 131 sowie *Schmidt, J.-H.* et al., Zur

würden sich privatisierte Kommunikationsräume[237] bilden, deren Kommunikatoren keine abweichenden oder widersprechenden Meinungen zulassen, sondern sich nur in ihren vorgefassten Meinungen verstärken.[238] Eine in diesem Sinne in Teilöffentlichkeiten separierte Gesellschaft mit unterschiedlichen Informations- und Wissensniveaus würde zu einer „Zersplitterung des öffentlichen Diskurses" führen, was nicht zuletzt die Integrationsfähigkeit einer Gesellschaft stören könnte.[239] Namentlich die Integrations- und Vermittlungsfunktion der Medien könnte durch die Fragmentierung des Medienpublikums erschwert werden.[240]

Die abschließende empirische Evaluierung der Fragmentierungsthese steht noch aus.[241] Zu beachten ist, dass (Regulierungs-)Mechanismen, welche die Meinungsvielfalt fördern, zur Fragmentierung des Publikums bei-

---

Relevanz von Online-Intermediären für die Meinungsbildung, 2017, S. 29, und andererseits *Dörr, D.* et al., Legitimation und Auftrag des öffentlich-rechtlichen Rundfunks in der Cloud, 2016, S. 31 f., wonach Individuen ihr Sehverhalten auf einzelne Sender ausrichten. Insgesamt sei zu konstatieren, dass Rezipienten generationsübergreifend immer weniger den klassischen Fernsehrundfunk konsumieren.

237 *Raabe*, Der Online-Auftritt der Blauen Narzisse als privatisierter Kommunikationsraum, Vortrag auf der interdisziplinären Tagung Digitalität und Privatheit des Graduiertenkollegs Passau am 27.10.2017 (nicht veröffentlicht).

238 Sog. „Echo-Chambers", *Flaxman* et al., Public Opinion Quarterly 2016, S. 298–320; *Schmidt* et al., Zur Relevanz von Online-Intermediären für die Meinungsbildung, 2017, S. 26 f.

239 *Handel*, Die Fragmentierung des Medienpublikums, 2000, S. 12 f. mit weiteren Nachweisen.

240 Vgl. *Habermas*, Ach, Europa, 2008, S. 138, 162; *Kloepfer*, in: Isensee/Kirchhof (Hrsg.), HStR, Bd. II, 2. Aufl. 1998, § 35 Rn. 15; *Schweiger*, Der (des)informierte Bürger im Netz, 2017, S. 34.

241 Vgl. *Schweiger*, Der (des)informierte Bürger im Netz, 2017, S. 145; *Schmidt* et al., Zur Relevanz von Online-Intermediären für die Meinungsbildung, 2017, S. 27, mit Nachweisen zur uneinheitlichen Studienlage. Zur Personalisierungsfunktion von Google: *Jürgens* et al., in: Stark et al.(Hrsg.), Die Googleisierung der Informationssuche 2014, S. 98, 127, in deren Studie sich nach 55.000 Suchanfragen lediglich drei Suchergebnisse zwischen den simulierten Nutzern unterschieden haben, was andererseits zu einem Popularity-Bias führen könnte (*Siegert*, in: Stern et al. (Hrsg.), Media Bias im Internet, 2016, S. 45, 58), der durch Individualisierungsfunktionen wiederum reduziert wird (*Goldman*, Yale and Technologie 2006, S. 188). *Webster/Ksiazek* sprechen auf von einem Mythos einer fragmentierten Mediengesellschaft (ders., Journal of Communication 2012, S. 39, 49). Nach *Schweiger* sind Filter-Blasen hingegen in allen Bevölkerungsgruppen denkbar (*Schweiger*, Der (des)informierte Bürger im Netz, 2017, S. 148). Zudem hat eine Studie ergeben, dass Nutzer von Sozialen Netzwerken auch im unmittelbaren zwischenmenschlichen Kontakt weniger motiviert sind, über ein The-

tragen, weil Rezipienten sich aus einer Vielzahl an Medienangeboten bedienen können und sollen. Ob die Vermittlerfunktion der Medien durch die „Zersplitterung des Diskurses" tatsächlich erschwert wird, ist aber nicht abschließend bewiesen.[242] Die Technik der Journalismus-Bots ist in engen Grenzen in der Lage, Fragmentierungstendenzen entgegen zu wirken.[243]

4. Popularity-Bias

Jedermann kann Journalismus-Bots nutzen, um einen Popularity-Bias zu erzeugen, der zu einem Abschreckungseffekt („chilling effect") auf die freie und individuelle Meinungsbildung führen könnte.[244] Nach der Theorie der Schweigespirale von *Noelle-Neumann* ist der Mensch ein soziales Wesen, das mit der Angst lebe, sich durch sein Verhalten oder seine Einstellungen zu isolieren.[245] Daher seien „die Vertreter der Mehrheitsmeinung redefreudiger, während diejenigen, die fühlen, dass sie in der Minderheit sind, in der Öffentlichkeit lieber schweigen."[246] Zwar kann prinzipiell jeder im Internet als „Sender" von Informationen fungieren, aber zumindest nach der Theorie der Schweigespirale müssten sich diejenigen, deren Ansicht nicht der herrschenden Meinung entspricht, mit Äußerungen zurückhalten. In einer Studie des Pew Research Center aus dem Jahr 2014 befragten Kommunikationswissenschaftler 1.801 Personen über ihre Äußerungstendenzen online und offline bezüglich des Snowden-Falls.[247] Unter anderem stellte sich heraus, dass die Befragten eher ihre Meinung äußern, wenn die Öffentlichkeit (auf Facebook oder im Familienkreis) diese Meinung teilt, wobei „Wissen" und „Interesse" am Thema für die Befragten weitere relevante Faktoren waren.[248] Die Relevanz der Kriterien „Wissen"

---

ma zu diskutieren, wenn sie wissen, dass online ihre Meinung nicht geteilt wird (*Hampton* et al., Social Media and the Spiral of Silence, 2014, S. 25).

242 Ähnlich auch das Fazit der Untersuchung von *Flaxman* et al., Public Opinion Quaterly 2016, S. 298, 318.

243 Hierzu unter Kap. 2. II. (S. 60) sowie die Gefährdungen aufgreifend unter Kap. 3 D.II1. (S. 145 f.).

244 Allgemein zu Abschreckungseffekten auf die Grundrechtsausübung: *Staben*, Der Abschreckungseffekt auf die Grundrechtsausübung, 2016.

245 *Noelle-Neumann*, Öffentlichkeit als Bedrohung, 2. Aufl. 1979, S. 173 f.

246 *Noelle-Neumann*, Öffentlichkeit als Bedrohung, 2. Aufl. 1979, S. 173.

247 *Hampton* et al., Social Media and the Spiral of Silence, 2014, S. 3.

248 *Hampton* et al., Social Media and the Spiral of Silence, 2014, S. 3.

und „Interesse" werden von der Dissonanzforschung ebenso bestätigt, wie das Suchen des Menschen nach einer inneren Konsonanz.[249] Im hiesigen Kontext ist aber im Besonderen relevant, dass sich das Online-Verhalten der Nutzer von Sozialen Netzwerken in der Offline-Welt widerpiegelt. So sind Nutzer von Sozialen Netzwerken (Instagram und Facebook) weniger motiviert, über ein Thema in der Offline-Welt zu diskutieren, von dem sie wissen, dass ihre Follower nicht ihrer Meinung sind, als Nicht-Nutzer des Sozialen Netzwerks.[250] Die Autoren konstatieren, dass Nutzer eventuell negative Erfahrungen – etwa Spot, Häme, Beleidigungen – in Online-Diskussionen gemacht haben, die dann auf den Offline-Bereich übertragen werden.[251]

Diese Vermutung leitet gleichsam über zum nächsten Aspekt des Popularity-Bias.

Einen negativen Popularity-Bias erzeugen auch sog. „Shitstorms". Ein „Shitstorm" besteht aus vielen beleidigenden Kommentaren in einem Online-Portal.[252] Diese Kommentare müssen freilich nicht von vielen menschlichen Nutzern stammen, sondern können auch von einem einzelnen Nutzer herrühren, der ein Social-Bot-Netzwerk einsetzt.[253] Dabei breitet sich die Aussage über Suchmaschinen und klassische Medienanbieter

---

249 Hierzu bereits unter Kap. 2 B.I.1. (S. 46).

250 *Hampton* et al., Social Media and the Spiral of Silence, 2014. S. 24.

251 Vgl. *Hampton* et al., Social Media and the Spiral of Silence, 2014. S. 8. Ob in der (un-)freiwilligen Unterlassung einer Meinungsäußerung lediglich ein Fall des individuellen Grundrechtsverzichts zu erkennen ist, kann in dieser Arbeit nicht entschieden werden. Zu diesem Gedanken im Zusammenhang mit dem Zensurverbot: *Bethge*, in: Jochum et al. (Hrsg.), FS Wendt, 2016, S. 31, 35 u. ausführlich zum ob und wie der Regulierungskompetenz des Staates für die Gewährleistung der Funktionsbedingungen individueller Mündigkeit als Voraussetzung für eine freie Meinungsbildung: *Mengden*, Zugangsfreiheit und Aufmerksamkeitsregulierung, 2018, S. 42 f. Im Ergebnis differenziert *Mengden* zwischen Heranwachsenden und „(kommunikations-)verfassungsrechtlich als umfänglich autonomiefähig" anzuerkennen Erwachsenen, deren Meinungsbildungsfreiheit nicht zugunsten optimaler Demokratievoraussetzungen funktionalisiert werden kann (ders., Zugangsfreiheit und Aufmerksamkeitsregulierung, 2018, S. 403).

252 Eine einheitliche wissenschaftliche oder gar rechtliche Definition existiert nicht, vgl. zu anderen Definitionsversuchen *Spiller/Hintzen*, in: Haarkötter (Hrsg.), Shitstorm, 2016, S. 109, 110.

253 Der Journalist *Sascha Lobo* berichtetet in seinem Vortrag „How to survive a Shitstorm" auf der re:publica 2010 über einen Nutzer, der mit Hilfe von Social-Bots 46.000 mal das Wort „Arschloch" als Kommentar auf seinen Blog gepostet hat, abrufbar unter https://www.youtube.com/watch?v=-OzJdA-JY84 (Abruf v. 20.4.2017).

wie eine Welle aus und kann im Einzelfall viele Menschen erreichen und deren Meinungsbildung beeinflussen sowie die Persönlichkeitsrechtsverletzung des Beleidigten vertiefen. Hinzu kommt, dass Inhalte, gefördert durch Suchmaschinenindexierung, zum Teil auch trotz einer Löschung auf sekundären Speicherorten auffindbar sind.[254]

> Die Informationsflut im Internet nimmt bereits durch rein menschliche Kommunikation große Ausmaße an: Als Spiegel-Online ein Diskussionsforum zum Parteiausschluss von *Wolfgang Clement* einrichtete, gab es am Tag danach 279 Diskussionsbeiträge; eine Woche später waren es bereits 5.737. Die Diskussion war damit unüberschaubar geworden.[255]

Ein Popularity-Bias könnte zudem zur Verfälschung von Wahlentscheidungen beitragen. Zum Teil wird angenommen, dass der Einsatz von Social-Bots als Mittel des politischen Wahlkampfs in Deutschland kein realistisches Risiko darstellen würde.[256] Die Wirklichkeit (in anderen Ländern) deutet aber eher auf das Gegenteil hin. Je mehr Follower ein Twitter-Account hat, desto glaubwürdiger und einflussreicher wird der Accountinhaber eingeschätzt.[257] 30% aller Twitter-Follower von *Hillary Clinton* und *Donald Trump* sind Social-Bots.[258] Social-Bots könnten Diskussion über Wahlduelle in den USA verfälscht haben.[259] Aber auch in der Schweiz[260] und Italien[261] wird mit Social-Bots gearbeitet. Zwar haben sich in Deutschland die politischen Parteien geeinigt, keine Social-Bots einzusetzen, aber diese Verpflichtung ist weder bindend noch überprüfbar, auch weil der Programmierer von Social-Bots deren Einsatz nicht transparent machen

---

254 *Zott*, Aktive Informationen des Staates im Internet, 2016, S. 246.

255 *Holznagel*, VVDStRL (68) 2009, S. 381, 394.

256 *Steinbach*, ZRP 2017, S. 101, 102.

257 *Cresci* et al., Decision Support Systems 2015, S. 56, 57; *Hegelich*, Analysen&Argumente 221 (2016), S. 4.

258 *Hegelich*, Analysen&Argumente 221 (2016), S. 4; *Kind* et al., Thesenpapier Social-Bots, 2017, S. 7; *Haller*, Politische Studien 2017, S. 12, 18.

259 *Bessi/Ferrara*, First Monday v. 4.11.2016, Vol. 21 Nr. 11. Eine Studie hat ergeben, dass der amerikanische Durchschnittsbürger mit höherer Wahrscheinlichkeit mit Pro-Trump-Falschmeldungen konfrontiert wurde als mit Pro-Clinton-Falschmeldungen, was aber das Wahlergebnis vermutlich nicht beeinflusst habe (*Allcott/Gentzkow*, Journal of Economic Perspectives, 2017, S. 211, 232).

260 *Hegelich*, Analysen&Argumente 221 (2016), S. 4.

261 Der Journalist *Nick Squires* zitiert Professor *Camisani Calzolari*, der einen Lehrstuhl für Kommunikationswissenschaft an der Universität Mailand hat (*Squires*, telegraph.co.uk v. 23.7.2012; *Hegelich*, Analysen&Argumente 221 (2016), S. 4).

muss.[262] Einer Argumentation dahingehend, dass der Einsatz von Social-Bots zu dem Zweck, die öffentliche Meinung zu beeinflussen, kein realistisches Risiko darstellt, stehen daher zunehmend kommunikationswissenschaftliche Studien gegenüber, die Gefahren nicht beweisen, aber zumindest eine regelmäßige Evaluierung der automatisierten Bot-Kommunikation rechtfertigen sollten.[263]

> Journalismus-Bots können diese Trends noch verstärken. 30.000 Beiträge/Monat kann kein Mensch schreiben.[264] Insofern kann diese Technik als Katalysator theoretisch pervertiert werden, um die freie und individuelle Meinungsbildung zu beeinflussen.

In Summe könnten diese Einzelphänomene zu Gefährdungen für das Prinzip der Meinungsvielfalt führen.[265] Die Macht „kommunizierender Algorithmen" geht aber freilich von den Programmierern aus, welche die Algorithmen konzipieren und/oder verwenden. Im Ergebnis ist enscheidend, dass diese Menschen mit Hilfe dieser und ähnlicher Programme die kommunikative Chancengleichheit negativ beeinflussen könnten.[266]

5. Ausblick: Regulierung von Risiken für die Meinungsvielfalt

Es wurde aufgezeigt, dass sich der Gesetzgeber mit uneinheitlichen Ergebnissen aus der Kommunikationswissenschaft konfrontiert sieht. Eine uneinheitliche empirische Studienlage ist aber für den Gesetzgeber insbesondere im Bereich des Medienrechts ein altbekanntes Phänomen.

> Zu Beginn der Medienwirkungsforschung ging man von einer starken Wirkkraft von Medien aus, was mittlerweile als widerlegt gilt.[267]

---

262 Vgl. auch *Gensing*, faktenfinder.tagesschau.de v. 11.12.2018.

263 Vgl. zur Studienlage: *Hegelich*, Analysen&Argumente 221 (2016), S. 7; *Haller*, Politische Studien 2017, S. 12, 18; *Kind* et al., Thesenpapier Social Boots, 2017, S. 5; a. A. *Steinbach*, ZRP 2017, S. 101, 102.

264 *Cindy*, wired.com v. 7.7.2017.

265 Zur Herleitung des Prinzips der Meinungsvielfalt als eigenständiges Rechtsprinzip noch unter Kap. 3 A.I. (S. 66 f.) und Kap. 3 A.IV. (S. 75 f.).

266 Zur kommunikativen Chancengleichheit als Ausprägung des Prinzips der Meinungsvielfalt unter Kap. 3 A.VI.4.a. (S. 92 f.) und zur Rechtfertigung von Transparenzpflichten noch unter Kap. 3 D.II.1. (S. 145 f.).

267 Zur Geschichte der Medienwirkungsforschung mit Bezug zu Social-Bots und Fake-News, *Haller*, Politische Studien 2017, S. 12, 16 f. mit weiteren Nachweisen.

Zum Beispiel wurde im Bereich des Jugendmedienschutzes lange Zeit angenommen, dass eindeutige und unwidersprochene Erkenntnisse darüber, ob die Wahrnehmung bestimmter Inhalte die Entwicklung von Kindern und Jugendlichen beeinträchtigt, fehlen. Jedoch hat der Gesetzgeber in einer wissenschaftlich nicht abschließend geklärten Situation, in der die Möglichkeit der Verletzung von (bedeutsamen) Rechtsgütern nicht ausgeschlossen werden kann, eine weite Einschätzungsprärogative.[268] Dieses Prinzip gilt auch für Vorschriften, die die Meinungsvielfalt gewährleisten und schützen, weil einmal eingetretene Fehlentwicklungen – wenn überhaupt – nur bedingt und nur unter erheblichen Schwierigkeiten rückgängig gemacht werden können.[269] Als Probleme sind die Missbrauchsrisiken herausgearbeitet worden, die im Extremfall menschliche Kommunikation verdrängen könnten. Zur Regulierung der Macht „kommunizierender Algorithmen", insbesondere der Journalismus-Bots, werden in dieser Arbeit Transparenzpflichten diskutiert.[270]

II. Chancen des Einsatzes von Journalismus-Bots

Nachdem die Risiken diskutiert wurden, sollen nunmehr die Chancen für die Meinungsvielfalt aufgezeigt werden, die sich durch den Einsatz der Journalismus-Bots bieten.

Hoffmann-Riem hat aus der Rechtsprechung des Bundesverfassungsgerichts fünf Vielfaltsdimensionen abgeleitet:[271]

- Sicherung inhaltlicher Programmvielfalt, indem möglichst viele Meinungen in einem Programm berücksichtigt werden
- Sicherung personenbezogener Vielfalt, indem bedeutsame gesellschaftliche Kräfte zu Wort kommen

268 Freilich entbindet das den Gesetzgeber nicht davon, wissenschaftliche Erkenntnisse umfänglich im Gesetzgebungsverfahren auszuwerten, vgl. BVerfGE 57, S. 295, 323 = NJW 1981, 1774, 1777; *Erdemir*, Filmzensur und Filmverbot, 2000, S. 116 f.

269 BVerfGE 57, S. 295, 323 = NJW 1981, 1774, 1776; BVerfGE 73, S. 118, 160 = NJW 1987, S. 239, 241. Zur Herleitung des Prinzips der Meinungsvielfalt als eigenständiges Verfassungsprinzip: Kap. 3 A.IV. (S. 75 f.) und zum Prinzip der Risikovorsorge im Besonderen unter Kap. 3 A.VI.1. (S. 86).

270 Hierzu unter Kap. 3 D. (S. 143 f.).

271 *Hoffmann-Riem*, in: Denninger et al. (Hrsg.), AK-GG, 3. Aufl. 2001, Art. 5 Abs. 1, 2, Rn. 137; ders., Rundfunkrecht neben Wirtschaftsrecht, 1991, S. 18 f.

- Sicherung gegenständlicher Programmvielfalt, indem ein breites Programmangebot aus verschiedenen Lebensbereichen zur Verfügung steht
- Sicherung der Spartenvielfalt (Information, Unterhaltung, Bildung und Beratung)
- Sicherung räumlicher Vielfalt, indem internationale, europäische, nationale und regionale Informationen und Meinungen in den Medien verbreitet werden

Diese Dimensionen können aus der Sicht von Programmanbietern und Rezipienten ausgelegt werden.[272] Eine Vielzahl von konkurrierenden Programmanbietern ist grundsätzlich für alle Vielfaltsdimensionen förderlich, weil so mehr Optionen für den Einzelnen bestehen, Informationen und Meinungen aus unterschiedlichen Quellen zu erhalten. Würden die Softwareunternehmen dazu übergehen, eigene Inhalte zu entwickeln – und nicht nur für Dritte –, wäre dies förderlich für die Anbietervielfalt, weil Außenpluralität durch eine Vielzahl von Anbietern entsteht.[273] Auch große Verlagshäuser verwenden Journalismus-Bots[274] und beteiligen sich an jungen Softwareunternehmen.[275] Unternehmen, die ausschließlich mit Journalismus-Bots Nachrichten generieren und veröffentlichen, existieren bislang – soweit ersichtlich – nicht.[276] Die Inhalte der Journalismus-Bots stammen aus Lebensbereichen, über die – jedenfalls in dieser Periodizität – ohne Journalismus-Bots nicht berichtet worden wäre. Zum Beispiel existierte in Hamburg in dieser Bandbreite keine regionale Sportberichterstattung über Amateursfußballspiele. Insofern werden die gegenständliche Vielfalt und die regionale Vielfalt mit der Hilfe von Journalismus-Bots erweitert.[277] Man wird auch nicht sagen können, dass durch das Angebot der Massengeschmack befriedigt werden soll. Die Fußballberichterstattung der „Sportplatz-Media GmbH“ adressiert zum einen die unmittelbar an den

272 *Jungheim*, Medienordnung und Wettbewerbsrecht, 2012, S. 26, 29.

273 Vgl. BVerfGE 12, S. 205, 261 = NJW 1961, S. 547, 552.

274 Etwa der „Sueddeutsche Verlag“ im Rahmen der Berichterstattung über die Landtagswahl 2018 in Bayern: https://www.sueddeutsche.de/projekte/landtagswahl-bayern-2018/passau-ost/ (Abruf v. 29.10.2018).

275 Vgl. gruender.wiwo.de v. 13.6.2016, abrufbar unter http://gruender.wiwo.de/ax-semantics-verlage-investieren-in-roboterjournalismus/ (Abruf v. 2.11.2017).

276 Vielmehr haben sich bisher nur Mischmodelle etabliert, vgl. etwa das Angebot der „Sportplatz-Media GmbH“ auf www.fussifreunde.de.

277 Vgl. zum Potential von „News-Bots“ für die räumliche Vielfalt: *Lokot/Diakopoulos*, Digital Journalism 2015, S. 689, 694.

Spielen beteiligten Fußballspieler sowie sonstige Vereinsmitglieder, die im Raum Hamburg ihrem Hobby nachgehen. Diese Art der Individualisierung von Informationen ist daher ein echter Gewinn für die Meinungsvielfalt.

Zudem ist festzustellen, dass sich der Markt für Journalismus-Bots in einer frühen Entwicklungsphase befindet.[278] Von insgesamt 13 NLG-Unternehmen weltweit bieten zehn Unternehmen Computersoftware an, die journalistische Texte generieren kann.[279] Die Unternehmen experimentieren mit journalistischen Anwendungen, sodass sich insbesondere keine Konzentrationstendenzen feststellen lassen. Daraus folgt auch, dass auf dem „Binnenmarkt" der Journalismus-Bots verschiedene Unternehmen Programme entwerfen, die (in Zusammenarbeit mit Journalisten) auch unterschiedliche Werte in den Programmcode integrieren. Folglich entwickeln sich vielfältige Anwendungen auf dem Markt der Journalismus-Bots, was seinerseits zur Meinungsvielfalt beiträgt.

Daneben lassen sich mittelbare (positive) Effekte feststellen:

- Kommunikationswissenschaftler und Journalisten weisen darauf hin, dass Journalismus-Bots menschliche Redakteure von Routineaufgaben entlasten können, wodurch mehr Zeit für „wichtige Themen" bleibt.[280] Auch dieser Umstand führt mittelbar dazu, dass mehr Themen bearbeitet werden. Im Übrigen sinkt dadurch die Arbeitsbelastung der Journalisten, die vereinzelt als Gefahr für das „journalistische System" angesehen wird.[281] Aufgrund des Kostendrucks besteht die Gefahr, dass Journalisten Presseerklärungen des Staates kritiklos übernehmen, womit die Funktion der Medien als öffentlicher Wachhund ad absurdum geführt wird.[282]
- Journalismus-Bots können große Datenmengen analysieren und Rechercheaufgaben übernehmen. Das Beispiel des Homocide-Reports der Los Angels Times zeigt, dass eine Zusammenarbeit von Redakteur und Journalismus-Bot möglich ist. Während der Journalismus-Bot einen Text zu den (Roh-)Daten – Todestag, Umstände, Nationalität, Ort des Mordes – formt, kann der Redakteur Hintergrundinformationen hinzufügen.

---

278 *Dörr*, Digital Journalism 2016, S. 700, 716.

279 *Dörr*, Digital Journalism 2016, S. 700, 716.

280 *v. Dalen*, Journalism Practice 2012, S. 648, 653; *Carlson*, Digital Journalism 2015, S. 416, 429.

281 *Beiler/Stascheit*, in: Filipović et al. (Hrsg.), in: Gesellschaft ohne Diskurs?, 2017, S. 87–102.

282 Vgl. *Holznagel*, VVDStRL (68) 2009, S. 382, 389.

Anzumerken ist, dass der Einsatzbereich der Journalismus-Bots momentan auf spezielle Themenbereiche wie Sport, Finanzberichte, Wettervorhersagen, Warnmeldungen beschränkt ist. Ein Journalismus-Bot kann also nicht alle Sparten des Journalismus abdecken, was notwendig wäre, um z. B. den Funktionsauftrag der öffentlich-rechtlichen Rundfunkanstalten zu erfüllen.[283]

C. Zusammenfassung

Angefangen von der Definition des Begriffs Algorithmus wurde festgestellt, dass

1. mit dem maschinellen Lernen erstmals das Problem aufgetreten ist, dass der Output eines Computerprogramms weder von einem Menschen ex ante vorhergesagt noch ex post erklärt werden kann,
2. sich dieses Problem für Journalismus-Bots – Stand heute – aber nur hinsichtlich der Vorhersehbarkeit der Beitragszusammensetzung stellt. Da im Wesentlichen mit Entscheidungsbäumen gearbeitet wird, ist der Output des Journalismus-Bots ex post erklärbar, was sich zukünftig freilich ändern kann.

Im zweiten Abschnitt wurde festgestellt, dass

1. Media-Bias ihren natürlichen Ursprung in der Natur des Menschen haben,
2. Tendenzneigungen des Programmierers sich auch im Programmcode seines Journalismus-Bots widerspiegeln,
3. einerseits der Einsatz der Journalismus-Bots einen Gewinn für die Meinungsvielfalt verspricht,
4. andererseits aber Missbrauchsrisiken, insbesondere hinsichtlich des Vortäuschens einer öffentlichen Meinung bestehen („Macht kommunizierender Algorithmen“).

---

283 Allerdings werden sich die Anwendungsmöglichkeiten weiterentwickeln. Über neue Anwendungsfelder, wie die Berichterstattung über Gemeinderatssitzungen, Ankündigungen von Straßensperren, wird bereits nachgedacht (*Sobiraj*, fachjournalist.de v. 21.8.2014 sowie *Marsiske*, c't 25/2012, S. 72 f.).

Kapitel 3: Roboterjournalismus und Verfassungsrecht

In der öffentlichen Debatte um die Regulierung von Journalismus-Bots werden häufig Transparenzpflichten diskutiert.[284] Ob und inwieweit gesetzliche Transparenzpflichten für Journalismus-Bots mit den Vorgaben der Verfassung in Einklang gebracht werden können, ist in der Rechtswissenschaft noch nicht ausführlich problematisiert worden. Diese Lücke wird im vorliegenden Kapitel geschlossen.

Die eingangs gestellte Leitfrage begleitet auch in diesem Abschnitt den Gang der Darstellung. So ist zum Beispiel ein Journalist nicht verpflichtet, die Gründe, die zu einer bestimmten Meinungstendenz geführt haben, gegenüber Rezipienten zu offenbaren.[285] Die „Entscheidungsvariablen" oder die Gedankengänge eines Journalisten dürfen daher geheimgehalten werden. Würde man der Forderung nach Transparenz der Entscheidungsvariablen eines Journalismus-Bots nachgeben, wäre daher festzustellen, dass es einen Unterschied macht, ob eine Maschine oder ein Mensch „sagt, was ist". Im Kern geht es daher um die Frage, ob die unmittelbare menschliche Kommunikation anders reguliert werden kann als die über Journalismus-Bots vermittelte menschliche Kommunikation.

Im folgenden ersten Abschnitt des Kapitels wird der verfassungsrechtliche Regulierungsrahmen für Transparenzpflichten untersucht. Dabei ist zwischen dem objektiven Kommunikationsverfassungsrecht (A.) und den subjektiven Kommunikationsgrundrechten zu unterschieden (B.). Damit wird zugleich der Maßstab festgelegt, an dem sich gesetzliche Transparenzpflichten für Journalismus-Bots messen müssen (C.).

A. Kommunikationsverfassungsrecht

Das Prinzip der Meinungsvielfalt wird bislang überwiegend aus der Rundfunkfreiheit hergeleitet (A. I.). Den Anlass für diesen vom Bundesverfassungsgericht eingeschlagenen Pfad bildete die Etablierung des Fernseh-

---

284 *Diakopoulos/Koliska*, Digital Journalism 2016, S. 809, 813 f.; *Dörr* et al., in: Filipović et al. (Hrsg.), Gesellschaft ohne Diskurs?, 2017, S. 121, 128 f.; *Dörr/Hollnbuchner*, Digital Journalism 2017, S. 404, 409.

285 Hierzu ausführlich unter Kap. 3 C.IV. (S. 152 f.).

rundfunks. Nach dem Wegfall der technischen Sondersituation des Rundfunks rechtfertigt nunmehr die Breitenwirkung, Aktualität und die Suggestivkraft von Bewegtbildern mit Ton eine positive (gesetzliche) Grundordnung, um mögliche Gefahren für die Meinungsvielfalt zu regulieren.[286]

Mit Hilfe eines Journalismus-Bots kann bislang kein Fernsehrundfunk verbreitet werden.[287] Da die Schrift als Mittler von Informationen genutzt wird, sind die Beiträge eines Journalismus-Bots eher mit der Presse vergleichbar. Eine vielfaltssichernde positive Grundordnung im Bereich der Pressefreiheit zu implementieren, ist aufgrund des liberalen Verständnisses der Pressefreiheit schwierig zu rechtfertigen.[288] Die Realbereichsanalyse hat aber ergeben, dass auch einzelne Menschen mit der Hilfe von „kommunizierenden Algorithmen" die Meinungsbildung im Internet beeinflussen können.[289] Da aber die grundgesetzliche (individuelle) Meinungsbildungs- und -äußerungsfreiheit wohl auch keine positive Grundordnung im Sinne der rundfunkzentrierten Rechtsprechung rechtfertigt, stellt sich die Frage, nach welchen verfassungsrechtlichen Grundsätzen Journalismus-Bots reguliert werden können. Diese Frage wird im Folgenden ausführlich beantwortet.

Der vom Bundesverfassungsgericht eingeschlagende Pfad[290] führt zu dogmatischen Folgeproblemen, die Anlass bieten, alternative Lösungswege zu diskutieren (I.–III). Nach ausführlicher Diskussion der verschiedenen Ansätze wird ein dogmatischer Alternativpfad aufgezeigt, der die Perspektive für eine Regulierung von „kommunizierenden Algorithmen" und Journalismus-Bots freigibt (IV.).

---

286 Hierzu ausführlich unter I.

287 Dies ist aber zukünfig keinesfalls ausgeschlossen. Der Deutsche Fußballbund plant, Fußballspiele der Amateure aufzuzeichnen und zu vermarkten (https://www.dfb.de/news/detail/amateurFußball-live-kooperation-von-dfb-und-sporttotaltv-170631/ (Abruf. v. 31.10.2018)). Wer das Kommentieren der zahlreichen Spiele übernimmt, ist damit noch nicht entschieden. Aus technischer Perspektive ist es nicht entscheidend, ob Daten schriftlich oder mündlich ausgedrückt werden, wobei freilich das Erfassen und Interpretieren einer Spielsituation die größten (technischen) Probleme bereiten dürfte.

288 So etwa *Möllers*, AfP 2008, S. 241.

289 Hierzu bereits unter Kap. 2 B.I.3. (S. 51 f.).

290 Der Begriff der Pfadabhängigkeit stammt aus der Ökonomie und den Sozialwissenschaften (*Volkmann*, in: Wagner et al. (Hrsg.), Pfadabhängigkeit hoheitlicher Ordnungsmodelle, 2016, S. 27, 29). Das Konzept der Pfadabhängigkeit erklärt Entwicklungen, „weil sie sich eingebürgert haben, ohne einen Maßstab dafür zu geben, warum sie anders sein sollten" (ders., in: Wagner et al. (Hrsg.), Pfadabhängigkeit hoheitlicher Ordnungsmodelle, 2016, S. 27, 44).

I. Regulierung von Meinungsvielfalt als Spezifikum der Rundfunkfreiheit?

Das Bundesverfassungsgericht leitet das Gebot der Meinungsvielfalt in ständiger Rechtsprechung aus dem objektiv-rechtlichen Gehalt der Rundfunkfreiheit ab.[291] Das Gebot, eine positive Rundfunkordnung zu schaffen, beinhaltet, dass der Rundfunk weder vom Staat noch von einzelnen gesellschaftlichen Gruppen dominiert wird. Stattdessen soll die Vielfalt der Themen und Meinungen aufgenommen und wiedergegeben werden, die in der Gesellschaft insgesamt eine Rolle spielen.[292] Zur Gewährleistung von Meinungsvielfalt

> *„sind materielle, organisatorische und Verfahrensregeln erforderlich, die an der Aufgabe der Rundfunkfreiheit orientiert und deshalb geeignet sind zu bewirken, was Art. 5 Abs. 1 GG gewährleisten will.“*[293]

Auch die Literatur spricht teilweise von einem *rundfunkspezifischen* Ausgestaltungsvorbehalt.[294]

Aber ist die Regulierung von Meinungsvielfalt tatsächlich ein Spezifikum nur der Rundfunkfreiheit? Dagegen spricht jedenfalls, dass das Bundesverfassungsgericht das Vielfaltsgebot bereits im „Spiegel“-Urteil zur

291 BVerfGE 12, S. 205, 261 = NJW 1961, S. 547, 552; BVerfGE 57, S. 295, 320 = NJW 1981, S. 1774, 1775; BVerfGE 73, S. 118, 152 f. = NJW 1987, S. 239, 240; BVerfGE 74, S. 297, 324 = NJW 1987, S. 2987, 2988; BVerfGE 83, S. 238, 296 = NJW 1991, S. 899, 900; BVerfGE 90, S. 60, 88 = NJW 1994, S. 1942, 1943 f.; BVerfGE 121, S. 30, 59 = NVwZ 2008, S. 658, 660; BVerfGE 136, S. 9, 28 = NVwZ 2014, S. 867, 868; BVerfG, NJW 2018, S. 1293, 1299.

292 St. Rspr. seit BVerfGE 12, S. 205, 262 = NJW 1961, S. 547, 553; BVerfGE 57, S. 295, 320 = NJW 1981, S. 1774, 1775; BVerfGE 73, S. 118, 152 f. = NJW 1987, S. 239, 240; BVerfGE 74, S. 297, 324 = NJW 1987, S. 2987, 2988; BVerfGE 97, S. 228, 258 = NJW 1998, S. 1627, 1629.

293 St. Rspr. seit BVerfGE 57, S. 295, 320 = NJW 1981, S. 1774, 1776; vgl. BVerfGE 73, S. 118, 153 = NJW 1987, S. 239, 240; BVerfGE 74, S. 297, 324 = NJW 1987, S. 2987, 2988.

294 *Gersdorf* unterscheidet ausdrücklich zwischen der dienenden Funktion von Presse und Rundfunk für die freie, individuelle Meinungsbildung und einem *rundfunkspezifischen* Ausgestaltungsvorbehalt zum Zweck der Sicherung der Meinungsvielfalt, ders., Grundzüge des Rundfunkrechts, 2003, S. 25; *Starck/Paulus*, in: v. Mangoldt/Klein/Starck, GG, Bd. 1, Art. 5 Rn. 171. Kritisch hierzu: *Hoffmann-Riem*, in: Denninger et al. (Hrsg.), AK-GG, 3. Aufl. 2001, Art. 5 Abs. 1, 2 Rn. 182 und zuletzt *Hartmann*, JZ 2016, S. 18, 19 f.; vgl. aber z. B. die konvergente Darstellung bei *Klein*, Die Rundfunkfunkfreiheit, 1978, S. 53 f.

Pressefreiheit angesprochen hat.[295] Es sei eine (Schutz-)Pflicht des Staates denkbar, „Gefahren abzuwehren, die einem freien Pressewesen aus der Bildung von Meinungsmonopolen erwachsen könnten".[296] Zudem sei denkbar, dass sich letztlich Meinungsmacht im Rundfunk mit Meinungsmacht in der Presselandschaft verbinden könnte.[297]

> Der Gesetzgeber hat folgerichtig crossmediale Verflechtungen seit einiger Zeit in den Rundfunkstaatsvertrag aufgenommen, indem „medienrelevante verwandte Märkte" bei der Beurteilung vorherrschender Meinungsmacht eines Unternehmens zu berücksichtigen sind (§ 26 Abs. 2 RStV).[298]

Daher nimmt das Bundesverfassungsgericht hinsichtlich der Gefahr durch Machtkonzentrationen eine konvergente Perspektive über Presse- und Rundfunkunternehmen ein, ohne eine Gleichbehandlung der Mediensektoren einzufordern.[299]

Zuletzt hat das Bundesverfassungsgericht betont, dass der öffentlich-rechtliche Rundfunk mit seinem Vielfaltssicherungsauftrag einen Gegenpol zu den Informationsmittlern des Internets bildet, die – „auch mit der Hilfe von Algorithmen" – auf einzelne Nutzerinteressen ausgerichtete Inhalte bereitstellen.[300] Diese Argumentationslinie weist Parallelen zur Rechtfertigung der abgeschwächten Vielfaltsanforderungen an das Programm der privaten Rundfunkveranstalter auf. Diese seien nur solange gerechtfertigt, bis der öffentlich-rechtliche Rundfunk in der Lage ist, seinem

---

295 Zu dieser Analyse der Rechtsprechung: *Jungheim*, Medienordnung und Wettbewerbsrecht, 2012, S. 131 f.; *Schulz*, AfP 2017, S. 373, 378. Auch die Kommentarliteratur diskutiert diesen Zusammenhang (vgl. *Starck/Paulus*, in: v. Mangoldt/Klein/Starck, GG, Bd. 1, 7. Aufl. 2018, Art. 5 Rn. 157; *Hoffmann-Riem*, in: Denninger et al. (Hrsg.), AK-GG, 3. Aufl. 2001, Art. 5 Abs. 1, 2 Rn. 175; *Bethge*, in: Sachs (Hrsg.), GG-Kommentar, 8. Aufl. 2018, Art. 5 Rn. 73).

296 BVerfGE 20, S. 162, 176 = NJW 1966, 1603, 1604; *Schulz*, AfP 2017, S. 373, 377.

297 BVerfGE 73, S. 118, 175 = NJW 1987, S. 239, 244. Zu dieser Analyse der Rechtsprechung: *Jungheim*, Medienordnung und Wettbewerbsrecht, 2012, S. 131 f.; *Schulz*, AfP 2017, S. 373, 378. Auch die Kommentarliteratur diskutiert diesen Zusammenhang, *Starck/Paulus*, in: v. Mangoldt/Klein/Starck, GG, Bd. 1, 7. Aufl. 2018, Art. 5 Rn. 157; *Hoffmann-Riem*, in: Denninger et al. (Hrsg.), AK-GG, 3. Aufl. 2001, Art. 5 Abs. 1, 2 Rn. 175; *Bethge*, in: Sachs (Hrsg.), GG-Kommentar, 8. Aufl. 2018, Art. 5 Rn. 73.

298 Zu den Grenzen: *Bretschneider*, Bewertung crossmedialer Verflechtungen im Medienkonzentrationsrecht, 2010, S. 72 f.

299 Vgl. *Franzius*, JZ 2016, S. 650, 651; *Schulz*, AfP 2017, S. 373, 378.

300 BVerfG, NVwZ 2018, S. 1293, 1299.

Funktionsauftrag nachzukommen.[301] Demnach können auch Intermediäre[302] einer vielfaltssichernden Regulierung unterworfen werden, wenn der öffentlich-rechtliche Rundfunk seinem Funktionsauftrag nicht nachkommen kann.

Die Einbindung von Intermediären in das medienrechtliche Vielfaltssicherungssystem wird vielfach diskutiert.[303] Dass Intermediäre auch Einfluss auf die Meinungsbildung ihrer Rezipienten haben, wird weder in der Kommunikationswissenschaft noch in der Rechtswissenschaft mehr bestritten.[304] Im Hinblick auf den Regulierungsrahmen ist aber fraglich, ob Intermediäre vom Schutzbereich des Art. 5 Abs. 1 S. 2 GG umfasst sind.[305]

Offen bleibt die Frage, wie mit dem Umstand umzugehen ist, dass eine einzelne Person mit Hilfe von „kommunizierenden Algorithmen“, wie den Journalismus-Bots, die freie und individuelle Meinungsbildung beeinflussen kann. Hinzukommt, dass die rundfunkzentrierte Rechtsprechung des Bundesverfassungsgerichts zu dogmatischen Folgeproblemen führt, die im Folgenden näher betrachtet werden.

---

301 „Die derzeitigen Defizite des privaten Rundfunks an gegenständlicher Breite und thematischer Vielfalt [können] nur hingenommen werden, soweit und solange der öffentlich-rechtliche Rundfunk in vollem Umfang funktionstüchtig bleibt.“ (BVerfGE 90 S. 60, 90 f. = NJW 1994, S. 1942, 1944).

302 Unter dem Begriff „Intermediär“ werden alle Anbieter verstanden, die Informationen auch mit Algorithmen aufbereiten, um Nutzern den Zugang zu Medieninhalten zu vermitteln (*Paal*, Intermediäre (Rechtsgutachten für die LfM Nordrhein-Westfalen), 2018, S. 16; *Müller-Terpitz*, AfP 2017, S. 380; *Schulz*, AfP 2017, S. 373, 375). Freilich können Intermediäre auch nur Waren- und Dienstleistungen vermitteln (*Kluth/Schulz*, Konvergenz und regulatorische Folgen, 2014, S. 26 f.).

303 Vgl. *Paal*, Intermediäre (Rechtsgutachten für die LfM Nordrhein-Westfalen), 2018; *MüllerTerpitz*, AfP 2017, S. 380, 382; *Schulz*, AfP 2017, S 373, 375; *Schulz/Dankert*, Informationsintermediäre, 2016.

304 Vgl. *Müller-Terpitz*, AfP 2017, S. 380, 382; *Paal*, MMR 2018, S. 567, 569 f.; *Schulz*, AfP 2017, S. 373, 375 f.; BVerfG, NVwZ 2018, S. 1293, 1299; *Lobigs/Neuberger*, Meinungsmacht im Internet (Gutachten im Auftrag der KEK), 2018, S. 32.

305 Dafür: *Paal*, Intermediäre (Rechtsgutachten für die LfM Nordrhein-Westfalen), 2018, S. 21; *Schulz*, CR 2008, S. 470, 472; *Dörr, D./Natt*, ZUM 2014, S. 829, 840; *Hartl*, Suchmaschinen, Algorithmen und Meinungsmacht, 2017, S. 164; a. A. *Gersdorf*, in: BLM (Hrsg.), BLM-Symposion Medienrecht, 2015, S. 53, 68. Für einen Schutz von Art. 5 Abs. 1 S. 2 GG für Soziale Netzwerke: *Pille*, Meinungsmacht Sozialer Netzwerke, 2016, S. 177. – Unentschieden: *Müller-Terpitz*, AfP 2017, S. 380, 382.

II. Dogmatische Folgeprobleme einer dienenden Rundfunkfreiheit

Aus der Konzeption der Rundfunkfreiheit als „dienende Freiheit“[306], die im Unterschied zu anderen Freiheitsrechten des Grundgesetzes ihren Trägern nicht zum Zweck der freien Persönlichkeitsentfaltung eingeräumt ist, folgt, dass vielfaltsschützende Gesetze nicht an Art. 5 Abs. 2 GG gemessen werden.[307] Nur ausnahmsweise erkennt das Bundesverfassungsgericht Maßnahmen mit Doppelwirkungen an, wobei nicht evident ist, ob diese Regelungen an Art. 5 Abs. 2 GG gemessen werden.[308] Dabei ist die Abgrenzung zwischen vielfaltssichernden Ausgestaltungs- und Eingriffsgesetzen auch außerhalb von Art. 5 GG schwierig.[309] Es ist weder eine einheitliche Terminologie erkennbar,[310] noch besteht Einigkeit über die Anforderungen an die verfassungsrechtliche Rechtfertigung von Ausgestaltungsgeset-

---

306 „Die Rundfunkfreiheit ermächtigt nicht zu[m] beliebigen Gebrauch.“ (BVerfGE 83, S. 238, 315, = NJW 1991, S. 899, 904). – So auch BVerfGE 87, S. 181, 197 = NJW 1992, S. 3285. Es wurde lange Zeit vertreten, dass sich kein Individuum auf die Rundfunkfreiheit berufen kann (*Böckenförde/Wieland*, AfP 1982, S. 77, 80).

307 Ständige Rechtsprechung seit BVerfGE 57, S. 295, 320 = NJW 1981, 1774, 1775; BVerfGE 83, S. 238, 315 = NJW 1991, S. 899, 904; BVerfGE 87, S. 181, 197 = NJW 1992, S. 3285.

308 BVerfGE 95, S. 220, 235 = NJW 1997, S. 1841, 1842: „Die zur Ermöglichung der Rechtsaufsicht erlassenen Regelungen [haben einen] Doppelcharakter. Je nach Bezug gestalten [Regelungen] die Rundfunkfreiheit aus oder schränken sie ein.“ In der Literatur wird von einer Exklusivität von Ausgestaltungs- und Eingriffsgesetz gesprochen: *Hoffmann-Riem*, in: Denninger et al. (Hrsg.), AK-GG, 3. Aufl. 2001, Art. 5 Abs. 1, 2 Rn. 143 u. Rn. 147; *Korte*, Das Recht auf Gegendarstellung im Wandel der Medien, 2001, S. 48; *Rossen*, Freie Meinungsbildung durch den Rundfunkfunk, 1988, S. 308: „[Es] gibt im Normbereich der Rundfunkfreiheit keine Betätigungsmöglichkeiten für grundrechtlich geschützte subjektive Kommunikationsfreiheiten, die hierbei sodann kollidieren könnten“. Nach anderer Ansicht ist jede Marktregulierung ein rechtfertigungsbedürftiger Eingriff: *Hain*, Rundfunkfreiheit und Rundfunkordnung, 1993, S. 23 f. u. S. 86 f.; *Starck/Paulus*, in: v. Mangoldt/Klein/Starck, GG, Bd. 1, 7. Aufl. 2018, Art. 5 Abs. 1 Rn. 236; *Bretschneider*, Bewertung crossmedialer Verflechtungen im Medienkonzentrationsrecht, 2010, S. 43.

309 Zu einem Versuch mit Bezug auf § 26 RStV: *Müller*, Konzentrationskontrolle zur Sicherung der Informationsfreiheit, 2004, S. 209–214, und allgemein auch *Rossen*, Freie Meinungsbildung durch Rundfunk, 1988, S. 314, der die „Unschschärferelation“ zwischen Ausgestaltungs- und Eingriffsnorm hinnimmt.

310 „Grundrechtsprägung“ (*Lerche*, in: Isensee/Kirchhof (Hrsg.), HStR, Bd. 5, 1. Aufl. 1992, § 121 Rn. 38); „Grundrechtsgewährleistung“ (*Hoffmann-Riem*, in: Bäuerle/Hanebeck et al. (Hrsg.), Haben wir wirklich Recht?, 2009, S. 53–76) oder schlicht „Ausgestaltung (*Vesting*, Prozessuales Rundfunkrecht, 1997,

zen.[311] Dass Ausgestaltungsregeln in der Lage sind, die „unterschiedlichen, regelmäßig multipolaren, sämtlich in Art. 5 Abs. 1 S. 2 GG geschützten Kommunikationsinteressen einander optimierend zuzuordnen“[312], sei zweifelhaft, weil die Interessen der Rundfunkveranstalter durch das Gebot „effektiver Regelungen“ verdrängt werden würden.[313] Aufgrund dieser Probleme wird zum Teil eine besondere Ausgestaltungsdogmatik abgelehnt.[314] Zwar plädieren Teile der Literatur dafür, Ausgestaltungen der Rundfunkordnung an Art. 12 GG als Auffanggrundrecht, das zugunsten der Rundfunkveranstalter zu berücksichtigen sei, zu messen, aber erstens ist dies umstritten,[315] und zweitens wäre in diesen Fällen auch Sonderrecht möglich, das durch Art. 5 Abs. 2 GG verhindert wird. Daher bietet Art. 12 GG keinen mit Art. 5 GG vergleichbaren Schutz.[316]

Diese kurzen Ausführungen illustrieren, dass die Arbeit an der Medienordnung der Zukunft kompliziert ist. *Schulz* resümiert, die vielfaltssichernde Regelung des § 26 RStV sei aufgrund gescheiterter Reformversuche und ihrer letztlich immer noch bestehenden Fernsehzentriertheit ein „broken-concept“, das nicht mehr funktioniert.[317] Diese Analyse wird gestützt von dem Umstand, dass eine Argumentation dahingehend, die Meinungsbildung und -äußerung einer Person mittels Journalismus-Bots auch der

---

S. 232). Zur Terminologie ausführlich: *Arnold*, Die grundrechtliche Schutzbereichsbegrenzung, 2011, S. 22 f.

311 Für eine entsprechende Anwendung von Art. 5 Abs. 2 GG auf Ausgestaltungsgesetze: *Ruck*, AöR 117 (1992), S. 543, 555. Für eine Anwendung des Verhältnismäßigkeitsprinzips auf freiheitsbeschränkende Ausgestaltungsgesetze: *Cornils*, Die Ausgestaltung der Grundrechte 2005, S. 676. Für eine Anwendung der Grundsätze der Rechtsklarheit und Rechtssicherheit: BVerfGE 73, S. 118, 163 f. = NJW 1987, S. 239, 242. Bereits *Vesting* hat 1997 darauf hingewiesen, dass jenseits von Übermaß und Untermaß eine „variable Bereichsdogmatik“ entwickelt werden müsste, welche die „multipolaren Interessenlagen“ im Hinblick auf „neuartige Ungewissheitsphänome“ hinreichend sensibel ordnet (ders., Prozedurales Rundfunkrecht, 1997, S. 235 f.).

312 *Hoffmann-Riem*, in: Denninger et al. (Hrsg.), AK-GG, 3. Aufl. 2001, Art. 5 Abs. 1, 2 Rn. 158.

313 *Cornils*, Die Ausgestaltung der Grundrechte, 2005, S. 152 (insb.: (dort) Fn. 436).

314 *Hain*, JZ 2005, S. 939; *Hain*, in: Dörr, D. (Hrsg.), Die Macht der Medien, 2011, S. 63, 68; *Cornils*, Ausgestaltung von Grundrechten, 2005, S. 676; *Hillgruber*, in: Isensee/Kirchhof (Hrsg.), HStR, Bd. IX, 3. Aufl. 2011, § 200 Rn. 64 f.

315 Dagegen: *Vesting*, Prozedurales Rundfunkrecht, 1997, S. 234; *Hoffmann-Riem*, in: Schmidt, S. (Hrsg.), Öffentliches Wirtschaftsrecht, 1995, S. 584.

316 *Schulz*, AfP 2013, S. 464, 470; *Pille*, Die Meinungsmacht Sozialer Netzwerke, 2016, S. 179.

317 *Schulz*, AfP 2017, S. 373.

Rundfunkfreiheit zuzuordnen ist, zu dem hier benannten rechtsstaatlichen Problem[318] führt. Der Staat könnte mit dem Hinweis auf den vielfaltsschützenden Zweck eines Gesetzes Vorschriften für die freie und individuelle Meinungsbildung erlassen, die nicht an den Schranken von Art. 5 Abs. 2 GG gemessen werden.

III. Lösungsansätze des dogmatischen Problems in der Literatur

Zur Lösung dieses dogmatischen Problems wird einerseits vorgeschlagen, die Kommunikationsgrundrechte primär als objektives Recht zu interpretieren (1.). Andererseits wird sich für eine Re-Subjektivierung der Rundfunkfreiheit ausgesprochen (2.). Beide Ansätze können nicht vollends überzeugen.

1. Verobjektivierung aller Kommunikationsgrundrechte

Der Staat habe „sämtliche Voraussetzungen für die effektive Grundrechtsausübung" des Art. 5 Abs. 1 GG zu schaffen.[319] Dabei wird zwar eine überindividuelle Funktion des Prinzips der Meinungsvielfalt anerkannt,[320] aber es wird missverstanden, dass kein Kommunikationsgrundrecht eine primär „dienende Funktion" hat.[321] Insbesondere stünde dem Gebot freier und vielfältiger Kommunikation keine unmittelbare subjektive Rechtspo-

---

318 Vgl. zum „Kardinalproblem" der dienenden Rundfunkfreiheit (*Cornils*, Die Ausgestaltung der Grundrechte, 2005, S. 152, S. 156 u. S. 164); *Gersdorf*, Legitimation und Limitierung von Onlineangeboten des öffentlich-rechtlichen Rundfunks, 2009, S. 26. Kritisch auch *Pille*, der in der Rechtsprechung einen „kaum überwindbaren dogmatischen Widerspruch" erkennt. (ders., Die Meinungsmacht Sozialer Netzwerke, 2016, S. 231) und *Hartmann*: „Dienende Freiheit ist keine Freiheit" (ders., JZ 2016, S. 18, 22).

319 *Pille*, Die Meinungsmacht Sozialer Netzwerke, 2016, S. 202 u. S. 209, vgl. aber S. 240, wo er sich (insoweit inkonsequent) für eine „Re-Subjektivierung" der Rundfunkfreiheit ausspricht. Zu weiteren verobjektivierenden Tendenzen des Art. 5 GG: *Francius*, JZ 2016, S. 650, 657 u. S. 659: Eine „kollektiver Grundrechtsverwirklichung" soll den subjektiv-rechtlichen Schutz ergänzen, aber nicht verdrängen.

320 *Pille*, Die Meinungsmacht Sozialer Netzwerke, 2016, S. 203.

321 So aber *Pille*, Die Meinungsmacht Sozialer Netzwerke, 2016, S. 203; a. A. *Hartmann*, JZ 2016, S. 18, 23.

sition gegenüber.[322] Diese Auffassung illustriert die Auswirkungen der rundfunkzentrierten Rechtsprechung des Bundesverfassungsgerichts. Dass *Pille* (auch) die Meinungsfreiheit als unmittelbarsten Ausdruck menschlicher Persönlichkeit als primär objektiv-rechtliche Freiheit interpretiert, folgt auch aus der Interpretation des Art. 5 Abs. 1 GG als einheitliche Kommunikationsfreiheit[323], was u. a. aus systematischen Gründen nicht überzeugen kann.[324] Zuzugestehen ist dem Ansatz von *Pille*, dass damit der Versuch gestartet wird, die Kommunikationsgrundrechte aus einer Makroperspektive[325] zu interpretieren. Allerdings liegt die Gefahr für die freie und individuelle Meinungsfreiheit auf der Hand. Folgt man dieser Auffassung, könnte der Staat auch für die individuelle Meinungsäußerungsfreiheit einen Regulierungsrahmen schaffen, der im Ergebnis zu „Chilling-Effekten"[326] führen könnte, indem etwa Marktzugangskontrollen „zur Sicherung der Meinungsvielfalt" in sozialen Netzwerken eingeführt werden.[327] Dass die Gefahr einer überschießenden Regulierung besteht, deutet *Pille* an, der sodann die Ausgestaltungsdogmatik des Bundesverfassungsgerichts mit überzeugender Begründung ablehnt und regulierende Maßnahmen an Art. 5 Abs. 2 GG misst.[328] Im Ergebnis bleibt dennoch unklar, nach welchem Rechtfertigungsmaßstab *Pille* zum Beispiel eine Marktzugangsregulierung im Bereich von Sozialen Netzwerken messen will. Einerseits plädiert *Pille* für ein einheitliches Kommunikationsgrundrecht. Eingriffe in dieses Grundrecht sind an Art. 5 Abs. 2 GG zu messen.[329] *Pille* spricht sich

---

322 Nicht ganz so weit geht das Bundesverfassungsgericht in seiner Entscheidung zur Beteiligung von Parteien an privaten Rundfunkunternehmen (BVerfGE 97, S. 228, 267 = NJW, S. 1627, 1631). Es knüpft primär an den objektiv-rechtlichen Gehalt der Rundfunkfreiheit an (ebd. Rn. 113), um dann inzident eine Verhältnismäßigkeitsprüfung vorzunehmen, in deren Rahmen die „rundfunkrechtlichen Positionen der Parteien" angemessen zu berücksichtigen seien.

323 *Hain*, K&R 2012, S. 98, 103; *Pille*, Die Meinungsmacht Sozialer Netzwerke, 2016, S. 194 f.

324 Zur Auslegung von Art. 5 Abs. 1 S. 2 GG noch ausführlich unter Kap. 3 B.II. (S. 102 f.).

325 Die Soziologie strukturiert ein Mediensystem in Mikrobene (Handeln individueller Akteuere), Mesoebene (Medienunternehmen) und Makrobene (Gesellschaft) (vgl. *Beck, K.*, Das Mediensystem Deutschlands, 2012, S. 13 f.).

326 Zur verfassungsrechtlichen Argumentation mit Abschreckungseffekten ausführlich: *Staben*, Der Abschreckungseffekt auf die Grundrechtsausübung, 2016.

327 Nach *Pille* hat der Gesetzgeber eine weite Einschätzungsprärogative, wobei die Regelungen zumindest dem Verhältnismäßigkeitsgrundsatz entsprechen müssen (ders., Die Meinungsmacht Sozialer Netzwerke, 2016, S. 212).

328 Vgl. *Pille*, Die Meinungsmacht Sozialer Netzwerke, 2016, S. 227–230 u. S. 240 f.

329 *Pille*, Die Meinungsmacht Sozialer Netzwerke, 2016, S. 197.

zudem für eine Re-Subjektivierung der Rundfunkfreiheit aus.[330] Letztlich betont *Pille* aber auch die Gewährleistungsverantwortung des Staates, die – umgesetzt in Regulierungsmaßnahmen – lediglich dem Verhältnismäßigkeitsgrundsatz entsprechen müssen, wenn kein Eingriff gegeben ist.[331] Damit ist ingesamt unklar, welcher Rechtfertigungsmaßstab wann greift.

Insgesamt ist zu konstatieren, dass der Ansatz von *Pille* isoliert an Art. 5 GG anknüpft, was der überindividuellen Funktion des Prinzips der Meinungsvielfalt nicht hinreichend Rechnung trägt.[332]

2. Re-Subjektivierung der Rundfunkfreiheit

Andererseits wird sich auch für eine Re-Subjektivierung der Rundfunkfreiheit ausgesprochen.[333] Der Lebenssachverhalt, der die dogmatische Konstruktion der dienenden Funktion der Rundfunkfreiheit einst gestützt hat, habe sich durch die Digitalisierung sowie durch das geänderte Rezipientenverhalten gewandelt.[334] Auch Inhalte außerhalb des klassischen Fernsehens können eine Breitenwirkung und Suggestivkraft entfalten sowie erst recht aktuell sein, wenn sie in Echtzeit über das Internet übertragen werden.[335] Indes wird aber auch erkannt, dass die bloße Re-Aktivierung der Abwehrfunktion der Rundfunkfreiheit die komplexen Gefährdungen der Medienvielfalt negieren würde. *Hartmann* schlägt vor, die Schutzfunktion der Kommunikationsgrundrechte zu aktivieren.[336] Aber auch die Schutzfunktion wird allgemein über den objektiv-rechtlichen Gehalt der Grundrechte hergeleitet.[337] Der Gesetzgeber hat eine große Entscheidungsfreiheit

---

330 *Pille*, Die Meinungsmacht Sozialer Netzwerke, 2016, S. 240 f.

331 *Pille*, Die Meinungsmacht Sozialer Netzwerke, 2016, S. 211 f.

332 Hierzu unter Kap. 3. A.V. (S. 79 f.).

333 *Hartmann*, JZ 2016, S. 18, 24 f.; *Degenhart*, AfP-Sonderheft 2007, S. 24, 27; *Gersdorf*, in: Gundel et. al. (Hrsg.), Konvergenz der Medien, 2009, S. 31, 33; *Hain*, in: Dörr, D. (Hrsg.), Die Macht der Medien, 2011, S. 63, 69 f.

334 *Hartmann*, JZ 2016, S. 18, 21; *Koreng*, Zensur im Internet, 2010, S. 105. Ausführlich zu den gewandelten Verhältnissen unter Berücksichtigung der ökonomischen Grundbedingungen: *Jungheim*, Medienordnung und Wettbewerbsrecht, 2012, S. 62–85. Aus kommunikationswissenschaftlicher Sicht: *Lobigs/Neuberger*, Meinungsmacht im Internet (Gutachten im Auftrag der KEK), 2018.

335 Vgl. *Lobigs/Neuberger*, Meinungsmacht im Internet (Gutachten im Auftrag der KEK), 2018, S. 32 f.

336 *Hartmann*, JZ 2016, S. 18, 26.

337 *Kloepfer*, Verfassungsrecht, Bd. 2, 2010, § 48 Rn. 58.

bei der Frage, wie er seiner Schutzpflicht nachkommt. Insbesondere sei das zu schützende Individualgrundrecht nur verletzt,

> „*wenn die öffentliche Gewalt Schutzvorkehrungen entweder überhaupt nicht getroffen hat oder die getroffenen Maßnahmen gänzlich ungeeignet oder völlig unzugänglich sind, das gebotene Schutzziel zu erreichen*".[338]

Im Ergebnis würden Regulierungsmaßnahmen wiederum nicht an Art. 5 Abs. 2 GG gemessen. Der Vorschlag von *Hartmann* erscheint daher wenig konsequent und ist abzulehnen.

Dass eine bloße Re-Subjektivierung zu kurz greift, erkennt auch *Franzius*. An *Ingold*[339] anknüpfend argumentiert *Franzius*, dass sich nicht alle gegenwärtigen überindividuellen Einflüsse einer sozialen Emergenz-Struktur durch Individualgrundrechte erfassen lassen.[340] Die objektiv-rechtliche Dimension der Medienfreiheit könnte jedenfalls durch die Anerkennung „inpersonaler Grundrechte" besser begründet werden.[341] Um die Meinungsbildung in Sozialen Netzwerken oder über die kollektiven Informations- und Wissensplattformen wie „Wikipedia" rechtlich zu erfassen, ist dieser Ansatz keinesfalls zu unterschätzen. Für die Regulierung der Macht einer einzelnen Person mittels „kommunizierender Algorithmen" eine vorherrschende öffentliche Meinung zu simulieren, bietet aber auch dieser Ansatz keine Lösung.

3. Zwischenergebnis

Im Ergebnis ist die gemeinsame Schwäche aller Ansichten die ausschließliche Grundrechtbezogenheit der Perspektive. Die Auslegungsdimensionen von Grundrechten zu betrachten, erscheint wenig erfolgsversprechend, um dem Gesetzgeber einen Regulierungsrahmen im Medienbereich vorzugeben, der sich von der rundfunkzentrierten Rechtsprechung des Bundesverfassungsgerichts löst. Im Folgenden wird daher u.a. für die Regulierung des Einsatzes von Journalismus-Bots ein eigener Pfad ent-

---

338 BVerfG, NVwZ 2010, S. 702, 703.

339 *Ingold*, Der Staat 53 (2014), S. 193, 205 f.

340 *Franzius*, JZ 2016, S. 650, 657.

341 *Franzius*, JZ 2016, S. 650, 659. *Franzius* Ansatz ist auch inspiriert vom Habilitationsvortrag von *Augsberg*, der sich dort für eine inpersonale Deutung von Grundrechten ausspricht: *Augsberg*, AöR 138 (2013), S. 493, 530 f.

wickelt. Untersucht wird, ob das Prinzip der Meinungsvielfalt ein eigenständiges Verfassungsprinzip ist.

IV. Methodische Herleitung eines Verfassungsprinzips

In einem ersten Schritt ist die Bedeutung des Begriffs „Prinzip“ zu klären. Prinzipien sind insbesondere von Regeln abzugrenzen (1.). Der Begriff „Verfassungsprinzip“ hat eine gewisse Wirkkraft, deren Diskussion den Rahmen dieser Arbeit sprengen würde (2.).[342] Folgerichtig wird die abstrakte methodische Herleitung von Verfassungsprinzipien nicht hinterfragt, sondern lediglich referiert (3.).

1. Prinzip und Regel

In der Terminologie von *Alexy* sind rechtliche „Prinzipien“ von rechtlichen „Regeln“ zu unterscheiden.[343] Letztere hätten einen absoluten Geltungsanspruch, während Prinzipien nur relativ in Abwägung mit anderen Regeln und Prinzipien verwirklicht werden können.[344] Hingegen wird ein Regelkonflikt unter anderem dadurch gelöst, dass eine Regelung für ungültig erklärt wird.[345]

Alexy illustriert diese Feststellung mit einem Beispiel aus der Schule.[346] Der Klassenraum darf erst verlassen werden, wenn die Schulglocke ertönt (oder der Lehrer den Unterricht vorzeitig beendet). Ertönt aber der Feueralarm, werden beide Regeln unwirksam und das Gebot, das Schulgebäude umgehend zu verlassen, tritt als Ausnahmeklausel an die Stelle der ersten beiden Regeln.

Gegen diese strenge Differenzierung wird zutreffend eingewendet, dass sie untauglich ist zu erklären, warum etwa die Menschenwürde oder das

342 Vgl. hierzu: *Reimer*, Verfassungsprinzipien, 2000; *Wolff*, Ungeschriebenes Verfassungsrecht, 2000.

343 *Alexy*, Der Staat Bd. 29 (1990), S. 49 u. S. 54; ders., Theorie der Grundrechte, 2. Aufl. 1994, S. 71 f.; *Reimer*, Verfassungsprinzipien, 2000, S. 19 u. S. 179. Als Rechtsbegriff ist er en détail umstritten (vgl. *Reimer*, Verfassungsprinzipien, 2000, S. 176).

344 *Alexy*, Der Staat Bd. 29 (1990), S. 49, 54; *Alexy*, Theorie der Grundrechte, 2. Aufl. 1994, S. 75 f.

345 *Alexy*, Theorie der Grundrechte, 2. Aufl. 1994, S. 77.

346 *Alexy*, Theorie der Grundrechte, 2. Aufl. 1994, S. 77.

Republikprinzip absolut geltende Verfassungsprinzipien sind, die gerade keiner Interessenabwägung zugänglich sind.[347] *Alexys* Prinzipienbegriff wird daher hier durch den Ansatz von *Reimer* erweitert, der zwischen „abwägungsfesten" und „abwägungsfähigen" Prinzipien differenziert.[348] Prinzipien sind Optimierungsgebote, die dadurch charakterisiert werden, dass das „Maß ihrer Erfüllung nicht nur von den tatsächlichen, sondern auch von den rechtlichen Möglichkeiten abhängt".[349] Wenn die dogmatische Begründung des Prinzips der Meinungsvielfalt als eigenständiges Verfassungsprinzip gelingt, ist dieses Prinzip mit den Individualgrundrechten der Medienanbieter abzuwägen, weil Grundrechte eigenständige Verfassungsprinzipien sind.[350] Die Rechtsprechung des Bundesverfassungsgerichts, die der Rundfunkfreiheit eine primär dienende Funktion zuspricht, trägt der normtheoretischen Unterscheidung zwischen Regeln und Prinzipien bzw. zwischen abwägungsfähigen und abwägungsfesten Prinzipien nicht hinreichend Rechnung. Wenn Ausgestaltungsvorschriften den Gewährleistungsbereich der Rundfunkfreiheit formen, werden diese Vorschriften nicht an Art. 5 Abs. 2 GG gemessen.[351] Gerade die geschriebenen und ungeschriebenen Schranken der Grundrechte unterstreichen aber den Prinzipiencharakter der Grundrechte. Im Ergebnis kann jedes Grundrecht zugunsten anderer Grundrechte oder sonstiger Güter mit Verfassungsrang eingeschränkt werden. Daher sind Grundrechte abwägungsfähige Prinzipien.[352] Das Bundesverfassungsgericht und die ihm zustimmenden Ansichten in der Literatur behandeln das Spannungsverhältnis zwischen individueller Medienfreiheit und kollektiver Medienvielfalt aber nicht als Konflikt zwischen zwei Prinzipien, sondern als Konflikt zwischen zwei Regeln, weil die individuelle Rundveranstalterfreiheit vom Bundesverfassungs-

---

347 *Reimer*, Verfassungsprinzipien, 2000, S. 215. *Alexy* hingegen geht von einem Doppelcharakter der Menschenwürde aus: Es sei einerseits Prinzip, andererseits aber gleichzeitig eine Regel, die verletzt wird, wenn die Menschenwürde gegenüber anderen Rechtsgütern, nach *Alexy* zum Beispiel zum Schutze der demokratischen Ordnung, zurücktritt (ders., Theorie der Grundrechte, 2. Aufl. 1994, S. 96 f.).

348 *Reimer*, Verfassungsprinzipien, 2000, S. 215 (Menschenwürde), S. 331 (Republikprinzip).

349 *Alexy*, Der Staat Bd. 29 (1990), S. 49, 54; *Alexy*, Theorie der Grundrechte, 2. Aufl. 1994, S. 75 f.

350 Vgl. *Alexy*, Theorie der Grundrechte, 2. Aufl. 1994, S. 80 f.

351 Zum rechtsstaatlichen Dilemma einer dienenden Rundfunkfreiheit bereits unter Kap. 3. A.II. (S. 69 f.).

352 *Alexy*, Theorie der Grundrechte, 2. Aufl. 1994, S. 80; *Reimer*, Verfassungsprinzipien, 2001, S. 273.

gericht bei Ausgestaltungsgesetzen nicht beachtet wird. Art. 5 Abs. 2 GG wird schließlich nicht angewendet. Damit aber wird der Konflikt zwischen Meinungsvielfalt und individueller Rundfunkfreiheit wie ein Regelkonflikt gelöst.

2. Verfassungsprinzip

Eine abstrakte Definition des Begriffs „Verfassungsprinzip" ist offenkundig recht unbestimmt. Verfassungsprinzipien seien Grundsätze, in denen Leitlinien der Staatsgestaltung, der Staatsform und der Staatsorganisation aufgestellt oder Direktiven für die Ausübung der Staatsgewalt und des sonstigen Verhaltens des Staates festgelegt sind.[353] Der Begriff Verfassungsprinzip ist daher ein Oberbegriff für Staatsstruktur-, Staatszielbestimmungen und die Grundrechte.[354]

> Das Bundesverfassungsgericht hat zum Beispiel ausdrücklich das Rechtsstaatsprinzip als Verfassungsprinzip bezeichnet.[355]

Es darf nicht verkannt werden, dass der schillernde Begriff des Verfassungsprinzips teilweise als „Zauberformel"[356] verwendet wird, um eine Meinung letztverbindlich zu untermauern.[357] Der Begriff ist daher mit Vorsicht zu genießen, und auch nur dann anzuwenden, wenn vorab eine methodische Herleitung nach Maßgabe des juristischen Auslegungskanons gelingt.[358]

3. Kategorisierung von Verfassungsprinzipien nach *Reimer*

Reimer differenziert zwischen Haupt- und Subprinzipien, die jeweils entweder in der Verfassung ausdrücklich inkorporiert sind („explizite Verfassungsprinzipien") oder durch Interpretation hergeleitet werden („implizierte Verfassungsprinzipien").[359] Bei der gebotenen Differenzierung sei

---

353 *Badura*, in: Isensee/Kirchhof (Hrsg.), HStR, Bd. VII, 1. Aufl. 1992, § 159 Rn. 35.
354 *Reimer*, Verfassungsprinzipien, 2000, S. 191.
355 BVerfGE 19, S. 38, 49 = NJW 1965, S. 1323, 1324.
356 *Reimer*, Verfassungsprinzipien, 2000, S. 19.
357 *Reimer*, Verfassungsprinzipien, 2000, S. 20.
358 Vgl. *Reimer*, Verfassungsprinzipien, 2000, S. 339 u. S. 378.
359 *Reimer*, Verfassungsprinzipien, 2000, S. 183 f. (Haupt- und Subprinzipien) u. S. 197 f. (Prinzipien kraft Inkoperation/kraft Interpretation).

der Grad der Verankerung in der Verfassung entscheidend. Während etwa Republik- und Bundesstaatsprinzip substantiviert in Art. 20 Abs. 1 GG benannt sind, gilt dies u. a. für das Demokratieprinzip bereits weniger, weil es adjektiviert („demokratischer“) in Art. 20 Abs. 1 GG eingefügt ist.[360]

4. Methodischer Ansatz nach *Reimer*

Rechtsmethodisch wird hier nach *Reimer* in Form einer Induktion – als Schluss vom Besonderen auf das Allgemeine – vorgegangen.[361] So sind in einem ersten Schritt die Ausgangsnormen zu bestimmen.[362] Diese sind im Fall des Prinzips der Meinungsvielfalt die Kommunikationsgrundrechte des Art. 5 Abs. 1 GG und das Demokratieprinzip aus Art. 20 Abs. 1 Var. 2 i.V.m. Art. 20 Abs. 2 GG. Sodann ist der gemeinsame Gehalt der Ausgangsnormen zu bestimmen, bevor überprüft wird, ob sich der gemeinsame Gehalt in einer Vielzahl von möglichen Situationen halten lässt.[363] Mit Hilfe von *Reimers* Methodik wird nunmehr ermittelt, ob sich aus der Verfassung ein neben den Grundrechten stehendes Prinzip der Meinungsvielfalt herleiten lässt.[364]

---

360 *Reimer*, Verfassungsprinzipien, 2000, S. 380.

361 *Reimer*, Verfassungsprinzipien, 2000, S. 407.

362 *Reimer*, Verfassungsprinzipien, 2000, S. 416.

363 *Reimer*, Verfassungsprinzipien, 2000, S. 418.

364 Bislang wird die Eigenständigkeit des Prinzips der Meinungsvielfalt nur angedeutet. Vgl. zum dogmatisch keinesfalls hinreichend hergeleiteten Verfassungsprinzip der Meinungsvielfalt: *Klein*, Die Rundfunkfreiheit, 1978, S. 53 f.; *Jungheim*, Medienordnung und Wettbewerbsrecht, 2012 und *Mengden*, der zwar erkennt, dass neben der individuellen Meinungsfreiheit ein kollektivistisches Rechtsgut existiert, aber die Frage der dogmatischen Implementierung ausdrücklich offenlässt (ders., Zugangsfreiheit und Aufmerksamkeitsregulierung, 2018, S. 407). In Darstellungen zum Medienkonzentrationsrecht wird das dogmatische Grundmodel des Bundesverfassungsreichts nicht hinterfragt, obwohl sich eine Diskussion gerade auch im Medienkonzentrationsrecht geradezu aufdrängt (vgl. aus der unergiebigen Literatur: *Bretschneider*, Bewertung crossmedialer Verflechtungen im Medienkonzentrationsrecht, 2010, S. 36 f.; *Hinrichsen*, Crossmediale Konzentration und Sicherung der Meinungsvielfalt, 2013; *Draack*, Pressekartellrecht zur Vielfaltsicherung, 2014, S. 40; *Ritlewski*, Pluralismus als Strukturprinzip des Rundfunks, 2009, S. 31 f.). *Müller* hingegen verankert die Medienvielfaltsrechtsprechung im objektiv-rechtlichen Gehalt der Informationsfreiheit (ders. Konzentrationskontrolle zur Sicherung der Informationsfreiheit, 2004, S. 115). Der durchaus vielversprechende Ansatz hat aber wiederum die Grundrechtsbezogenheit der Perspektive zum Nachteil.

V. Herleitung des Prinzips der Meinungsvielfalt als eigenständiges Verfassungsprinzip

Aus Makroperspektive betrachtet, haben alle Kommunikationsgrundrechte eine konstituierende Funktion für die demokratische Willensbildung des Volkes (1.). Dies impliziert, dass die individuellen Freiheitssphären einander zugeordnet werden müssen. Es muss ein Ausgleich gefunden werden zwischen individueller Freiheit und der Funktion der Freiheit für die Demokratie (2.).

1. Demokratiebezug von Medien und Kommunikation

Der enge Zusammenhang zwischen Medien und Demokratie kann anhand von Presse und Rundfunk als Faktoren der Meinungsbildung erklärt werden. Die freie und individuelle Meinungsbildung durch Presse- und Rundfunkmedien ist eine demokratiebezogene gesellschaftliche Aufgabe (a.). Aber nicht nur für die Presse- und Rundfunkfreiheit, sondern auch für die Meinungs- und Informationsfreiheit hat das Bundesverfassungsgericht festgestellt, dass diese Grundrechte für die freiheitliche Demokratie schlechthin konstituierend sind (b.).

a. Gesellschaftliche Aufgabe von Rundfunk und Presse

Die menschliche Gesellschaft beruht „auf der sinnhaften Interaktion der in ihr vereinigten Subjekte."[365] Eine Interaktion setzt voraus, sich über Meinungen Dritter zu informieren. Die aufgrund dieser Informationen gebildete eigene Meinung kann wiederum gegenüber Dritten geäußert werden, die darauf wieder reagieren, wodurch ein Diskurs aus Rede und Widerrede entsteht.[366] Insgesamt erleichtern Medien die freie Meinungsbildung, indem jeweils Individualmeinungen aus der Gesellschaft und der Politik aufgenommen und bewertet werden, um Sachverhalte für die Allgemeinheit verständlich zu machen. Insofern vermitteln Medien nicht nur Meinungen und Informationen zwischen den gewählten Volksvertretern und den Rezipienten, sondern sie sind als „Public-Watchdog" zugleich Wächter über die staatlichen Teilgewalten. Mithin ist eine staatsferne Organisation der

365 *Kübler*, Medien, Menschenrechte und Demokratie, 2008, S. 1.
366 BVerfGE 20, S. 162, 175 = NJW 1966, S. 1603, 1604.

privaten und öffentlich-rechtlichen Medien „die Geschäftsgrundlage“ des ungeschriebenen Vertrags zwischen Staat und Medien. Auch das Bundesverfassungsgericht umschreibt die Bezüge zwischen den Kommunikationsfreiheiten und dem Demokratieprinzip als tragendem Staatsstrukturprinzip des Grundgesetzes.[367] Medien bilden die Existenzgrundlage moderner Demokratien.[368]

Die Gewährleistung von Meinungsvielfalt ist in diesem Kontext so bedeutend, weil nur auf diesem Weg der Mehrheitswillen des Volkes ermittelt werden kann, indem bei der Bildung einer „öffentlichen Meinung“ auch Minderheitsmeinungen berücksichtigt werden.[369] Auch eine anfängliche Mindermeinung kann zu einer herrschenden öffentlichen Meinung werden, die in politisches Handeln umgesetzt werden kann – und zwar im Einzelfall bereits vor den nächsten Wahlen.[370]

Zusammenfassend hat das Bundesverfassungsgericht die Vermittlungsleistung der Presseverlage als „öffentliche Aufgabe“[371] bezeichnet, während die Vermittlungsleistung der Rundfunkunternehmen und -anstalten eine der freien und individuellen Meinungsbildung „dienende“ Aufgabe habe.[372] Mit der gewählten Terminologie ist die besondere dogmatische Ausgestaltung einer abwehrrechtlich ausgerichteten Pressefreiheit im Gegensatz zu einer ausgestaltungsbedürftigen Rundfunkfreiheit eng verknüpft.[373] Dabei unterscheiden sich die Aufgaben von Presse und Rund-

---

367 Vgl. BVerfGE 20, S. 162, 175 = NJW 1966, S. 1603, 1604.

368 *Beierwaltes*, Demokratie und Medien, 2000, S. 13.

369 Dass gesellschaftliche Minderheiten grundsätzlich besonders schutzbedürftig sind, zeigt sich auch im Straftatbestand der Holocaustleugnung (§ 130 Abs. 3 u. 4 StGB), der neben der öffentlichen Ordnung die Menschenwürde der Opfer der NS-Herrschaft (als Minderheit) schützt (BVerfG, NJW 2005, S. 3202, 3203). Hierzu: *Petersen*, Archiv des Völkerrechts, 55 (2017), S. 98–114.

370 Vgl. *Lehrke*, Pluralismus in den Medien, 2006, S. 39. Zur Integrationsfunktion der Medien: *Kloepfer*, in: Isensee/Kirchhof (Hrsg.), HStR, Bd. II, 2. Aufl. 1998, § 35 Rn. 15.

371 BVerfGE 20, S. 162, 175 = NJW 1966, S. 1603, 1604.

372 St. Rspr. BVerfGE 57, S. 295, 320 = NJW 1981, S. 1774, 1775; BVerfGE 74, S. 297, 324 = NJW 1987, S. 2987, 2988. Zu Sozialen Netzwerken musste das BVerfG noch keine Stellung beziehen, aber auch hier entsteht ein öffentlicher Diskussionsraum, der für sich schutzwürdig erscheint (*Pille*, Die Meinungsmacht Sozialer Netzwerke, 2016, S. 181).

373 *Möllers*, AfP 2008, S. 241 und hierzu bereits unter Kap. 3 A.I. (S. 66 f.).

funk faktisch nicht.[374] Insbesondere sind nur berichterstattende Medien[375] in der Lage, gesellschaftlichen Fragmentierungstendenzen[376] entgegenzuwirken, weil eine integrative Informationsvermittlung nicht nur die Nachricht an sich verbreitet, sondern auch notwendiges Hintergrundwissen, ohne das die Nachricht nicht verstanden und eingeordnet werden kann.[377]

> Zu beachten ist aber, dass der Begriff „öffentliche Aufgabe“ der Presse im Schriftleitergesetz von 1933 vom NS-Regime ideologisch instrumentalisiert wurde; die öffentliche Aufgabe (des Schriftleiters) war eine staatliche Aufgabe.[378] Der Begriff ist daher „historisch kontaminiert“.[379] Daher besteht heute Einigkeit darüber, dass die öffentliche Aufgabe der Presse keine staatliche Aufgabe ist, sondern dem Allgemeinwohl dient.[380]

Eine freie und individuelle Meinungsbildung konstituiert erst eine freiheitliche Demokratie.[381] Insofern übernehmen Presse, private Rundfunkveranstalter und öffentlich-rechtliche Rundfunkanstalten eine gesellschaftliche Aufgabe: Durch Rede und Widerrede im Rahmen einer öffentlichen Diskussion bilden sich Meinungen als „Vorstufe“ der politischen Willensbildung im Parlament.[382] Im Folgenden ersetzt der Begriff „gesellschaftliche Funktion der Medien“ daher die Begriffe „öffentliche Aufgabe der

---

374 „Rundfunk und Presse unterscheiden sich in ihrer Funktion nicht“ (BVerfGE 91, S. 125, 134 = NJW 1995, S. 184, 185; BVerfGE 35, S. 202, 222 = NJW 1973, S. 1226, 1228; BVerfGE 12, S. 205, 260 = NJW 1961, S. 547, 552). Auch die Literatur stimmt dem zu: *Peifer*, in: Gundel et al. (Hrsg.), Konvergenz der Medien, 2009, S. 47, 52; *Gersdorf*, Grundzüge des Rundfunkrechts, 2003, S. 25; *Hoffmann-Riem*, in: Denninger et al. (Hrsg.) AK-GG, 3. Aufl. 2001, Art. 5 Abs. 1, 2 Rn. 178; *Grabenwarter*, in: Maunz/Dürig, GG-Kommentar, Bd. I, 84. Lfg. 2018, Art. 5 Rn. 90.

375 Zum Begriff noch unter Kap. 3 B.II.3. (S. 109 f.).

376 Zur Fragmentierungsthese bereits unter Kap. 2 B.I.3.b. (S. 54).

377 *Schweiger*, Der (des)informierte Bürger im Netz, 2017, S. 34.

378 § 1 S. 1 SchriftlG lautete: „Die im Hauptberuf oder aufgrund des Bestellung zum Schriftleiter ausgebübte Mitwirkung an der Gestaltung des geistigen Inhalts der im Reichsgebiet herausgegebenen Zeitungen und politischen Zeitschriften durch Wort, Nachricht oder Bild ist eine in ihren beruflichen Pflichten und Rechten vom Staat durch dieses Gesetz geregelte öffentliche Aufgabe“.

379 *Cornils*, in: Löffler, Presserecht, 6. Aufl. 2015, § 3 Rn. 1 Rn. 5. – Hierzu: *Bullinger*, AfP 1995, S. 644–645.

380 *Häberle*, Öffentliches Interesse als juristisches Problem, 2. Aufl. 2006, S. 34.

381 Vgl. BVerfGE 69, S. 315, 345 f. = NJW 1985, S. 2395, 2396.

382 Vgl. BVerfGE 20, S. 162, 174 f.; *Bullinger*, AfP 1995, S. 644, 645 (zur Pressefreiheit).

Presse“ und „dienende Funktion des Rundfunks“, um die Gemeinsamkeit von Presse und Rundfunk zu betonen.

b. Meinungs- und Informationsfreiheit

Die individuelle Meinungsfreiheit ist „als unmittelbarster Ausdruck der menschlichen Persönlichkeit (…) Grundlage jeder Freiheit“, und ebenso ist die Informationsfreiheit als passive Seite der Meinungsfreiheit nicht weniger bedeutend.[383] Insoweit ist die freie und individuelle Meinungsbildung auch „nur“ ein Teil eines Prozesses, an dem kommunizierende Dritte, die Medien, der Staat und Rezipienten beteiligt sind.

2. Koordinierungsfunktion des Prinzips der Meinungsvielfalt

Fraglich ist, welche Funktion einem Prinzip der Meinungsvielfalt zukommen könnte. Ein Verfassungsprinzip ohne eigenständige Funktion und ohne eigenständigen Gewährleistungsgehalt ist entbehrlich.[384]

Wenn der Gehalt aller Kommunikationsgrundrechte in ihrer Kombination zueinander betrachtet wird, so lassen sich Elemente identifizieren, die neben dem normativen Gehalt der Einzelgrundrechte stehen.[385] Art. 5 Abs. 1 GG schützt den gesamten Prozess der Meinungsbildung.[386] Während die aktive Beteiligung am Kommunikationsprozess von der Meinungsfreiheit geschützt wird, ist die passive Rezeption von Meinungen von der Informationsfreiheit umfasst („Mikroebene“).[387] Indes hat bereits *Kloepfer* treffend formuliert, dass „die freie Äußerung einer unfrei gebildeten Meinung nicht die Freiheit des Art. 5 Abs. 1 S. 1 GG ist.“[388] Die Frei-

383 *Bethge*, in: Sachs (Hrsg.), GG-Kommentar, 8. Aufl. 2018, Art. 5 Rn. 17 u. Rn. 52.

384 Zu Letzterem, dem Medienvielfaltsgewährleistungsrecht, noch unter Kap. 3 VI. (S. 85 f.).

385 Vgl. insoweit bereits: *Vesting*, Prozedurales Rundfunkfrecht, 1996, S. 232.

386 Dass die freie und individuelle Meinungsbildung „nur“ ein Teil eines Prozesses ist, wird auch vom Bundesverfassungsgericht in ständiger Rechtsprechung betont (BVerfGE 57, S. 295, 319 = NJW 1981, S. 1774, 1775; BVerfGE 74, S. 297, 323 = NJW 1987, S. 2987).

387 Die Soziologie strukturiert ein Mediensystem in Mikrobene (Handeln individueller Akteuere), Mesoebene (Medienunternehmen) und Makrobene (Gesellschaft), vgl. *Beck, K.*, Das Mediensystem Deutschlands, 1. Aufl. 2012, S. 13 f.

388 *Kloepfer*, Grundrechte als Entstehenssicherung und Bestandsschutz, 1970, S. 57 und *Müntinga*, die diesen Ansatz ebenfalls aufgreift, um die journalistische

heit der Meinungsbildung zu gewährleisten, ist daher ein entstehungssichernder Grundrechtsvoraussetzungsschutz[389] und gewinnt, angeregt durch die „Macht kommunizierender Algorithmen", (erneut) an Relevanz.[390] Hinzu kommt über Art. 5 Abs. 1 S. 2 GG der (Institutions-)Schutz für berichterstattende Medien,[391] die Meinungen und Informationen recherchieren, selektieren und vermitteln („Mesoebene"). Sofern sich mehrere Grundrechtsträger auf eines der Kommunikationsgrundrechte berufen, gehört zur Ausgestaltung auch die Zuordnung der Freiheitsausübung dieser Personen.[392] Die angesprochenen Regelungen zum Schutz der Meinungsvielfalt müssen geeignet sein zu bewirken, was Art. 5 Abs. 1 GG in seiner Gesamtheit gewährleisten will.[393] An dieser Stelle werden der Prinzipiencharakter und die Koordinationsfunktion[394] des Meinungsvielfaltsprinzips deutlich, die indizieren, dass Interessen miteinander abgewogen und koordiniert werden müssen. Nach hier vertretener Ansicht verbindet das Prinzip der Meinungsvielfalt die gemeinsame Zuordnungsfunktion der Einzelgrundrechte, indem es auf Makroebene die gesamtgesellschaftliche Entwicklung der Medienordnung unabhängig von einzelnen Individuen und Medienunternehmen in den Blick nimmt.

3. Zwischenergebnis

Das Prinzip der Meinungsvielfalt basiert im Ergebnis auf vier Einzelgrundrechten sowie ihrer jeweiligen Verbindung zum Demokratieprinzip und somit auf einer breiten Induktionsbasis, was für die Annahme eines eigenständigen Verfassungsprinzips spricht.[395] Es ist in Art. 5 Abs. 1 GG i. V. m. Art. 20 Abs. 1 Var. 2 u. Art. 20 Abs. 2 GG verankert und wird durch Ausle-

---

Wahrhaftigkeitspflicht aus Ausgestaltung der Rundfunkfreiheit einzuordnen (ders., Die journalistischen Wahrheits- und Sorgfaltspflichten, 1999, S. 65).

389 *Kloepfer*, Grundrechte als Entstehungssicherung und Bestandsschutz, 1970, S. 57.

390 Hierzu noch eingehend unter Kap. 3 VI.4. (S. 91).

391 Zum Begriff der berichterstattenden Medien noch unter Kap. 3 B.II.3.

392 *Hoffmann-Riem*, in: Bäuerle et al. (Hrsg.), Haben wir wirklich Recht? 2004, S. 53, 58; *Kloepfer*, Grundrechte als Entstehungssicherung und Bestandsschutz, 1970, S. 63.

393 BVerfGE 57, S. 295, 320 = NJW 1981, 1774, 1776; BVerfGE 83, S. 238, 296 = NJW 1991, S. 899, 900.

394 Der Begriff ist angelehnt an *Stock*, Theorie des Koordinationsrundfunks, 1981, S. 154.

395 Vgl. zur Methode: *Reimer*, Verfassungsprinzipien, 2000, S. 425.

gung der Kommunikationsgrundrechte und deren Verbindung zum Demokratieprinzip hergeleitet. Aufgrund der konstituierenden Funktion der Meinungsvielfalt als gesellschaftlicher Wert ist es ein „notwendiges Subprinzip“[396] des Demokratieprinzips. Als eigenständiges Verfassungsprinzip steht das Prinzip der Meinungsvielfalt neben den Individualgrundrechten, wobei das genaue Verhältnis zu den Grundrechten sogleich erläutert wird.

4. Prinzip der Meinungsvielfalt als akzessorische Grundrechtsvoraussetzung

Im Verhältnis zwischen dem Prinzip der Meinungsvielfalt aus Art. 5 Abs. 1 GG i. V. m. Art. 20 Abs. 1 Var. 2 u. Art. 20 Abs. 2 GG und den Einzelgrundrechten ist das Prinzip der Meinungsvielfalt eine akzessorische Grundrechtsvoraussetzung.[397] Dieser Ansatz entlastet nicht zuletzt die Dogmatik von Art. 5 Abs. 1 GG.

Die Kategorie der Grundrechtsvoraussetzungen bildet Einflüsse rechtlicher oder realer Art ab, von denen die effektive Wahrnehmung von Grundrechtsnormen abhängt.[398] Grundrechtsvoraussetzungen sind damit gerade keine Bestandteile von einzelnen Grundrechtsnormen.[399] Das Prinzip der Meinungsvielfalt betrachtet auf einer Makroebene die gesamtgesellschaftliche Entwicklung der Kommunikationsordnung, indem es die unterschiedlichen aufeinander bezogenen Kommunikationssphären einander zuordnet. Das Prinzip der Meinungsvielfalt ist daher, wie Grundrechtsvoraussetzungen im Allgemeinen, mit den Einzelgrundrechten eng verwo-

---

396 Vgl. *Reimer*, Verfassungsprinzipien, 2000, S. 487: „Notwendig ist ein Subprinzip (…) dann, wenn das Hauptprinzip nicht ohne den Gehalt des Subprinzips gedacht werden kann“.

397 A. A. *Vesting*, der die Ausgestaltungsdogmatik bevorzugt, aber gleichermaßen auf die Lückenhaftigkeit der Ausgestaltungsdogmatik und deren Rechtfertigungsanforderungen verweist (ders. Prozedurales Rundfunkrecht, 1996, S. 232 f.). Illustriert wird dadruch anschaulich die Grenzen des herrschenden grundrechtsbezogenen Ansatzes.

398 *Kloepfer*, Grundrechte als Entstehenssicherung und Bestandsschutz, 1970, S. 16.

399 *Isensee*, in: Isensee/Kirchhof (Hrsg.), HStR, Bd. IX, 3. Aufl. 2011, § 190 Rn. 55 f. – Differenzierter hingegen: *Kloepfer*, der sechs Varianten des Grundrechtsvoraussetzungsschutzes unterscheidet (ders., Grundrechte als Entstehenssicherung und Bestandsschutz, 1970, S. 17 f.; *Krisor-Wietfeld*, Rahmenbedingungen der Grundrechtsausübung, 2016, S. 152).

ben.[400] Daher wird der Begriff der Grundrechtsvoraussetzung im Rahmen dieser Untersuchung anders als nach *Böckenförde* definiert, der in dieser Kategorie einen außerrechtlichen Sachverhalt versteht.[401] Nach hiesigem Verständnis sind Grundrechtsvoraussetzungen auf Grundrechte bezogen, aber nicht mit dem Gewährleistungsgehalt von Grundrechten identisch: Die Grundrechtsvoraussetzung ist eine dienende, akzessorische Kategorie[402] und wird hier als akzessorische Grundrechtsvoraussetzung bezeichnet. Das grundgesetzliche Akzessorietätsprinzip führt aber mitnichten dazu, dass der Staat beliebig in den Gewährleistungsgehalt der Grundrechte eingreifen kann.[403] Vielmehr sind insbesondere Ausgestaltungen des Medienvielfaltsgewährleistungsrechts an den Schranken des Art. 5 Abs. 2 GG zu messen.

VI. Medienvielfaltsgewährleistungsrecht

Die Ausgestaltung des Prinzips der Meinungsvielfalt ist eine wesentliche Grundentscheidung, die der Staat durch ein Gesetz zu regeln hat.[404] Die Summe der Gesetze wird hier als Medienvielfaltsgewährleistungsrecht bezeichnet. Die Leitlinien des Medienvielfaltsgewährleistungsrechts ergeben sich im Besonderen aus der Rechtsprechung des Bundesverfassungsgerichts. Sie werden geleitet durch das (Risiko-)Vorsorgeprinzip (1.) und eingeteilt in einen Kern- und einen Mittelbereich (2., 3.). Besonders hervorgehoben werden im Folgenden die Leitlinien für die Regulierung des Einsatzes der Journalismus-Bots (4.).

---

400 Vgl. *Isensee*, Isensee/Kirchhof (Hrsg.), HStR, Bd. IX, 3. Aufl. 2011, § 190 Rn. 55 f. u. Rn. 171.

401 „Der freiheitliche, säkularisierte Staat lebt von Voraussetzungen, die er selbst nicht garantieren kann", *Böckenförde*, in: Festschrift für Forsthoff, 1967, S. 75, 93.

402 *Isensee*, Isensee/Kirchhof (Hrsg.), HStR, Bd. IX, 3. Aufl. 2011, § 190 Rn. 56.

403 Vgl. zu diesem „paradoxen" Ergebnis: *Stern*, StaatsR, Bd. 3/1, 1988, § 66 II 5; *Kloepfer*, Grundrechte als Entstehenssicherung und Bestandsschutz, 1970, S. 16 f.

404 Im Rundfunkrecht wird von einem „erheblichen Gestaltungsspielraum" ausgegangen, *Hoffmann-Riem* (ders., Rundfunkrecht neben Wirtschaftsrecht, 1991, S. 20) sowie *Schulz* (AfP 2017, S. 373, 379) und auch das Bundesverfassungsgericht aus: „Wie der Gesetzgeber seine Aufgabe erfüllen will, ist Sache seiner eigenen Entscheidung" (BVerfGE 57, S. 295, 321 = NJW 1981, 1774, 1776). Die Modellneutralität des Grundgesetzes betont BVerfGE 83, S. 238, 315, 337 = NJW 1991, S. 899, 900.

1. Prinzip der kommunikativen Vorsorge

Das Medienvielfaltsgewährleistungsrecht beruht auf dem bekannten Gedanken, dass einmal entstandene Schäden der Kommunikationsordnung nur unter erheblichen Schwierigkeiten wieder behoben werden können.[405] Daher sind präventive Regelungen zum Schutz der Meinungsvielfalt vor Eintritt eines Schadens möglich und geboten. Das Vorsorgeprinzip ist ein allgemeiner Grundsatz des Informationsrechts.[406] Aus dieser Perspektive ist eine ungesicherte kommunikationswissenschaftliche Studienlage weitaus weniger problematisch, weil Gefahren lediglich mit hinreichender Plausibilität vorliegen müssen.[407] Der Gesetzgeber ist nicht verpflichtet, einen Kausalitätsbeweis zu führen. Er ist aber zu einer ständigen Evaluierung verpflichtet.[408]

2. Kernbereich

Fasst man das Prinzip der staatsfernen Organisation der Medien nicht als eigenständiges medienverfassungsrechtliches Grundprinzip auf, kann es dem Kernbereich[409] des Prinzips der Meinungsvielfalt zugeordnet werden.[410] Jedenfalls ist es von einem besonderen Stellenwert, wie auch die engen Vorgaben des Bundesverfassungsgerichts für die Besetzung des ZDF-Fernsehrates zeigen.[411]

---

405 BVerfGE 57, S. 295, 323 = NJW 1981, 1774, 1776; *Hoffmann-Riem*, Die Regulierung der dualen Rundfunkordnung, 2000, S. 108.

406 Zum Vorsorgeprinzip als allgemeinen Grundsatz des Informationsrechts: *Kloepfer*, Informationsrecht, 2002, S. 132 f. insb. S. 134 sowie zur kommunikativen Risikovorsorge: *Schulz*, AfP 2017, S. 373, 377 und *Cornis*, AfP 2018, S. 377, 382.

407 Vgl. *Schulz*, AfP 2017, S. 373, 377.

408 *Schulz*, AfP 2017, S. 373, 379.

409 Vgl. die Terminologie von *Reimer*, Verfassungsprinzipien, 2000, S. 222 f.

410 Vgl. *Hartmann*, JZ 2016, S. 18, 19.

411 BVerfGE 136, S. 9 = NVwZ 2014, S. 867; *Cornils*, Die Ausgestaltung der Grundrechte, 2005, S. 148.

a. Staatsferne Medien

Das Gebot staatsfreier und staatsferner Medien wird durch die Kommunikationsfreiheiten, das Zensurverbot[412] als „Eingriffskautele“[413] und das staatliche Neutralitätsgebot gewährleistet, wobei für den öffentlich-rechtlichen Rundfunk Verfahrens- und Organisationsvorschriften notwendig sind, die den staatlichen Einfluss begrenzen.[414] Eine staatsunabhängige Organisation der Medien ist nicht nur für deren „Public-Watchdog-Funktion“ unabdingbar, sondern verhindert, dass der Staat die Medien für „Agitation, Propaganda und andere Formen direkter oder mittelbarer Indoktrination“ ausnutzt.[415]

Hervorzuheben ist, dass Forderungen nach einem Algorithmen-TÜV jedenfalls auch den Grundsatz der Staatsferne beachten müssten. Organisatorisch könnten die Landesmedienanstalten dies übernehmen, wobei deren Grundrechtsfähigkeit – und damit die Staatsferne – unterschiedlich beurteilt wird.[416] Staatliche Stellen kommen hingegen nicht in Betracht.

b. Exkurs: Staatliches Informationshandeln mit „kommunizierenden Algorithmen“

Unter welchen Umständen der Staat „kommunizierende Algorithmen“ einsetzen darf, wird an dieser Stelle nicht umfassend beantwortet.[417]

---

412 Art. 5 Abs. 1 S. 3 GG.

413 *Isensee*, in: Isensee/Kirchhof (Hrsg.), HStR, Bd. 5, 1. Aufl. 1992, § 111 Rn. 38. Hierzu: *Gucht*, Das Zensurverbot, 2000, S. 135 f.

414 BVerfGE 12, S. 205, 260 = NJW 1961, S. 547, 552; BVerfGE 136, S. 9, 31 f. = NVwZ 2014, S. 867, 869 f.

415 *Kübler*, Medien, Menschenrechte und Demokratie, 2008, S. 56.

416 Dafür: *Hoffmann-Riem*, Personalrecht der Rundfunkaufsicht, 1991, S. 88 f.; *Bumke*, Die öffentliche Aufgabe der Landesmedienanstalten, 1995, S. 234. Dagegen: *Bethge*, NJW 1995, S. 557, 558 f.

417 Die Informationstätigkeit des Staates, verstanden als Äußerungen von Amtsträgern der Legislative, Exekutive und Gubernative, weißt Besonderheiten auf, die – im Kontext „kommunizierender Algorithmen“ – eine gesonderte Untersuchung erforderlich machen. Bislang sind hierzu nur kurze Einwürfe von *Dankert/Dreyer*, K&R 2017, S. 73, 76 und *Mast*, K&R 2016, S. 542, 543 vorhanden. Letztlich sind auch die Fragen der Automatisierung von Verwaltungsverfahren hier außen vor zu lassen. Hierzu: *Martini/Nink*, DVBl. 2018, S. 1128–1138 und speziell zum Anwendungsbereich von § 35a VwVfG: *Heckmann*, in: (ders.), (Hrsg.), juris-PK-Internetrecht, 5. Aufl. 2017, Kap. 5 Rn. 491.

Der Untersuchungsgegenstand ist auf den journalistischen Einsatzbereich von Bots begrenzt. Der Staat ist aber niemals berichterstattend i. S. d. Art. 5 Abs. 1 S. 2 GG tätig, was gerade durch die staatsferne Organisation der Medien abgesichert wird.

Angemerkt sei aber, dass sich aus der Rechtsprechung des Bundesverfassungsgerichts einerseits konkrete Vorgaben für die staatliche Informationstätigkeit bezüglich des Inhalts der Information, insbesondere der Informationsqualität, herleiten lassen. Das sind die Gebote der Sachlichkeit, Richtigkeit und Vollständigkeit.[418] Andererseits betrachtet das Bundesverfassungsgericht auch die Kommunikationsumstände, weil die benannten Qualitätsindikatoren nur greifen, wenn sich ein Amtsträger in amtlicher Funktion äußert.[419] Die Abgrenzung zwischen privater und amtlicher Äußerung erfolgt nach den Umständen der Kommunikation, nämlich ob staatliche Ressourcen, etwa ein staatlich verwalteter Internetauftritt, für eine Äußerung genutzt werden.[420] Hingegen wird bislang nicht zwischen verschiedenen Kommunikationstechniken differenziert.[421] Amtsträger dürfen alle Informationskanäle in amtlicher Funktion nutzen, weil die Willensbildung des Volkes nicht einseitig vom Volk zu den Staatsorganen stattfindet.[422] Im Ausgangspunkt darf der Staat auch Bots nutzen, wenn die Gebote der Sachlichkeit, Richtigkeit und Vollständigkeit eingehalten werden.[423]

Müssen aber die technischen Umstände der Kommunikation offengelegt werden?

Nach *Mast* sei eine Transparenzpflicht aus dem Gebot der Rechtsklarheit herzuleiten.[424] Das Gebot der Rechtsklarheit wird aus dem Rechtsstaatsprinzip abgeleitet. Als solches bezieht es sich auf Normen, Verwaltungsakte und Gerichtsentscheidungen, die in sich widerspruchsfrei zu formulieren und zu begründen sind.[425] Zudem sind die staatlichen Handlungsformen mittels eines Kundgabeaktes dem Volk und gegebenenfalls

---

418 BVerfGE 105, S. 252, 268 f. = NJW 2002, S. 2621, 2622.

419 BVerfGE 138, S. 102, 118 f. = NVwZ 2015, S. 209, 213; ThürVerfGH, NVwZ 2016, S. 1408, 1410.

420 ThürVerfGH, NVwZ 2016, S. 1408, 1411.

421 Vgl. ThürVerfGH, NVwZ 2016, S. 1408, 1410.

422 Vgl. BVerfGE 121, S. 30, 54 f. = NVwZ 2008, S. 658, 661; *Holznagel*, VVDStRL 68 (2009), S. 381, 386.

423 *Dankert/Dreyer*, K&R 2017, S. 73, 76.

424 *Mast*, K&R 2016, S. 542, 543; *Dankert/Dreyer*, K&R 2017, S. 73, 76.

425 *Sachs*, in: Sachs (Hrsg.), GG, 8. Auflage 2018, Art. 20 Rn. 123–125.

(nur) den Betroffenen bekannt zu machen.[426] Im Verwaltungsverfahren bezieht sich das Gebot der Rechtsklarheit zum Beispiel auf die klare Bezeichnung der einen Verwaltungsakt ausstellenden Behörde sowie deren Rechtsträger.[427] Der Amtswalter muss hingegen nicht benannt werden.[428] Daran hat auch der 2016 geschaffene § 35a VwVfG nichts geändert, weil die Norm lediglich feststellt, dass auch automatisiert generierte Verwaltungsakte auf eine menschliche Willensbestätigung bei der Programmierung der Software zurückzuführen sind.[429] Die Art und Weise der Entscheidungsfindung eines Amtswalters bleibt dem Verwaltungsaktsadressaten daher regelmäßig verborgen.

Auch aus der besonderen Regelung des § 119 Abs. 3 S. 2 Hs. 2 Abgabenordnung (AO) folgt lediglich, dass der Adressat über die maschinelle Erstellung des Verwaltungsakts informiert werden muss. In diesem Fall ist ein Hinweis erforderlich, dass der maschinell generierte Verwaltungsakt ohne Unterschrift und Namenswiedergabe gültig ist. Ob und inwieweit die Entscheidungsfindung automatisiert erfolgt ist, muss nicht offengelegt werden.

Gesetze, Verwaltungsakte und Gerichtsentscheidungen lassen sich regelmäßig als Eingriffe in Grundrechte qualifizieren, während die Eingriffsqualität staatlichen Informationshandelns bis heute umstritten ist.[430] Wenn aber der Staat die Umstände der Entscheidungsbildung im Fall von staatlichen Eingriffen nicht transparent machen muss, dann dürfte das ebenso für das staatliche Informationshandeln gelten. Selbst wenn von einer Eingriffsqualität staatlichen Informationshandelns ausgegangen wird, zeigt der Vergleich zwischen der besonderen Regelung der Abgabenordnung sowie den (ebenfalls) detaillierten allgemeinen Verfahrensvorschriften, dass der Staat für die Ausformung des Gebots der Rechtsklarheit als Ausprägung des Rechtsstaatsprinzips einen Entscheidungsspielraum hat. Nach hier vertretener Ansicht ergibt sich daher unmittelbar aus dem verfassungsrechtlichen Gebot der Rechtsklarheit kein Kennzeichnungsge-

---

426 *Sachs*, in: Sachs (Hrsg.), GG, 8. Auflage 2018, Art. 20 Rn. 123–125.

427 Die Namensangabe ist eben kein unbedingtes Formerforderniss der Schriftform: *Badura*, in: Schmitt-Glaeser (Hrsg.), FS Richard Booberg Verlag, 1977, S. 205, 217–219.

428 *Stelkens*, in: Stelkens et al., VwVfG, 9. Aufl. 2018, § 37 Rn. 100.

429 *Heckmann*, in: Heckmann (Hrsg.), Juris-PK-Internetrecht, 5. Aufl. 2017, Kap. 5 Rn. 491.

430 Eingriff, wenn die staatliche Information ein „funktionelles Äquivalent" eines Eingriffs darstellt, BVerfGE 105, S. 252, 273 = NJW 2002, S. 2621, 2624 – Zur Kritik an der Dogmatik dieser Rechtsprechung *Schoch*, NVwZ 2011, S. 193–198.

bot hinsichtlich des Einsatzes von Bots für staatliche Informationstätigkeit.[431]

3. Mittelbereich

Im Mittelbereich des Medienvielfaltsgewährleistungsrechts – etwa bei der grundlegenden (System-)Entscheidung für ein duales Rundfunksystem – hat der Gesetzgeber aufgrund der multipolaren Interessenlage eine weite Einschätzungsprärogative.[432] Dem Gesetzgeber steht es frei, Meinungsvielfalt durch organisatorische Regeln, wie etwa im Bereich des (öffentlich-rechtlichen) Rundfunks, zu sichern[433] oder auf eine Selbstregulierung des Marktes, wie im Pressebereich und im Bereich der Produktion von Medieninhalten, zu vertrauen.[434] Eine Konsequenz dieser weiten Einschätzungsprärogative ist, dass auch (Organisations-)Vorschriften für Presseverlage nicht ausgeschlossen sind, wenn Gefährdungen für das Vielfaltsgebot aus Art. 5 Abs. 1 GG i. V. m. Art. 20 Abs. 1 Var. 2 u. Art. 20 Abs. 2 GG im Entstehen sind.[435] Ob und unter welchen Voraussetzungen dies sinnvoll ist,

---

431 A. A. *Mast*, K&R 2016, S. 542, 543; *Dankert/Dreyer*, K&R 2017, S. 73, 76, wie hier: *Martini*, Blackbox Algorithmen, 2019, S. 70.

432 *Hoffmann-Riem*, Rundfunkrecht neben Wirtschaftsrecht, 1991, S. 20; *Hoffmann-Riem*, Die Regulierung der dualen Rundfunkordnung, 2000, S. 107: *Schulz*, AfP 2017, S. 373, 379; BVerfGE 57, S. 295, 321 = NJW 1981, 1774, 1776; BVerfGE 83, S. 238, 316 = NJW 1991, S. 899, 902.

433 Auch private Rundfunkveranstalter können verpflichtet werden, einen Programmbeirat einzurichten (§ 30 Nr. 2 i.Vm. § 32 RStV). Die anstaltsinterne Kontrolle über das Programm durch den Rundfunkrat wird insbesondere von der ständigen Publikumskonferenz der öffentlich-rechtlichen Medien e.V. kritisiert. Der Verein versteht sich als externe und unabhängige Programmbeschwerdestelle, die eine Art Wächterfunktion ausübt, hierzu: *Herzog/Zetti*, in: Filipović et al., Gesellschaft ohne Diskurs?, 2017, S. 253, 257.

434 „Grundsatz der Modellneutralität": *Hoffmann-Riem*, in: Denninger et al. (Hrsg.), AK-GG, 3. Aufl. 2001, Art. 5 Abs. 1, 2 Rn. 189; BVerfGE 83, S. 238, 316 = NJW 1991, S. 899, 902.

435 Offen hierfür: *Hoffmann-Riem*, in: Denninger et al. (Hrsg.), AK-GG, 3. Aufl. 2001, Art. 5 Abs. 1, 2 Rn. 189; *Lerche*, Verfassungsrechtliche Aspekte der „inneren Pressefreiheit", 1972, S. 34 u. S. 42; *Ladeur*, KJ 1999, S. 281, 290; ders., in: Paschke et al. (Hrsg.), Gesamtes Medienrecht, 3. Aufl. 2015, 4. Abschnitt, Rn. 7; a. A. Paulus/Nölscher, ZUM 2017, S. 177, 185, die das Entstehen einer „öffentlich-rechtlichen Presse" kritisch sehen. Dem zustimmend: *Starck/Paulus*, in: v. Mangoldt/Klein/Starck, GG, Bd. 1, 7. Aufl. 2018, Art. 5 Rn. 161; *Möllers*, AfP 2013, S. 457, 463. Vgl. zudem das Gedankenmodell von *Eichhoff*, die die Auswirkungen einer dualen Pressordnung auf den investigativen Journalismus

wird an dieser Stelle offengelassen.[436] Jedenfalls sind Fragen der Medienkonzentration mit Blick auf den Gesamtmarkt der Medienlandschaft zu betrachten und nicht isoliert in Bezug auf einzelne Mediensektoren (Presse, Rundfunk, „Internet“).[437] Zudem könnte die individuelle Meinungsäußerungsfreiheit mit Journalismus-Bots eingeschränkt werden, indem nicht nur eine medienspezifische, sondern eine allgemeine Kennzeichnungspflicht für „kommunizierende Algorithmen“ eingeführt wird.[438]

4. Regulierung von „kommunizierenden Algorithmen“

Die kommunikative Chancengleichheit[439] zu gewährleisten, ist insbesondere aufgrund der vollautomatisierten Kommunikation mit Journalismus-Bots, mit der ein Popularity-Bias[440] erzeugt werden könnte, ein legitimes Regulierungsziel. Die Kommunikationswissenschaftler *Lobigs* und *Neuberger* definieren Macht als die Fähigkeit, Handlungsalternativen für andere Akteure objektiv einzuschränken oder das subjektive Vorstellungsbild zu

---

prüft (ders. Investigativer Journalismus aus verfassungsrechtlicher Sicht, 2010, S. 67). Sie kommt zu dem Ergebnis, dass durch die dann als „dienende Freiheit“ aufzufassenden Pressefreiheit die nötige Staatsferne fehlen würde (ebd., S. 73). Das ist nach hiesiger Auffassung aber unzutreffend, weil das Prinzip der Staatsfreiheit durch organisatorische Vorgaben auch in öffentlich-rechtlichen Medienanstalten gewahrt werden kann. Indes treffen Eichhofs Ausführungen im Ergebnis für den damaligen Zeitpunkt zu, weil die Zusammensetzung des Fernsehrates des ZDF im Jahr 2010 dem Gebot der Staatsferne nicht entsprach (2/5 der Mitglieder wurden unmittelbar von Regierungen und Parteien entsandt). Das Bundesverfassungsgericht hat im Jahr 2014 eine Grenze von 1/3 staatlicher oder staatsnaher Mitglieder gezogen (BVerfGE 136, S. 9, 39 f. = NVwZ 2014, S. 867, 871).

436 Skeptisch zur Pressevielfalt: *Hoffmann-Riem*, in: Denninger et al. (Hrsg.), AK-GG, 3. Aufl. 2001, Art. 5 Abs. 1, 2 Rn. 205; *Paulus/Nölscher*, ZUM 2017, S. 177, 183; *Starck/Paulus*, in: v Mangoldt/Klein/Starck, GG, Bd. 1, 7. Aufl. 2018, Art. 5 Rn. 128; anders: *Gersdorf*, Grundzüge des Rundfunkrechts, 2003, S. 25.

437 Vgl. *Lerche*, Verfassungsrechtliche Aspekte der „inneren Pressefreiheit“, 1972, S. 89 f. und *Krzywicki*, Crossmediale Zusammenschlüsse, 2014, S. 62 f.

438 Hierzu unter Kap 2 VI.4.b. (S. 93 f.) und Kap. 3 D. (S. 143 f.).

439 Vgl. *Hoffmann-Riem*, in: Hoffmann-Riem (Hrsg.), Wandel der Medienordnung, 2009, S. 297, 301 f.; ders., ZRP 1976, S. 291–299; *Schulz*, Gewährleistung kommunikativer Chancengleichheit, 1998, S. 168 f.; *Hoffmann-Riem*, in: Hoffmann (Hrsg.), Offene Rechtswissenschaft, 2010, S. 668 f.

440 Hierzu bereits unter Kap. 2 B.I.4. (S. 56).

beeinflussen.[441] Die Weite des Begriffs impliziert, dass kommunikative Macht als solche nicht verwerflich ist. Die Autoren heben hervor, dass Technik Macht verstärken kann, wofür die Suggestivkraft des Fernsehens, aber auch gerade die algorithmische Selektion von Informationen im Internet als Beispiele angeführt werden.[442] Insbesondere würde die subjektive Wahrnehmung der Rezipienten beeinflusst werden. Ein Blick in den gemeinsamen Kern des Prinzips der Meinungsvielfalt und der Individualgrundrechte ergibt, dass die Macht „kommunizierender Algorithmen“[443] auf die kommunikative Chancengleichheit (a.) mit einem Trennungsprinzip zwischen unmittelbarer und mittelbarer menschlicher Kommunikation ausgeglichen werden kann (b.).

a. Kommunikative Chancengleichheit

Dass alle Inhalte, die an die Allgemeinheit adressiert sind, die gleiche Chance haben, von der Öffentlichkeit aufgenommen zu werden, bedeutet nicht, dass jeder zu jeder Zeit den gleichen Anspruch auf öffentliches Gehör hat.[444] Das Bestreben, andere Menschen von eigenen Ansichten mit dem Ziel zu überzeugen, dass diese die Ansichten weitertragen, entspricht dem Prozess öffentlicher Meinungsbildung.[445] Allerdings muss der Prozess, in dem eine Einzelmeinung zur herrschenden öffentlichen Meinung wird, offen gestaltet werden.[446] Daher sind Machtstellungen im Prozess der öffentlichen Meinungsbildung kommunikativ zu begründen. – Sie dürfen gerade nicht auf technischer oder finanzieller Überlegenheit auf-

---

441 *Lobigs/Neuberger*, Meinungsmacht im Internet (Gutachten im Auftrag der KEK), 2018, S. 19.

442 *Lobigs/Neuberger*, Meinungsmacht im Internet (Gutachten im Auftrag der KEK), 2018, S. 21.

443 Es wird bewusst nicht von „Macht der Algorithmen“ gesprochen, weil nicht jeder Einsatzbereich von Algorithmen die gleichen Auswirkungen auf die individuellen Freiheiten der Menschen entfaltet. Der Begriff „kommunikative Macht“ wurde bereits für das Einflusspotential klassischer Massemendien (Presse und Rundfunk) verwendet (*Hoffmann-Riem*, in: Benda et al. (Hrsg.), HVerfR, 2. Aufl. 1995, § 7 Rn. 28).

444 *Schulz*, Gewährleistung kommunikativer Chancengleichheit, 1998, S. 168 f. – Zur Netzneutralitätsdebatte: *Bortnikov*, Netzneutralität und kommunikativer Selbstbestimmung, 2013; *Ziebert*, Die Netzneutralität des Grundgesetzes, 2016.

445 Zum Prozesscharakter der öffentlichen Meinungsbildung bereits unter Kap. 3 A.V.1. (S. 79).

446 Vgl. *Schulz*, AfP 2017, S. 373, 377.

bauen.[447] Das Meinungsvielfaltsgewährleistungsrecht hat zum Ziel, die Offenheit dieses Meinungsbildungsprozesses abzusichern.[448]

Die potentielle Macht „kommunizierender Algorithmen“ auf die freie und individuelle Meinungsbildung zwischen Menschen rechtfertigt ein Trennungsprinzip zwischen unmittelbarer und mittelbarer menschlicher Kommunikation.

b. Trennungsprinzip zwischen mittelbarer und unmittelbarer menschlicher Kommunikation

Solange die Kommunikation mit Journalismus-Bots auf einen Menschen zurückzuführen ist, ist der Gebrauch eines Journalismus-Bots eine technische Modalität einer Meinungsäußerung.[449] Allerdings besteht zwischen einer durch Software vermittelten Kommunikation und der unmittelbaren zwischenmenschlichen Kommunikation ein qualitativer Unterschied, dem mit einem Trennungsprinzip Rechnung zu tragen ist. Dieses Trennungsprinzip lässt sich durch drei Argumente untermauern:

Erstens folgt aus der Funktion des Prinzips der Meinungsvielfalt, dass der unmittelbare (zwischen-)menschliche Meinungsaustausch das relevante Schutzgut ist.[450] Die Kommunikationsfreiheiten schützen aus gutem Grund primär die unmittelbare Kommunikation durch und zwischen Menschen und nur sekundär den Einsatz von technischen Hilfsmitteln, die freilich auch von Menschen eingesetzt werden. Als ius naturale knüpft jede Art von Kommunikationsfreiheit an die Natur des Menschen an und ist daher vorstaatlichen Ursprungs.[451] Das Verhältnis zwischen Naturrecht und Grundrechten staatlicher Schöpfung ist zwar umstritten.[452] Die Vertreter der Kommunikationsfreiheiten als ius naturale dürften aber die An-

---

447 Vgl. *Hoffmann-Riem*, in: Hoffmann-Riem (Hrsg.), Offene Rechtswissenschaft, 2010, S. 668 f.

448 Vgl. *Schulz*, AfP 2017, S. 373, 377.

449 Insoweit wird auf das Ergebnis der Auslegung der Meinungsfreiheit aus Verständnisgründen vorgegriffen. Zur Begründung der Zurechnung des Outputs von Journalismus-Bots zum Programmierer ausführlich: Kap. 3 B.VI. (S. 133 f.).

450 Den Charakter der Meinungs- und Informationsfreiheit als Menschenrechte betont auch das Bundesverfassungsgericht (BVerfGE 57, S. 295, 319 = NJW NJW 1981, 1774, 1775).

451 *Gornig*, Äußerungsfreiheit und Informationsfreiheit, 1988, S. 27; *Isensee*, in: Merten/Papier (Hrsg.), HGR, Bd. 2, 2006, § 26 Rn. 88.

452 Hierzu: *Gornig*, Äußerungsfreiheit und Informationsfreiheit als Menschrechte, 1988, S. 7; *Scholler*, Person und Öffentlichkeit, 1967, S. 176.

sicht teilen, dass, je mehr sich der Inhalt von Kommunikation vom menschlichen Geist entfernt, umso weiter der naturrechtliche Gehalt der Kommunikationsfreiheit in den Hintergrund tritt. Dies wiederum aktiviert das Volk als Souverän, das den Staat in demokratischen Wahlen ermächtigt, diesen Sachverhalt zu regulieren.[453] Die Meinungsfreiheit ist der unmittelbarste Ausdruck menschlicher Persönlichkeit und Element der geistigen Auseinandersetzung.[454] Menschenrechtsverhältnisse werden nicht nur durch den formellen Rechtsstatus charakterisiert, sondern auch durch den Rahmen, innerhalb dessen „die Menschlichkeit des Rechts" zum Ausdruck kommt.[455] Provokativ fragen *Susanne Beck* und *Benno Zabel* in ihrem Aufsatz zur „Technologisierung des Sozialen":

> *„Sollten Gesellschaften und menschenrechtliche Standards aber nicht sagen können, wo Sinn und Grenzen der Technologisierung liegen, wo die Grenzen technikgestützter Bildung und Erziehung maschinengesteuerter Betreuung und Pflege zu ziehen sind und wo Arbeits- und Produktionsprozesse dehumanisierend wirken"?*[456]

Zu den aufgezählten Lebensbereichen ist die technikgestützte Kommunikation mittels Journalismus-Bots hinzuzufügen. Aufgrund der menschenrechtlichen Wurzel aller Kommunikation, die im Prinzip der Meinungsvielfalt sowie den Kommunikationsgrundrechten zudem eine Positivierung erfahren haben, kann die Frage nur mit „ja" beantwortet werden.[457]

Zweitens hat die Untersuchung des Realbereichs im ersten Kapitel ergeben, dass sowohl die individuelle Meinungsbildung als auch die Genese der öffentlichen Meinung durch Äußerungen von Menschen, die Social-Bots zur Verbreitung einer Aussage nutzen, beeinflusst werden kann, wenn auch die Auswirkungen auf die öffentliche Meinungsbildung schwer messbar sind.[458] Dass hingegen im Einzelfall eine bestimmte Person in

---

453 Ein gutes Beispiel hierfür ist auch das Verhältnis von Pflegerobotern und Patient, dessen Menschenwürde bei der Frage berücksichtigt werden muss, ob und in welchem Umfang Pflegeleistungen automatisiert werden dürfen (*Beck/Zabel*, in: Demko et al. (Hrsg.), Menschenrechte, 2015, S. 197, 221).

454 BVerfGE 7, S. 198, 208 = NJW 1957, S. 257, 258.

455 *Beck/Zabel*, in: Demko et al. (Hrsg.), Menschenrechte, 2015, S. 197, 218.

456 *Beck/Zabel*, in: Demko et al. (Hrsg.), Menschenrechte, 2015, S. 197, 218.

457 Angemerkt sei, dass auch *Susanne Beck* und *Benno Zabel* diese Frage bejahen, indem sie sich für eine behutsamen „Einhegung" der Technologisierung aussprechen, indem „Interessen vermittelt, Autonomie gesichert und Freiheitsräume neu begründet werden" (ders., in: Demko et al. (Hrsg.), Menschenrechte, 2015, S. 197, 221).

458 Hierzu bereits: Kap. 2 B.I.3. (S. 51 f.).

ihrer individuellen Meinungsbildung, insbesondere durch von Dritten programmierte Social-Bots, gestört worden ist, erscheint überwiegend wahrscheinlich. In Anlehnung an *Kloepfer* stellt sich daher im hiesigen Kontext die Frage, ob die Meinungsäußerungsfreiheit von Menschen, die Journalismus-Bots und Social-Bots nutzen, durch die Meinungsbildungsfreiheit der Rezipienten beschränkt werden kann.[459] Dass diese Frage bejaht werden kann, ergibt sich auch aus *Kloepfers* entsprechungsrechtlicher Sicht auf die interpersonellen Gewährleistungsgehalte der Kommunikationsgrundrechte. Diese sind keinesfalls mit dem Schutzbereich der individuellen Kommunikationsfreiheiten zu verwechseln,[460] sondern bilden das, was hier mit der Koordinationsfunktion des Prinzips der Meinungsvielfalt bezeichnet wird. Die Zuordnung von Meinungsäußerungs- und Meinungsbildungsfreiheit ist eine Aufgabe für den Gesetzgeber, der dieser zum Beispiel mit einer Kennzeichnungspflicht für Journalismus-Bot-Kommunikation nachkommen kann.[461]

Drittens weist der Regulierungsansatz, „Mensch und Technik zu trennen“, eine gewisse Tradition im Kommunikationsverfassungsrecht auf. Die Medientechnik ist kein eigenständiges verfassungsrechtliches Schutzgut.[462] Eine Neubewertung ist auch nicht aufgrund der Annäherung von Mensch und Maschine angezeigt. Es macht daher auf dieser Ebene einen Unterschied, ob ein Journalist oder ein Journalismus-Bot „sagt, was ist.“ Die Medientechnik erfüllt keinen Selbstzweck, sondern dient dem Ziel, menschliche Kommunikation zu ermöglichen bzw. zu erleichtern.[463] Damit ist die Meinungs- und Medienfreiheit der Menschen das unmittelbare verfassungsrechtlich geschützte Rechtsgut, während die Telekommunikation nur einen danach abgeleiteten „akzessorischen“ Schutz genießt.[464] Die Konvergenz der Medientechnik und die große Bedeutung der technischen Infrastruktur für die Kommunikation ändern nichts an diesem Grundsatz,

459 *Kloepfer*, Grundrechte als Entstehenssicherung und Bestandsschutz, 1970, S. 63.

460 Vgl. *Kloepfer*, Grundrechte als Entstehungssicherung und Bestandsschutz, 1970, S. 63.

461 Auf diesen Ansatz wird im Rahmen von möglichen Kennzeichnungspflichten näher bezugenommen (vgl. Kap. 3 D.II. (S. 146 f.)).

462 Davon zu unterscheiden ist die Frage, ob Telekommunikationsunternehmen aus Art. 87 f Abs. 2 GG ein subjektives Recht herleiten können. – Hierzu ablehnend: *Möstl*, in: Maunz/Dürig, GG-Kommentar, Bd. VI., 60. Lfg. 2010, Art. 87f Rn. 46; *Bortnikov*, Netzneutralität und Bedingungen Selbstbestimmung, 2013, S. 62; *Ziebert*, Die Netzneutralität des Grundgesetzes, 2016, S. 170.

463 *Bortnikov*, MMR 2014, S. 435, 436.

464 Ebd.

weil erst mit der Anknüpfung an die menschliche Kommunikation die Telekommunikationstechnik grundrechtliche Relevanz erlangt.[465] Das Bundesverfassungsgericht hat bereits im 1. Rundfunkurteil eine gesamtgesellschaftliche (Makro-)Perspektive eingenommen, indem es das Gesamtgefüge des Rundfunks bestehend aus den Rundfunkveranstaltern, den Rezipienten und den Kabelnetzbetreibern betrachtet hat. Die Technik ermöglicht nur die Erstellung und Übertragung von Inhalten; sie hat „schon seit Jahrzehnten“ eine „nur untergeordnete, dienende Funktion“[466], erstellt keine Inhalte und trägt nicht (unmittelbar) zur Meinungsvielfalt bei. Zwar tragen die Beiträge eines Journalismus-Bots unmittelbar zur Meinungsvielfalt bei, aber auch hier ermöglicht lediglich eine neue Technik Menschen, auf neue Art zu kommunizieren.[467]

VII. Zwischenergebnis

Das Prinzip der Meinungsvielfalt ist ein eigenständiges Verfassungsprinzip. Mit dem Begriff Medienvielfaltsgewährleistungsrecht wurde umschrieben, dass das Prinzip der Meinungsvielfalt einen eigenständigen Gewährleistungsgehalt aufweist. Zumindest inhaltlich, aber keinesfalls dogmatisch, hegt sich in den Gewährleistungsbereich auch die Rechtsprechung des Bundesverfassungsgerichts ein. Inhaltlich können die Grundsätze aufrechterhalten werden, insbesondere das duale Rundfunksystem.

Wenn daher dem öffentlich-rechtlichen Rundfunk vom Gesetzgeber die Funktion zugewiesen wird, Meinungsvielfalt in seinem Programm abzubilden, dann kann diese Einschränkung individueller Freiheit auch in der heutigen Zeit, in der die ehemals technische Sondersituation knapper Rundfunksequenzen weggefallen ist, gut begründet werden.[468]

Anders als das Bundesverfassungsgericht wird das Prinzip der Meinungsvielfalt als akzessorische Grundrechtsvoraussetzung angesehen. Als eigenständiges Verfassungsprinzip sind Gesetze, die das Medienvielfaltsgewähr-

---

465 Überzeugend: *Bortnikov*, MMR 2014, S. 435, 436; a. A. *Ladeur*, MMR 1999, S. 266, 267 f., der sich aber für ein „Gebot der Rücksichtnahme“ bei der Technikgestaltung ausspricht.

466 In den Zeitschriftenfundstellen ist – soweit ersichtlich – diese Passage nicht abgedruckt, vgl. daher hierzu die amtliche Entscheidungssammlung des Bundesverfassungsgerichts: BVerfGE 12, S. 205, 227.

467 Vgl. zur engmaschigen Programmierung bereits Kap. 2 A.V. (S. 36 f.).

468 Vgl. zur Rechtfertigung des Funktionsauftrags des öffentlich-rechtlichen Rundfunks zuletzt: BVerfG, NVwZ 2018, S. 1293, 1299.

leistungsrecht bilden, mit den Grundrechten aus Art. 5 Abs. 1 GG und unter Beachtung der Schranken von Art. 5 Abs. 2 GG nach dem Prinzip der praktischen Konkordanz in Einklang zu bringen.[469] Das benannte rechtsstaatliche Problem im Bereich der Rundfunkregulierung, das besteht, wenn vielfaltsschützende Regeln nicht an Art. 5 Abs. 2 GG gemessen werden, wird wie folgt gelöst:

Die Sonderdogmatik einer dienenden Rundfunkfreiheit ist aufzugeben. Eine Abgrenzung zwischen Ausgestaltungs- und Eingriffsgesetzen ist nicht erforderlich, weil die jeweilige individuelle Freiheit zwingend auf einer zweiten Prüfungsstufe berücksichtigt wird.

Das Prinzip der Meinungsvielfalt hat eine eigenständige Funktion, die darin besteht, den Prozess freien, individuellen Meinungsaustauschs zu schützen. Solche Gesetze, die das Prinzip der Meinungsvielfalt gewährleisten, sind dogmatisch als akzessorische Grundrechtsvoraussetzungen zu behandeln. Es ist eine den Grundrechten des Art. 5 Abs. 1 GG vorgelagerte Kategorie, welche ermöglicht, die Individualgrundrechte des Art. 5 Abs. 1 GG einander zuzuordnen. Im Ergebnis können alle Individualgrundrechtsträger von Regeln des Medienvielfaltsgewährleistungsrechts adressiert werden. Diese Regeln sind allerdings an den Schranken von Art. 5 Abs. 2 GG zu messen, was zum Beispiel verhindert, dass die gesamte positive Grundordnung des klassischen Rundfunkrechts auf die individuelle Meinungsäußerungsfreiheit übertragen wird. Die Gefahr einer überschießenden Regulierung besteht daher nach dem vorgeschlagenen dogmatischen Grundmodell nicht.

B. Kommunikationsgrundrechte

Im zweiten Abschnitt dieses Kapitels wird untersucht, ob Roboterjournalismus von Art. 5 Abs. 1 GG geschützt wird. Um den personellen Schutzbereich der Medienfreiheit zu untersuchen, werden die Akteure des Roboterjournalismus genauer benannt (I.). Sodann wird sich einer der umstrittensten Fragen des Medienrechts zugewendet, nämlich der Auslegung von Art. 5 Abs. 1 S. 2 GG (II.–III.). Aus Art. 5 Abs. 1 S. 2 GG leitet sich die Freiheit der Recherche (IV.) sowie die Freiheit des Redigierens ab, zu der im Besonderen der journalistische Wahrhaftigkeitsanspruch zählt (V.). Sodann wird geklärt, ob und inwieweit die Meinungsbildung und -äußerung

469 Zum Prinzip der praktischen Konkordanz: *Hesse*, Grundzüge des Verfassungsrechts, 20. Auflage, 1999, Rn. 72.

mittels Journalismus-Bots als technisches Hilfsmittel von der Meinungsfreiheit geschützt werden (VI.).

I. Akteure im Roboterjournalismus

Den hier sogenannten internen Roboterjournalismus kennzeichnet, dass Journalismus-Bots von einem Medienunternehmen in eigener Verantwortung entwickelt werden, während für den externen Roboterjournalismus Medienunternehmehn auf Softwareunternehmen als Kooperationspartner zurückggreifen. In der Praxis ist der externe Roboterjournalismus insbesondere in Deutschland bislang der Regelfall, während in den USA das Wissen durch die Einstellung entsprechender Mitarbeiter bereits vermehrt in den Medienunternehmen vorhanden ist.

Für den personellen Schutzbereich ist diese Differenzierung für die Softwareunternehmen relevant, die das Computerprogramm nicht nur für die Generierung von Beiträgen mit einem journalistischen Anspruch vermarkten, sondern auch für Produktbeschreibungen im elektronischen Handel mit (Konsum-)Gütern (e-commerce). Wenn Softwareunternehmen allein als technischer Zulieferer für ein publizierendes Medienunternehmen agieren, leiten sie den Schutz aus Art. 5 Abs. 1 S. 2 GG vom publizierenden Medienunternehmen ab (1.), während publizierende Medienunternehmen unabhängig von der eingesetzten Technik in personeller Hinsicht von Art. 5 Abs. 1 S. 2 GG umfasst sind (2.).

1. Externer Roboterjournalismus

Softwareunternehmen können sich auf Art. 5 Abs. 1 S. 2 GG berufen, wenn sie Journalismus-Bots einem publizierenden Medienanbieter zur Verfügung stellen oder für diesen entwickeln. Die Medienfreiheit erstreckt sich in personeller Hinsicht auch auf alle natürlichen und juristischen Personen, die bei der Vorbereitung, Herstellung oder Verbreitung von berichterstattenden Beiträgen mitwirken.[470] Dies gilt auch für medienexterne Hilfstätigkeiten, wobei sich der Umfang des Schutzes aus der Medienfrei-

470 Vgl. *Starck/Paulus*, in: v. Mangoldt/Klein/Starck, GG, Bd. 1, 7. Aufl. 2018, Art. 5 Rn. 133 (zur Pressefreiheit) u. Rn. 186 (zur Rundfunkfreiheit); *Schulze-Fielitz*, in: Dreier, H. (Hrsg.), GG-Kommentar, Bd. 1, 3. Aufl. 2013, Art. 5 Rn. 95 (zur Pressefreiheit) u. Rn. 105 (zur Rundfunkfreiheit).

heit nach der Art und Intensität der Mitwirkung am Produktions- und Veröffentlichungsprozess orientiert.[471] Dies hat nicht zuletzt auch das Bundesverfassungsgericht in der Presse-Grosso-Entscheidung[472] für den Vertrieb eines Presseerzeugnisses herausgearbeitet. Die Entscheidung ist allerdings auf Softwareunternehmen, die Journalismus-Bots programmieren, nicht übertragbar (a.). Weil aber Softwareunternehmen dem publizierenden Medienunternehmen ermöglichen, einen bestimmten Inhalt zu entwickeln, ist der personelle Schutzbereich von Art. 5 Abs. 1 S. 2 GG dennoch eröffnet (b.).

a. (Keine) Übertragbarkeit der Presse-Grosso-Entscheidung des Bundesverfassungsgerichts auf den externen Roboterjournalismus

Die Leitentscheidung des Bundesverfassungsgerichts zum Presse-Grosso aus dem Jahr 1988 und die darin entwickelten Auslegungskriterien werden auch heute noch angewendet, um zu prüfen, ob sich Kabelnetzbetreiber[473] oder Intermediäre, die Kommunikationsplattformen über das Internet betreiben, auf die Medienfreiheit berufen können.[474] Auch aus diesem Grund wird die Entscheidung dahingehend untersucht, ob sie Implikationen für die Nutzung der Journalismus-Bots durch Medienunternehmen aufweist.

Die Pressefreiheit umfasst nach dieser Rechtsprechung inhaltsferne und typischerweise pressebezogene Hilfstätigkeiten, die in enger organisatorischer Bindung an die Presse erfolgen und für das Funktionieren einer frei-

---

471 *Weberling*, in: Handbuch des Presserechts, 6. Aufl. 2012, 8. Kap., Rn. 9; *Schulze-Fielitz*, in: Dreier, H. (Hrsg.), GG-Kommentar, Bd. 1, 3. Aufl. 2013, Art. 5 Rn. 105.

472 BVerfGE 77, S. 346 = NJW 1988, S. 1833.

473 Soweit Kabelnetzbetreiber publizistische (Auswahl-)Entscheidungen vornehmen, ist Art. 5 Abs. 1 S. 2 GG anwendbar, während die Bereitstellung der Technik nur von Art. 12 GG geschützt wird: *Bortnikov*, Netzneutralität und kommunikativer Selbstbestimmung, 2013, S. 83; *Koreng*, Zensur im Internet, 2010, S. 116; *Ziebarth*, Die Netzneutralität des Grundgesetzes, S. 140; *Spindler/Volkmann*, K&R 2002, S. 398, 406 f.

474 Für eine Einbeziehung von Suchmaschinen in Art. 5 Abs. 1 S. 2 GG: *Schulz*, CR 2008, S. 470, 472; *Dörr, D./Natt*, ZUM 2014, S. 829, 840; *Hartl*, Suchmaschinen, Algorithmen und Meinungsmacht, 2017, S. 164; a. A. *Gersdorf*, in: BLM (Hrsg.), BLM-Symposion Medienrecht, 2015, S. 53, 68. Für einen Schutz von Art. 5 Abs. 1 S. 2 GG für soziale Netzwerke: *Pille*, Meinungsmacht Sozialer Netzwerke, 2016, S. 177. Unentschieden: *Müller-Terpitz*, AfP 2017, S. 380, 382.

en Presse notwendig sind, wobei sich die staatliche Regulierung dieser Tätigkeit zugleich einschränkend auf die Meinungsverbreitung auswirken muss. Zwischen Softwareunternehmen und Medienhäusern bestehen Kooperationsvereinbarungen – also vertragliche Absprachen –, deren Inhalt im Rahmen der Vertragsautonomie frei verhandelt werden kann. Eine mit dem Presse-Grosso vergleichbare „enge organisatorische Verbindung“ besteht nicht. Wenn Presseverlage bis heute auf Presse-Grossisten zurückgreifen, um ihre Druckerzeugnisse über Zwischenhändler an Endverbraucher zu verkaufen, beeinflussen die Verleger die Tätigkeit der Grossisten, indem sie Menge, Verbreitungsgebiet und Preis der Druckerzeugnisse bestimmen, wobei im Gegenzug das Absatzrisiko aufgrund des Remissionsrechts der Grossisten bei den Verlegern liegt.[475] Diese enge organisatorische Verbindung von Verleger- und Absatztätigkeit der Grossisten erfährt eine zusätzliche Festigung durch einen (zweiseitigen) Kontrahierungszwang: Weder liefern Verlage in Eigenregie ihre Druckerzeugnisse an die Einzelhändler, noch dürfen Grossisten den Abschluss von Verträgen mit bestimmten Verlagen zu angemessenen Bindungen ablehnen.[476] Eine solche nach allgemeinen kartellrechtlichen Grundsätzen rechtswidrige Absprache ist gemäß § 30 Abs. 2a GWB zulässig und geht weit über eine bloße vertragliche Vereinbarung hinaus.

Eine bloße vertragliche Absprache ist daher nicht ausreichend, um die vom Bundesverfassungsgericht in der Presse-Grosso-Entscheidung geforderte enge organisatorische Verbindung zu begründen.[477]

Zudem sind Journalismus-Bots und damit die Softwareunternehmen, trotz der prognostizierten positiven Auswirkungen auf die (Arbeits-)Effizienz im redaktionellen Alltag, (noch) nicht für das Funktionieren freier Medien als Institut notwendig, weil bislang die Journalisten den überwiegenden Teil journalistischer Arbeit ohne Journalismus-Bots erledigen.

---

475 *Mann*, in: Mann/Smid (Hrsg.), Pressevertriebsrecht, 2008, S. 9.

476 Zur Europarechtskonformität des Presse-Grosso Vertriebs: BGH, WM 2016, S. 878.

477 Vgl. *Spindler/Volkmann*, K&R 2002, 398, 406; A. A. *Bortnikov*, der implizit eine vertragliche Bindung zwischen Netzbetreibern und Contentanbietern für eine enge organisatorische Anbindung als ausreichend erachtet (ders., Netzneutralität und Bedingungen kommunikativer Selbstbestimmung, 2013, S. 83). Auch *Koreng* ignoriert das Kriterium der engen organisatorischen Verbindung im Verhältnis zwischen Access-Providing und Dienstanbietern mit der Fiktion, dass „die Tätigkeit eines Access-Providers typischerweise inhaltsbezogen ist“ (ders., Zensur im Internet, 2010, S. 115).

b. Inhaltsbezogene Hilfstätigkeit des Softwareunternehmens

Die Softwareunternehmen können sich aber dennoch auf die Medienfreiheit aus Art. 5 Abs. 1 S. 2 GG berufen, weil die (Programmier-)tätigkeit einen unmittelbaren Bezug zum Inhalt der Beiträge hat, die die publizierenden Medienunternehmen veröffentlichen.[478]

> Auch aus diesem Grund ist die Presse-Grosso-Entscheidung nicht übertragbar: Es liegt keine inhaltsferne Hilfstätigkeit vor.

Wenn Softwareunternehmen für bestimmte Sparten Journalismus-Bots programmieren, arbeiten Redakteure und Programmierer zusammen, um die Länge, Tonalität und Textstruktur festzulegen.[479] In Bezug auf Intermediäre wird vertreten, dass bereits eine Auswahlentscheidung eines Portalbetreibers in den Gewährleistungsbereich von Art. 5 Abs. 1 S. 2 GG fällt.[480] In diesen Fällen hat der Portalbetreiber nicht an der Erstellung der Beiträge seiner Nutzer mitgewirkt, sondern er verteilt und empfiehlt fremde Beiträge lediglich. Aufgrund des im Vergleich zu Portalbetreibern engeren Inhaltsbezugs können sich Softwareunternehmen erst recht auf die Medienfreiheit aus Art. 5 Abs. 1 S. 2 GG berufen. Allgemein formuliert kann eine fehlende enge organisatorische Verbindung zwischen Intermediären und klassischen Medienunternehmen durch einen stärkeren Bezug zum journalistischen Inhalt ausgeglichen werden.[481] Softwareunternehmen sind nicht nur beiläufig an der Produktion von Beiträgen beteiligt, sondern stellen mit dem Journalismus-Bot eine Software zur Verfügung, die in den benannten Nischenbereichen eine Berichterstattung überhaupt

---

478 Hierzu bereits unter Kap. 2 (S. 29 f.).

479 Hierzu bereits unter Kap. 2 V. 2. (S. 40).

480 Für eine Einbeziehung von Suchmaschinen in Art. 5 Abs. 1 S. 2 GG: *Schulz*, CR 2008, S. 470, 472; *Dörr, D./Natt*, ZUM 2014, S. 829, 840; *Hartl*, Suchmaschinen, Algorithmen und Meinungsmacht, 2017, S. 164; a. A. *Gersdorf*, in: BLM (Hrsg.), BLM-Symposion Medienrecht, 2015, S. 53, 68. Für einen Schutz von Art. 5 Abs. 1 S. 2 GG für Anbieter sozialer Netzwerke: *Pille*, Meinungsmacht Sozialer Netzwerke, 2016, S. 177. Unentschieden: *Müller-Terpitz*, AfP 2017, S. 380, 382.

481 Vgl. *Hoffmann-Riem*, in: Denninger et al. (Hrsg.), AK-GG, 3. Aufl. 2001, Art. 5 Abs. 1, 2 Rn. 163; *Schulze-Fielitz*, in: Dreier, H. (Hrsg.), GG-Kommentar, Bd. 1, 3. Aufl. 2013, Art. 5 Rn. 105 (zur Rundfunkfreiheit); *Degenhart*, in: BK-GG, Bd. 3, 185. Akt. 2017, Art. 5 Rn. 276 (zur Pressefreiheit) u. Rn. 358 (zur Rundfunkfreiheit), der nicht auf eine organisatorische Verbindung, sondern allein auf einen „funktionellen Zusammenhang“ zwischen der pressexterner (Hilfs-)Tätigkeit und deren Funktion für das Institut der freien Presse abstellen will. Ähnlich für Intermediäre, insb. Suchmaschinen: *Schulz*, CR 2008, S. 470, 472 f.

erst ermöglicht. Inwieweit sich der sachliche Gewährleistungsgehalt von Art. 5 Abs. 1 S. 2 GG auf Softwareunternehmen erstreckt, ist abhängig vom Grad der organisatorischen Verfestigung des Kooperationsverhältnisses zwischen Medien- und Softwareunternehmen. Hierauf wird noch zurückzukommen sein.[482]

2. Interner Roboterjournalismus

Wenn Medien- oder Softwareunternehmen redaktionsintern Journalismus-Bots mit dem Ziel entwickeln, berichterstattende Inhalte zu publizieren, ist Art. 5 Abs. 1 S. 2 GG unmittelbar einschlägig. Insbesondere ist die Medienfreiheit nicht auf die bereits im Medienbereich tätigen Personengruppen zu beschränken. Sie umfasst gerade auch die Gründung von Medienunternehmen mit innovativen Geschäftsmodellen.[483] Insoweit unterhalten Softwareunternehmen keine eigenen Angebote im Roboterjournalismus. Sollte sich dies zukünftig ändern, wären diese neuen Content-Anbieter ebenso wie die klassischen Medienanbieter in den persönlichen Schutzbereich von Art. 5 Abs. 1 S. 2 GG einbezogen.

II. Funktionale Auslegung von Art. 5 Abs. 1 S. 2 GG

Der hier im Anschluss an *Hoffmann-Riem*[484] bevorzugten funktionalen Auslegung von Art. 5 Abs. 1 S. 2 GG liegt die Erwägung zugrunde, dass der journalistische Arbeitsprozess unabhängig von der Form der Vermittlung vor staatlichen Eingriffen geschützt werden muss.

Inwieweit Art. 5 Abs. 1 S. 2 GG einer funktionalen Auslegung zugänglich ist, ist auch deshalb so umstritten, weil die Sicherung der Meinungsvielfalt als Spezifikum der Rundfunkfreiheit behandelt wird, während die Pressefreiheit von vielfaltssichernden Regelungen grundsätzlich verschont

---

482 Hierzu noch unter Kap. 3 B.III.2. (S. 115 f.) sowie Kap. 5 A.IV.3. (S. 238 f.).

483 Vgl. *Degenhart*, in: BK-GG, Bd. 3, 185. Akt. 2017, Art. 5 Rn. 257 (Pressefreiheit); *Schulze-Fielitz*, in: Dreier, H. (Hrsg.), GG-Kommentar, Bd. 1, 3. Aufl. 2013, Art. 5 Rn. 106 (Rundfunkfreiheit). Vgl. zum Lizenzanspruch privater Rundfunkveranstalter: BVerfGE 97, S. 298, S. 310 f. = NJW 1998, S. 2659, 2661 u. zur Gründung von Presseunternehmen bereits: BVerfGE 20, 162, 175 f. = NJW 1966, S. 1603, 1604.

484 *Hoffmann-Riem*, in: Denninger et al. (Hrsg.), AK-GG, 3. Aufl. 2001, Art. 5 Abs. 1, 2 Rn. 144.

bleiben soll.[485] Eine umfangreiche Diskussion hat zur Folge, dass bereits hinreichend Darstellungen zur Auslegung von Art. 5 Abs. 1 GG erschienen sind.[486] Die nun folgenden Ausführungen sollen die Diskussionen daher zusammenfassen, um dann entlang der Argumentation auf die Vorteile des dargestellten Modells eines Prinzips der Meinungsvielfalt hinzuweisen.

In einem weiten Sinn ist zwischen technologiebezogenen Ansätzen und technologieneutralen Ansätzen zu differenzieren (1. u. 2.). Vorzugswürdig ist eine funktionale Auslegung von Art. 5 Abs. 1 S. 2 GG als einheitliche Medienfreiheit (3.).

1. Technologiebezogene Ansätze

Eine Differenzierung von Presse- und Rundfunkfreiheit nach der Verbreitungsmethode (a.) oder nach dem Rezeptionsmodus (b.) kann nicht überzeugen. Gemeinsamer Kritikpunkt an diesem Ansatz ist, dass auf diese Weise Art. 5 Abs. 1 S. 2 GG nicht entwicklungsoffen interpretiert werden kann.

---

485 Nachdem in Kap. 3 A.IV. (S. 75 f.) dargelegten dogmatischen Modell, nach dem das Prinzip der Meinungsvielfalt ein eigenständiges Verfassungsprinzip ist (Kap. A.V. (S. 79 f.) und im Verhältnis zu den Grundrechten des Art. 5 Abs. 1 GG als akzessorische Grundrechtsvoraussetzung zu behandeln ist (Kap. 3 A.V.4. (S. 84), muss diese Differenzierung nicht zwingend aufrechterhalten werden. Vor zu starken Eingriffen durch das Medienvielfaltsgewährleistungsrecht schützt Art. 5 Abs. 2 GG.

486 Einen umfangreichen Überblick über den Streit bietet *Schierbaum*, Sorgfaltspflichten, 2016, S. 159–253. Sie kommt aber (lediglich) zu dem Ergebnis, dass sich eine pauschale Einordnung von Angeboten des World Wide Web verbietet (ders., Sorgfaltspflichten, 2016, S. 215). Innovativer sind die Ausführungen von *Kahl*, der einen neuen Pressebegriff entwickelt, in dem auch Bürgerjournalisten fallen können (ders. Elektronische Presse und Bürgerjournalismus, 2013, S. 69–208). Zum dogmatischen Streit um die Auslegung der Rundfunkfreiheit sei hingegen auf die Arbeit von *Hain*, Rundfunkfreiheit und Rundfunkordnung, 1993, hingewiesen.

a. Verbreitungsmethode

Der Übertragungsmodus ist das klassische Abgrenzungskriterium, für das sich heute noch aufgrund seiner Bestimmtheit ausgesprochen wird.[487] Wenn ein Inhalt „stofflich verkörpert“ übertragen wird, sei die Pressefreiheit einschlägig, während die Rundfunkfreiheit anwendbar sei, wenn ein Beitrag mittels elektromagnetischer Wellen verbreitet wird. Die Ansicht hat zur Folge, dass die Recherche für eine identische Information verschiedenen Kommunikationsfreiheiten zuzuordnen wäre, was in Zusammenhang mit den sich nicht mehr trennscharf voneinander abzugrenzenden konvergenten Verbreitungswegen nicht mehr haltbar ist.[488] Zwar taugen die dogmatischen Unterschiede zwischen Presse und Rundfunkfreiheit nach der hier eingenommenen Perspektive nicht mehr als Argument gegen das Kriterium des Übertragungsweges, aber im Ergebnis ist entscheidend, dass die Pressefreiheit als Grundrecht mit zunehmender Digitalisierung des Konsums von Informationen immer weiter an Bedeutung verlieren wird, wenn allein analoge Printerzeugnisse von Art. 5 Abs. 1 S. 2 Var. 1 GG geschützt werden würden.[489] Schließlich vermag auch die Hereinnahme von Annextätigkeiten der klassischen Presseunternehmen[490] nichts an diesem Befund zu ändern, weil sich neu etablierende berichterstattende Medien ausschließlich den elektronischen Übertragungsweg nutzen (z. B. „Netzpolitik.org“).[491]

---

487 *Starck/Paulus*, in: v. Mangoldt/Klein/Starck, GG, Bd. 1, 7. Aufl. 2018, Art. 5 Rn. 129; *Bethge*, in: Sachs (Hrsg.), GG-Kommentar, 8. Aufl. 2018, Art. 5 Rn. 68; *Schierbaum*, Sorgfaltspflichten, 2016, S. 202; *Stern*, StaatsR, Bd. IV/1, 1988, Vor 109/3, S. 1515.

488 *Bullinger*, JZ 1996, S. 385, 387; *Möllers*, AfP 2008, S. 241, 244; *Koreng*, Zensur im Internet, 2010, S. 102; *Kahl*, Elektronische Presse und Bürgerjournalismus, 2013, S. 102; *Bronsema*, Medienspezifischer Grundrechtsschutz der elektronischen Presse, 2008, S. 79.

489 *Möllers*, AfP 2008, S. 241, 244; *Gersdorf*, in: BLM (Hrsg.), BLM-Symposion 2014, S. 60: „Bei Lichte betrachtet wird das Grundrecht der Pressefreiheit dann jedoch ins Museum geschickt, auch wenn die Reise noch ein wenig dauern dürfte.“; *Paulus/Nölscher*, ZUM 2017, S. 177, 184: „Es ist für die Presse überlebensnotwendig, ein Geschäftsmodell für das Internetzeitalter zu entwickeln, das ökonomisch überlebensfähig ist“. Auch die Praktiker sehen das ähnlich (vgl. *Mann/Smid*, in: Spindler/Schuster (Hrsg), Elektronische Presse, 3. Aufl. 2015, Siebter Teil, Rn. 5, 6).

490 *Starck/Paulus*, in: v. Mangoldt/Klein/Starck, GG, Bd. 1, 7. Aufl. 2018, Art. 5 Rn. 132.

491 Vgl. auch die widersprüchlichen Ausführungen von *Koreng*, der für Differenzierungen zwischen Presse- und Rundfunkfreiheit im objektiv-rechtlichem Gehalt

b. Rezeptionsmodus

Die Linearität eines Angebots, also der Rezeptionsmodus, ist das maßgebliche Differenzierungskriterium zwischen (fernsehähnlichen) Telemedien und klassischen Rundfunkangeboten, die entlang eines Sendeplans verbreitet werden. Es kann zu den technologiebezogenen Ansätzen gezählt werden, weil die Art der Programmdarbietung entscheidend ist. Nach dieser Ansicht[492] trifft der Rezipient eine freiere Entscheidung, wenn er sich für eine Zeitung oder ein bestimmtes Abrufvideo entscheidet, weil er sich diesen Medien im Nachhinein leichter entziehen kann. Im Gegensatz hierzu sei ein Rundfunkprogramm eine vom Veranstalter festgelegte Sendungsfolge, die der Rezipient nicht beeinflussen kann. Diese Ansicht ist in Anbetracht der Selektionsleistungen von Algorithmen von Suchmaschinen oder Sozialen Netzwerken nicht mehr haltbar. Zudem wird im Ergebnis ein im einfachen Recht verwendetes Kriterium (§ 2 Abs. 1 RStV) auf verfassungsrechtlicher Ebene nachvollzogen, was Auslegungsprobleme hervorruft, wenn der Gesetzgeber sich dafür entscheidet, auf das Merkmal in § 2 Abs. 1 RStV zu verzichten.

---

einer einheitlich verstandenden Medienfreiheit den Übertragungsweg als Kriterium heranziehen möchte (ders., Zensur im Internet, 2010, S. 101). An anderer Stelle stellt *Koreng* fest: „Den Übertragungsweg als Differenzierungskriterium heranzuziehen, verliert dagegen zunehmend an Plausibilität" (ders., Zensur im Internet, 2010, S. 102). *Korengs* Ausführungen sind daher (leicht) widersprüchlich, wenn er sich für eine einheitliche Medienfreiheit ausspricht, weil der Übertragungsweg eine abnehmende Bedeutung hat, aber das gleiche Kriterium wiederum für eine Abgrenzung verschiedener Arten von Massenkommunikation heranzieht. Konsequent hingegen: *Degenhart*, der in der Vorlauflage noch vertreten hatte, dass lediglich Annexprodukte der verkörperten Presse von der elektronischen Presse umfasst werden. Nunmehr geht *Degenhart* von einem technologieneutralen Pressebegriff aus (ders., in: BK-GG, Bd. 3, 185. Akt. 2017, Art. 5 Rn. 196 u. Rn. 198). Presse und Rundfunk unterscheiden sich nach *Degenhart* nach ihrer Meinungsbildungsrelevanz (ders., in: BK-GG, 185. Akt. 2017 Art. 5 Rn. 197 u. 313).

492 Das Internet sei „rezipientengesteuert", während der Rundfunk vom Anbieter gesteuert werde (*Bullinger*, JZ 1996, S. 385, 388).

2. Technologieneutrale Ansätze

Zu den technologieneutralen Ansätzen sind solche Ansichten zu zählen, die nach dem äußeren Erscheinungsbild[493] (a.) dem Absender des Medienangebots[494] (b.) oder dem Grad der meinungsbildenden Wirkung[495] (c.) unterscheiden. Zudem legen einige Autoren Art. 5 Abs. 1 GG als einheitliches Kommunikationsgrundrecht aus (d.).

a. Äußeres Erscheinungsbild

Während Lesemedien der Pressefreiheit zuzuordnen seien, sollen Angebote, in denen Ton- und Bewegtbild wiedergeben werden, der Rundfunkfreiheit unterfallen.[496] Dieser Ansatz trägt eine gewisse Beliebigkeit in sich, weil nicht erklärt werden kann, wie kombinierte Angebote behandelt werden.[497] Dies gilt bereits für moderne Fernseher, aber vor allem für virtuelle Medienräume.[498] Das äußere Erscheinungsbild ist daher gerade kein Kriterium, mit dem zukünftige Entwicklungen rechtssicher berücksichtigt werden können.

b. Institution

Einige Ansichten in der Literatur stellen auf die organisatorische Herkunft der Publikation ab.[499] Elektronische Veröffentlichungen von klassischen

---

493 *Gersdorf*, Legitimation und Limitierung von Onlineangeboten des öffentlich-rechtlichen Rundfunks, 2009, S. 106 f.; *Kahl*, Elektronische Presse und Bürgerjournalismus, 2013, S. 152.

494 *Bullinger*, JZ 1996, S. 385, 388; *Möllers*, AfP 2008, S. 244, 250; *Weberling*, AfP 2008, S. 445, 450; *Gersdorf*, Legitimation und Limitierung von Onlineangeboten des öffentlich-rechtlichen Rundfunks, 2009, S. 106 f.

495 *Schmidtmann*, Die verfassungsrechtliche Einordnung konvergenter Massenmedien, 2013, S. 55 u. S. 318; *Degenhardt*, in: BK-GG, Bd. 3, 185. Akt. 2017, Art. 5 Abs. 1 u. 2, Rn 313; *Grzeszick*, NVwZ 2008, S. 608, 609 f.

496 *Kahl*, Elektronische Presse und Bürgerjournalismus, 2013, S. 152.

497 *Schierbaum*, Sorgfaltspflichten, 2016, S. 205.

498 Hierzu die Beiträge in *v. Lewinski* (Hrsg.), Immersiver Journalismus, 2018.

499 *Möllers*, AfP 2008, S. 244, 250; *Eberle*, CR 1996, S. 193, 196 f.; *Weberling*, AfP 2008, S. 445, 450; *Schulze-Fielitz*, in: Dreier, H. (Hrsg.), GG-Kommentar, Bd. 1, 3. Aufl. 2013, Art. 5 Rn. 91.

Presseunternehmen seien immer der Pressefreiheit zuzuordnen.[500] Konsequenterweise müssten Printmedien von Rundfunkunternehmen dann von der Rundfunkfreiheit geschützt sein.[501] Durch diesen Ansatz werden aber nicht bestimmte medienspezifische Handlungen geschützt, sondern insbesondere bestehende Medienunternehmen.[502] Gerade neue Formen von Journalismus, die nur das Internet als Verbreitungsweg nutzen oder Journalismus-Bots einsetzen, würden von diesem Ansatz nicht berücksichtigt werden.[503] Das Abstellen auf eine Institution macht auch nicht deutlich, welche Verhaltensweisen das Grundrecht schützt.

c. Meinungsbildungsrelevanz

Explizit der dienenden Funktion der Rundfunkfreiheit verhaftet bleibt eine Ansicht, die nur Beiträgen mit einer dem klassischen Rundfunk vergleichbaren Meinungsbildungsrelevanz den Schutz durch die Rundfunkfreiheit gewährt, während alle anderen journalistischen Tätigkeiten der Pressefreiheit zuzurechnen seien.[504] Nur Bewegtbildern in Kombination mit Ton entlang eines vom Rezipienten nicht beeinflussbaren Sendeplans sei eine Meinungsbildungs-relevanz zuzusprechen.[505] Zum einen ist der Grad der Meinungsbildungsrelevanz schwierig zu messen.[506] Gerade die Auswirkungen crossmedialer Verflechtungen lassen sich kommunikationswissenschaftlich nicht mit hinreichender Seriosität messen.[507] Dies wird auch von dieser Ansicht anerkannt, weil eine „potentielle Meinungsbildungsrelevanz“[508] für ausreichend erachtet wird, was aus kommunika-

---

500 Vgl. *Möllers*, AfP 2008, S. 241, 246; *Weberling*, AfP 2008, S. 445, 450.

501 Zu einer von einem Rundfunksender vertriebene verkörperte Programmzeitschrift, die als Annex von der Rundfunkfreiheit geschützt wird: BVerfGE 83, S. 238, 312 f. = NJW 1991, S. 899, 904.

502 Vgl. *Schmidtmann*, Die verfassungsrechtliche Einordnung konvergenter Massenmedien, 2013, S. 307 f.

503 *Determann*, Kommunikationsfreiheit im Internet, 1999, S. 449; *Schierbaum*, Sorgfaltspflichten, 2016, S. 204.

504 *Grzeszick*, NVwZ 2008, S. 609 f.; *Degenhart*, in: BK-GG, Bd. 3, 185. Akt. 2017, Art. 5, Rn 313.

505 *Grzeszick*, NVwZ 2008, S. 610.

506 *Schierbaum*, Sorgfaltspflichten, 2016, SS. 208.

507 *Neuberger/Lobigs*, Die Bedeutung des Internets im Rahmen der Vielfaltssicherung (Gutachten im Auftrag der KEK), 2010, S. 200.

508 *Schmidtmann*, Die verfassungsrechtliche Einordnung konvergenter Massenmedien, 2013, S. 55 u. S. 318.

tionswissenschaftlicher Sicht wiederum kritisiert wird.[509] Zum anderen hat sich die Suggestivkraft der Technik von der Kombination von Bewegtbild und Ton hin zu virtuellen Ozeanen weiterentwickelt, in die mittels Head-Mounted-Displays eingetaucht wird.[510] Dass eine Printveröffentlichung oder ein Journalismus-Bot-Beitrag niemals eine Meinungsbildungsrelevanz haben, dürfte zudem ausgeschlossen sein.[511] Die Kombination von Bewegtbild und Ton findet sich auch und gerade im Bereich der elektronischen Presse. Dass der Sendeplan gegenüber den Rezipienten nicht in einer Programmzeitschrift transparent gemacht wird, heißt zudem noch lange nicht, dass die Redaktion eines klassischen Presseerzeugnisses keinen Veröffentlichungsplan hat. Das Kriterium ist noch in weiterer Hinsicht zu kritisieren, worauf bei der Begründung der funktionalen Auslegung der Medienfreiheit zurückzukommen sein wird (3.).

d. Art. 5 Abs. 1 GG als einheitliches Kommunikationsgrundrecht

Die Interpretation von Art. 5 Abs. 1 GG als einheitliches Kommunikationsgrundrecht[512] löst das Problem konvergierender Mediengattungen mit einer Pauschalisierung, die weder der Systematik von Art. 5 Abs. 1 GG

509 „Es sollten zumindest exemplarisch Belege für Einsatz und Wirkung erbracht werden" (*Logigs/Neuberger*, Meinungsmacht im Internet (Gutachten im Auftrag der KEK), 2018, S. 87).

510 Etwa bietet Samsung eine Virtual-Reality-Brille (VR-Brille) an, die an ein Smartphone angeschlossen wird. Über ein Einstiegsportal können dann die VR-Portale verschiedener Anbieter besucht werden. Zu den Anbietern zählen etwa die New York Times oder Arte. In dem VR-Portal können verschiedene 360°-Videos abgerufen werden, die Inhalte aus verschiedenen Kategorien enthalten (Kunst, Kultur, Sport, Natur). – Zum „Immersiven Journalismus" ausführlich vgl. die Beiträge in *v. Lewinski* (Hrsg.), Immersiver Journalismus, 2018.

511 Auch den neuen immersiven Medien mit ihrer gesteigerten Suggestivkraft dürfte ebenfalls nicht zwingend eine stärkere Meinungsbildungsrelevanz zukommen. *Liesching* fragt sich: „Kommt einem Buch wie Thomas Manns Zauberberg (...) nicht ebenfalls eine immersive Wirkung zu, wenn sich vor dem inneren Auge des Lesers Hans Castorp in der Liegekur in Davos oder im Dialog mit dem Humanisten Settembrini entspannt und hierbei die Buchmaterialität in den Hintergrund des Bewusstseins tritt oder zumindest zu treten scheint? (*Liesching*, in: v. Lewinski (Hrsg.), Immersiver Journalismus, 2018, S. 163, 181).

512 *Hain*, K&R 2012, S. 98, 103 (unzutreffend als Befürworter einer einheitlichen Medienfreiheit eingeordnet von *Starck/Paulus*, in: v. Mangoldt/Klein/Starck, GG, Bd. 1, 7. Aufl. 2018, Art. 5 Rn. 132 (dort: Fn. 180)); *Pille*, Die Meinungsmacht Sozialer Netzwerke, 2016, S. 196.

noch dessen Wortlaut gerecht wird. In Art. 5 Abs. 1 GG wird klar zwischen individueller Meinungsfreiheit und den kollektiven Medienfreiheiten unterschieden.[513] Die Systematik eines einheitlichen Kommunikationsgrundrechts, wie etwa Art. 10 Abs. 1 EMRK[514], ist mit der Struktur von Art. 5 Abs. 1 GG nicht vergleichbar.[515] Zwar mag die systematische Differenzierung für die Abgrenzung zwischen Individual- und Massenkommunikation keine Lösung mehr bieten.[516] Aber es kann durchaus zwischen einer Meinungsäußerung und „berichterstattenden Tätigkeiten" differenziert werden, die einen besonderen Schutz vor staatlichen Eingriffen erhalten.

3. Begründung der funktionalen Auslegung von Art. 5 Abs. 1 S. 2 GG

Für die Auslegung von Art. 5 Abs. 1 S. 2 GG als einheitliches Mediengrundrecht spricht der (gemeinsame) Telos von Rundfunk- und Pressefreiheit.[517] Das Prinzip der Meinungsvielfalt ist nach hier vertretener Ansicht ein eigenständiges Verfassungsprinzip.[518] Mithin kann der Leitbildcharakter der Konzeption einer dienenden Rundfunkfreiheit des Bundesverfassungsgerichts aufgegeben werden.

Soweit *Möllers* die dogmatischen Unterschiede zwischen liberaler Pressefreiheit und dienender Funktion der Rundfunkfreiheit betont, die es aus Sicht des Bundesverfassungsgerichts ausschließen würden, beide Freihei-

---

513 Vgl. BVerfGE 85, S. 1, 11 = NJW 1992, S. 1439 (Die Pressefreiheit ist weder ein Spezialgrundrecht für die Verbreitung gedruckter Meinungen, noch ist sie eine auf die Presse bezogene Verstärkung der Meinungsfreiheit.

514 Vgl. zu einem einheitlichen Kommunikationsgrundrecht § 12 der finnischen Verfassung, Art. 5 der Verfassung des Saarlandes sowie Art. 11, 13 der hessischen Verfassung (*Schmidtmann*, Die verfassungsrechtliche Einordnung konvergenter Massenmedien, 2013, S. 263–266).

515 *Schmidtmann*, Die verfassungsrechtliche Einordnung konvergenter Massemedien, 2013, S. 266 f.; *Schierbaum*, Sorgfaltspflichten, 2016, S. 217.

516 *Pille*, Die Meinungsmacht Sozialer Netzwerke, 2016, S. 194.

517 Für ein einheitliches Mediengrundrecht sprechen sich aus: *Bismark*, Neue Medientechnologien und Kommunikationsverfassung, 1982, S. 133; *Hoffmann-Riem*, in: Denninger et al. (Hrsg.), AK-GG, 3. Aufl. 2001, Art. 5 Abs. 1, 2 Rn. 144; *Koreng*, Zensur im Internet, 2010, S. 100; *Bronsema*, Medienspezifischer Grundrechtsschutz der elektronischen Presse, 2008, S. 175; *Fechner*, in: Sander et al. (Hrsg.), Öffentliches Recht im Wandel, 2015, S. 1–16; *Spiecker gen. Döhmann*, VVDStRL 77 (2018), S. 9, 53.

518 Hierzu bereits unter Kap. 3 A.IV. (S. 75 f.).

ten als ein einheitliches Mediengrundrecht zu interpretieren, ist *Möllers*[519] und anderen das hier dargelegte dogmatische Alternativmodell vorzuschlagen. Dieses spricht sich gegen eine dienende Funktion der Rundfunkfreiheit aus, sodass sich Presse- und Rundfunkfreiheit in dogmatischer Hinsicht angleichen.[520] Hingegen kann den Unterschieden zwischen klassischer Printpresse, öffentlich-rechtlichem und privatem Rundfunk über das Medienvielfaltsgewährleistungsrecht Rechnung getragen werden, das als grundrechtsakzessorische Grundrechtsvoraussetzung die Interessen der Kommunikatoren untereinander und ihrer Beziehung zu den Rezipienten ordnet.

Dass der konkrete Wortlaut des Art. 5 Abs. 1 S. 2 GG lediglich Presse, Rundfunk und Film nennt, hat hingegen keine entscheidende Bedeutung.[521] Die Aufzählung ist nicht abschließend zu verstehen, weil Art. 5 Abs. 1 S. 2 GG entwicklungsoffen zu interpretieren ist.[522] Zudem haftet bereits der Interpretation des Begriffs „Presse“ eine teleologische Auslegung an, weil damit nur die Verbreitung von Inhalten, die mit Hilfe einer Druckerpresse hergestellt worden sind, gemeint ist. Unternehmen, die etwa eine Werkzeugpresse betreiben, können sich nicht auf die Pressefreiheit berufen.[523] Enger auszulegen ist hingegen der Begriff des Druckwerks in den Landespressegesetzen.[524]

Zwar wird in der Literatur zu Recht kritisiert, dass die Abgrenzung zwischen Individual- und Massenkommunikation durch die Auslegung von Art. 5 Abs. 1 S. 2 GG als einheitliches Mediengrundrecht nicht entbehrlich wird.[525] Allerdings ist fraglich, ob die Abgrenzung von Individual- und

---

519 *Möllers* selbst räumt freilich ein, dass sein gedanklicher Ausgangspunkt der vom Bundesverfassungsgericht eingeschlagende Pfad ist, die Rundfunkfreiheit als besondere „dienende“ Freiheit zu interpretieren (*Möllers*, AfP 2008, S. 421).

520 Hierzu bereits unter Kap. 3 V. (S. 79).

521 A. A. *Schierbaum*, Sorgfaltspflichten, 2016, S. 219; *Schmidtmann*, Die verfassungsrechtliche Einordnung konvergenter Massenmedien, 2013, S. 273.

522 *Hoffmann-Riem*, in: Denninger et al., AK-GG, 3. Aufl. 2001, Art. 5 Abs. 1, 2 Rn. 144. Auch die Entwicklungsoffenheit haben Presse- und Rundfunkfreiheit gemeinsam (vgl. *Schulze-Fielitz*, in: *Schulze-Fielitz*, in: Dreier, H. (Hrsg.), GG-Kommentar, Bd. 1, 3. Aufl. 2013, Art. 5 Rn. 90 (Pressefreiheit) u. Rn. 100 (Rundfunkfreiheit).

523 Ungenau ist es daher, wenn „Pressen“ mit „Drucken“ gleichgesetzt wird, so aber: *Starck/Paulus*, in: v. Mangoldt/Klein/Starck, GG, Bd. 1, 7. Aufl. 2018, Art. 5 Rn. 129.

524 Hierzu noch unter Kap. 5 A.III. (S. 229 f.).

525 *Kahl*, Elektronische Presse und Bürgerjournalismus, 2013, S. 164; *Schierbaum*, Sorgfaltspflichten, 2016, S. 219.

Massenkommunikation, abgesehen von der klassischen 1:1-Kommunikation mittels Email oder Telefon, überhaupt möglich ist. Ob die von *Kahl* vorgeschlagenen Kriterien der quantitativen Relevanz in der Form von Abrufzahlen, dem Grad an organisatorischer Verfestigung und der Intention des Autors das Abgrenzungsproblem löst, liegt nicht zwingend auf der Hand, auch wenn diese Kriterien im Rundfunkrecht widergespiegelt werden.[526] Bereits die Kriterien an sich sind unbestimmt, und auch das Verhältnis zwischen den Kriterien ist unscharf. Nach dem hier verfolgten dogmatischen Grundmodell des Prinzips der Meinungsvielfalt als akzessorische Grundrechtsvoraussetzung kommt es auf die Abgrenzung von Individual- und Massenkommunikation nicht an, weil das Medienvielfaltsgewährleistungsrecht auch potentiell für die individuelle Meinungsfreiheit greift.[527]

Der Unterschied zwischen individueller Meinungsäußerung und kollektiver Medienfreiheit setzt bei der Funktion der Medienfreiheit an. Art. 5 Abs. 1 S. 2 GG schützt anders als die Meinungsfreiheit nur „berichterstattende Tätigkeiten". Insofern gewährt das Grundgesetz mit Art. 5 Abs. 1 S. 2 GG bestimmten (Massen-)Medien aufgrund ihrer gesellschaftlichen Funktion für die freie und individuelle Meinungsbildung einen besonderen Schutz.[528] Es wird das „Institut freier Medien" geschützt, das den subjektivrechtlichen Schutz der Medienfreiheit stärkt.[529] Mit dem Institutionsschutz nimmt das Bundesverfassungsgericht eine normative Perspektive ein, die den Schutz der Medienfreiheit von bestimmten Funktionsleistungen abhängig macht.[530] Dass diese Leistungen im Ausgangspunkt von den klassischen Medienunternehmen (Presseverlage, Rundfunkveranstalter) erbracht werden, bedeutet nicht, dass sich neue Medienanbieter – ohne Publikationstradition – nicht auch auf den Institutionsschutz berufen kön-

526 Vgl. *Kahl*, Elektronische Presse und Bürgerjournalismus, 2013, S. 205.

527 Welche Regulierungsmaßnahmen dies sein können, wird aber hingegen offengelassen.

528 Das sind freilich im Ausgangspunkt die klassischen Medienunternehmen (Presseverlage, Rundfunkveranstalter): BVerfG, NJW 2007, S. 1117, 1118.

529 Die Pressefreiheit wurde früh von *Ridder* (auch) als institutionelle Freiheit verstanden (*Ridder*, in: Neumann et al. (Hrsg.), Die Grundrechte, Bd. 2, 2. Aufl. 1968, S. 257, 264). Mit *Lerche* ist aber das Nebeneinander von „Freiheitsgehalt" und „Institutionsgehalt" besonders hervorzuheben. (ders., Verfassungsrechtliche Aspekte der inneren Pressefreiheit, 1974, S. 33). Zustimmend: *Ladeur*, KJ 1999, S. 281, 286. Auch das Bundesverfassungsgericht geht hiervon aus (*Scholler*, Person und Öffentlichkeit, 1967, S. 193 (vgl. BVerfGE 20, S. 162, 175 = NJW 1966, S. 1603, 1604; BVerfGE 12, S. 205, 261 = NJW 1961, S. 547, 552)).

530 *Schulz*, in: Jarren/Steininger (Hrsg.), FS Kiefer, 2016, S. 205.

nen, weil die ökonomische und soziale Gegenwart bei der Interpretation der institutionellen Medienfreiheit zu berücksichtigen ist.[531] Dies ergibt sich nicht nur aus dem Telos der Medienfreiheit, sondern auch aus dem Wortlaut von Art. 5 Abs. 1 S. 2 GG, der die besondere Freiheit der „Berichterstattung" schützt.[532] Dieses Merkmal ist aus der Sicht eines einheitlichen Mediengrundrechts nicht auf die Rundfunkfreiheit begrenzt.[533] Zudem ist das Merkmal nicht mit der „besonderen Meinungsmacht" des Rundfunks aufgrund seiner „Aktualität, Breitenwirkung und Suggestivkraft gleichzusetzen".[534] Auch enthält das Merkmal kein inhaltliches Element, das nur bestimmte politische oder gesellschaftliche Themen schützt.[535] Wenn inhaltliche Kriterien wie die Meinungsbildungsrelevanz eines Angebots den Schutzbereich der Medienfreiheit bestimmen würden, bestünde stets die Gefahr, dass subjektive Wertungen des Staates über den Schutz durch die Medienfreiheit entscheiden.[536] Das Merkmal der Berichterstattung weist vielmehr auf den schützenswerten Arbeitsprozess von Medienangehörigen hin, die Informationen recherchieren, redigieren, um zur öffentlichen Meinungsbildung beizutragen.[537] Das Merkmal wird missin-

---

531 Vgl. *Lerche*, Verfassungsrechtliche Aspekte der „inneren Pressefreiheit", 1972, S. 42 f.

532 Vgl. mit Bezügen zur Rundfunkfreiheit: *Korte*, AöR 139 (2014), S. 385, 391 f.

533 So aber *Korte*, AöR 139 (2014), S. 386, 391. Offener hingegen: *Jarass*, Die Freiheit der Massenmedien, 1978, S. 157 und (ausdrücklich) BVerfGE 35, S. 202, 222 = NJW 1973, S. 1226, 1228.

534 So aber im Ausgangspunkt: *Koreng*, Zensur im Internet, 2010, S. 79, der aber „auf Internetangebote einen differenzierenden Maßstab anlegen will, wonach die meisten Internetangebote keinen Rundfunk darstellen (ders. S. 80), sondern Meinungsäußerungen (ders., S. 103). Auch *Möllers* erkennt in der Meinungsfreiheit mit ihrer ebenfalls demoktratiekonstitiven Bedetung ein subsidiär anwendbares Auffanggrundrecht (ders., AfP 2008, S. 241, 250.).

535 *Starck/Paulus*, in: v. Mangoldt/Klein/Starck, GG, Bd. 1, 7. Aufl. 2018, Art. 5 Abs. 1 Rn. 130; *Degenhart*, in: BK-GG, Bd. 3, 185. Akt. 2017, Art. 5 Rn. 310.

536 So wird zum Teil vertreten, dass allein „staats- und gesellschaftsbezogene" Informationen im Prinzip der Meinungsvielfalt berücksichtigung finden müssen (*Lehrke*, Pluralismus in den Medien, 2006, S. 200). Meinungsbildungsrelevanz sei „politisch" zu bestimmen (ders., Pluralismus in den Medien, 2006, S. 199). Das kann nicht überzeugen. Meinungsäußerungen und deren Relevanz sind nicht auf bestimmte Themen begrenzt, was vom Prinzip der Meinungsvielfalt zu berücksichtigen ist. Medien sind andernfalls nicht „frei", sondern „unfrei" (vgl. *Klein*, Die Rundfunkfreiheit, 1978, S. 72; *Never*, Meinungsfreiheit und Wettbewerb, 2002, S. 61).

537 Vgl. *Hoffmann-Riem*, Denninger et al. (Hrsg.), AK-GG, 3. Aufl. 2001, Art. 5 Abs. 1, 2 Rn. 146; *Korte*, AöR 139 (2014), S. 386, 392 (zur Rundfunkfreiheit).

terpretiert,[538] wenn jede Vermittlung von „Informationen und Meinungen“ darunter gefasst wird.[539] Diese weite Auslegung würde auch Whistleblowern einen Schutz gewährleisten, die aber Informationen nicht aufbereiten, sondern lediglich gesamthaft an die Öffentlichkeit bringen.[540] Berichterstattende Medien treffen eine eigenständige Auswahl aus Informationen und bereiten diese Informationen auf, um dadurch eine „Brücke zu bilden zwischen der Informations- und Meinungsfreiheit“ von Individuen.[541] Diese Art der Informationsaufbereitung ist gerade in Zeiten der ungefilterten Informationsflüsse im Internet besonders schützenswert und rechtfertigt den institutionellen Schutz derjenigen Medienanbieter, die Informationen filtern und inhaltlich aufbereiten.[542] Denn Vielfalt „an sich“ ist im Internet aufgrund niedriger Marktzutrittsschwellen grundsätzlich weniger problematisch. Vielmehr hat der Einzelne nicht genügend Aufnahmekapazität, um ungefilterte Informationen zu bewerten und einzuordnen.[543] Letztlich sei nochmals betont, dass die fehlende wortwörtliche Verbindung des Merkmals der Berichterstattung zur Pressefreiheit keine entscheidende Bedeutung hat.[544] Im systematischen Vergleich von Rundfunk- und Filmfreiheit ist festzustellen, dass das Merkmal für die Auslegung der Filmfreiheit keine Relevanz hat, obwohl es sich auf die Filmfreiheit bezieht. Im Umkehrschluss kann das Merkmal indes für die Ausle-

538 Vgl. *Jarass*, Die Freiheit der Massenmedien, 1978, S. 156.

539 Das Bundesverfassungsgericht legt den Begriff weit aus: BVerfGE 57, S. 295, 319 = NJW 1981, S. 1774, 1775; *Degenhart*, in: BK-GG, Bd. 3, 185. Akt. 2017, Art. 5 Rn. 310.

540 Deren Tätigkeit muss freilich nicht absolut ungeschützt bleiben. Es liegt aber nach vorliegender Ansicht näher, diesen Schutz über die Informationsfreiheit zu gewähren, wenn Whistlebowler nicht gleichzeitig auch eine Meinung verbreiten. Zur Einführung in die Thematik: *Strack*, in: v. Arnim (Hrsg.), Transparenz contra Geheimhaltung, 2015, S. 105–130.

541 Vgl. zur Rundfunkfreiheit *Korte*, AöR 139 (2014), S. 385, 391 f; *Jarass*, in: Jarass/Pieroth (Hrsg.), GG, 15. Aufl. 2018, Art. 5 Rn. 73. Zum Brückenbild, dass das Verhältnis zwischen Meinung und Tatsache sowie deren Schutz durch die Meinungsfreiheit beschreibt: *Grimm*, NJW 1995, S. 1697, 1699

542 Vgl. hierzu aus kommunikationswissenschaftlicher Perspektive: *Schweiger*, Der (des)informierte Bürger im Netz, 2017, S. 35.

543 Vgl. *Paulus/Nölscher*, ZUM 2017, S. 177, 183, die den Grundversorgungsauftrag des öffentlich-rechtlichen Rundfunks ebenso wie das Bundesverfassungsgericht (BVerfG, NVwZ 2018, S. 1293, 1299) als Gegenpol zu den ungefilterten Informationen im Internet auffassen.

544 *Jarass*, Die Freiheit der Massenmedien, 1978, S. 157 mit Bezug zur unergiebigen historischen Auslegung von Art. 5 GG.

gung der Pressefreiheit herangezogen werden, weil der Wortlaut von Art. 5 Abs. 1 S. 2 GG eben nicht entscheidend ist.[545]

III. Roboterjournalismus als berichterstattende Tätigkeit

Roboterjournalismus ist eine berichterstattende Tätigkeit (1.). Beim externen Roboterjournalismus ist zu beachten, dass die Softwareunternehmen den Schutz aus Art. 5 Abs. 1 S 2 GG lediglich von berichterstattenden Medien ableiten (2.).

1. Interner Roboterjournalismus

Wenn Journalisten mit Hilfe eines Journalismus-Bots Daten recherchieren, selektieren, redigieren und verbreiten, können diese Handlungen aus der Perspektive der Kommunikationswissenschaft mit dem Journalismus als Institution verbunden werden.[546] Nach dem institutionellen Journalismusbegriff von *Kiefer* reduzieren Journalisten Komplexität (Ordnungsfunktion), selektieren Informationen für Rezipienten (Entlastungsfunktion), begünstigen Rezipientenverhalten in Richtung der Informationsaufnahme (Motivationsfunktion), bringen die Informationsstände von Interaktionspartnern auf einen gemeinsamen Stand (Koordinationsfunktion), integrieren Ansichten und Meinungen verschiedener Menschen (Kohäsionsfunktion) und liefern Beurteilungsmaßstäbe (Wertmaßstabsfunktion).[547] Journalismus-Bots selektieren Informationen, reduzieren bereits dadurch Komplexität, wobei diese insbesondere auch dadurch abnimmt, dass abhängig vom Rezipientenkreis der Inhalt der Beiträge sprachlich angepasst werden kann. Für einen Grundschüler muss und kann ein anderer Text generiert werden als für eine erwachsene Person. Der Informationsgehalt bleibt aber grundsätzlich bis zu einem gewissen Grad identisch, wodurch ein gemeinsamer Informationsstandard geschaffen wird (Entlastungs- und Koordinie-

---

545 Im Ergebnis ebenso: *Jarass*, Die Freiheit der Massenmedien, 1978, S. 158 sowie Art. 111 der Bayerischen Verfassung, der die Pressefreiheit mit der Funktion der Berichtertattung verbindet.

546 *Dörr*, Digital Journalism 2016, S. 700, 705 f.

547 *Kiefer*, Medien als Institution, 2010, S. 28 in Anlehnung an *Göbel*, Neue Institutionenökonomik, 2002, S. 5 f. *Schulz* erarbeitet die Gemeinsamkeiten des institutionellen Journalismusbegriff mit der Rechtsprechung des Bundesverfassungsgerichts (ders., in: Jarren/Steininger (Hrsg.), FS Kiefer, 2016, S. 205).

rungsfunktion). Durch diese Integrationsleistung können Journalismus-Bots zum (Hilfs-)Instrument gegen die Fragmentierung des Medienpublikums werden.[548] Auch die Wertmaßstabsfunktion kann in engen Grenzen erfüllt werden, wenn die Wertungen des Programmierers in Journalismus-Bots implementiert werden. Als zu eng erweist sich die Ansicht von *Weberling*, der argumentiert, Art. 5 Abs. 1 S. 2 GG sei nicht anwendbar, wenn kein Mensch einen Beitrag vor Veröffentlichung am Maßstab journalistischer Sorgfaltspflichten prüft.[549] Es entspricht nicht der Dogmatik eines Freiheitsrechts, die Schutzeröffnung von der Einhaltung von (journalistischen) Sorgfaltspflichten abhängig zu machen. Art. 5 Abs. 1 S. 2 GG ist entwicklungsoffen zu interpretieren, zumal die journalistischen Sorgfaltspflichten einen gleitenden Maßstab bilden, in dem u. a. auch das gesellschaftliche Informationsinteresse beachtet wird. Nach hiesigem Verständnis sind journalistische Sorgfaltspflichten akzessorische Grundrechtsvoraussetzungen, die – vom Gesetzgeber definiert – die Schranken des Art. 5 Abs. 2 GG einhalten müssen, um verfassungskonform zu sein.[550] Sie schränken hingegen nicht den Schutzbereich von Art. 5 Abs. 1 S. 2 GG ein.

Sofern Unternehmen oder einzelne Personen (intern) Journalismus-Bots programmieren, um Informationen zu filtern, aufzubreiten und zur öffentlichen Meinungsbildung publizieren, schützt Art. 5 Abs. 1 S. 2 GG diese Tätigkeiten.

2. Externer Roboterjournalismus

Sofern Softwareunternehmen Journalismus-Bots für Medienunternehmen bereitstellen, genießen Softwareunternehmen einen von berichterstattenden Medien abgeleiteten Schutz aus Art. 5 Abs. 1 S. 2 GG. Ob das Schutzniveau für Softwareunternehmen sinkt, bestimmt sich anhand Art und Intensität der Mitwirkung am journalistischen Arbeitsprozess.[551] Der journa-

548 Zu *Handels* Fragmentierungsthese bereits unter Kap. 2 B.I.3.b. (S. 54).

549 *Weberling*, NJW 2018, S. 735, 737.

550 Hierzu noch unter Kap. 3 B.V.1 (S. 122) und zu (roboter-)journalistischen Sorgfaltspflichten unter Kap. 5. B. (S. 240).

551 Vgl. *Hoffmann-Riem*, in: Denninger et al. (Hrsg.), AK-GG, 3. Aufl. 2001, Art. 5 Abs. 1, 2 Rn. 163; *Schulze-Fielitz*, in: Dreier, H. (Hrsg.), GG-Kommentar, Bd. 1, 3. Aufl. 2013, Art. 5 Rn. Rn. 96 (zur Pressefreiheit) u. Rn. 105 (zur Rundfunkfreiheit); *Degenhart*, in: BK-GG, Bd. 3, 185. Akt. 2017, Art. 5 Rn. 276 (zur Pressefreiheit) u. Rn. 338/359 (zur Rundfunkfreiheit); *Ricker*, in: Ricker/Weberling (Hrsg.), Handbuch des Presserechts, 6. Aufl. 2012, 8. Kap. Rn. 9.

listische Arbeitsprozess kann in die Abschnitte Recherchieren (a.), Redigieren und Verbreiten von Beiträgen zur öffentlichen Meinungsbildung (b.) unterteilt werden.

Die Leistungen von Softwareunternehmen können sich auf die verschiedenen Phasen journalistischer Arbeit auswirken.

a. Recherchieren

Auch Softwareunternehmen können die Recherche von Rohdaten übernehmen, weil sie weitergehende Kenntnisse im Umgang mit Datensystemen haben. Insofern könnten auch medienrechtliche Auskunftsansprüche gegenüber dem Staat geltend gemacht werden, wenn und soweit ein entsprechender Recherchezweck nachgewiesen wird.[552]

b. Redigieren und Verbreiten

Wenn Softwareunternehmen einen Journalismus-Bot als „Software as a Service" anbieten, nutzen Medienunternehmen nicht nur den Journalismus-Bot, sondern auch die Infrastruktur des Softwareunternehmens.[553]

Inwieweit das Softwareunternehmen die Kontrolle über das Redigieren der Beiträge behält, ist davon abhängig, ob das Medienunternehmen den Journalismus-Bot eigenständig programmieren kann oder ob lediglich in einem vom Softwareunternehmen vorgegebenen Rahmen agiert wird. Im Rahmen von „Software as a Service"-Kooperationen, in denen Medienunternehmen ein Standardprogramm und die Infrastruktur des Softwareunternehmens nutzen, ist die Gefahr des staatlichen Zugriffs auf die Informationen auch im Bereich des Softwareunternehmens gegeben. Insoweit folgt aus der faktischen Herrschaft über Rohdaten, Journalismus-Bot und Infrastruktur ein Schutzanspruch aus Art. 5 Abs. 1 S. 2 GG, der von den kooperierenden Medienunternehmen abgeleitet wird.

Wenn hingegen der Journalismus-Bot als Download zur Verfügung gestellt wird und sich das Softwareunternehmen auf die allgemeine Wartung und Optimierung der Software beschränkt, sinken Art und Intensität des Bezugs zur berichterstattenden Tätigkeit des Medienunternehmens. Eben-

552 Hierzu unter Kap. 3 B.IV.3. (S. 120).

553 Vgl. zum Begriff „Software as a Service" *Marly*, PK-Softwarerecht, 7. Aufl. 2018, S. 489.

sowenig wie Microsoft als Hersteller von Betriebssystemen für Computer vom Schutz aus Art. 5 Abs. 1 S. 2 GG profitiert, können sich Softwareunternehmen in dieser Konstellation auf Art. 5 Abs. 1 S. 2 GG berufen.

3. Zwischenergebnis

Medienunternehmen, die internen Roboterjournalismus betreiben, können sich auf Art. 5 Abs. 1 S. 2 GG berufen. Zudem kann das Programmieren von Journalismus-Bots auf externe Kooperationspartner ausgelagert werden, ohne den Schutz durch Art. 5 Abs. 1 S. 2 GG zu verlieren. Im Übrigen kann sich je nach Organisationsmodell auch das Softwareunternehmen beim externen Roboterjournalismus auf Art. 5 Abs. 1 S. 2 GG berufen. Die Art und Intensität des Schutzes richtet sich danach, ob das Softwareunternehmen einen Teil des journalistischen Arbeitsprozesses übernimmt.

IV. Freiheit der Recherche

Die Sammlung von Daten ist für die Nutzung von Journalismus-Bots zwingend notwendig, was die Frage aufwirft, inwieweit die Recherche von Daten vom Grundgesetz geschützt ist.

Allgemein bezeichnet der Begriff „Recherche“ das aktive Beschaffen von Tatsacheninformationen zu bestimmten Zwecken.[554] Dies müssen keine journalistischen Zwecke sein, sondern es kann sich auch um wissenschaftliche oder wirtschaftliche handeln. Die Leitlinien für Recherchen außerhalb einer von Art. 5 Abs. 1 S. 2 GG berichterstattenden Tätigkeit ergeben sich aus der allgemeinen Informationsfreiheit. Weil Softwareunternehmen bei der eigenständigen Entwicklung[555] neuer Anwendungsszenarien für Journalismus-Bots nicht unmittelbar den Zweck verfolgen müssen, die gesammelten Informationen auch zu redigieren und zu veröffentlichen, ist in diesen Fällen die allgemeine Informationsfreiheit einschlägig (1.). Wenn aber eine Zusammenarbeit mit Medienunternehmen in Form des

554 Der Begriff leitet sich aus dem französischen Verb „rechercher“ (suchen nach) ab (*Kaiser*, Recherchieren, 1. Aufl. 2015, S. 1).

555 In Kooperationsverhältnissen mit klassischen Medienuntenunternehmen kommt aber wiederum ein von diesen Medienunternehmen abgeleiteter Schutz in Betracht.

externen Roboterjournalismus nachgewiesen wird, ist es keinesfalls ausgeschlossen, dass auch Softwareunternehmen sich auf die besonderen Rechercherechte aus der von den Medienunternehmen abgeleiteten Medienfreiheit berufen können (2.).

1. Allgemeine Recherchefreiheit

Im Ausgangspunkt kann sich jedermann bei der Recherche von Daten auf die Informationsfreiheit aus Art. 5 Abs. 1 S. 1 Var. 2 GG berufen. Der personelle Schutzbereich der allgemeinen Informationsfreiheit ist weit, [556] sodass unabhängig davon, ob interner oder externer Roboterjournalismus betrieben wird, sich alle dort mitwirkenden Menschen auf die Informationsfreiheit berufen können. In sachlicher Hinsicht schützt die Informationsfreiheit nur die Recherche von Daten, die in allgemein zugänglichen Datenbanken lagern. Da private Datenbankinhaber nicht verpflichtet sind, ihre Datenbank der Öffentlichkeit zur Verfügung zu stellen, besteht auch kein verfassungsrechtlicher Anspruch auf Zugang zu einer Datenbank. Vielmehr kann der Inhaber der jeweiligen Datenbank, der über ein entsprechendes „Bestimmungsrecht" verfügt, über Art und Umfang des Informationszugangs für einzelne Personen und/oder die Allgemeinheit frei entscheiden.[557] Obwohl ein virtuelles Hausrecht aus Art. 12 GG nicht unmittelbar hergeleitet werden kann, schränkt das einfache Recht, zum Beispiel durch das Recht des Datenbankherstellers, den Einsatz von (Such-)Crawlern ein.[558]

Auch gegenüber dem Staat sind Auskunftsansprüche aus der Informationsfreiheit nicht gegeben. Zwar sprechen der Bezug der Informationsfreiheit zum Demokratieprinzip sowie die Abkehr vom Arkanprinzip auf einfachrechtlicher Ebene dafür.[559] Die h. M. lehnt einen verfassungsrechtli-

---

556 Die Informationsfreiheit steht allen natürlichen u. juristischen Personen, Deutschen, Ausländern und auch Personengemeinschaften aus dem EU-Ausland zu (*Bethge*, in: Sachs (Hrsg.) GG-Kommentar, 8. Aufl. 2018, Art. 5 Rn. 58).

557 Vgl. *Bethge*, in: Sachs (Hrsg.), GG-Kommentar, 8. Aufl. 2018, Art. 5 Rn. 55.

558 *Piras*, Virtuelles Hausrecht?, 2016, S. 54 f.; *Schmidt*, Virtuelles Hausrecht und Webrobots, 2011, S. 120.

559 *Wegener*, Der geheime Staat, 2006, S. 480 f.; a. A. *Kloepfer/v. Lewinski*, DVBl. 2005, S. 1277, *Schoch*, IFG, 2. Aufl. 2016, Einl. Rn. 59. Der Staat hat aber für die „informationelle Grundversorgung" zu sorgen (*Scherzberg*, Die Öffentlichkeit der Verwaltung, 2000, S. 403 f.).

chen Anspruch dennoch ab.[560] Der Staat sei aus dem objektiv-rechtlichen Gehalt der Informationsfreiheit lediglich zur informationellen Grundversorgung der Bevölkerung verpflichtet. Daher regeln Ausgestaltungsgesetze, ob Informationen für die Allgemeinheit zugänglich sind.[561]

2. Medienspezifische Recherchefreiheit

Aufgrund der gesellschaftlichen Aufgabe der Medien[562] wird die journalistische Recherche, verstanden als Strategie zur Informationskontrolle und zur effizienten Informationsgewinnung,[563] besonders geschützt. Während Privatpersonen und Handelsunternehmer keinen verfassungsrechtlichen Anspruch auf Zugänglichmachung einer Informationsquelle haben, können Medienangehörige seit einer Entscheidung des Bundesverwaltungsgerichts aus dem objektiv-rechtlichen Gehalt der Medienfreiheit einen verfassungsunmittelbaren Auskunftsanspruch aus Art. 5 Abs. 1 S. 2 GG gegenüber Bundesbehörden geltend machen, der mittlerweile auch nicht mehr auf einen „Minimalstandard" begrenzt ist.[564]

Auch die Landespressegesetze und der Rundfunkstaatsvertrag regeln besondere Auskunftsrechte der Medienangehörigen, die im Vergleich zu IFG, UIG u. GeoZG Medienangehörige privilegieren.[565]

---

560 *Bethke*, in: Sachs (Hrsg.), GG-Kommentar, 8. Aufl. 2018, Art. 5 Rn. 60; *Jarass*, in: Jarass/Pieroth (Hrsg.), 15. Aufl. 2018, Art. 5 Rn. 24; BVerwG, NVwZ 2015, S. 1388. – Vgl. auch die Nachweise in Fn. 516; *Schoch*, IFG, 2. Aufl. 2016, Einl. Rn. 59, wobei der Staat aber für die informationelle Grundversorgung zu sorgen hat (ders. Einl. Rn. 80).

561 Nach Ansicht des BVerfG gilt dies auch für Fragen der Medienöffentlichkeit in Gerichtsverfahren, die als Ausgestaltungsregelungen den Schutzbereich der Informationsfreiheit festlegen (BVerfG, ZUM 2001, S. 220, 224). Ausführlich zur Medienöffentlichkeit in Gerichtsverfahren zuletzt: *Paschke, A.*, Digitale Gerichtsöffentlichkeit, 2018.

562 Hierzu bereits unter Kap. 3 V.3.1. (S. 79).

563 *Haas*, Empirischer Journalismus, 1999, S. 284 f.

564 Jeweils zur Pressefreiheit: BVerwG, ZUM 2015, S. 709; BVerwG, ZUM 2016, S. 794, 796; *Degenhart*, in: BK-GG, Bd. 3, 185. Akt. 2017, Art. 5 Rn. 220. Anders noch: BVerwG, NJW 2013, S. 1006 („Minimalstandard") und *Schulze-Fielitz*, in: Dreier, H. (Hrsg.), GG, Bd. 1, 3. Aufl. 2013, Art. 5 Rn. 248 sowie *Starck/Paulus*, in: v. Mangoldt/Klein/Starck, GG, Bd., 7. Aufl. 2018, Art. 5 Rn. 149. – Hierzu: *Cornils*, AfP 2016, S. 205–216.

565 Zum Beispiel wären pauschale Verwaltungsbereichsausschlüsse wie im Fall von § 3 Nr. 8 IFG nicht mit der Medienfreiheit vereinbar. Hingegen sind aufgaben-

Zwar werden technische Hilfstätigkeiten (etwa die Serverwartung) nicht von der Medienfreiheit geschützt.[566] Aber dies ist anders, wenn – wie hier – zwischen der Nutzung der Technik und dem journalistischen Inhalt eine enge Wechselwirkung besteht, weil in diesen Fällen der gesellschaftlichen Aufgabe der Medien nachgegangen wird.[567] Auch Journalismus-Bots werden von Journalisten als redaktionsinternes Rechercheinstrument bzw. als Hilfsmittel, das einen Rohtext erstellt, verwendet. Gerade für „Breaking News“ (z. B. Unwetterwarnungen) sind Journalismus-Bots geeignet.

3. Nachweis des Recherchezwecks

Für Softwareunternehmen könnte in der Praxis der Nachweis eines berichterstattenden Recherchezwecks problematisch sein. Fraglich ist, wie in der Verwaltungspraxis der Kreis der durch die Medienfreiheit aus Art. 5 Abs. 1 S. 2 GG privilegierten Personen von sonstigen Personen abgegrenzt werden kann. Die Kriterien müssten mit der medienspezifischen Recherchefreiheit aus Art. 5 Abs. 1 S. 2 GG vereinbar sein. Keine (Nachweis-)Probleme entstehen, wenn Redakteure und Verleger der bekannten klassischen Medienunternehmen einen medienspezifischen Auskunftsanspruch geltend machen, weil hier auf die organisatorische Anbindung dieser Personen an ein Medienunternehmen abgestellt wird.[568] Das Kriterium der organisatorischen Anbindung ist aufgrund seiner Bestimmtheit reizvoll, aber es besteht die Gefahr, dass einzelne Blogger (oder Journalismus-Bot-

---

bereichsbezogen gesetzliche Ausschlussgründe denkbar. Vgl. zur Herausnahme von „operativen Vorgängen im Bereich des BND“ (BVerwG, NVwZ 2015, S. 1383, 1384). Zudem zieht das BVerwG die Bereichsausschlussgründe von IFG, UIG und VIG für den Auskunftsanspruch aus Art. 5 Abs. 1 S. 2 Var. 1 GG nur als bloße „Orientierungshilfe“ heran (BVerwG, ZUM 2015, S. 709); a. A. *Kahl*, der seit Erlass der Informationsfreiheitsgesetze von einem vergleichbaren Schutz der aktiven Recherche von Laien- und Fachjournalisten ausgeht (ders., Elektronische Presse und Bürgerjournalismus, 2013, S. 256).

566 Vgl. *Fricke*, Recht für Journalisten, 2. Aufl. 2010, S. 127.

567 Diese Auslegung der verfassungsrechtlich gewährten Recherchefreiheit strahlt freilich auf das einfache (Landes-)Recht hinaus, sodass der auskunftsberechtigte Adressatenkreis der einfach-rechtlichen Auskunftsansprüche zutreffenderweise nach dem Sinn und Zweck der Vorschrift verfassungskonform auszulegen ist (vgl. *Burkhardt*, in: Löffler, Presserecht, 6. Aufl. 2015, § 4 Rn. 42, 49; a. A. *Soehring/Hoene*, in: Soehring/Hoene, Presserecht, 5. Aufl. 2013, § 4 Rn. 10).

568 So etwa für einen „festen freien Mitarbeiter“: BayVGH, NJW 2004, S. 3358, 3359.

Softwareunternehmen) aus dem privilegierten Kreis vom Staat herausgefiltert werden.

Das Kriterium der organisatorischen Anbindung ist in diesen Fällen durch ein funktionales Kriterium zu ersetzen. Sofern ein öffentliches Interesse die Rechercheanfrage stützt, sodass die Funktion der Medien als Garant für die freie und individuelle Meinungsbildung aktiviert wird, ist daher an der Auskunftsberechtigung auch dann nicht zu zweifeln, wenn Journalismus-Bot-Softwareunternehmen oder Blogger Anfragen stellen.[569] Aufgrund des engen Bezuges der Programmiertätigkeit zur berichterstattenden Tätigkeit von Medienunternehmen beim externen Roboterjournalismus können sich auch (medien-)externe Programmierer auf den verfassungsunmittelbaren Auskunftsanspruch aus Art. 5 Abs. 1 S. 2 GG berufen. Um aber den Adressatenkreis des medienspezifischen Auskunftsanspruchs abgrenzen zu können, hat der Programmierer dann den berichterstattenden Recherchezweck nachzuweisen.[570] Der Nachweis kann etwa durch Beschreibung der journalistischen Zwecksetzung des Projekts oder durch ein Bestätigungsschreiben des klassischen Medienunternehmens, mit dem das Softwareunternehmen zusammenarbeitet, geführt werden. Dadurch würde auch eine organisatorische Anbindung offenkundig werden.[571]

V. Freiheit des Redigierens

Das Redigieren von Informationen beinhaltet die Prüfung der Texte in stilistischer, grammatikalischer und fachlicher Hinsicht.[572] In rechtlicher Hinsicht besteht keine Pflicht, nur grammatikalisch und stilistisch einwandfreie Beiträge zu veröffentlichen. Fraglich ist aber, ob aus der Meinungsfreiheit und der Medienfreiheit des Grundgesetzes Maßstäbe für die fachliche Korrektheit entnommen werden können (1.). Daneben ist nicht evident, wem im internen und externen Roboterjournalismus die Kompe-

569 *Burkhardt*, in: Löffler, Presserecht, 6. Aufl. 2015, § 4 Rn. 49; *Schierbaum*, Sorgfaltspflichten, 2016, S. 228 f. u. S. 470; wohl a. A. *Kahl*, wonach Bürgerjournalisten – also journalistische Blogger – durch IFG, UIG und VIG grundsätzlich ausreichend geschützt seien (ders., Elektronische Presse und Bürgerjournalismus, 2013, S. 256).

570 Identisches gilt für journalistische Blogger. – A. A. *Kahl*, Elektronische Presse und Bürgerjournalismus, 2013, S. 256.

571 Ähnlich wird die Nachweisobliegenheit von freien Mitarbeitern erfüllt (*Burkhardt*, in: Löffler, Presserecht, 6. Aufl. 2015, § 4 Rn. 48.

572 *Lorenz, D.*, Journalismus, 2002, S. 166.

tenz zukommt, die (Meinungs-)Tendenz der Beiträge vorzugeben (2.), was zweifellos auch eine Stilfrage sein kann.

1. Journalistische Wahrhaftigkeitspflicht

Aufgrund ihrer gesellschaftlichen Aufgabe sind berichterstattende Medien zu einer wahrhaftigen Berichterstattung verpflichtet.[573] Die Wahrhaftigkeitspflicht bezieht sich auf Tatsachen (a.). Die journalistische Wahrheitstreue[574] ist weder mit der objektiven Wahrheit noch mit der richterlichen Wahrheitsfindung gleichzusetzen, was sich auf den Sorgfaltsgrad auswirkt (b.). Aufgrund der gesellschaftlichen Aufgabe der Medien und dem Umstand, dass jedem Kommunikationsprozess Fehler und Irrtümer immanent sind, wird berichterstattenden Medien ein „Recht auf schuldfreien Irrtum"[575] gewährt (c.).

a. Abgrenzung von Meinungen und Tatsachen

Da Meinungen durch die subjektive Beziehung des sich Äußernden zu einem Äußerungsgegenstand geprägt sind, kann eine Meinung weder richtig noch falsch sein.[576] Sie mag aus der Sicht eines Dritten falsch, unzutreffend oder lediglich ungenau sein, aber die Meinungsfreiheit ist als Kern politischer und geistiger Unabhängigkeit der unmittelbarste Ausdruck menschlicher Freiheit.[577] Eine Meinung ist zumindest im Kontext des Art. 5 Abs. 1 S. 1 GG niemals richtig oder falsch. Hingegen sind Tatsachen durch eine objektive Beziehung zwischen dem Äußerungsgegenstand und der Realität geprägt.[578]

---

573 Kap. 3 B.V.1. (S. 122).

574 *Rhode*, Publizistische Sorgfalt und redaktionelle Rechtspflichten, 2004, S. 38.

575 *Müntinga*, Die journalistischen Wahrheits- und Sorgfaltspflichten und die Möglichkeiten ihrer Rechtsdurchsetzung, 1999, S. 34.

576 Zur Abgrenzung zwischen Meinungen und Tatsachen wird im Folgenden auf den zeitlosen Beitrag von *Grimm* Bezug genommen (ders., NJW 1995, S. 1697, 1698).

577 BVerfGE 7, S. 198, 208 = NJW 1958, S. 257, 258.

578 *Grimm*, NJW 1995, S. 1697, 1698.

Folgerichtig kann sich eine Pflicht zur wahrhaftigen Berichterstattung nur auf die Tatsachengrundlage einer Meinungsäußerung beziehen.[579] Zwar vermengen sich in der Praxis Meinungen und Tatsachen, weil oft erst in ihrem Zusammenspiel der (Gesamt-)Aussagegehalt einer Meinungsäußerung entsteht.[580] Dann aber bildet die Einkleidung einer Tatsache in eine Meinungsäußerung „eine Brücke", über die auch die Tatsachenäußerung vom Schutz der Meinungsfreiheit profitiert.[581] Ohne diese Brücke sind reine Tatsachenbehauptungen unabhängig von ihrem Wahrheitsgehalt nicht von der Meinungsfreiheit geschützt.[582] Die Abgrenzung zwischen reinen Tatsachenbehauptungen und Meinungen, deren Grundlage auf Tatsachen aufbaut, ist schwierig. So werden mit Hilfe eines Journalismus-Bots Börsen- und Unternehmensberichte generiert.[583] Die Grundlage für diese Berichte sind die an den Börsen vorhandenen umfangreichen Rohdaten, die Journalismus-Bots zu Texten verarbeiten. Diese Berichte können einerseits reine Tatsachenaussagen enthalten, die dann nicht von der Meinungsfreiheit geschützt sind.

Beispiel 1

Der DAX schließt im Minus. Den höchsten Verlust hatte die VW-Aktie zu verzeichnen.

Diese Mitteilung reiner Tatsachen ist keine Meinungsäußerung, weil es schlicht an einer Wertung der Fakten fehlt. Andererseits ist die Brücke zur Meinungsäußerungsfreiheit leicht hergestellt:

Beispiel 2

Der DAX schließt im Minus. Am Ende stehen 10.000 Punkte. Ein sehr enttäuschendes Ergebnis für die Anleger.

---

579 *Rhode*, Publizistische Sorgfaltspflicht und redaktionelle Rechtspflichten, 2004, S. 38 f.; *Waschatz*, Haftungsfalle Behördeninformation, 2014, S. 70 f.; *Dittmayer*, Wahrheitspflicht der Presse, 2013, S. 70; *Bethge*, in: Sachs (Hrsg.), GG-Kommentar, 8. Aufl. 2018, Art. 5 Rn. 25.

580 *Grimm*, NJW 1995, S. 1697, 1699.

581 *Grimm*, NJW 1995, S. 1697, 1699.

582 BGH, NJW 1984, S. 419, 421.

583 Vgl. *Lobe*, faz.net v. 17.4.2015.

In diesem Beispiel wird aus den Fakten eine Wertung gezogen. (Alle) Anleger sind enttäuscht, was aber nicht der Realität entsprechen muss, wenn Investoren auf sinkende Kurse „gesetzt" haben. Aus deren Sicht ist die Meinung, die in der Kurzmeldung geäußert wird, falsch, was am Schutz des Inhalts der Meldung an der Meinungsfreiheit aber nichts ändert.

b. Sorgfaltsgrad

Das Grundgesetz verbietet die bewusste Lüge nicht.[584] Das Ergebnis mag überraschen, aber die allgemeine Handlungsfreiheit (Art. 2 Abs. 1 GG) schützt universal jedes menschliche Verhalten, wobei freilich jedes formell und materiell verfassungsmäßige (Straf-)Gesetz bestimmte Handlungen einschränken kann.[585]

Welche konkreten Anforderungen an das Redigieren von Daten hinsichtlich der journalistischen Wahrheitspflicht gestellt werden, wenn Journalisten Journalismus-Bots verwenden, ist verfassungsrechtlich nicht vorgegeben. Gesetzgeber und Rechtsprechung konkretisieren die Wahrheitspflicht dahingehend, dass Nachrichten vor der Verbreitung mit nach den Umständen gebotener Sorgfalt auf Inhalt und Herkunft zu überprüfen sind.[586]

Die Sorgfaltsforderungen dürfen aber keinesfalls überspannt werden, weil der Kommunikationsprozess sonst an Dynamik verlieren würde.[587] Freilich ist diese Aussage recht pauschal, aber ein fließender Maßstab anhand der Kriterien der Beeinträchtigungsintensität einer Berichterstattung für Betroffene, der Zumutbarkeit, der Dringlichkeit einer Nachricht und deren Öffentlichkeitsinteresse hat den Vorteil, jedem Einzelfall gerecht

584 *Thieme*, DÖV 1980, S. 149 f.

585 Vgl. *Starck*, in: v. Mangoldt/Klein/Starck, Bd. 1, 7. Aufl. 2018, Art. 2 Rn. 13 u. 25. De lege lata ist aber die Lüge und/oder Verbreitung von falschen Tatsachen als solches keine strafbare Handlung. Vielmehr müssen weitere Umstände hinzukommen: Im Fall der Verleumdung muss zum Beispiel die verbreitete falsche Tatsache gemäß § 186 StGB geignet sein, das Tatopfer in der öffentlichen Meinung herabzuwürdigen, verächtlich zu machen oder dessen Kredit zu gefährden.

586 Hierzu unter Kap. 5. B. II. (S. 242 f.).

587 Vgl. BVerfGE 12, S. 113, 130 = NJW 1961, S. 819, 822.

werden zu können.[588] Auch für den Einsatz der Journalismus-Bots lässt sich anhand dieser Kriterien ein rechtssicherer Maßstab herleiten.[589]

c. „Recht auf Irrtum“

Zwar betont das Bundesverfassungsgericht seit dem grundlegenden „*Schmid*“-Urteil die Pflicht der Medien, wahrheitsgemäß zu berichten.[590] In manchen Fällen steht im Zeitpunkt der Meinungsbildung aber nicht fest, ob eine Tatsache auch mit der Realität übereinstimmt.[591] Aufgrund der gesellschaftlichen Funktion der Medien,[592] die nicht nur unterhalten, informieren, sondern auch über Sachverhalte aufklären, wird ihnen ein „Recht auf kommunikativen Irtum“ eingeräumt, das nicht zuletzt aus dem Sinn und Zweck der Kommunikationsfreiheiten hergeleitet werden kann.[593] Denn die Kommunikationsfreiheiten sichern einen Raum, in dem sich ein Prozess des freien Meinungsaustausches und der freien Meinungsbildung aus Rede und Widerrede vollzieht.[594] Dieser Prozess wäre gestört, wenn an die Wahrheitspflicht Anforderungen gestellt werden, welche die „Bereitschaft zum Gebrauch des Grundrechts herabsetzen und so auf die Meinungsfreiheit einschnürend wirken könnten“.[595] Gleichwohl können bestimmte Sorgfaltsanforderungen für die Recherche und das Redigieren der Faktenlage auch gesetzlich bestimmt werden.[596]

---

588 Vgl. hierzu das Modell von *Rhode*, Publizistische Sorgfalt und redaktionelle Rechtspflichten, 2004, S. 43–65.

589 Hierzu unter Kap. 5 B. (S. 241 f.).

590 BVerfGE 12, S. 113, 130 = NJW 1961, S. 819, 821 f.

591 Vgl. darüber hinaus zu einem Fall, indem sich die Wahrheit einer Aussage nicht feststellen lässt: BVerfGE 114, 339, 353 = NJW 2006, S. 207, 210.

592 Hierzu, Kap. 3 A.I.

593 *Müntinga*, Die journalistischen Wahrheits- und Sorgfaltspflichten und die Möglichkeiten ihrer Rechtsdurchsetzung, S. 34; *Rhode*, Publizistische Sorgfalt und redaktionelle Rechtspflichten, 2004, S. 32 f.; *Schierbaum*, Sorgfaltspflichten, 2016, S. 284.

594 Vgl. BVerfGE 20, S. 162, 174 f. = NJW 1966, S. 1603, 1604; BVerfGE 12, S. 205, 260 = NJW 1961, S. 547, 552.

595 BVerfGE 54, S. 208, 219 f. = NJW 1980, S. 2072, 2073; BVerfGE 114, S. 339, 353 = NJW 2006, S. 207, 210; *Rhode*, Publizistische Sorgfaltspflichten und redaktionelle Rechtspflichten, 2004, S. 15.

596 Die Wahrhaftigkeitspflicht findet sich in allen Landespresse- und Mediengesetzen sowie im Rundfunkstaatsvertrag wieder (vgl. zur Verfassungskonformität: BVerfGE 99, S. 185, 198 = NJW 1999, S. 1322, 1324).

Ob die journalistische Wahrheitspflicht eine Ausgestaltungsregel der Medienfreiheit ist oder ein Eingriffsgesetz, das den Anforderungen des Art. 5 Abs. 2 GG standhalten muss, ist umstritten,[597] aber unter Berücksichtigung des ausgearbeiteten dogmatischen Modells weniger relevant: Das Bemühen um eine wahrheitsgemäße Kommunikation kann nach dem vorliegenden dogmatischen Grundmodell als Ausprägung des Prinzips der Meinungsvielfalt verstanden werden. Insoweit ist die journalistische Wahrhaftigkeitspflicht eine akzessorische Grundrechtsvoraussetzung von Art. 5 Abs. 1 S. 2 GG, und gesetzliche Konkretisierungen der Wahrhaftigkeitspflicht sind an Art. 5 Abs. 2 GG zu messen.[598] Eine wahrheitsgemäße Berichterstattung dient nicht nur dem präventiven Schutz für Betroffene, deren allgemeines Persönlichkeitsrecht durch eine wahrheitswidrige Berichterstattung tangiert wird, sondern auch Dritten, deren Meinungsbildung durch falsche Berichterstattung gestört wird.[599] Insofern werden die Meinungsäußerungsfreiheit sowie die Medienfreiheit berichterstattender Medien jeweils mit der Meinungsbildungsfreiheit der Rezipienten koordiniert.[600] Insbesondere müssen sich Informationen nicht zwingend auf Personen beziehen. Diese Perspektive erweist sich als zu eng. So kollidiert die fahrlässige Verbreitung von Falschinformationen über den Klimawandel ebenso mit der journalistischen Wahrhaftigkeitspflicht wie ein unrichtiger Bericht über die Trennung eines prominenten Paares. Im Fall des Berichts über den Klimawandel sind unmittelbar keine Rechtsgüter Dritter betrof-

---

597 Eine Differenzierung (im Rahmen der Rundfunkfreiheit) für entbehrlich hält *Cornils*, Staatsfreie Normsetzung im Rundfunkrecht (Rechtsgutachen im Auftrag der BLM), 2011, S. 93. Für Ausgestaltungsregelung: *Müntinga*, Die journalistische Wahrheits- und Sorgfaltspflichten und die Möglichkeit ihrer Durchsetzung, 1999, S. 65. Für Eingriffsregelung: *Rode*, Publizistische Sorgfalt und redaktionelle Rechtspflichten, 2004, S. 15; *Schierbaum*, Sorgfaltspflichten, 2016, S. 252. Die Rechtsprechung des Bundesverfassungsgerichts ordnet die Wahrhaftigkeitspflicht für private Rundfunkveranstalter als Ausgestaltungsregelung ein (BVerfGE 57, S. 295, 325 f. = NJW 1981, S. 1774, 1776) und für die Presse als Eingriffsregelung (BVerfGE 12, S. 113, 130 = NJW 1961, S. 819, 822.

598 Vgl. hierzu bereits unter Kap. 3 A.V.4. (S. 84).

599 Diese „Dritten" können aber mangels Betroffenheit keine zivilrechtlichen Ansprüche mit Berufung auf Art. 2 I GG i. V. m. Art 1 I GG geltend machen. Dies folgt aus der Koordinationsfunktion und aus dem entsprechungsrechtlichen Gehalt des Medienvielfaltsgewährleistungsrechts (vgl. *Kloepfer*, Grundrechte als Entstehungssicherung und Bestandsschutz, 1970, S. 63 und *Lerche*, Verfassungsrechtliche Aspekte der „inneren Pressefreiheit", 1974, S. 92, der „Leserbedürfnisse" nur schwerlich als echtes Recht behandelt wissen will).

600 Vgl. hierzu *Müntinga*, Die journalistischen Wahrheits und Sorgfaltspflichten, 1999, S. 64 f.

fen, sondern nur die Informations- und Meinungsbildungsfreiheit Dritter. Welche Belange (gesamtgesellschaftlich) gesehen wichtiger einzuordnen sind, sei an dieser Stelle offengelassen. Entscheidend ist, dass sich die journalistische Wahrhaftigkeitspflicht auf alle Arten von Informationen bezieht und nicht nur auf personenbezogene Informationen.[601] Sie können daher auch einen Doppelbezug haben, der nach dem klassischen dogmatischen Modell, das zwischen Ausgestaltungs- und Eingriffsgesetzen differenziert, nicht hinreichend erklärt werden kann. Auf die Abgrenzung sollte zugunsten des hier dargelegten Modells eines Prinzips der Meinungsvielfalt als akzessorische Grundrechtsvoraussetzung aufgegeben werden.[602] Die Wahrhaftigkeitspflicht kann als Ausprägung eines Mediengewährleistungsrechts verstanden werden, die an den Schranken der individuellen Meinungsbildungsfreiheit gemessen wird.

d. Folgerungen für den Einsatz der Journalismus-Bots

Aufgrund der Meinungs- und Medienfreiheit sind journalistische Sorgfaltspflichten keine absoluten Pflichten, sondern sie sind bis zu einem gewissen Grad flexibel. Die Leitlinien Eingriffschwere der zu berichtenden Tatsache in Relation zur Zumutbarkeit der Sorgfaltshandlungen werden im weiteren Verlauf auf die Arbeit mit Journalismus-Bots übertragen.[603] Aufgrund der Flexibilität des Maßstabs ist die Argumentation von *Weberling*, Roboterjournalismus sei kein Journalismus, weil nicht jeder Beitrag vor Verbreitung auf seinen Wahrheitsgehalt überprüft wird,[604] nicht stichhaltig.

---

601 Es geht eben auch um Sachinformationen, wobei freilich einzuräumen ist, dass es im Fall fehlerhafter nicht-personenbezogener Informationstätigkeit der Medien, kein Rechtsbehelf gegen diese Beiträge zur Verfügung steht. Dass die Wahrhaftigkeitspflicht auch den Prozess individueller und öffentlicher Meinungsbildung schützt, spiegelt sich auch im Gegendarstellungsrecht wieder. Dieser schützt eben nicht allein das Individualinteresse der jeweiligen durch eine Berichterstattung betroffenen Person (vgl. *Kübler*, AfP 1995, S. 629, 631 u. *Gounalakis*, AfP 1998, S. 10, 24).

602 Hierzu ausführlich unter Kap. 3 A.IV (S. 75 f.).

603 Hierzu unter Kap. 5 B.II. (S. 243 f.).

604 *Weberling*, NJW 2018, S. 735, 738.

2. Tendenzschutz

Dass Menschen eine natürliche Tendenzneigung haben, die freilich auch Journalisten betrifft, wurde bereits ausführlich dargestellt.[605] Die Tendenzneigung wird auch in medienrechtlicher Hinsicht beachtet (a.). In rechtlicher Hinsicht ist für die Zusammenarbeit innerhalb eines Medienunternehmens sowie zwischen Medien- und Softwareunternehmen zudem zu entscheiden, welche Organisationseinheit die Tendenz eines Beitrags bestimmen darf. Es ist zwischen internem und externem Roboterjournalismus zu differenzieren (b. u. c.).

a. Bezugspunkt des Tendenzrechts

Tendenzträger haben das Recht, Art, Ausrichtung, Inhalt und Form einer Publikation frei zu bestimmen.[606] Ein journalistischer oder technischer Bias mag daher kommunikationswissenschaftlich problematisch erscheinen,[607] aber verfassungsrechtlich ist das Tendenzrecht eng in der Meinungs- und Medienfreiheit verwurzelt.

Da der dogmatische Ursprung des Tendenzrechts in der Meinungsfreiheit liegt, bezieht sich das Recht, einem Text eine Tendenz zu geben, nur auf die wertenden Elemente und nicht auf die dem Text zugrunde gelegten Tatsachen, für welche die journalistische Wahrhaftigkeitspflicht gilt.[608] Bei der Wiedergabe von (Spiel-)Statistiken beinhaltet dies etwa auf Wortlautebene die Entscheidung, wann eine „dramatische" Abweichung vom Normwert vorliegt und wann eine „leichte" Abweichung festzustellen ist.

Beispiel 3

„Am Sonntag trifft der Duvenstedter SV auf die Reserve des SC Poppenbüttel. Anstoß ist um 14:00 Uhr. Letzte Woche gewann Duvenstedt gegen SC Sternschanze IV mit 6:3. Damit liegt der DSV mit sechs Punkten jetzt im Tabellenmittelfeld. Poppenbüttel II siegte im letzten Spiel souverän mit 3:1 gegen die Zweitvertretung des SC Eilbek und muss sich deshalb

---

605 Hierzu bereits unter Kap. 2 B.I.1. (S. 46 f.).

606 BVerfGE 52, S. 283, 296 = NJW 1980, S. 1090, 1095.

607 Hierzu bereits unter Kap. 2 B.I.2. (S. 48 f.).

608 *Beater*, Medienrecht, 2. Aufl. 2016, S. 222.

nicht verstecken. Zwei Siege und eine Niederlage schmücken die aktuelle Bilanz des Duvenstedter SV. In dieser Saison sammelte der SCP II bisher einen Sieg und kassierte zwei Niederlagen. Gegenwärtig rangiert der Gast auf Platz zehn, hat also noch die Möglichkeit, in der Tabelle weiter vorzurücken. Wenn Duvenstedt den Platz betritt, fallen viele Tore. Nur landen die meisten im Kasten des Gastgebers (16). Aber auch bei SC Poppenbüttel II ist die Verteidigung anfällig für Gegentreffer (11). Für den SC Poppenbüttel II wird es sehr schwer, beim DSV zu punkten."[609]

Die Aussage „Für den SC Poppenbüttel II wird es sehr schwer, beim DSV zu punkten" enthält eine Wertung basierend auf den vorangegangenen Spielergebnissen. Der DSV hat allerdings lediglich einen Sieg mehr als Poppenbüttel und auch die schwache Abwehrleistung beider Vereine lässt eher auf ein ausgeglichenes Spiel schließen. Beide Aussagen sind aber von der Meinungsfreiheit geschützt. Die ist Ausdruck der eben beschriebenen Tendenzautonomie.

Soweit im Quellcode eines Journalismus-Bots menschliche Tendenzen implementiert sind, ist dies aus medienrechtlicher Perspektive nicht zu beanstanden. Es sei daran erinnert, dass jeder Mensch eine natürliche Tendenzneigung hat, die auch das Recht nicht unterdrücken kann.[610]

b. Interner Roboterjournalismus

Wenn Journalismus-Bots im privaten Mediensektor eingesetzt werden, steht dem Eigentümer des jeweilien Medienunternehmens und nicht einem weisungsabhängigen, angestellten oder beauftragten Programmierer die Befugnis zu, die Tendenz der durch Journalismus-Bots erstellten Beiträge zu bestimmen. Insoweit kann sich der Programmierer im Innenverhältnis zum Eigentümer nicht auf die Medienfreiheit aus Art. 5 Abs. 1

609 Dieser und ähnliche Beiträge werden von einem Journalismus-Bot auf fussifreunde.de generiert. Ob aber dieser Beitrag konkret von einem Journalismus-Bot generiert wurde, ist mangels Kennzeichnung nicht offenkundig (vgl. http://www.fussifreunde.de/artikel.page?id=909696). Vgl. aber zur Zusammenarbeit des Roboterjournalismus-Softwareunternehmen und fussifreunde.de: https://www.retresco.de/roboterjournalismus-im-echten-leben-ein-lagebericht/ Abruf v. 30.11.2018).

610 Hierzu bereits unter Kap. 2 B.I.1. (S. 46 f.). Zur Kritik aus medienethischer Sicht: *Friedmann/Nissenbaum*, Bias in Computersystems 1996, S. 330–347; *Gillespie*, in: Gillespie et al. (Hrsg.), Media Technologys, 2014, S. 167–194.

S. 2 GG berufen.[611] Die fehlende unmittelbare Drittwirkung der Medienfreiheit in Beziehung zum Medienunternehmer wird damit gerechtfertigt, dass eine Anerkennung der inneren Medienfreiheit für Journalisten nicht ohne gleichzeitige Gewährung der inneren Medienfreiheit für Eigentümer des jeweiligen Medienunternehmens einhergehen müsste, sodass ein Gesetz diese Interessen austarieren müsste, was im Ergebnis zu weniger Freiheit für beide Beteiligten führen würde.[612] Aus der gesellschaftlichen Funktion der Medienfreiheit und der Stellung der Medienfreiheit als Institution wird Journalisten aber ein Gewissensschutz zugebilligt, der das Rechtsverhältnis von Medienunternehmer und Journalist jedenfalls mittelbar beeinflusst.[613] Publizistisch tätigen Programmierern steht daher aus Art. 5 Abs. 1 S. 2 GG ein Mindestmaß publizistischer Freiheit derart zu, dass kein Zwang besteht, Beiträge mit der Hilfe von Journalismus-Bots zu generieren oder zu veröffentlichen, die dem Gewissen des Programmierers widersprechen.[614] Insoweit wird der „freien geistigen Auseinandersetzung als objektiv-rechtliches Postulat der Medienfreiheit" Rechnung getragen.[615] Schließlich spricht für die Wertung, dass auch die individuelle Meinungsfreiheit, die jedem Journalisten zusteht, dadurch in Einklang mit der aus der Medienfreiheit resultierenden Tendenzfreiheit gebracht wird. Zudem übernimmt der Medienunternehmer in der bestehenden, auf Außenpluralität angelegten privaten Medienlandschaft die wirtschaftliche und fi-

611 *Kloepfer*, „Innere Pressefreiheit" und Tendenzschutz, 1996, S. 33–39 (zur Pressefreiheit).

612 Daher ist eine unmittelbare Drittwirkung abzulehnen (*Kloepfer*, „Innere Pressefreiheit" und Tendenzschutz, 1996, S. 35 f. u. S. 43 sowie *Lerche*, Verfassungsrechtliche Aspekte der „inneren Pressefreiheit", 1974, S. 23 u. S. 50 – jeweils zur Pressefreiheit).

613 Vgl. *Kloepfer*, „Innere Pressefreiheit" und Tendenzschutz, 1996, S. 40 (zur Pressefreiheit); *Cornils*, in: Loeffler (Hrsg.) Presserecht, 6. Aufl. 2015, § 1 Rn. 129.

614 Dieses Ergebnis wird auch von urheberrechtlichen Wertungen bestätigt: Zwar ist ein Arbeitnehmer gemäß § 43 UrhG i. V. m. dem Arbeitsvertrag verpflichtet, seinem Arbeitgeber ausschließliche Nutzungsrechte an Werken, die als sog. Pflichtwerke im Rahmen der Tätigkeit entstehen, einzuräumen. Auch das Erstveröffentlichungsrecht ist mit Abgabe des Pflichtwerks an den Arbeitgeber verbraucht, allerdings kann der Arbeitnehmer darauf bestehen, dass sein Name nicht in der Veröffentlichung genannt wird (vgl. *Rojan*, in: Schricker/Loewenheim, UrhG, 5. Aufl. 2017, § 43 Rn. 73 u. 79).

615 *Kloepfer*, „Innere Pressefreiheit" und Tendenzschutz, 1996, S. 40 (zur Pressefreiheit).

nanzielle Verantwortung.[616] Daher ist dieser Differenzierung im Ergebnis zuzustimmen.[617]

> Der brandenburgische Gesetzgeber hat diesem Postulat mit § 4 Abs. BbPG, wonach der Verleger aus der Weigerung eines Redakteurs, eine Meinung, die sie nicht teilen, zu verbreiten, keine nachteiligen Folgen herleiten kann, jedenfalls für den Bereich der periodischen Druckpresse Rechnung getragen. In anderen Landespressegesetzen findet sich eine solche Regelung genauso wenig wie in Regelungen, die für andere Mediensektoren (Rundfunk, elektronische Presse) gelten.[618]

Sollten die Softwareunternehmen daher eigenständig ein Publikationsformat mit automatisiert erstellten Beiträgen verlegen wollen, bestimmt der Eigentümer des Unternehmens die Tendenz der Beiträge und nicht der einzelne Programmierer. Nicht relevant ist, ob Beiträge elektronisch oder analog verbreitet werden.

c. Externer Roboterjournalismus

In der jetzigen Praxis arbeiten Softwareunternehmen häufig mit klassischen Medienunternehmen zusammen. Im Ergebnis kann der Eigentümer des Medienunternehmens die Ausrichtung der Beiträge bestimmen. Denn das Softwareunternehmen agiert insoweit nur als Hilfsunternehmen des

---

616 *Wendt*, in: v. Münch/Kunig (Hrsg.), GG-Kommentar, Bd. 1, 6. Aufl. 2012, Art. 5 Rn. 39.

617 Eine Differenzierung zwischen einer Richtlinienkompetenz des Verlegers und einer Detailkompetenz ist hingegen abzulehnen, weil die damit postulierte Abgrenzung zwischen tagesaktuellen Entscheidungen, für die der Redakteur verantwortlich sein soll, und publizistischen Grundentscheiden, die dem Verleger obliegen, nicht mit hinreichender Bestimmtheit erfolgen kann (a. A. *Kübler*, Medien, Menschenrechte und Demokratie, 2008, S. 172).

618 Ob diese Regelung als Ausgestaltung der Medienfreiheit aus Art. 19 Abs. 2 S. 1 Var. 4 LV-Brandenburg oder als Eingriffsregelung anzusehen ist, kann wiederum nicht abschließend entschieden werden. Wenn man mit der überwiegenden Meinung davon ausgeht, dass der Umfang und Grenzen des Tendenzschutzes des Verlegers aus dem institutionellen Schutz der Medienfreiheit abgeleitet werden, spricht dies für eine Ausgestaltungsregelung, weil der Regelungsauftrag des Gesetzgebers, eine freie Kommunikationsordnung zu ermöglichen, verwirklicht wird. Der Schutz der individuellen Meinungsfreiheit des Redakteurs, der ohne eine solche Regelung um seine Anstellung fürchten müssten, wenn er eine abweichende Meinung vertreten würde, wäre dann nur reflexhaft betroffen.

klassischen Medienunternehmens, während Letzterer das Absatzrisiko trägt. Der Schutz der Medienfreiheit aus Art. 5 Abs. 1 S. 2 GG für Softwareunternehmen ist in dieser Konstellation nur vom klassischen Medienunternehmen abgeleitet, was diese Differenzierung rechtfertigt.

Hieraus ergeben sich aber auch Konsequenzen für die interne Organisationsstruktur der Softwareunternehmen. Die Eigentümer der Softwareunternehmen können sich gegenüber den Programmierern auf einen vom klassischen Medienunternehmen abgeleiteten Tendenzschutz berufen. Es wäre widersinnig, ein solches Recht zu negieren, weil die Programmierer damit den Tendenzschutz des Eigentümers des klassischen Medienunternehmens unterlaufen könnten. Freilich sind auch vertragliche Vereinbarungen über das Tendenzrecht nicht nur im internen Verhältnis zwischen Unternehmer und Redaktion möglich, sondern auch im externen Verhältnis zwischen Softwareunternehmen und klassischem Medienunternehmen.[619]

3. Grenzen des Roboterjournalismus im öffentlich-rechtlichen Rundfunk

Der Funktionsauftrag des öffentlich-rechtlichen Rundfunks ist ein Teil des Medienvielfaltsgewährleistungsrechts.[620] Der Einsatz von Journalismus-Bots, zum Beispiel als Annexangebot zu Rundfunkprogrammen, ist aufgrund der Entwicklungsgarantie des Funktionsauftrags im verfassungsrechtlichen Kontext nach allgemeinen Grundsätzen zulässig.[621] Zu diesen allgemeinen Grundsätzen zählt aber auch die Ausgestaltung des (Konkurrenz-)Verhältnisses eines gebührenfinanzierten öffentlich-rechtlichen Rundfunks und einer privat finanzierten Presselandschaft, wobei sich aus der hier eingenommenen dogmatischen Perspektive der Regelungsauftrag aus dem Prinzip der Meinungsvielfalt als akzessorische Grundrechtsvoraussetzung zur Medienfreiheit ergibt.

Insofern greift wiederum die Koordinationsfunktion des Prinzips der Meinungsvielfalt, die gleichermaßen von Art. 5 Abs. 1 S. 2 GG ge-

619 Freilich begrenzt auf den Gewissensschutz der Programmierer und Redakteure (*Cornils*, in: Löffler, Presserecht, 6. Aufl 2015, § 1 Rn. 128 mit weiteren Nachweisen).

620 Hierzu bereits unter Kap. 3 A.VI.3. (S. 90).

621 Zuletzt hierzu: BVerfG, NVwZ 2014, S. 867, 868.

schützten Interessen einander in praktischer Konkordanz zuzuordnen.[622]

Folglich ist die gesetzgeberische Ausgestaltung des Verhältnisses in § 11d ff. RStV auch für den Einsatz von Journalismus-Bots beachtlich. Konkret ist eine flächendeckende lokale Berichterstattung gemäß § 11d Abs. 5 S. 3 RStV unzulässig und es greift das Verbot für nichtsendungsbezogene presseähnliche Angebote (§ 11d Abs. 2 Nr. 3 a. E. RStV), was den Einsatzbereich von Journalismus-Bots auf Annexangebote zu Rundfunksendungen einschränkt.

VI. Freiheit des Veröffentlichens

Nach der Recherche und dem Redigieren der Beiträge wird ein Beitrag veröffentlicht. Erst in dieser Arbeitsphase stellt sich die Frage, unter welchen Voraussetzungen auch automatisiert generierte Inhalte den Schutz der Meinungsfreiheit aus Art. 5 Abs. 1 S. 1 Var. 1 GG genießen, und wem diese Äußerung zuzurechnen ist.

Bei der Beurteilung, ob der Einsatz von Journalismus-Bots von der Meinungsfreiheit geschützt ist, ist zwischen den Ebenen der Meinungsbildung (1.) und der Meinungsäußerung (2.) zu differenzieren. Die Zurechenbarkeit der mit Hilfe von Journalismus-Bots generierten Meinungen hat Grenzen, die exemplarisch an mit neuronalen Netzen programmierten Journalismus-Bots aufgezeigt werden (3.). Schließlich ist wiederum zwischen internem und externem Roboterjournalismus für die Frage zu unterscheiden, wem die mit Hilfe eines Journalismus-Bots geäußerte Meinung zugerechnet wird (4.).

1. Meinungsbildung

Eine Meinung ist durch den subjektiven Bezug des Kommunikators zum Gegenstand der Äußerung gekennzeichnet.[623] Meinungen haben ihren Ursprung im menschlichen Geist, sodass sich im verfassungsrechtlichen Kontext die Frage stellt, ob dieser natürliche Zurechnungszusammenhang durch den Einsatz eines Journalismus-Bots, der die Meinung des Program-

622 Hierzu bereits unter Kap. 3 V.2. (S. 82).

623 BVerfGE 93, S. 266, 289 = NJW 1995, S. 3303.

mierers „bildet", verloren geht.[624] Der Journalismus-Bot selbst äußert keine eigene Meinung (a.). Die Zurechenbarkeitsgrenze bildet die menschliche Nachvollziehbarkeit der Beitragszusammensetzung (b.).

a. (Keine) Meinung der Journalismus-Bots

Journalismus-Bots äußern keine eigene Meinung.

Menschliches Handeln gründet auf Entscheidungen und Motivationen („Intentionalität").[625] Daher hat der Mensch nur dann Kontrolle über seine Handlungen, wenn er die Entscheidungen und Motivationen begründen kann.[626] Aus dieser Begründungsfähigkeit wird die Verantwortung des Menschen für Handlungen hergeleitet.[627] Ein Journalismus-Bot mag als System zukünftig in der Lage sein, seine Entscheidungen gegenüber seinem Programmierer zu begründen. Allerdings können die Systeme die Entscheidung nicht in einen größeren Zusammenhang einordnen. Sie finden Korrelationen und keine Kausalitäten oder sonstige symbolische Gesetze.[628] Mit diesen und anderen Gründen wird schließlich auch die (Grund-)Rechtsfähigkeit von künstlichen Systemen überwiegend verneint.[629]

Insbesondere ist für Journalismus-Bots der aktuellen Generation die Statusdebatte verfrüht, weil der Output des Systems hochgradig vom Programmierer bestimmt wird.[630] Welche Folgen dies für die Zurechenbarkeit des Outputs von Journalismus-Bots zu einem Menschen hat, wird im Folgenden untersucht.

---

624 Vgl. zu Selektionsalgorithmen in Sozialen Netzwerken, die keinen unmittelbaren Bezug zum Inhalt haben, weshalb die Meinungsfreiheit nicht einschlägig sei: *Pille*, Die Meinungsmacht Sozialer Netzwerke, 2016, S. 178.

625 *Palasí/Spielkamp*, AlgorithmWatch Arbeitspapier Nr. 4, 2017, S. 1, 9.

626 Hierzu *Palasí/Spielkamp*, AlgorithmWatch Arbeitspapier Nr. 4, 2017, S. 1, 9.

627 *Palasí/Spielkamp*, AlgorithmWatch Arbeitspapier Nr. 4, 2017, S. 1. 9.

628 *Mittelstadt* et al., BIG DATA & Society 2016, S. 4; *Wischmeyer*, AöR 143 (2018), S. 1, 13.

629 *Cornelius*, MMR 2002, S. 353, 354 f.; *Schulz, T.*, Verantwortlichkeit bei autonom agierenden Systemen, 2015, S. 52; *Ernst*, JZ 2017, S. 1026, 1027; *Schuhr*, Rechtstheorie 46 (2015), S. 225, 257; a. A. *Kersten*, in: Bumke/Röthel (Hrsg.), Autonomie im Recht, 2017, S. 314, 349; *Matthias*, Automaten als Träger von Rechten, 2008, S. 253 – Zum Konzept einer elektronischen Person: *Günther*, Roboter und rechtliche Verantwortung, 2016, S. 251.

630 Vgl. hierzu die Ausführungen zur Programmiertechnik bereits unter Kap. 2 A.V. (S. 36 f.).

b. Nachvollziehbarkeit der Beitragszusammensetzung

Es wurde bereits die Frage aufgeworfen, wann die Automation bzw. der Output eines Systems nicht mehr einem Menschen zugerechnet werden kann. Dass die Programmierung von Algorithmen eine dem Menschen zurechenbare Handlung darstellt, wird kaum mehr bestritten.[631] Für die Zurechnung einer Meinung ist jedoch mehr erforderlich: Es muss eine subjektive Einstellung des sich Äußernden zum Gegenstand der Äußerung erkennbar sein.[632] Mit dem Ansatz von *Andrew Tutt* können für Journalismus-Bots und andere „kommunizierende Algorithmen" sinnvolle Ergebnisse erzielt werden. Die entscheidenden Faktoren, die einer rechtlichen Bewertung dabei zugrundegelegt werden, sind die Vorhersehbarkeit und Nachvollziehbarkeit der Automation/des Outputs.[633] Ob beide Faktoren für die Begründung einer subjektiven Einstellung eines sich Äußernden Menschen zum Gegenstand seiner Äußerung erfüllt werden müssen, kann unterschiedlich beurteilt werden.

Entscheidet sich ein Mensch dafür, in bestimmten Kontexten einen Journalismus-Bot für die Meinungsbildung zu programmieren, sind der Wortlaut und die verarbeiteten Tatsachen der jeweiligen Texte ex ante nicht konkret vorhersehbar. Die Beitragsvariationen sind zwar endlich, aber doch so zahlreich, dass die konkrete Wortwahl und der konkrete Satzbau eines einzelnen Beitrags nicht vorhergesehen werden kann.[634] *Pille* lehnt in solchen Fällen den Zurechnungszusammenhang zwischen Output und Programmierer ab. Erforderlich sei eine manuelle Auswahl des Outputs, oder die Algorithmen müssten derart engmaschig programmiert werden, dass „nur ganz konkrete Inhalte ausgewählt werden".[635] Danach müssten die Beiträge der Journalismus-Bots manuell ausgewählt werden, was dazu führen würde, dass automatisiert generierte und veröffentlichte

631 Vgl. BGH, NJW 2013, S. 2348, 2349; BGH NJW 2010, S. S. 2731, 2733; *Pille*, Die Meinungsmacht Sozialer Netzwerke, 2016, S. 179; *Grapentin*, Vertragsschluss und Verschulden beim Einsatz von Künstlicher Intelligenz und Softwareagenten, 2018, S. 108.

632 Vgl. BVerfGE 93, S. 266, 289 = NJW 1995, S. 3303.

633 Vgl. allgemein hierzu: *Tutt*, Administrative Law Review 2016, S. 83, 101; *Wischmeyer*, AöR 143 (2018), S. 42–48. *Günther* und *Kastl* sehen das Kernproblem nur in der Vorhersehbarkeit einer systemischen Entscheidung (*Günther*, Roboter und rechtliche Verantwortung, 2016, S. 38; *Kastl*, Automatisierung im Internet, 2016, S. 74 f.).

634 Vgl. Interview des Verfassers mit *Frank Feulner* am 24.9.2015 und Kap. 2 V. (S. 36 f.).

635 *Pille*, Die Meinungsmacht Sozialer Netzwerke, 2016, S. 179.

Beiträge dem Programmierer des jeweiligen Journalismus-Bots nicht mehr zurechenbar sind. Ein Schutz der Meinungsfreiheit für diese Beiträge wäre nicht gegeben.

In gewissern Weise bemerkenswert ist, dass sich *Pilles* Forderung nach einem Auswahlakt sich entsprechend auch in der urheberrechtlichen Diskussion um die Schutzfähigkeit von automatisiert generierten Werken widerspiegelt. Dort ist fraglich, ob ein Auswahlakt einem vollautomatisiert generierten Werk einen geistigen Gehalt verleihen kann.[636] Hier wie dort ist zu prüfen, welche Anforderungen an die subjektive Beziehung zwischen der sich äußernden Person und einem Äußerungsgegenstand zu stellen sind.

> Dabei wird nicht verkannt, dass die geistige immaterielle Schöpfung, die das Urheberrecht schützt, nicht auf Dritte übertragen werden kann. Die subjektive Beziehung zwischen Werk und Urheber ist daher eine besonders enge Beziehung, deren Charakter nicht unmittelbar auf die Beziehung zwischen Äußerungsgegenstand und der sich äußernden Person übertragen werden kann. Im Urheberrecht kann ein Auswahlakt allein keine geistige Beziehung begründen.[637] Die Auswahl eines Werks ist Rezeption und keine Schöpfung.

Die Schöpfung entsteht in einem vorgelagerten Stadium: Bei der Programmierung. Dieser Gesichtspunkt ist auf die Frage, wann eine subjektive Einstellung einer Person sich in dem Äußerungsgegenstand wiederspiegelt, *entsprechend* zu übertragen.

Zunächst ist festzustellen, dass Medienunternehmen sich fremde Meinungsäußerungen in Interviews oder Leserbriefen durch einen Auswahlakt zu Eigen machen.[638] Insoweit reicht für die Begründung einer subjektiven Beziehung zum Äußerungsgegenstand anders als im Urheberrecht ein Auswahlakt aus. Im Auswahlakt selbst kann eine Meinungsäußerung liegen, aber auch die ausgewählten Drittmeinungen sind von der eigenen Meinungsfreiheit der Journalisten geschützt, auch wenn sie nicht in den eigenen Gedankengang integriert sind.[639] Insofern werden an die subjektive Beziehung zwischen sich Äußernden und dem Äußerungsgegenstand ge-

---

636 Hierzu ausführlich unter Kap. D. (S. 185 f.) und zum diskutierten Erfordernis eines Auswahlaktes unter Kap. D.5.a. (S. 200).

637 Das ist freilich umstritten, vgl. unter Kap. D.5. (S. 199 f.).

638 Vgl. *Ricker*, in: Ricker/Weberling (Hrsg.), Presserecht, 6. Aufl. 2012, 41. Kap. Rn. 17 u. Rn. 17a.

639 BVerfG, NJW-RR 2010, S. 470, 471.

ringere Anforderungen gestellt als im Urheberrecht, wo man sich gerade nicht ein Drittwerk als eigenes zurechnen lassen kann, weil das Urheberrecht als solches eben nicht übertragbar ist.

Entgegen *Pille* wird aber argumentiert, dass die Beziehung zwischen dem sich Äußernden und dem Äußerungsgegenstand bereits durch die Programmierung gebildet werden kann. Dafür spricht die Diskussion rund um Tendenzneigungen von Programmierern, die sich im Quellcode wiederfinden.[640] Journalismus-Bots werden mit Entscheidungsbäumen und vorgefertigten Textbausteinen programmiert, sodass Auswahlentscheidungen und Darstellungsform abstrakt vom Programmierer festgelegt sind.[641] Bereits der Auswahl des Themas, zum Beispiel die Berichterstattung über Fußballspiele einer bestimmten Amateurliga, liegt die Wertung zugrunde, dass Rezipienten sich für diese Spiele interessieren. Aber auch das verwendete Vokabular sowie Interpretationszusammenhänge können beliebig formuliert werden.[642] Insofern sind Journalismus-Bots ein gutes Beispiel für Software mit Tendenzneigungen. Die den Journalismus-Bots zugrunde gelegten Parameter haben zudem einen unmittelbaren Bezug zum konkreten Aussagegehalt der Beiträge.[643] Dass Programmierer die konkrete Beitragszusammensetzung ex ante nicht vorhersehen können, ist unbeachtlich, wenn ex post – d. h. nach der Beitragsgenerierung – das Zustandekommen des Beitrags nachvollziehbar begründet werden kann. Die ex post mögliche Begründbarkeit der Beitragszusammensetzung, bestehend aus Daten und Sprache, rechtfertigt daher, die Meinungsbildung durch Journalismus-Bots als Meinungsbildung eines Menschen aufzufas-

640 Hierzu bereits unter Kap. 2 B.3. (S. 51 f.).

641 Hierzu bereits unter Kap. 2 A.V. (S. 36 f.).

642 Hierzu bereits unter Kap. 2 A.V.2. (S. 40 f.).

643 Was für News-Feeds anders gesehen werden kann. Diese weisen keinen Bezug zum konkreten Inhalt auf, sondern andere Gesichtspunkte, wie die Anzahl der „Likes“, sind relevant (*Pille*, Die Meinungsmacht Sozialer Netzwerke, 2016, S. 179. – Zu Informationsammlungen im Internet auch eher kritisch das Bundesverfassungsgericht (BVerfG, NVwZ 2018, S. 1293, 1299).

sen.[644] Ist dies unmöglich, ist die „subjektive Einstellung des sich Äußernden zum Gegenstand der Äußerung“ nicht erkennbar.[645]

> Dieser Gedanke kann auf andere „kommunizierende Algorithmen“ in Suchmaschinen oder News-Feeds, aber auch für Scoring-Ergebnisse übertragen werden. Wenn die Zusammensetzung der Wertung ex post nicht mehr nachvollzogen werden kann, ist die Meinung keinem Menschen mehr zurechenbar. – Der Schutzbereich der Meinungsfreiheit ist nicht eröffnet.

Nur am Rande sei angemerkt, dass NLG-Systeme schon seit einiger Zeit genutzt werden, um Patienten, deren Sprachentwicklung (weit) hinter den Erwartungen zurückbleibt oder denen das Sprachvermögen komplett abhandengekommen ist, eine verbale Kommunikation mit der Außenwelt zu ermöglichen.[646] Der berühmteste Nutzer dieser Systeme war der Physiker *Stephen Hawking*.[647] So können sich auch diese Menschen unter den genannten Voraussetzungen auf die Meinungsfreiheit berufen, wenn sie über ihre Sprachsysteme kommunizieren.

---

644 Im Prozess haben die Nutzer eines Journalismus-Bots daher nachzuweisen, wie sich die Meinung zusammengesetzt hat, wenn sie sich auf die Meinungsfreiheit berufen wollen. Dabei muss die konkret genutzte Datengrundlage genauso vorgetragen werden wie die Bewertungszusammenhänge. Keine Auskunft muss über den Algorithmus an sich gegeben werden. Die Programmprotokolle können als Beweismittel genutzt werden (hierzu: *Horner/Kaulartz*, CR 2016, S. 7, 10).

645 Dieser Grundgedanke findet sich auch im Schuldrecht wieder. Dort wird die Willenserklärung, die ein Nutzer mit der Hilfe eines Softwareagenten abgibt, nach umstrittener, aber herrschender Ansicht, nach den Regeln der Blanketterklärung behandelt (*Köhler*, AcP 182 (1982) S. 128, 134; *Gitter/Roßnagel*, K&R 2003, S. 64, 66; *John*, Haftung für Künstliche Intelligenz, 2007, S. 121; *Schulz, T.*, Verantwortlichkeit bei autonomen Systemen, 2015, S 109; *Grapentin*, Vertragsschluss und Verschulden beim Einsatz von Künstlicher Intelligenz und Softwareagenten, 2018, S. 91 f.). Eine Anfechtung der Blanketterklärung kommt nur in Betracht, wenn nachvollzogen werden kann, mit welchen Daten der Softwareagent die Erklärung zusammengesetzt hat (vgl. *Grapentin*, Vertragsschluss und Verschulden beim Einsatz von Künstlicher Intelligenz und Softwareagenten, 2018, S. 110).

646 Vgl. zu NLG-Systemen, die Kinder mit sprachlichen Entwicklungsstörungen helfen, *Tintarev* et al., International Journal of Human Computer Studies 92–93 (2016), S. 1–16.

647 *Howe*, seltenekrankheiten.de v. Februar 2015.

2. Meinungsäußerung und -verbreitung

Da sich der Mensch zur Entfaltung seiner Persönlichkeit der wirksamsten und effektivsten Verbreitungsmethode bedienen kann,[648] um seine Meinung zu äußern, ist auch der Einsatz von kommunizierenden Algorithmen als technisches Hilfsmittel von der Meinungsäußerungsfreiheit umfasst. Das wurde zuletzt bereits für Social-Bots untersucht, wobei dieses Ergebnis auf Journalismus-Bots übertragen werden kann.[649] Eine Einschränkung der Meinungsäußerungs- und -verbreitungsfreiheit kommt nur unter den Voraussetzungen von Art. 5 Abs. 2 GG in Betracht. Insbesondere ist am Beispiel möglicher Transparenzpflichten zu untersuchen, ob die Meinungsverbreitung mit Journalismus-Bots zugunsten der negativen Meinungsfreiheit der Rezipienten beschränkt werden kann.[650] Die einfach gesetzliche Zuordnung dieser beiden Rechtsgüter ist wiederum eine Frage des Medienvielfaltsgewährleistungsrechts.[651]

3. Grenzen der Zurechenbarkeit am Beispiel neuronaler Netze

Die Zurechnung von computergenerierten Meinungsäußerungen an einen dahinterstehenden Menschen ist nach dem eben Gesagten unterbrochen, wenn die Beitragszusammensatzung *ex post* nicht mehr nachvollzogen werden kann.[652] Dies ist heutzutage[653] zum Beispiel der Fall, wenn vielschichtige neuronale Netze bei der Programmierung genutzt werden. Es spricht

---

648 BVerfGE 93, S. 266, 289 = NJW 1995, S. 3303; BVerfGE 128, S. 226, 264 = NJW 2011, S. 1201, 1208; *Bethge*, in: Sachs (Hrsg.), GG-Kommentar, 8. Aufl. 2018, Art. 5 Rn. Rn. 26a; *Degenhart*, in: BK-GG, Bd. 3, 185. Akt. 2017, Art. 5 Rn. 138.

649 Zu Social-Bots: *Dankert/Dreyer*, K&R 2017, S. 73, 74; *Milker*, ZUM 2017, S. 216, 221.

650 Hierzu unter Kap. 3 D. (S. 143 f.).

651 Hierzu bereits unter Kap. 3 A.VI. (S. 85 f.).

652 Die Autonomie von Computerprogrammen ist in anderen Teilbereichen durch die Programmierung mittels vielschichtiger neuronaler Netze soweit fortgeschritten, dass der Entscheidungsweg auch durch den Programmierer nicht mehr nachvollzogen werden kann (Vgl. *Hildebrandt*, Smart Technologies and the End(s) of Law, 2016, S. 25 f.).

653 Es wird an Softwaretools gearbeitet, die ihrerseits den Output von neuronalen Netzen erklärbar machen (*Heinert*, Einblick in die Black Box, 2015, S. 41–53). Sollte dies in Zukunft möglich sein, ist zu hinterfragen, ob die Zurechnung einer nur mit Hilfe einer Software ex post erklärbaren Aussage zu einem Menschen möglich ist.

in diesen und anderen Fällen[654] einiges dafür, dass diese Beiträge nicht durch die Meinungsfreiheit geschützt sind.

Zwar könnten sich sinnvolle Schutzziele definieren lassen. So hätte eine staatliche Regierung kein Interesse daran, dass ein Journalismus-Bot vollautomatisiert die Einhaltung von Haushaltsplänen überprüft und auf diesem Weg Haushaltsskandale nicht nur aufdeckt, sondern auch kommuniziert. Gerade im Bereich der „Public-Watchdog-Funktion" der Medien könnten grundrechtsgleiche Gefährdungslagen für den Einsatz von Journalismus-Bots entstehen, was für eine Anwendbarkeit von Art. 5 Abs. 1 S. 1 GG i. V. m. Art. 19 Abs. 3 GG sprechen könnte.[655] Allerdings legitimieren sich Menschenrechte durch die Würde des Menschen,[656] weil Menschen die Fähigkeit besitzen, nach ethischen Überzeugungen zu handeln, was innerhalb von algorithmischen Prozessen gerade nicht möglich ist.[657] Menschliches Handeln beruht auf sozialer Interaktion, die Algorithmen allenfalls simulieren, aber nicht 1:1 „generieren".[658] In Algorithmen laufen kausale Prozesse ab, während komplexe logische Prozesse – wie „Sokrates

654 Andere Fälle automatisierter Kommunikation betreffen neben Social-Bots auch Ergebnisse von Suchmaschinen. In der Tat werden die Faktoren, nach denen der Crawler das Internet durchsucht, von Programmierern vorgegeben (*Schmidt*, Virtuelles Hausrecht und Webrobots, 2011, S. 16 f.; *Hartl*, Suchmaschinen, Algorithmen, Meinungsmacht, 2017, S. 10). Die gesammelten Informationen werden indexiert und nochmals automatisiert nach bestimmten Variablen geordnet. Auch das Ranking der Suchergebnisse zu einem Begriff werden von Algorithmen nach vom Programmierer festgelegten Faktoren geordnet (*Hartl*, Suchmaschinen, Algorithmen, Meinungsmacht, 2017, S. 14 f.). Die Programmierer einer Suchmaschine können ex ante nicht vorhersehen, welche Treffer die Suchmaschine einem beliebigen Nutzer anzeigt (vgl. *Hartl*, Suchmaschinen, Algorithmen, Meinungsmacht, 2017, S. 126). Nach hier vertretener Ansicht ist für die Zurechenbarkeit eines Suchergebnisses die ex post Nachvollziehbarkeit eines konkreten Suchergebnisses entscheidend. Das Kriterium findet in Literatur zu Suchmaschinen keine Berücksichtigung (vgl. *Hartl*, der Suchergebnisse nicht der Meinungsfreiheit zuordnet (ders., Algorithmen, Suchmaschinen, Meinungsmacht, 2017, S. 126; *Kastl*, GRUR 2015, S. 136, 140; *Milstein/Lippold*, NVwZ 2013, S. 182, 184 f.; *Mengden*, Zugangsfreiheit und Aufmerksamkeitsregulierung, 2018, S. 373).

655 Vgl. zur umstrittenen analogen Anwendung von Art. 19 Abs. 3 GG auf maschinelle Personen *Kersten*, in: Bumke/Röthel (Hrsg.), Autonomie im Recht, 2017, S. 315, 350.

656 *Beck*, in: Demko (Hrsg.), Menschenrechte, 2015, S. 197, 220.

657 *Palasí/Spielkamp*, AlgorithmWatch Arbeitspapier Nr. 4, 2017, S. 1, 10.

658 *Hoffmann-Riem*, AöR 142 (2017), S. 1, 30 f.

ist ein Mensch" – nicht von Algorithmen begründet werden können.[659] Maschinen und Algorithmen kann daher auch keine moralische Verantwortung zugewiesen werden, sondern nur den an der Produktion der Beiträge beteiligten Menschen.[660] Aus medienverfassungsrechtlicher Perspektive sind dem Einsatz vollautomatisierter kommunizierender Algorithmen – jedenfalls in Bezug auf die Meinungsfreiheit – Grenzen gesetzt. In letzter Konsequenz ist der Staat berechtigt, die Nutzung der Technologie ohne Rücksicht auf die Meinungsfreiheit einzuschränken. In dem soeben gebildeten Beispiel eines „Haushaltsüberwachungs-Bots" spricht aber nichts dagegen, Journalismus Bots als internes Rechercheinstrument einzusetzen, sodass auf diesem Weg mittelbar der Journalismus-Bot als Quasi-Informant geschützt ist. Die Aussage der Journalismus-Bots muss sich ein Mensch in diesen Fällen zu Eigen machen.

4. Interner u. externer Roboterjournalismus

Beim internen Roboterjournalismus, in dem kein Dritter Journalismus-Bots programmiert, kann sich der hausinterne Programmierer des Medienunternehmens auf die Meinungsfreiheit berufen.

Für den externen Roboterjournalismus hilft wiederum ein Blick auf die Art und Intensität der Beteiligung des Softwareunternehmens in den jeweiligen journalistischen Arbeitsphasen. Soweit sie nicht mit der Recherche von Rohdaten beauftragt werden, stellen Softwareunternehmen lediglich den Journalismus-Bot als Computerprogramm zu Verfügung. Wenn Rohdaten daher von Medienunternehmen bereitgestellt werden, definieren sie damit die Tatsachengrundlage der Beiträge. Zwar mögen sich in der Phase des Redigierens die Beiträge von Software- und Medienunternehmen zu einer Einheit vermengen, indem Medienunternehmen im Rahmen der vorgegebenen Parameter die Sprache der Journalismus-Bots anpassen. Allerdings ist für die Berufung auf die Meinungsfreiheit weniger die Phase der Meinungsbildung relevant als die Äußerungsphase. Es entspricht allgemeinen medienrechtlichen Grundsätzen, dass, soweit nicht ausdrücklich eine Distanzierung von einer Meinung eines Dritten erfolgt,

659 Sog. Prädikatenlogik erster Ordnung, *Palasí/Spielkamp*, AlgorithmWatch Arbeitspapier Nr. 4, 2017, S. 1, 10.

660 Die moralische Verantwortung mag in Kooperationsmodellen nicht allein beim Journalisten liegen, vgl. *Dörr* et al., Filipović et al. (Hrsg.), Gesellschaft ohne Diskurs?, 2017, S. 12, 27.

die Meinung wie eine eigene zu behandeln ist, wenn sie über das eigene Medium veröffentlicht wird.[661] Insofern ist in diesen Fällen keine Meinungsäußerung des externen Programmierers gegeben, sondern des jeweiligen Nutzers des Medienunternehmens. Letztlich ist das Grundrecht der Meinungsfreiheit Teil eines Prozesses, was dadurch zum Ausdruck gebracht wird, dass sich die Zurechenbarkeit genauso wie die Auslegung einer Meinungsäußerung nicht nach dem subjektiven Vorstellungsbild des sich Äußernden richten, sondern nach dem objektiven Empfängerhorizont.[662]

C. Zwischenergebnis

Die vorstehenden Ausführungen bilden den verfassungsrechtlichen Rahmen für Regulierungsmaßnahmen des Staates, von denen im Folgenden mögliche Transparenzpflichten behandelt werden.

Das Prinzip der Meinungsvielfalt ist nach hier vertretener Ansicht kein Spezifikum der Rundfunkfreiheit,[663] sondern ein eigenständiges Verfassungsprinzip,[664] das eine akzessorische Grundrechtsvoraussetzung für die Individualgrundrechte des Art. 5 Abs. 1 GG bildet.[665] Regulierungsmaßnahmen des Gesetzgebers in Form des Medienvielfaltsgewährleistungsrechts koordinieren die Einzelgrundrechte und werden am Maßstab des Art. 5 Abs. 2 GG gemessen. Art. 5 Abs. 1 S. 2 GG ist funktional auszulegen, indem nur berichterstattende Tätigkeiten von der allgemeinen Medienfreiheit geschützt werden.[666] Roboterjournalismus im eingangs definierten Sinn[667] ist eine berichterstattende Tätigkeit, weil Journalismus-Bots Aufgaben des Journalismus im institutionellen Sinn erfüllen.[668]

Indem der Quellcode der Journalismus-Bots programmiert wird, beginnt die Phase der Meinungsbildung, weil darin individuelle Wertungen

---

661 BGH, AfP 2010, S. 72 f.; *Ricker*, in: Ricker/Weberling (Hrsg.), Handbuch des Presserechts, 6. Aufl. 2012, 41. Kap. Rn. 15.

662 Vgl. zur Auslegung nach dem Empfängerhorizont: BVerfGE 93, S. 266, 295 = NJW 1995, S. 3303, 3310.

663 Hierzu unter Kap. 3 A.I. (S. 66 f.).

664 Hierzu unter Kap. 3 A.IV. (S. 75 f.) u. Kap. 3 A.V. (S. 79 f.).

665 Hierzu unter Kap. 3 A.V.4. (S. 84).

666 Hierzu unter Kap. 3 B.II.3. (S. 109 f.) und zur Kritik an anderen Auslegungsansätzen unter Kap. 3 B.II.1. (S. 103 f.).

667 Hierzu bereits unter Kap. 1 B. (S. 19 f.).

668 Hierzu unter Kap. 3 B.III. (S. 114 f.).

und Tendenzen des Programmierers verarbeitet werden.[669] Dass Programmierer ex ante den genauen Wortlaut der Beiträge, die mit Hilfe der Journalismus-Bots generiert werden, nicht vorhersehen können, ist aus diesem Grund unbeachtlich. Eine Zurechenbarkeitsgrenze ist erst erreicht, wenn die Beitragszusammensetzung ex post nicht mehr durch einen Menschen nachvollzogen werden kann.[670] Diese Beiträge sind nicht mehr von der Meinungsfreiheit geschützt. Die Meinungsäußerung und -verbreitung mittels Journalismus-Bots ist von der Meinungsfreiheit geschützt, weil sich der Mensch effektiver Verbreitungsmethoden bedienen kann.

D. Verfassungskonformität von Transparenzpflichten

Transparenzpflichten sind im Bereich der klassischen journalistischen Massenkommunikation seit langer Zeit[671] in Form von Impressums- und sonstigen Offenlegungspflichten anerkannt und sollen auf verfassungsrechtlicher Ebene daher nicht mehr in Frage gestellt werden.[672] Während Impressumspflichten die (haftungs-)rechtliche Verantwortung kenntlich machen, um so sicherzustellen, dass von der Berichterstattung betroffene Dritte ihre Rechte gegenüber den berichterstattenden Medien verteidigen können, werden durch allgemeine Offenlegungspflichten Machtkonzentrationen im Medienbereich sichtbar.[673] Diese Vorschriften des Medienvielfaltsgewährleistungsrechts führen zu Transparenz, indem sie die an dem Beitrag beteiligten Interessengruppen kenntlich machen. Letztlich wird dadurch auch der Träger des Tendenzrechts sichtbar.

Im Kontext des Roboterjournalismus stellt sich aber nicht nur die Frage, ob die bestehenden Transparenzpflichten anwendbar sind,[674] sondern auch, ob – de lege ferenda[675] – weitergehende Transparenzpflichten für die

669 Hierzu unter Kap. 3 B.VI.1. (S. 133 f.).

670 Hierzu unter Kap. 3 B.VI.2. (S. 135 f.).

671 Seit dem 16. Jhdt.: *Lehr*, in: Löffler, Presserecht, 6. Aufl. 2015, § 8 Rn. 2. Zur Entstehungsgeschichte: *Lorenz*, Die Anbieterkennzeichnung im Internet, 2006, S. 45 f.

672 Auch Gegendarstellungsansprüche können hierzu gezählt werden, weil sie jedenfalls auch dem Informationsinteresse an einem vollständigen Sachverhalt dienen (BVerfGE 97, S. 125, 146 = NJW 1998, S. 1381, 1382; *Beater*, Medienrecht, 2. Aufl. 2016, Rn. 2041).

673 *Lehr*, in: Löffler, Presserecht, 6. Aufl. 2015, § 8 Rn. 136.

674 Hierzu unter Kap. 5 I.A. (S. 227 f.).

675 Ausgeschlossen ist, aus den bestehenden Impressumspflichten eine Pflicht zur Offenlegung der technischen Umstände der Kommunikation abzuleiten, weil

Arbeit mit Journalismus-Bots verfassungsrechtlich zulässig sind. Insoweit sind kurz die regulatorischen Ankùpfungspunkte für Transparenzpflichten zu benennen (I.). Die diskutierten Anküpfungspunkte müssen das Prinzip der Meinungsvielfalt fördern und dürfen kein mit Art 5 Abs. 1 GG unvereinbares Sonderrecht darstellen (II., III.). Weil aber Transparenzpflichten mit grundrechtlich durch Art. 5 Abs. 1 GG geschützten Interessen kollidieren, ist fraglich, welcher Grad von Transparenz verhältnismäßig ist (IV.). Schließlich ist die Gesetzgebungskompetenz für Transparenzpflichten zu klären (V.).

I. Regulatorische Anknüpfungspunkte für Transparenzpflichten

Es sind verschiedene regulatorische Anknüpfungspunkte für Transparenzpflichten denkbar.[676] Transparenz kann sich in sachlicher Hinsicht auf die Offenlegung der Automatisierung „an sich", auf die Entscheidungsvariablen (abstrakte Programmstruktur, Tendenzwerte), auf den Quellcode oder auch auf die Rohdatengrundlage einschließlich der Rohdatenquelle beziehen. Es liegt auf der Hand, dass Transparenzpflichten in unterschiedlichem Maß mit Geheimhaltungsinteressen der Medienunternehmen kollidieren.[677] In persönlicher Hinsicht ist fraglich, ob nur Medienunternehmen durch spezifische Transparenzpflichten verpflichtet werden sollten oder alle Personen, die kommunizierende Bots nutzen.

II. Förderung des Prinzips der Meinungsvielfalt

Eine Transparenzregelung müsste dazu beitragen, eine der bereits herausgearbeiteten Dimensionen des Prinzips der Meinungsvielfalt zu fördern.[678]

die bestehenden Impressumspflichten an den Kommunikationsanlass oder -zweck anknüpfen (vgl. § 55 RStV, § 5 ff. TMG). Zumindest ungenau argumentieren daher *Dankert/Dreyer*, K&R 2017, S. 73, 77. – Anders jetzt: *Dankert*, in: Hoffmann-Riem (Hrsg.), Big Data, 2018, S. 157, 162).

676 Vgl. *Diakopoulos/Koliska*, Digital Journalism, 2016, S. 809, 816; *Dörr* et al., in: Filipović et al. (Hrsg.), Gesellschaft ohne Diskurs?, 2017, S. 121, 128.

677 *Diakopoulos/Koliska*, Digital Journalism, 2016, S. 809, 813; *Gillespie*, in: Gillespie et al. (Hrsg.), Media Technologies, 2014, S. 167, 185; *Dörr* et al., in: Filipović et al. (Hrsg.), Gesellschaft ohne Diskurs?, 2017, S. 121, 128.

678 Hierzu bereits unter Kap. 3 A.VI. (S. 85).

1. Gewährleistung kommunikativer Chancengleichheit

Transparenzpflichten für Journalismus-Bots fördern das Recht auf kommunikative Chancengleichheit als Ausprägung des Prinzips der Meinungsvielfalt. Zwar besteht zwischen vollautomatisiert verfassten Meinungsäußerungen und Meinungen mit genuin menschlichem Ursprung nicht zwingend ein qualitativer Unterschied auf semantischer Zeichnungsebene. Anders als im Werberecht, wo mittelbar der Mittelungswert einer Information zum Trennungsprinzip zwischen Werbung und Programm führt, greift die Begründung für Roboterjournalismus nicht.[679] Allerdings kann die Quantität und damit die Breitenwirkung von vollautomatisiert generierten Artikeln einen Grad erreichen, der dazu führen könnte, dass nicht automatisiert erstellte menschliche Beiträge nicht mehr die gleichen Chancen haben, von der Allgemeinheit wahrgenommen zu werden.[680]

In der Vergangenheit wurde dieser Aspekt bereits im Kontext von anonymen und pseudonymen Meinungsäußerungen[681] thematisiert und angenommen, dass eine Regulierung dieser Phänomene ein legitimes Ziel darstellt.[682] Ein Einzelner kann im Internet unter verschiedenen Namen oder wiederholt anonym auftreten, um so seiner Meinung mehr quantitatives Gewicht zu verschaffen.[683] Zudem können Shitstorms[684] mittels Journalismus-Bots simuliert werden, wobei freilich in diesen Fällen der Terminus Journalismus-Bot nicht mehr passt. Vielmehr wird in diesen Fällen ein Journalismus-Bot als Werkzeug pervertiert, um die öffentliche Meinungsbildung unlauter zu beeinflussen.[685] Im hiesigen Kontext könnten sich die Gefahren durch den Einsatz von kommunizierenden Algorithmen zu einem Schaden für die kommunikative Chancengleichheit verdichten,

---

679 Z. B. § 7 Abs. 3 RStV.

680 Hierzu bereits unter Kap. 2 B.I.4. (S. 56).

681 Dass die anonyme Meinungsäußerung geschützt wird, kann auch aus einer Gesamtschau von Art. 2 Abs 1 GG i. V. m. Art. 1 Abs. 1 GG, Art. 5 Abs. 1 S. 1 Var. 1 GG, Art. 10 GG und Art. 13 GG hergeleitet werden (*Heckmann*, NJW 2012, S. 2631, 2632).

682 *Heilmann*, Anonymität für User-Generated-Content?, 2013, S. 160; *Heckmann*, NJW 2012, S. 2631, 2633.

683 *Heilmann*, Anonymität für User-Generated-Content?, 2013, S. 160 mit weiteren Nachweisen.

684 Hierzu bereits unter Kap. 2 B.I.4. (S. 56 f.).

685 Das Auftauchen unredlicher Trittbrettfahrer kann freilich das Recht weder online noch offline absolut verhindern (vgl. *Heckmann*, NJW 2012, S. 2631, 2632).

wenn die unmittelbare menschliche Kommunikation verdrängt werden würde.[686]

Fraglich ist aber, ob eine Kennzeichnungspflicht geeignet ist, die Kommunikation mit Journalismus-Bots zu entschleunigen. Dies kann mangels empirischer Studien zu der Frage, wie viele Texte mit Hilfe der Journalismus-Bots ohne Kennzeichnung erstellt werden, nicht abschließend entschieden werden. Dies liegt auch daran, dass bereits eine wissenschaftliche Evaluierung automatisierter (Bot-)Kommunikation schwierig, wenn auch nicht unmöglich ist.[687] Ob eine Kennzeichnungspflicht die Quantität automatisiert erzeugter Beiträge senkt, ist dann jedenfalls eine weitere tatsächliche Frage, die der Gesetzgeber nach Regulierungsmaßnahmen evaluieren müsste. Eine Schutzpflicht für das Prinzip der Meinungsvielfalt hat sich hinsichtlich der kommunikativen Chancengleichheit und der individuellen Meinungsbildungsfreiheit mit Bezug zu Journalismus-Bots (noch) nicht realisiert.

2. Trennungsgrundsatz zwischen mittelbarer und unmittelbarer menschlicher Kommunikation

Neben der Entschleunigung der vollautomatisierten Berichterstattung kommt aber ein zweiter das Prinzip der Meinungsvielfalt fördernder Regelungsgedanke in Betracht: Die grundsätzliche Trennung zwischen unmittelbarer (zwischen-)menschlicher Kommunikation und vollautomatisierter Kommunikation, die lediglich mittelbar auf einen dahinterstehenden Menschen zurückzuführen ist.[688]

Eine Kennzeichnung wäre geeignet, die unmittelbare menschliche Kommunikation, von der nur mittelbar von einem Menschen abgeleiteten Kommunikation durch Algorithmen optisch zu trennen. Die Kennzeichnungspflicht würde alle Nutzer von Journalismus-Bots adressieren, die Roboterjournalismus im hier verstandenen Sinn betreiben. Sofern eine einzelne Person Social-Bots einsetzt, könnte mit Berufung auf das Trennungsprinzip ebenfalls die Etablierung einer Kennzeichnungspflicht in Betracht kommen. Die Meinungsbildungsfreiheit derjenigen, die mit individuellen, über Bots verbreiteten Meinungen konfrontiert werden, ist eine Schranke der Meinungsäußerungsfreiheit eben der sich technischer Hilfsmittel be-

---

686 Hierzu bereits unter Kap. 2 B.I.3.b. (S. 54 f.) und Kap. 2 B.I.4. (S. 56).

687 Vgl. hierzu *Ferrara* et al, The Rise of Social Bots, S. 96–104.

688 Hierzu bereits unter: Kap. 3 A.VI.4.b. (S. 93 f.).

dienender Personen.[689] Der „interpersonale“ Ausgleich zwischen diesen Rechtsgütern bedarf einer gesetzlichen Dispositionsentscheidung, die aus der Koordinationsfunktion des Prinzips der Meinungsvielfalt folgt.[690]

Insoweit stehen einer gesetzlichen Kennzeichnungspflicht als Ausgestaltungsvorschrift zum Schutz des Prinzips der Meinungsvielfalt aus Art. 5 Abs. 1 GG i. V. m. Art. 20 Abs. 1 Var. 2 GG u. Art. 20 Abs. 2 GG keine Bedenken entgegen, wenn der Eingriff in die Medienfreiheit der Medienunternehmen bzw. die Meinungsfreiheit von Individuen die Schranken des Art. 5 Abs. 2 GG einhält. Dies ist nunmehr auf die bereits herausgearbeiteten Anknüpfungspunkte für Transparenzregelungen zu überprüfen.

III. (Kein) Sonderrecht

Eine gesetzliche Kennzeichnungspflicht, die alle Unternehmen und Einzelpersonen umfasst, die Roboterjournalismus betreiben, ist ein allgemeines Gesetz i. S. d. Art. 5 Abs. 2 GG. Nach der Kombinationslehre des Bundesverfassungsgerichts darf sich ein Gesetz nicht gegen ein bestimmtes Medienunternehmen oder einen bestimmten Meinungsinhalt richten, und muss ein verfassungsrechtliches Rechtsgut schützen, das Vorrang vor der Medienfreiheit hat.[691]

Die hier vorgeschlagene Kennzeichnungspflicht knüpft nicht an den gedanklichen Inhalt der jeweiligen Beiträge an, sondern an den technischen Umstand, dass Inhalte automatisiert generiert und verbreitet werden, was kein Sonderrecht darstellt.[692] Die Kennzeichnungspflicht differenziert auch nicht zwischen Rundfunk- und Presseunternehmen, sodass auch in personeller Hinsicht ein allgemeines Gesetz vorliegt. Eine Kennzeichnungspflicht verfolgt mit dem Trennungsprinzip zwischen unmittelbarer

---

689 Vgl. *Kloepfer*, Grundrechte als Entstehungssicherung und Bestandsschutz, 1970, S. 63.

690 Vgl. allgemein hierzu *Kloepfer*, Grundrechte als Entstehungssicherung und Bestandsschutz, 1970, S. 63 und unter Kap. 3 A.V.2. (S. 82) sowie Kap. 3 A.VI.4.b. (S. 93).

691 Vgl. *Ridder*, in: Bettermann et al. (Hrsg.), Die Grundrechte, Bd. II, 2. Aufl. 1968, S. 282; BVerfGE 7, S. 198, 209 f. = NJW 1958, S. 257, 258 (zur Meinungsfreiheit); BVerfGE 74, S. 297, 336 f. = NJW 1987, S. 2987, 2990 (zur Rundfunkfreiheit).

692 Geschützt vor Sonderrecht ist der gesamte Prozess der Meinungsbildung, also Inhalt, Form der Meinungsbildung und -äußerung in jeder Form (BVerfGE 71, S. 206, 214 = NJW 1986, S. 1239; *Bethge*, in: Sachs (Hrsg.), GG-Kommentar, 8. Aufl. 2018, Art. 5 Rn. 143).

und durch Journalismus-Bots gemittelter menschlicher Kommunikation ein legitimes Ziel. Das Prinzip der Meinungsvielfalt ist eine akzessorische Grundrechtsvoraussetzung, die die Gesetzgeber befähigt, die multipolaren Interessen von Kommunikatoren und Rezipienten einander zuzuordnen.[693] Indem die durch Journalismus-Bots vermittelte menschliche Kommunikation von der unmittelbaren menschlichen Kommunikation formal durch eine Kennzeichnung getrennt wird, wird der Eindruck ausgeräumt, dass vollautomatisierte generierte Beiträge unmittelbar von einem Menschen geschrieben werden. Insofern werden einerseits Grundrechtsvoraussetzungen für die Ausübung von Roboterjournalismus als von der Medienfreiheit geschützte Tätigkeit definiert, andererseits die Meinungsbildungsfreiheit der Rezipienten geschützt. Auch werden die Interessen anderer berichterstattender Medien aus Art. 5 Abs. 1 S. 2 GG geschützt, die keinen Roboterjournalismus betreiben. Medienökonomisch argumentiert, entstehen durch eine Kennzeichnung zwei verschiedene Märkte: Roboterjournalismus auf der einen und der klassische Journalismus auf der anderen Seite.

IV. Verhältnismäßigkeit von Transparenzpflichten

Letztlich müsste eine Kennzeichnungspflicht auch der Wechselwirkungslehre standhalten. Als besondere Verhältnismäßigkeitsprüfung ist erforderlich, dass die besondere Bedeutung der Medienfreiheit im freiheitlichen demokratischen Staat berücksichtigt wird, sodass das, was mit ihr erreicht wird, in einem angemessen Verhältnis zu den Einbußen steht, welche die Kennzeichnungspflicht für Art. 5 Abs. 1 S. 2 GG bedeutet.[694] Gerade im klassischen Presserecht wird auf Regulierungsmaßnahmen zugunsten einer regulierten Selbstregulierung verzichtet, die als mildere Maßnahmen vorgehen (1.). In sachlicher Hinsicht ist nicht evident, welcher Grad von Transparenz mit dem Redaktionsgeheimnis der Medienunternehmen, das über Art. 5 Abs. 1 S. 2 GG besonders geschützt wird, vereinbar ist (2.–4.).

---

693 Hierzu bereits unter Kap. 3 A.V.4. (S. 84

694 Vgl. BVerfGE 7, S. 198, 210 f. = NJW 1958, S. 257, 258 (zur Meinungsfreiheit); BVerfGE 74, S. 297, 336 f. = NJW 1987, S. 2987, 2990 (zur Rundfunkfreiheit).

1. Regulierte Selbstregulierung

Ob die Regeln der regulierten Selbstregulierung hinreichend effektiv sind, ist unklar.[695] Es sind nur die Mitglieder des Trägervereins des Deutschen Presserates e. V. unmittelbar an den Pressekodex gebunden. Diese sind in § 2 der Satzung für den Trägerverein des Deutschen Presserats e.V. (Presserats-Satzung) abschließend aufgeführt. Demnach sind (nur) die Journalisten- und Verlegerverbände unmittelbar an den Pressekodex gebunden (§ 10 Abs. 1 S. 1 Presserats-Satzung). Die Mitglieder der Journalistenverbände – also die Verlage – sind hingegen keine Mitglieder des Trägervereins Deutscher Presserats e.V., sondern nur Mitglieder eines Journalisten- und Verlegerverbands. Weil ein übergeordneter Verband, wie hier der Trägerverein des Deutschen Presserats e.V., über Mitglieder eines ihm angehörigen Verbands, hier den Journalistenverbänden, keine (Straf-)Gewalt hat, werden Verlage nicht durch die bloße Mitgliedschaft in einem Journalistenverband an den Pressekodex gebunden.[696] Vielmehr müssen Verlage eine Selbstverpflichtungserklärung gegenüber dem Trägerverein des Deutschen Presserats e.V. abgeben.[697] Allerdings haben keinesfalls alle Verlage eine Selbstverpflichtungserklärung gegenüber dem Trägerverein des Deutschen Presserates e.V. abgegeben, was nicht zuletzt auch auf Softwareunternehmen zutrifft, die Journalismus-Bots programmieren. Darüber hinaus ist auch die Verbindlichkeit der Selbstverpflichtungserklärung umstritten.[698] An der Wirksamkeit der Maßnahmen der regulierten Selbstregulierung bestehen daher berechtigte Zweifel. Freilich können „Softlaw“ und

695 Es besteht lediglich die standesrechtliche, moralische Pflicht, Maßnahmen des Deutschen Presserates umzusetzen (*Calliess*, AfP 2002, S. 465, 467; *Heimann*, Der Pressekodex im Spannungsfeld zwischen Medienrecht und Medienethik, 2008, S. 244; *Waschatz*, Haftungsfalle Behördeninformation, 2014, S. 33).

696 *Schwetzler*, Persönlichkeitsschutz durch Presseselbstkontrolle, 2004, S. 186; *Dietrich*, Der Deutsche Presserat, 2002, S. 53 f.

697 Dies ergibt sich aus einem Umkehrschluss aus § 10 Abs. 1 S. 1 Presserats-Satzung in Verbindung mit § 10 Abs. 2 S. 2 Presserats-Satzung. Danach wirken die Journalistenverbände daraufhin, dass ihre Verbandsmitglieder – also die Verlage – sich mittels einer Selbstverpflichtungserklärung zum Redaktionsdatenschutz und zum Pressekodex bekennen (§ 10 Abs. 2 S. 2 Presserats-Satzung).

698 Eine Verbindlichkeit der seit 2003 genutzen Verpflichtungserklärung nehmen an *Dietrich*, Der Deutsche Presserat, 2002, S. 43 f. und *Schwetzler*, Persönlichkeistsrecht durch Presseselbstkontrolle, 2004, S. 188. a. A. *Heimann*, Der Pressekodex im Spannungsfeld zwischen Medienethik und Recht, 2009, S. 244; skeptisch auch *Kloepfer*, AfP 2005, S. 118, 124.

Aufklärungskampagnen sowie ethische Selbstverpflichtungen unterstützend wirken.[699]

2. Offenlegung der Rohdaten

Unverhältnismäßig wäre aber eine Regelung, die Medienunternehmen zur Offenlegung der Rohdaten verpflichtet. Transparenzpflichten sind am Redaktionsgeheimnis zu messen, das durch Art. 5 Abs. 1 S. 2 GG geschützt wird. Das Redaktionsgeheimnis ist eine notwendige Bedingung freier, unabhängiger Medien.[700] Insbesondere ist es staatlichen Stellen verwehrt, sich Einblicke in die Recherchearbeit und die Redaktion von Beiträgen zu verschaffen, indem Unterlagen, Kontakte sowie redaktionelle (Arbeits-)Abläufe gesichtet werden.[701] Eine Verpflichtung, Rohdaten proaktiv zu veröffentlichen, würde dazu führen, dass jedermann – auch der Staat – unmittelbar in das recherchierte Datenmaterial Einblick erhält. Dass dadurch die Public-Watchdog-Funktion der Medien unterlaufen werden kann, liegt auf der Hand.

Sofern Daten in einer Datenbank gespeichert sind, wovon auszugehen ist, ist zudem nicht auszuschließen, dass von Art. 5 Abs. 1 S. 2 GG geschützte Redaktionsgeheimnisse verloren gehen könnten, was weder verhältnismäßig noch mit dem Prinzip der praktischen Konkordanz vereinbar ist. Nach dem Prinzip der praktischen Konkordanz sind verfassungsrechtliche Güter einander so in Ausgleich zu bringen, dass „jedes von ihnen Wirksamkeit gewinnt."[702] Ist eine Information – hier die Daten als Redaktionsgeheimnis – einmal an die Öffentlichkeit gelangt, dann kann diese nicht mehr zurückgeholt werden.[703] Die Öffentlichkeit von Informationen und Geheimnisschutz schließen sich daher gegenseitig aus.[704] Folgerichtig ist der Geheimniswille eines betroffenen Unternehmers nicht nur

699 Vgl. *Dankert*, in: Hoffmann-Riem (Hrsg.), Big Data, 2018, S. 157, 163.

700 BVerfGE 66, 116 = NJW 1984, S. 1741, 1742 (zur Pressefreiheit); BVerfGE 95, S. 220, 238 = NJW 1997, S. 1841, 1843 (zur Rundfunkfreiheit).

701 BVerfG, NJW 2011, S. 1859, 1860 u. BVerfGE 95, S. 220, 238 = NJW 1997, S. 1841, 1843 (jeweils zur Rundfunkfreiheit).

702 *Hesse*, Grundzüge des Verfassungsrechts, 20. Auflage, 1999, Rn. 72.

703 Sog. Irreversibilität von „Informationen", *Schoch*, IFG, 2. Aufl. 2016, Einl. Rn. 15.

704 „Schon aus logischen Gründen schließen sich Geheimnisschutz und Öffentlichkeit von Informationen aus" (*v. Lewinski*, in: Dreier et al. (Hrsg.), Informationen der öffentlichen Hand, S. 451.

Schutzvoraussetzung für den grundrechtlichen Geheimnisschutz, sondern er ist gerade das Schutzobjekt.[705] Im Ergebnis wäre das Redaktionsgeheimnis im Einzelfall endgültig verloren; Art. 5 Abs. 1 S. 2 GG würde gerade keine „Wirksamkeit" erlangen. Der Schutz des Redaktionsgeheimnisses durch Art. 5 Abs. 1 S. 2 GG wäre für klassische Medienunternehmen jedenfalls in Bezug auf Roboterjournalismus eingeschränkt,[706] für Softwareunternehmen dagegen nahezu aufgehoben.[707]

3. Offenlegung der Rohdatenquelle

Neben dem Redaktionsgeheimnis tritt mit dem Schutz für Informanten ein besonderer Quellenschutz. Journalisten dürfen die Identität von Informanten geheim halten, weil berichterstattende Medien auf „Whistleblower" angewiesen sind.[708] Da den Informanten unter Umständen arbeitsrechtliche oder strafrechtliche Konsequenzen drohen, wenn sie unbefugt Informationen an Dritte weiterleiten, würde die Informationsquelle versiegen, wenn die Medien die Identität ihrer Informanten bekannt geben müssten.[709] Das Redaktionsgeheimnis und der Informantenschutz stehen nebeneinander, und werden im einfachen Recht durch prozessuale Zeugnisverweigerungsrechte und dem verfahrensrechtlichen Beschlagnahme- und Durchsuchungsschutz abgesichert.[710]

Zwar mag der Informantenschutz in Kombination mit einer vollautomatisierten Berichterstattung durch Journalismus-Bots heutzutage keine herausragende Relevanz erlangt haben, aber es ist nicht auszuschließen, dass in der Zukunft ein Journalismus-Bot die Auswertung von „Leaks" wie den Panama-Papers übernimmt.[711] Jedenfalls fehlt es an einem Sachargu-

705 *Druey*, Information als Gegenstand des Rechts, 1995, S. 262.

706 Hier müssten in den Medienunternehmen die IT-organisatorischen Grundbedingungen geschaffen werden, um die Datenbanken der Journalismus-Bots von anderen Datenbanken zu trennen.

707 Ähnlich vorsichtig in einem allgemeinen Kontext: *Schulz/Dankert*, Informationsintermediäre, 2016, S. 75.

708 Vgl. BVerfGE 36, S. 193, 204 = NJW 1974, S. 356, 358; BVerfGE 77, S. 65, 74 f. = NJW 1988, S. 329.

709 Zum „Whitleblowing de lege lata und de lege ferenda ausführlich: *Edwards*, Rechtmäßigkeit von Whistleblowing, 2017.

710 Zu Informantenschutz und Informantenhaftung, *Fricke*, *M./Gerecke*, AfP 2014, S. 293.

711 Zu den Ansätzen investigativer Recherche mit Algorithmen („wikiparlamentbot"): *Diakopoulos*, Blog-Eintrag v. 16.7.2016.

ment, Informanten, die große Datenmengen an eine Redaktion übergeben, die Daten (nach einer Testphase) vollautomatisiert auswertet und veröffentlicht, weniger zu schützen als wenn eine händische Auswertung erfolgt. In beiden Fällen ist die Informationsquelle gleichermaßen schutzwürdig. Eine grundsätzliche Transparenzverpflichtung hinsichtlich der Datenquelle würde daher dem durch Art. 5 Abs. 1 S. 2 GG gewährten Schutz der Vertrauensbeziehung zwischen Informanten und den Medien und somit der Medienfreiheit selbst zuwiderlaufen und wäre verfassungswidrig.

4. Offenlegung der Entscheidungsvariablen

Ein aus dem Datenschutzrecht bekannter Regelungsgedanke könnte auf Roboterjournalismus übertragen werden. Gemäß Art. 15 Abs. 1 lit. h Datenschutzgrundverordnung (DSGVO) müssen Verantwortliche, die personenbezogene Daten für Profilingverfahren (Art. 22 DSGVO) nutzen, „aussagekräftige Informationen über die involvierte Logik sowie die Tragweite und die angestrebten Auswirkungen einer derartigen Verarbeitung für die betroffene Person bereitstellen“. Übertragen auf den Roboterjournalismus könnte einzufordern sein, dass Veranwortliche, die mit Journalismus-Bots arbeiten, die abstrakte Programmstruktur und im Programm implementierte Tendezwerte transparent machen.[712]

Damit wird nicht der Quell- oder Programmcode veröffentlicht, der urheberrechtlichen Schutz genießt, sondern es wird Rezipienten ermöglicht, den Entscheidungsweg des Programms nachzuvollziehen.

a. Proaktive Transparenz

Mehr als fraglich ist allerdings, ob die proaktive Offenlegung des Entscheidungsweges erforderlich ist, um dem Trennungsgrundsatz von unmittelbarer bzw. mittelbarer menschlicher Kommunikation zu fördern. Erforderlich ist eine Regelung, wenn keine gleich effektiven und weniger in das je-

712 Vgl. zu den Forderungen nach einer Transparendenz des einem Algorithmus zugrundeliegenden Modells: *Diakopoulos*, Communications of the ACM 59 (2016), S. 56, 60 und *Martini*, Blackbox Algorithmus, 2019, S. 185 insbesondere zur Rechtslage in Frankreich, wo es entsprechende Transparenzvorschriften im Bereich nicht vollständig automatisierter behördlicher Entscheidungen gibt.

weilige Grundrecht eingreifenden Maßnahmen erkennbar sind.[713] Im Ausgangspunkt ist ein Mensch nicht verpflichtet, seine Meinungsäußerung gegenüber einem Betroffenen oder sonstigen Rezipienten zu erklären. Zwar könnte argumentiert werden, dass der mit Journalismus-Bots gebildete Beitrag nur dann von der Meinungsfreiheit geschützt wird, wenn der Entscheidungsweg ex post von einem Menschen nachvollzogen werden kann.[714] Demnach dient die Offenlegung des Entscheidungsweges nicht nur dem Trennungsgrundsatz von menschlicher und nicht-menschlicher Kommunikation, sondern auch dem Interesse des Medienunternehmens, das ein Interesse am Schutz der Beiträge durch die Meinungsfreiheit hat. Allerdings ist das letztere Interesse nur relevant, wenn es um die Frage der Rechtmäßigkeit eines Beitrags geht, weil (Privat-)Unternehmen grundsätzlich jede Information auf jedem beliebigen Weg veröffentlichen dürfen.[715] Die Informationspolitik von Medienunternehmen wird durch Art. 12 GG geschützt. Das Interesse, sich auf die Meinungsfreiheit berufen zu können, wird erst dann konkret, wenn sich eine Person, die Gegenstand der Berichterstattung ist, in ihren Rechten – also im Einzelfall – verletzt fühlt. Die (Transparenz-)Interessen von Kommunikator und (betroffenen) Rezipienten nähern sich in diesem Fall zumindest an, wenngleich auch aus unterschiedlichen Motiven. Zu beachten ist zudem, dass eine proaktive Transparenz einen ungleich tieferen Eingriff in das durch Art. 5 Abs. 1 S. 2 GG geschützte Redaktionsgeheimnis darstellt, als ein reaktiver Auskunftsanspruch. Auch Art. 15 EU-DSGVO regelt einen individuellen Auskunftsanspruch „betroffener Personen", und gerade keine proaktive Veröffentlichungspflicht.[716] Im Ergebnis sind Forderungen nach einer proaktiven Transparenz daher durch das Redaktionsgeheimnis, das durch Art. 5 Abs. 1 S. 2 GG geschützt wird, Grenzen gesetzt, jedenfalls solange der Vorgang der Betragsgenerierung für Programmierer und Journalisten nachvollziehbar ist.[717]

---

713 *Kraft*, BayVBl. 2007, S. 577, 578. (581).

714 Hierzu: Kap. 3 B.VI.1.b. (S. 135).

715 Der Schutz hierfür leitet sich dann aber nicht aus Art. 5 GG, sondern aus Art. 12 GG.

716 Hierzu: Art. 13, 14 EU-DSGVO.

717 Zur Forderung proaktiver Transparenz über die involvierte Logik von mittels maschineller Lernverfahren programmierter Algorithmen de lege ferenda: *Martini*, Blackbox Algorithmus, 2019, S. 185 f.

b. Reaktive Transparenz

Auch individuelle Ansprüche von Privatpersonen[718] auf Erklärung der Beitragszusammensetzung gegenüber berichterstattenden Medienunternehmen wäre ein Novum. Zu hinterfragen ist daher, ob ein außerprozessualer Auskunftsanspruch erforderlich ist, um den Transparenzinteressen des von einer Berichterstattung betroffenen Rezipienten Rechnung zu tragen.[719]

So ergibt sich bereits aus der allgemeinen prozessualen Darlegungs- und Beweislast, dass das Medienunternehmen zwingend darlegungspflichtig ist, wenn es sich auf die Meinungsfreiheit berufen will. Der Schutz der Meinungsfreiheit ist eine für das Medienunternehmen günstige Rechtstatsache, deren Darlegung erfordert, dass „der Meinungsbildungsprozess" des eingesetzten Journalismus-Bots ermittelt und vom Medienunternehmen vorgetragen wird. Folglich ergibt sich bereits aus der allgemeinen Darlegungs- und Beweislast ein mittelbarer Auskunftsanspruch. Fraglich ist aber, ob damit hinreichend die Rechte der betroffenen Personen, insbesondere deren allgemeine Persönlichkeitsrechte, beachtet werden. Es ist festzustellen, dass sich zum einen der Zeitpunkt der Veröffentlichung des Entscheidungsprozesses verschiebt, weil ein Betroffener einen Prozess anstrengen muss. Aus Sicht des Betroffenen können Zeit- und Geldaufwand freilich ein Hemmungsfaktor sein, wobei zu berücksichtigen ist, dass jedermann einen Anspruch auf Prozesskostenhilfe hat. Diese Umstände mögen aus Sicht von Medienunternehmen ein Vorteil sein, weil weniger Betroffene gegen eine Berichterstattung vorgehen. Letztlich dürfte aber der Gesetzgeber einen Spielraum haben, indem er sich entscheiden kann, einen reaktiven Auskunftsanspruch in die Rechtsordnung zu implementieren. Eine solche Regelung wäre verfassungsgemäß.

5. Kennzeichnung als automatisiert generierter Beitrag

Eine Kennzeichnungspflicht, die an den technischen Ursprung der Beiträge anknüpft, ist ebenfalls im Hinblick auf Art. 5 Abs. 1 S. 2 GG verfas-

---

718 Nicht aber im Verhältnis Aufsichtsbehörde und Medienunterunternehmen (BVerfG 95, 220, 239 zu §§ 37, 38 LMedienG Aufzeichnungs- und Vorlagepflicht von Rundfunksendungen gegenüber der Aufsichtsbehörde).

719 Solche Ansprüche existieren z. B. im Urheberrecht, vgl. §§ 101 f. UrhG, wobei § 101a Abs. 1 UrhG im hiesigen Kontext hervorzuheben ist, der einen Anspruch auf Vorlage von Geschäftsgeheimnissen in Form von Kontodaten usw. beinhaltet, was einen Eingriff in Art. 12, 14 GG darstellt.

sungsrechtlich unbedenklich. Der damit einhergehende Eingriff in die Medienfreiheit der Medienunternehmen ist insgesamt als gering einzustufen. Eine Kennzeichnung wirkt meinungsneutral, indem lediglich die Modalitäten der Veröffentlichung reguliert werden. Zudem greift die Kennzeichnungspflicht nur bei vollautomatisiert erscheinenden Beiträgen. Wenn Journalismus-Bots als Recherchehilfe genutzt werden und der Text händisch redigiert wird, handelt es sich nicht um Roboterjournalismus im hier definierten Sinn. Wesentlich ist freilich, dass ein Redakteur den Text inhaltlich redigiert. Ein bloßes „Überfliegen" des Textes ist nicht ausreichend.

Insbesondere greift eine Kennzeichnungspflicht nicht in das Allgemeine Persönlichkeitsrecht der Redakteure und Programmierer aus Art. 2 Abs. 1 GG i. V. m. Art. 1 Abs. 1 GG ein, wozu das Recht gehört, einen Beitrag anonym zu veröffentlichen.[720] Soweit nur die Tatsache, dass ein Beitrag vollautomatisiert mittels eines Journalismus-Bots generiert wurde, transparent gemacht wird, kann der Programmierer anonym bleiben. Die Einbußen, die durch eine Kennzeichnungspflicht für Medienunternehmen entstehen, betreffen nur eine Modalität der Meinungskundgabe, die im Besonderen auch ohne großen wirtschaftlichen Aufwand umgesetzt werden kann. Hierfür müssten Programmierer lediglich ein Template vorformulieren und der Auswahlalgorithmus von Journalismus-Bots so programmiert werden, dass das „Kennzeichnungstemplate" zu denjenigen Informationen gehört, die immer veröffentlicht werden. Die Platzierung einer Kennzeichnung kann daher automatisiert werden, weshalb sowohl Programmieraufwand als auch wirtschaftlicher Aufwand gering sind

6. Transparenz im externen Roboterjournalismus

Als Annex zur Kennzeichnung als automatisiert generierter Beitrag ist es keinesfalls unverhältnismäßig, Medienunternehmen zu verpflichten, Name und Adresse des kooperierenden Softwareunternehmens zumindest im Impressum aufzunehmen. Insoweit gelten die obigen Ausführungen entsprechend. Im Übrigen hat diese Art der Transparenz der Verarbeitungskette mit den Benennungspflichten für Druckereien eine lange Tradition.

720 Ausführlich hierzu *Heilmann*, Anonymität für User-Generated-Content?, 2013, S. 78 f. u. S. 185 f.

Die Lückenhaftigkeit der bestehenden Regelungen wird in dieser Hinsicht noch im weiteren Verlauf untersucht.[721]

V. Gesetzgebungskompetenz für Kennzeichnungspflichten

Die Frage, ob die Bundesländer oder der Bund die Gesetzgebungskompetenz für medienrechtliche Lebensbereiche innehaben, ist ein klassischer Streitpunkt.[722] Dabei sind die Auslegungsprinzipien unstreitig (1.). Im Ergebnis sind die Länder für die Ausgestaltung des Prinzips der Meinungsvielfalt und damit auch für eine Kennzeichnungspflicht zuständig (2.).

1. Auslegungsgrundsätze

Neben der konkreten Auslegung einzelner Kompetenztitel ist zu beachten, dass keine Doppelkompetenzen[723] von Bund und Ländern existieren, sowie das Prinzip, nach dem Grundrechte keine Kompetenznormen sind. Grundrechte bilden ein Rechtsverhältnis zwischen Staat und Menschen; es sind subjektive Rechte, während die Kompetenzbestimmungen der Art. 70 f. GG das Verhältnis zwischen den Bundesländern und dem Bund als objektives Recht regeln.[724] Zwar betont das Bundesverfassungsgericht in ständiger Rechtsprechung die enge sachliche Verbindung zwischen Grundrechten und Kompetenznormen, aber „(...) auch Art. 5 GG ist keine Kompetenznorm, sondern bindet denjenigen, der die Veranstaltung von Rundfunk zu regeln hat."[725] Die enge sachliche Verbindung strahlt daher folgerichtig nicht auf die Auslegung von Kompetenzbestimmungen aus, sondern nur auf die Auslegung von Grundrechten.[726] Dass eine Grund-

721 Kap. 6 A.III. (S. 229 f.).

722 Seit BVerfGE 12, S. 205 = NJW 1961, S. 547. Zum Jugendschutzgesetz: *Liesching*, ZUM 2002, S. 868. Zum NetzDG: *Gersdorf*, MMR 2017, S. 439, 440.

723 *Isensee*, in: Isensee/Kirchhof (Hrsg.), HStR, Bd. VI, 3. Aufl. 2008, § 133 Rn. 98.

724 „Die Kompetenz verkörpert die rechtlich organisierte Staatsgewalt, das subjektive Recht dagegen die sich selbst organisierte Freiheit des Privaten (...)", *Isensee*, in: Isensee/Kirchof (Hrsg.), HStR, Bd. VI, 3. Aufl. 2008, § 133 Rn. 84.

725 Vgl. wiederum die Fundstelle in der amtlichen Entscheidungssammlung: BVerfGE 12, S. 205, 242 sowie BVerfGE 104, S. 238, 246 = NVwZ 2002, S. 591.

726 Z. B. folgt aus der Kompetenznorm des Art. 74 Abs. 1 Nr. 19 GG, welche eine Kompetenz für Berufszulassungsregeln begründet, dass im Hinblick auf Art. 12 GG nicht jedwede Zulassungsregelung gegen die Berufsfreiheit verstößt (BVerfGE 7, S. 377, 401 = NJW 1958, S. 1035, 1037). Wohl a. A.: *Gersdorf*, MMR

rechtsverletzung vorliegt, wenn der Gesetzgeber ohne Gesetzgebungskompetenz ein Gesetz erlässt, ist freilich auch nicht zu bestreiten. Denn die Grundrechte bestimmen die Grenzen für die Ausnutzung einer durch das Grundgesetz gewährten Gesetzgebungskompetenz.[727] Auch das Bundesverfassungsgericht zieht Art. 5 Abs. 1 S. 2 GG in der von Bund-Länderstreitigkeiten geprägten rundfunkrechtlichen Rechtsprechung nicht als Kompetenznorm heran, sondern zur Begründung einer prozessual erforderlichen Antragsbefugnis, die dann regelmäßig in einer materiell-rechtlichen (!) Überprüfung gesetzlicher Vorschriften mit Art. 5 Abs. 1 S. 2 GG mündet.[728]

2. Regulierung des Prinzips der Meinungsvielfalt als Ländersache

Das Trennungsprinzip zwischen vollautomatisierter und menschlicher Kommunikation, das mit einer Kennzeichnungspflicht im einfachen Recht konkretisiert werden könnte, fördert das Prinzip der (menschlichen) Meinungsvielfalt. Zwar erscheint es nicht denknotwendig ausgeschlossen, dass das Recht auf öffentliche Fürsorge gemäß Art. 74 Abs. 1 Nr. 7 GG als Bundeskompetenztitel für Vorschriften zum Schutz der Meinungsvielfalt herangezogen werden kann. Der Begriff der öffentlichen Fürsorge ist im Hinblick auf das Sozialstaatsprinzip weit auszulegen[729] und umfasst nicht nur Hilfen bei wirtschaftlichen oder gesundheitlichen Notlagen, sondern könnte auch auf kommunikative Notlagen angewendet werden. Allerdings ist zu beachten, dass vielfaltsschützende Regelungen bereits seit dem ersten Rundfunkurteil den Ländern zugeordnet werden.[730] Der historischen Auslegung kommt ein besonderes Gewicht bei der Auslegung von Kompetenznormen zu, mit der Folge,[731] dass sowohl Rundfunk als auch Presse von der Kulturhoheit der Länder aus Art. 30, 70 GG erfasst sind. Der Vollständigkeit halber sei zudem angemerkt, dass der Roboterjournalismus auch keine Telekommunikationstechnik i. S. d. Art. 73 Abs. 1 Nr. 2 Var. 2

2017, S. 439, 441 f. „Die Kompetenzvorschriften des GG sind im Lichte der grundrechtlichen Fundierung der zu ordnenden Lebenssachverhalte zu bestimmen."

727 Vgl. BVerfGE 4, S. 7, 15; BVerfGE 55, S. 261, 302.

728 Vgl. BVerfGE 12, S. 205, 259 = NJW 1961, S. 547, 550; anders: *Gersdorf*, MMR 2017, S. 439, 441 f.

729 BVerfGE 97, S. 332, 341 = NJW 1998, S. 2128, 2129.

730 Vgl. BVerfGE 12, S. 205, 225 f. = NJW 1961, S. 547 f.

731 Vgl. *Heintzen*, in: BK-GG, Bd. 14, 109. Akt. 2003, Art. 70 Rn. 127.

GG ist, sondern Teil der redaktionellen Hilfstechnik, die innerhalb eines Medienunternehmens eingesetzt wird.

Die Ausgestaltungskompetenz für die Sicherung von nationaler Meinungsvielfalt in Form kommunikativer Chancengleichheit ist im Übrigen nicht an den europäischen Gesetzgeber übertragen worden.[732] Das Prinzip der Meinungsvielfalt ist zudem ein zwingender Belang des allgemeinen Wohls, der insbesondere auch Eingriffe in die Grundfreiheiten rechtfertigt, wenn man diese als Prüfungsmaßstab neben den Grundrechten heranziehen will.[733]

VI. Zwischenergebnis

Eine Transparenzpflicht in Form einer Kennzeichnungspflicht für Beiträge, die Journalisten und Programmierer vollautomatisiert generieren (lassen), hält einer verfassungsrechtlichen Prüfung anhand des Prinzips der Meinungsvielfalt und der Medienfreiheit des publizierenden Medienunternehmens im Ergebnis stand. Letztlich kann der Staat auch auf das Trennungsprinzip zwischen unmittelbarer menschlicher Kommunikation und mittelbarer computervermittelter Kommunikation zurückgreifen.

Die individuelle Medienfreiheit des publizierenden Unternehmens kann gemäß Art. 5 Abs. 2 GG eingeschränkt werden. Kennzeichnungspflichten sind allgemeine Gesetze, wobei aufgrund des Redaktionsgeheimnisses strenge Anforderungen an die Verhältnismäßigkeit einer solchen Regelung zu stellen sind. Keinesfalls kann die proaktive Veröffentlichung der Rohdaten verlangt werden. Auch einer proaktiven Veröffentlichungspflicht hinsichtlich der Entscheidungsvariablen von Journalismus-Bots sind im Hinblick auf das Redaktionsgeheimnis Grenzen gesetzt. Lediglich ein reaktiver Auskunftsanspruch von betroffenen Personen ist denkbar, wobei aufgrund der prozessualen Darlegungslast ein mittelbarer Auskunftsanspruch im prozessualen Einzelfall ohnehin vorhanden ist. Letzt-

732 So bereits *Ress/Bröhmer*, Europäische Gemeinschaft und Medienvielfalt, 1998, S. 31.

733 Sowohl die Rechtsprechung des EuGH, der Art. 51 GRCh weit auslegt und auch solches nationales Recht als Durchführung des Unionsrechts ansieht, welches keine Grundlage im Sekundärrecht der EU hat (vgl. EuGH, NJW 2013, S. 1415 f.); a. A. BVerfG, NJW 2013, S. 1499, 1501, wonach nicht jeder sachliche Bezug einer Regelung zum abstrakten Anwendungsbereich des Unionsrecht ausreicht.

lich wäre aber auch ein außerprozessualer Auskunftsanspruch für die von einer Berichterstattung betroffenen Personen verfassungsgemäß.

E. Zusammenfassung

Es wurde festgestellt, dass die rundfunkzentrierte Rechtsprechung und die sich ihr anschließenden Literaturmeinungen die potentiellen Risiken für die Meinungsvielfalt, die durch den Einsatz „kommunizierenden Algorithmen" entstehen könnten, weder dogmatisch noch praktikabel berücksichtigen können.[734] Aus diesem Grund wurde das Prinzip der Meinungsvielfalt als eigenständiges Verfassungsprinzip aus Art. 5 Abs. 1 GG i. V. m. Art. 20 Abs. 1 Var. 2 i. V. m. Art. 20 Abs. 2 GG hergeleitet.[735] Im Verhältnis zu den Kommunikationsgrundrechten steht es als akzessorische Grundrechtsvoraussetzung mit einem eigenständigen Gewährleistungsgehalt neben den Kommunikationsgrundrechten. Für den Bereich des Roboterjournalismus ist insbesondere die kommunikative Chancengleichheit zwischen unmittelbarer menschlicher und durch Algorithmen vermittelter Kommunikation ein elementarer Grundgedanke.[736] Daran angelehnt wurde ein Trennungsprinzip zwischen der durch (Journalismus-)Bots vermittelten menschlichen Kommunikation und der unmittelbaren zwischenmenschlichen Kommunikation entwickelt.[737]

Es wurden die Auslegungsalternativen zu Art. 5 Abs. 1 GG dargestellt, und sich für ein einheitliches Mediengrundrecht ausgesprochen, das nicht zwischen Rundfunk- und Pressefreiheit unterscheidet. Das bedeutet nicht, dass der Gesetzgeber zwingend gleichartige Regelungen für Rundfunk und Presse festlegen muss. Vielmehr schafft er mit vielfaltssichernden Regelungen, die sich an Art. 5 Abs. 2 GG messen müssen, erst die Voraussetzungen, die eine Ausübung der Grundrechte ermöglichen. Damit lassen sich der Binnenpluralismus im öffentlich-rechtlichen Rundfunk und der Außenpluralismus im Privatsektor erklären. Festzuhalten ist aber, dass freilich die Gemeinsamkeiten von berichterstattenden Medien überwiegen.

Die funktionale Auslegung der Medienfreiheit hat zur Folge, dass sich Softwareunternehmen unmittelbar auf Art. 5 Abs. 1 S. 2 GG berufen kön-

734 Hierzu unter Kap. 3 A.I. (S. 66 f.).
735 Hierzu unter Kap. 3 A.IV. (S. 75 f.).
736 Hierzu unter Kap. 3 A.VI.4.a. (S. 92).
737 Hierzu unter Kap. 3 A.VI.4.b. (S. 93 f.).

nen, wenn sie Rohdaten recherchieren, mit Hilfe eines Journalismus-Bots hieraus Beiträge generieren und eigenverantwortlich veröffentlichen.[738]

Wenn Softwareunternehmen anderen Medienunternehmen Journalismus-Bots bereitstellen, leiten Softwareunternehmen als Hilfsunternehmen der Medienunternehmen den Schutz aus Art. 5 Abs. 1 S. 2 GG von den Medienunternehmen ab. Dies hat zur Folge, dass Softwareunternehmen in dieser Konstellation nicht die Tendenz der Beiträge bestimmen können. Der Tendenzschutz steht dem publizierenden Unternehmen zu.

Hinsichtlich der Meinungsfreiheit von Programmierer und/oder Journalist erfolgt die Meinungsbildung bei der Programmierung von Journalismus-Bots. Die Diskussion um technische Tendenzneigungen in Computerprogrammen und die Programmiertechnik im Roboterjournalismus veranschaulichen, dass Programmierer ihre Wertvorstellungen in vielfältiger Form in den Quellcode von Journalismus-Bots implementieren. Dass die Zusammensetzung eines jeden einzelnen Beitrags ex ante vom Programmierer nicht vorhergesehen werden kann, ist daher zu vernachlässigen. Die Zurechenbarkeitsgrenzen werden erst erreicht, soweit ex post – nach Beitragserstellung – nicht nachvollziehbar erklärt werden kann, warum Journalismus-Bots welche Daten ausgewählt haben und warum die Software einen Beitrag mit einer bestimmten Wertung formuliert hat.[739]

Der Gesetzgeber ist aufgrund seines weiten Gestaltungsspielraums berechtigt, eine Kennzeichnungspflicht von (Journalismus-)Bot-Beiträgen zu implementieren.[740] Damit wird das verfassungsrechtlich hergeleitete Trennungsprinzip zwischen der unmittelbaren menschlichen Kommunikation und der durch Bots vermittelten Kommunikation geschützt und konkretisiert. Gleichzeitig kann der Trennungsgrundsatz von dem Gedanken gestützt werden, dass die Meinungsbildungsfreiheit Dritter eine Schranke der Meinungsäußerungsfreiheit der Programmierer darstellt. Die Transparenz grenzt (absolut) an schützenswerte Redaktionsgeheimnisse von berichterstattenden Medien, weshalb die proaktive Offenlegung der Rohdatengrundlage ebenso wenig gefordert werden kann wie die Offenlegung der Entscheidungsvariablen.

738 Hierzu unter Kap. 3 B. III. (S. 114 f.).
739 Hierzu unter Kap. 3 B. VI.1.b. (S. 135 f.).
740 Hierzu unter Kap. 3 D. (S. 143 f.).

Kapitel 4: Rechte am Journalismus-Bot

Im vierten Kapitel wird untersucht, inwieweit Journalismus-Bots und ob vollautomatisiert generierte Beiträge vom Urheber- und Patentrecht geschützt werden.

Journalismus-Bots sind unzweifelhaft keine Erfindungen i. S. d. Patentrechts (A.). Das Computerprogramm selbst sowie das Entwurfsmaterial sind vom Urheberrecht geschützt, was ebenfalls recht unproblematisch ist (B.). Auch die Datenbanken, die Journalismus-Bots nutzen, werden durch das Recht des Datenbankherstellers geschützt (C.). Nicht evident ist hingegen, ob und inwieweit das Urheberrechtsgesetz vollautomatisiert generierte Beiträge schützt, wobei zwischen dem Urheberrecht (D.) und dem Leistungsschutzrecht für Presseverleger zu unterscheiden ist (E.).

A. *Kein Schutz der Journalismus-Bots durch das Patentrecht*

Zwar weist der Begriff „Roboter“ auf eine mechanische und technische Tätigkeit hin. Allerdings führt der Begriff, wie bereits eingangs aufgezeigt wurde, in die Irre.[741] Journalismus-Bots als Computerprogramme lösen durchaus einen technischen Effekt aus, indem sie das Betriebssystem veranlassen, Steuerungsbefehle an die Computerhardware zu senden. Diese Grundtechnizität ist aber für eine Patentfähigkeit nicht ausreichend, weil dadurch noch kein konkretes und neues technisches Problem gelöst wird.[742] Erforderlich ist in diesen Fällen eine doppelte Technizität.[743] Grundsätzlich wird die Datenformatierung im Einzelfall als technisches Problem angesehen.[744] Journalismus-Bots formatieren Daten jedoch allein

741 Hierzu bereits unter Kap. 1 B.II. (S. 22).

742 Vgl. BGH, GRUR 2015, S. 983, 984; BGH, GRUR 2002, S. 143; *Kraßer/Ann*, Patentrecht, 7. Aufl. 2016, § 12 Rn. 115. Zusammenfassender Überblick bei *Marly*, PK-Softwarerecht, 7. Aufl. 2018, S. 201 f.

743 BGH GRUR 2005, S. 141, 142; *Kraßer/Ann*, Patenrecht, 7. Aufl. 2016, § 12 Rn. 153.

744 Vgl. *Bacher/Melullis*, in: Benkard, PatG, 11. Aufl. 2015, § 1 Rn. 109. Insbesondere sind Komprimierungsmethoden – z. B. die Umwandlung einer WAV-Datei in das kompakte MP3-Format – nicht vom Ausschlusstatbestand umfasst (EPA, CR 1993, S. 26).

auf semantischer Ebene. Auf technischer Ebene bleiben auch Wetterdaten, die über Sensoren aus der Natur entnommen werden, unangetastet, weil sie im Ausgangs- und Endprodukt, nämlich dem journalistischen Beitrag, einen identischen Wert haben, während z. B. Komprimierungsmethoden zu einer Verkleinerung des Datensatzes führen.[745] Eine Temperatur, die der Journalismus-Bot als Datum verarbeitet, bleibt gleich groß, unabhängig davon, ob man sie als einzelnes Datum betrachtet oder in einem Text ausdrückt. Dass dies für eine Patentfähigkeit nicht ausreicht, folgt auch aus § 1 Abs. 3 Nr. 4 PatG, wonach die Wiedergabe von Informationen vom Patentschutz ausgenommen wird.

Daher sind Journalismus-Bots keine Erfindung i. S. d. Patentgesetzes.

B. Urheberrechtlicher Schutz von Journalismus-Bots als Computerprogramm

Vom Urheberrechtsgesetz werden Computerprogramme jeglicher Gestalt einschließlich ihres Entwurfsmaterials geschützt (§ 69a Abs. 1 UrhG). Sowohl das Entwurfsmaterial (I.) als auch der Journalismus-Bot als Computerprogramm (II.) sind als urheberrechtlichen Werk vom Urheberrechtsgesetz geschützt. Fraglich ist, ob die vom Journalismus-Bot generierten Beiträge als Ausdrucksform eines Computerprogramms anzusehen sind (III.).

I. Schutz des Komplexalgorithmus als Entwurfsmaterial

Wird der Begriff des Komplexalgorithmus als Entwurfsmaterial eines Computerprogramms verstanden, ist der ausgearbeitete Komplexalgorithmus als Entwurf für den Quellcode eines Computerprogramms von § 69a Abs. 1 Hs. 2 geschützt.[746]

1. Abgrenzung zu Basisalgorithmen

Komplexalgorithmen sind von Basisalgorithmen abzugrenzen, die das methodische Handwerkszeug von Programmierern bilden. Journalismus-Bots werden mit Basisalgorithmen programmiert, die mit guten Gründen nicht einer Person, auch nicht für eine bestimmte Zeit, absolut zugeordnet wer-

---

745 Vgl. *Färber*, Patentfähigkeit angewandter Algorithmen, 2015, S. 162.

746 Zur Terminologie bereits unter Kap 2 A.II.–III. (S. 31 f.).

den.[747] Für Basisalgorithmen, verstanden als „Grundbausteine der Programmentwicklung“[748], existieren unendlich viele Einsatzmöglichkeiten, vergleichbar mit den Grundrechenarten und Naturgesetzen.[749] Zum Beispiel sind Entscheidungsbäume als Programmiermethode Basisalgorithmen.

Zwar ist die Abgrenzung zwischen Basis- und Komplexalgorithmen schwierig, aber nicht unmöglich.[750]

2. Abgrenzungskriterium: Individualität

Als geradezu klassisches Abgrenzungskriterium des Urheberrechts zwischen gemeinfreien, nur vom allgemeinen Wettbewerbsrecht geschützten Elementen, und dem schutzfähigen Werk ist die Individualität zu nennen.[751] Gemäß § 69 Abs. 3 UrhG sind Computerprogramme nur geschützt, wenn sie individuelle Werke sind. Zwar bezieht sich § 69 Abs. 3 UrhG nicht ausdrücklich auf das in § 69a Abs. 1 Hs. 2 UrhG benannte Entwurfsmaterial, aber dass nur *individuelle* Entwürfe schützenswert sind, gilt als allgemeiner urheberrechtlicher Grundsatz auch für das Entwurfsmaterial von Computerprogrammen. Daher sind nur individuelle Entwürfe schützenswert, wenn man nicht von einer zwingenden Konnexität zwischen dem Entwurf für ein Computerprogramm und dem Computerprogramm ausgehen will.[752] Die Individualität eines Komplexalgorithmus kann sich dabei auf die äußere Form beziehen, etwa die besondere grafische Darstellung, aber auch auf die innere Form. Die besonders kreative und damit individuelle Kombination von Basisalgorithmen und sonstigen Algorithmen

747 Vgl. *Ensthaler/Möllenkamp*, GRUR 1994, S. 151.

748 *Ensthaler/Möllenkamp*, GRUR 1994, S. 151, 153.

749 Über das Freihaltebedürfnis an diesen Algorithmen herrscht Einigkeit (vgl. *Loewenheim/Spindler*, in: Schricker/Loewenheim, UrhR, 5. Aufl. 2017, § 69a Rn. 12; *Dreier*, in: Dreier/Schulze (Hrsg.), UrhG, 6. Aufl. 2018, § 69a Rn. 22; BGH, GRUR 1991, S. 449, 452 f.).

750 A. A. *Böker*, Computerprogramme zwischen Werk und Erfindung, 2009, S. 140. – Skeptisch auch die Ideengeber für diese Abgrenzung: *Ensthaler/Möllenkamp*, GRUR 1994, S. 151, 154.

751 *Ulmer*, Urheber- und Verlagsrecht, 3. Aufl. 1980, S. 119 f. Das Kriterium der Individualität wurde bereits im Kaiserreich genutzt (vgl. *Sommer*, Die Geschichte des Werkbegriffs, 2017, S. 174).

752 Vgl. *Hoeren/Wehkamp*, CR 2018, S. 1, 6; a. A. *Böker*, Computerprogramme zwischen Werk und Erfindung, 2009, S. 140.

kann zu einem individuellen „Gewebe“[753] von Algorithmen führen.[754] Lediglich „Banalentwürfe“ sind von einem Schutz ausgeschlossen, d. h. solche, die „jeder auf gleiche Weise machen würde oder was von der Sache her vorgegeben ist“.[755] Wenn ein Banalentwurf vorliegt, kann aber das Computerprogramm trotzdem die notwendige Individualität erreichen, wenn der Gestaltungsspielraum bei der Implementierung des Komplexalgorithmus in den Quellcode des Computerprogramms genutzt wird.[756]

II. Schutz des Quell- und Objektcodes

Der Quell- und Objektcode von Journalismus-Bots wird als Computerprogramm vom Urheberrechtsgesetz geschützt.[757] Gemäß § 2 Abs. 1 Nr. 1 Var. 3 UrhG i. V. m. § 69a Abs. 3 S. 1 UrhG sind Computerprogramme als Sprachwerke vom Urheberrecht umfasst, wenn sie das Ergebnis einer eigenen individuellen geistigen Schöpfung sind. Nachdem die Rechtsprechung des Bundesgerichtshofs zur besonderen Schöpfungshöhe bei Computerprogrammen durch die Software-RL[758] bereits längere Zeit überholt ist, sind keine hohen Anforderungen an die Individualität eines Computerprogramms zu stellen. Nach dem Prinzip der „kleinen Münze“[759] genießen lediglich einfache (Standard-)Programme keinen Schutz.[760] Der Kern jedes Computerprogramms ist freilich der Quellcode, welcher mittels eines Compilers in den maschinenlesbaren Objektcode (daher auch „Ma-

753 Sog. Gewebetheorie nach dem Bild von *Ghiron* (ders., UFITA 5 (1932), S. 38), das auch von *Ulmer* aufgegriffen wurde (ders., Sitzungsberichte der bayerischen Akademie der Wissenschaften 1967, S. 3); BGH, GRUR 1991, S. 449, 453 f.

754 Zu kreativen Lösungen in der Implementierungsphase, in Komplexalgorithmen in einen Quellcode umgesetzt werden: *Hoeren/Wehkamp*, CR 2018, S. 1, 6.

755 *Loewenheim/Spindler*, in: Schricker/Loewenheim, UrhR, 5. Aufl. 2017, § 69a Rn. 20.

756 Hierzu: *Hoeren/Wehkamp*, CR 2018, S. 1, 6.

757 Zur Terminologie bereits unter Kap. 2 III. (S. 32).

758 Richtlinie 2009/24/EG des Europäischen Parlaments und des Rates über den Rechtsschutz von Computerprogrammen v. 23.4.2009, ABl. L 111/16 v. 5.5.2009, S. 16.

759 *Elster*, Gewerblicher Rechtsschutz, Urheber- und Verlagsrecht, 1921, S. 41, 42. *Ensthaler* bezeichnet Werke mit geringer, aber ausreichender Schöpfungshöhe als die „Stiefkinder des Urheberrechts“ (ders., Gewerblicher Rechtsschutz und Urheberrecht, 1998, S. 6).

760 Gesetzentwurf der Bundesregierung Entwurf eines Zweiten Gesetzes zur Änderung des Urheberrechtsgesetzes v. 19.12.1992, BT-Drs. 12/4022, S. 9 f.; BGH, GRUR 2013, S. 509, 510.

schinencode" genannt) übersetzt wird.[761] Während der Quellcode noch für Menschen lesbar ist, kann der Objektcode nur vom Computer verarbeitet werden. Weil der Begriff Computerprogramm sowohl den Quellcode als auch den Objektcode umfasst, sind beide Erscheinungsformen durch § 69a Abs. 1 UrhG geschützt.[762] Das Ergebnis überrascht ein wenig, weil der Compiler einen Quellcode automatisiert in einen Objektcode übersetzt und beide Codeformen nicht identisch sind.[763] Insofern ist der Objektcode kein Werk, das unmittelbar von einem Menschen geschrieben wurde.[764] Der geistige Gehalt des Objektcodes kann und wird aber zu recht nicht angezweifelt, weil der Programmierer mit dem Quellcode detailliert Rahmenbedingungen für die Entwicklung des Objektcodes vorgegeben hat.[765] Ein und derselbe Compiler transferiert den Quellcode zudem immer in die gleiche konkrete Form, was die hochgradige Abhängigkeit des Compilers von der Arbeit des Programmierers indiziert. Hingegen führt das Training von neuronalen Netzen dazu, dass sich Quell- und Maschinencode in einer von Menschen nicht vorhersehbaren und nachvollziehbaren Form auseinanderentwickeln. Das nach dem Training entstehende neuronale Netz ist keine dem Programmierer zurechenbare menschliche Schöpfung, soweit der Anpassungsprozess des neuronalen Netzes vom Programmierer nicht nachvollzogen werden kann.[766]

---

761 Hierzu bereits unter Kap. 2 III. (S. 32).

762 *Loewenheim/Spindler*, in: Schricker/Loewenheim, UrhR, 5. Aufl. 2017, § 69a Rn. 5; *Marly*, PK-Softwarerecht, 7. Aufl. 2018, S. 39; EuGH, GRUR 2011, S. 220, 222 f.

763 Der Objektcode kann daher auch nicht in den exakten Quellcode zurückgeführt werden (*Clifford*, Tulane Law Review 1997, S. 1675, 1690).

764 Selten wird dieses Problem adressiert, vgl. aber auch: *Clifford*, Tulane Law Review 1997, S. 1675, 1688.

765 Zur Werkqualität von computergeneriertem Content nur ausführlich unter Kap. 4 D. (S. 185 f.).

766 A. A *Hartmann F./Prinz*, DSRIBT 2018, S. 769, 786. Indes vermengen die Autoren die Grenzen zwischen Idee und schützenswerten Werk bzw. einer schützenswerten Methode. Insofern verfängt das von den Autoren angeführte Bild auch nicht: Ein Angellehrer, der seinem Schüler bloß eine Angel übergibt, ohne eine Methode vorzugeben, überlässt seinem Schüler einen kreativen Gestaltungspielraum, den dieser nutzen kann, um eine Methode zu entwickeln. Ob diese Methode dann Schöpfungshöhe aufweist, ist eine Frage des Einzelfalls. Abwegig ist es aber, dem Lehrer, der nur das Handwerkszeug bereitstellt, als Schöpfer der neuen Methode des Schülers anzusehen (wohl a. A. *Hartmann F./Prinz*, DSRIBT 2018, S. 769, 786). Den Autoren ist aber zuzugestehen, dass die Auswahl von Trainingdaten und die Entwicklung von Trainingsmethoden für neuronale Netze kreative Leistungen des Lehrers sein können, die im Einzelfall als solche

III. Die Beiträge eines Journalismus-Bots als Ausdrucksform eines Computerprogramms?

Anders als Quell- und Objektcode sind Beiträge eines Journalismus-Bots keine Ausdrucksform des Computerprogramms i. S. d. § 69a Abs. 2 S. 1 UrhG. Zwar wurde dies für den Output von Musikkomponierprogrammen zum noch nicht europarechtlich determinierten § 2 UrhG von 1973 vertreten,[767] aber diese Auffassung konnte sich aus mehreren Gründen nicht durchsetzen. Ausdrucksformen von Computerprogrammen sind nur solche Elemente, die im Fall ihrer Vervielfältigung gleichzeitig die Vervielfältigung des Computerprogramms zur Folge hätten.[768] Auch das Entwurfsmaterial wird nur geschützt, wenn es die spätere Entstehung des Computerprogramms zulässt.[769]

Mit dem vom Journalismus-Bot generierten Text ist es ohne weitere Informationen gerade nicht möglich, den Entstehungssprozess des Beitrags ex post nachzuvollziehen, um einen Journalismus-Bot zu programmieren. Sofern Dritte einen Beitrag vervielfältigen, werden Quell- und/oder Objektcode des Journalismus-Bots nicht vervielfältigt, weil ein Beitrag als solcher nicht wie ein Journalismus-Bot genutzt werden kann. Auch ist es für Dritte nicht erkennbar, ob ein Beitrag von einem Journalisten verfasst oder von einem Journalismus-Bot generiert wurde.[770]

IV. Zwischenergebnis

Computerprogramme wie Journalismus-Bots bestehen daher aus Einzelwerken, die am Ende in einem Werk zusammengefasst werden, ohne dass die dem Computerprogramm vorgelagerten Werke ihren Schutz dadurch verlieren. Keinem Schutz zugänglich sind die Idee zu Journalismus-Bots, deren Funktionalität sowie die Basisalgorithmen als solche, die zur Programmierung genutzt werden.

---

einen eigenständigen urheberrechtlichen Schutz genießen (*Hartmann F./Prinz*, DSRIBT 2018, S. 769, 782 u.786). Ein Schutz von neuronalen Netzen an sich kommt hingegen allenfalls *de lege ferenda* in Betracht (ungenau *Hartmann F./Prinz*, DSRIBT 2018, S. 769, 789).

767 *Weissthanner*, Urheberrechtliche Probleme neuer Musik, 1973, S. 70 u. S. 75.

768 Vgl. EuGH, GRUR 2011, S. 220, 22; a. A. *Weissthanner*, Urheberrechtliche Probleme neuer Musik, 1973, S. 76.

769 Vgl. EuGH, GRUR 2011, S. 220, 223.

770 Hierzu bereits unter Kap. 1 A. (S. 17 f.).

C. Schutz von Datenbanken der Journalismus-Bots

In den technischen Grundlagen wurde der Datenfluss innerhalb der Journalismus-Bots bereits inzident erwähnt, wobei der Schwerpunkt in der Programmiertechnik und der Programmstruktur der Journalismus-Bots lag.[771] Daher wird an dieser Stelle die Datenverwaltung von Journalismus-Bots vertieft, wobei in der Praxis verschiedene Lösungen existieren (I.). Sodann wird der Datenbankbegriff des Urheberrechtsgesetzes vorgestellt (II.). Im Anschluss wird zwischen Faktendatenbanken (III.), Sprachdatenbanken (IV.) und einem einzelnen Beitrag (V.) unterschieden. Im Ergebnis werden lediglich die Faktendatenbanken vom Recht des Datenbankherstellers geschützt. Mithin stellt sich die Frage, wem die Rechte an den Faktendatenbanken zustehen (VI.).

I. Technische Datenbankstruktur der Journalismus-Bots

Die Wissensbasis von Journalismus-Bots kann auf beliebig viele Datenbanken verteilt werden.

> Sportergebnisse werden nach Sportarten in verschiedenen Datenbanken geordnet. Wetterdaten werden nicht zwingend in den Sportdatenbanken enthalten sein.

Daraus folgt, dass Journalismus-Bots auf verschiedene Faktendatenbanken zurückgreifen. Daneben werden auch Daten unterschiedlicher Sprachen nicht zwingend einheitlich verwaltet, weil die deutsche Grammatik nur eingeschränkt mit anderen Sprachen vergleichbar ist (hierzu unter IV.). Der Journalismus-Bot „an sich" ist in dieser Konstellation das Computerprogramm, das Fakten und Sprache miteinander verbindet, aber bei der Betrachtung der Rechte an den Datenbanken gemäß § 4 Abs. 2 S. 2 UrhG außen vor bleibt. Durch die Verbindung von Sprache und Fakten entstehen einzelne Beiträge. Auf informationstechnischer Ebene verbinden sich auch in einem einzelnen Beitrag Sprache und Fakten miteinander, sodass auch ein einzelner Beitrag eine Datenbank sein könnte (hierzu unter V.).

771 Kap. 2 A.V. (S. 36 f.).

II. Datenbanken i. S. d. Urheberrechtsgesetzes

Im Ausgangspunkt existiert seit Umsetzung der europäischen Datenbankrichtlinie[772] eine einheitliche Definition des Datenbankbegriffs.[773] Eine Datenbank ist unter anderem eine Sammlung von Daten oder anderen unabhängigen Elementen, die systematisch oder methodisch angeordnet und einzeln mit Hilfe elektronischer Mittel zugänglich ist.[774] *Leistner* hat in seiner Dissertationsschrift, die nach wie vor Referenzcharakter für den Bereich des aktuellen Datenbankherstellerrechts hat, bereits festgestellt, dass nicht jede Datenbank im technischen Sinn auch eine Datenbank i. S. d. Urheberrechtsgesetzes ist.[775] Aus technischer Sicht sind Datenbanken Ansammlungen von Informationen, „die in Datenverarbeitungssystemen auf peripheren Speichern nach einheitlichen Gesichtspunkten gespeichert sind".[776] Danach sind auch digital vorliegende Rohdatenhaufen Datenbanken. In rechtlicher Hinsicht sind Rohdatenhaufen aber nicht geschützt, weil sie nicht methodisch oder systematisch angeordnet sind.[777] Auch das Merkmal der Unabhängigkeit, das ganz entscheidend für die Bestimmung des Schutzgegenstandes des Rechts des Datenbankherstellers ist, begrenzt die urheberrechtsgesetzlichen Schutzrechte.[778]

Wenn aber eine Datenbank in diesem Sinne vorliegt, ist in einem weiteren Schritt zu prüfen, ob der Datenbank eine persönliche geistige „originelle"[779] Schöpfung zugrunde liegt (§ 4 Abs. 2 UrhG i. V. m. § 4 Abs. 1 UrhG). Ist dies der Fall, wird die Datenbank als Datenbankwerk geschützt, falls nicht, ist zu untersuchen, ob die Beschaffung, Überprüfung oder Darstellung der Daten oder anderer unabhängiger Elemente eine nach Art und Umfang wesentliche Investition erfordert hat. Diese Investitionsleis-

---

772 Richtlinie 96/9/EG des Europäischen Parlaments und des Rates über den rechtlichen Schutz von Datenbanken v. 11.3.1996, ABl. Nr. L 077 v. 27.3.1996, S. 20.

773 *Vogel*, in: Schricker/Loewenheim, UrhR, 5. Aufl. 2017, § 87a Rn. 2.

774 Vgl. § 4 Abs. 2 UrhG u. § 87a Abs. 1 UrhG.

775 *Leistner*, Der Rechtsschutz von Datenbanken im deutschen und europäischen Recht, 2000, S. 42.

776 Enzyklopädie Naturwissenschaft u. Technik, Bd. 1, 1979, S. 779.

777 ErwGr. 21 Richtlinie 96/9/EG des Europäischen Parlaments und des Rates über den rechtlichen Schutz von Datenbanken v. 11.3.1996, ABl. Nr. L 077 v. 27.3.1996, S. 20; *Vogel*, in: Schricker/Loewenheim, UrhR, 5. Aufl. 2017, § 87a Rn. 22.

778 Hierzu unter Kap. 4 C.IV. (S. 177 f.) und Kap. 4 C.V. (S. 181 f.).

779 Vgl. ErwGr. 16 Richtlinie 96/9/EG des Europäischen Parlaments und des Rates über den rechtlichen Schutz von Datenbanken v. 11.3.1996, ABl. Nr. L 077 v. 27.3.1996, S. 20.

tung begründet ein Datenbankherstellerrecht (§§ 87a Abs. 1 i. V. m. § 87b Abs. 1 UrhG). Im Einzelfall stehen Urheberrecht und das Recht des Datenbankherstellers nebeneinander.[780]

Zusammengefasst sind Faktendatenbanken Datenbanken i. S. d. Urheberrechtsgesetzes, wenn die Daten methodisch oder systematisch angeordnet sind sowie unabhängig voneinander vorliegen (III.1.). Ob diese Voraussetzungen für Faktendatenbanken (III.), Sprachdatenbanken (IV.) sowie für einen einen einzelnen generierten Beitrag als solchen vorliegen (V.), wird nunmehr untersucht. Abschließend stellt sich die Frage nach der Rechtsinhaberschaft. Insbesondere in Konstellationen, in denen Software- und Medienunternehmen miteinander kooperieren – also dem externen Roboterjournalismus – ist dies in der Praxis eine wichtige Frage (VI.).

III. Faktendatenbanken

Die Faktendatenbanken enthalten Tatsachen, Weltwissen und semantische Grundzusammenhänge, die einem Beitrag zugrunde gelegt sind (Ergebnisse, Wetter- und Finanzdaten).[781] Die (regionale) Sportberichterstattung bildet einen Schwerpunkt für den Einsatz des Journalismus-Bots. Für Vorberichte zu Spieltagen werden Fußballspielpläne verwendet, in denen die beteiligten Mannschaften, der jeweilige Austragungsort und der Zeitpunkt der Begegnung berücksichtigt sind. Nicht zwingend enthalten sind die Rahmenbedingungen, unter denen ein Spiel stattfindet. Das können Umweltdaten sein (Temperatur, Niederschlagsmenge am Spielort), aber auch sonstige Informationen, wie dass die Fans des SV Werder Bremen im Weserstadion immer in der Ostkurve stehen. Für Nachberichte genutzte Spielstatistiken enthalten neben dem reinen Spielergebnis auch Daten über

780 Vgl. Art. 13 Richtlinie 96/9/EG des Europäischen Parlaments und des Rates über den rechtlichen Schutz von Datenbanken v. 11.3.1996, ABl. Nr. L 077 v. 27.3.1996, S. 20; *Leistner*, Der Rechtsschutz von Datenbanken im deutschen und europäischen Recht, 2000, S. 323. So auch bereits die Beschlussempfehlung und der Bericht des Ausschusses für Bildung, Wissenschaft, Forschung, Technologie und Technikfolgenabschätzung zum Gesetzentwurf der Bundesregierung, Entwurf eines Gesetzes zur Regelung der Rahmenbedingung für Informations- und Kommunikationsdienste v. 11.6.1997, BT-Drs. 13/7934, S. 43.

781 Vgl. Interview des Verfassers mit *Frank Feulner* am 24.9.2015 und zum Aufbau der „Knowledge-Base“ Kap. 2 A.V.1. (S. 37 f.).

Ballbesitzanteile, Torschüsse, Laufleistung der Spieler und weitere bis zu 10.000 Einzeldetails, die für die Analyse eines Spiels verwendet werden.[782]

Weil an die systematische und methodische Anordnung einer Datenbank keine hohen Anforderungen gestellt werden, erfüllen sowohl Spielpläne als auch Spielstatistiken diese Voraussetzungen (1.). Hingegen sind Spielpläne und Spielstatistiken mangels hinreichender Individualität in der Regel keine Datenbankwerke (2.). Faktendatenbanken werden daher grundsätzlich nur vom Recht des Datenbankherstellers als Leistungsschutzrecht geschützt. Dieses entsteht, wenn schützenswerte Investitionen in die Beschaffung, den Aufbau oder die Darstellung einer Datenbank geflossen sind (3.).

1. Systematische und methodische Anordnung von Rohdaten am Beispiel von Spielplänen und Spielstatistiken

Eine systematische oder methodische Anordnung von Daten hat zum Ziel, den Zugang zu einer bestimmten Information zu erleichtern.[783] Die daran gestellten Anforderungen sind auch an elektronische Datenbanken gering,[784] weil mit diesem Kriterium lediglich der Schutz von Rohdatenhaufen ausgeschlossen werden soll.[785] Insoweit ist zum Beispiel die Strukturierung nach Spieltagen, Begegnungen und Spielorten eine systematische Anordnung.[786] Speziell elektronische Datenbanken können durch eine Volltextsuche auch einzelzugänglich erschlossen werden.[787] Die Anforderungen werden in der Praxis etwa für Spielstatistiken und Spielplänen regelmäßig erfüllt, weil die Erhebung und Speicherung der Daten während eines Spiels von Anfang an systematisiert erfolgt.

---

782 Vgl. *Röhl*, SpuRt 2012, S. 137.

783 Vgl. *Ohst*, Computerprogramm und Datenbank, 2003, S. 118; *Dreier*, in: Dreier/Schulze (Hrsg.), UrhG, 6. Aufl. 2018, § 87a Rn. 7.

784 Bei analogen Datenbanken reicht bereits eine chronologische oder alphabetische Anordnung aus (vgl. *Flechsig*, ZUM 1997, S. 577, 580); *Leistner*, Der Rechtsschutz von Datenbanken im deutschen und europäischen Datenschutzrecht, 2000, S. 53 f.

785 *Flechsig*, ZUM 1997, S. 577, 580; *Leistner*, Der Rechtsschutz von Datenbanken im deutschen und europäischen Datenschutzrecht, 2000, S. 53 f.

786 Das wird in der Literatur folglich auch nicht problematisiert.

787 *Vogel*, in: Schricker/Loewenheim, UrhR, 5. Aufl. 2017, § 87a Rn. 23.

2. (Kein) Schutz der Spielpläne und -statistiken als Datenbankwerke

Für einen Schutz als Datenbankwerke müssten Spielpläne (a.) und Spielstatistiken (b.) durch originelle oder individuelle Entscheidungen ihres Schöpfers geprägt sein.

a. Spielpläne

Im Sportbereich ist der Entscheidungsspielraum für die Entwicklung von Spielplänen durch organisatorische und wirtschaftliche Zwänge nahezu auf Null reduziert.[788] Gerade für Fußballspielpläne überwiegen vielmehr wirtschaftliche Gesichtspunkte: Wie erreiche ich die meisten Zuschauer? Wie werden Fanausschreitungen verhindert? Wann sind die Stadien für andere Veranstaltungen belegt? Der Umstand, dass diese Faktoren unterschiedlich gewichtet werden können, mit der Folge, dass unterschiedliche Gestaltungsvarianten für die Spieltagsplanung denkbar sind, begründet als solcher keine invdividuelle Schöpfungshöhe.[789] So mag es sein, dass bestimmte wirtschaftliche Kriterien unterschiedlich bewertet werden. Deutlich wurde dies zuletzt im Handball, wo der europäische Handballverband und die deutsche Handballbundesliga ein Spiel der Rhein-Neckar-Löwen zu fast identischer Zeit ansetzten, wobei TV-Rechte – also ein wirtschaftliches Kriterium – eine maßgebende Rolle gespielt haben.[790]

Diese rein handwerklichen, wirtschaftlichen mittlerweile zur Routine gewordenen Entscheidungen sind nicht originell. Spielpläne sind daher keine Datenbankwerke.

b. Spielstatistiken

Auch für Spielstatistiken besteht trotz einer Vielzahl vorhandener Variablen wenig kreativer Spielraum hinsichtlich der Gestaltung der Datenbank. Die Variablen sind vorab in feste, sich aus der Natur der Sportart er-

788 *Reinholz*, GRUR-Prax 2011, S. 438, 440; EuGH, GRUR 2012, S. 386, 388; *Thum/Hermes*, in: Wandtke/Bullinger (Hrsg), PK-UrhR, 4. Aufl. 2014, § 87a Rn. 72; *Heermann/John*, K&R 2011, S. 753, 754; a. A. *Röhl*, SpuRt 2012, S. 90, 91; *Summerer/Blask*, SpuRt 2005, S. 50, 51.

789 A. A. zu Spielplänen: *Röhl*, SpuRt 2012, S. 90, 92.

790 *Wilkening*, spiegel-online v. 9.3.2018.

gebende Kategorien eingeteilt. Wenn über 10.000 verschiedene Daten erhoben und gespeichert werden sollen, ist dies keine kreative, sondern eine auf Vollständigkeit abzielende Entscheidung.[791] Kreative Auswahlentscheidungen, die sich im Hinblick auf die Darstellung und Anordnung einzelner Datenarten aus der Datenbank ergeben, können aber als eigenständige Werke schutzfähig sein.[792]

> Von Spielstatistiken zu unterscheiden sind freilich kreative Kombinationen von Einzeldaten zu einem „Score". Diese können ebenfalls eigenständige Werke sein.[793]

3. Berücksichtigungsfähige Investitionen für das Recht des Datenbankherstellers

Weil Faktendatenbanken in der Regel keine originelle Schöpfungshöhe erreichen, kommt nur ein Schutz über das Recht des Datenbankherstellers in Betracht. (Medien-)Unternehmen, die in die Beschaffung (a.), Überprüfung (b.) oder Darstellung (c.) einer Faktendatenbank investiert haben, sind als Hersteller der Datenbank geschützt, sofern die Investitionen eine Wesentlichkeitsschwelle überschritten haben. Investitionen sind finanzielle Mittel, die in Zeit, Arbeit und Energie geflossen sind.[794]

a. Beschaffungsinvestitionen

Von Beschaffungsinvestitionen abzugrenzen sind Gelder, die in die Datenerzeugung investiert wurden.[795] Investionen in die Datenerzeugung sind

---

791 Vgl. allgemein *Leistner*, Der Rechtsschutz von Datenbanken im deutschen und europäischen Recht, 2000, S. 74.

792 Vgl. *Röhl*, SpuRt 2012, S. 137, 138; *Leistner*, in: Schricker/Loewenheim, UrhR, 5. Aufl. 2017, § 4 Rn. 30.

793 Vgl. etwa den „Key-Performance-Indicator" des Startups Impect (*Nowroth*, wiwo.de v. 14.7.2016) oder den „SPIX-Wert" von Spiegel-Online, mit denen jeweils die Leistung von Fußballspielern bewertet werden (*Montazeri/Kolbinger*, spiegel-online v. 16.8.2017).

794 Vgl. ErwGr. 40 Richtlinie 96/9/EG des Europäischen Parlaments und des Rates über den rechtlichen Schutz von Datenbanken v. 11.3.1996, ABl. Nr. L 077 v. 27.3.1996, S. 20.

795 *Leistner*, Der Rechtsschutz von Datenbanken im deutschen und europäischen Recht, 2000, S. 151 f.; EuGH, GRUR 2005, S. 244, 247.

nicht berücksichtigungsfähig, was sich am Beispiel von Spielplänen und -statistiken, aber auch an den (Stuttgarter) Feinstaubdatenbanken veranschaulichen lässt.

Einige Zeitungsverlage verwenden Journalismus-Bots für Berichte über die Feinstaubbelastung in ihrer Region.[796] Zum Teil werden hierfür eigene Messgeräte angeschafft. Ob die Anschaffungskosten für Messgeräte berücksichtigungsfähig sind, ist fraglich. Kosten der Datenerzeugung sind nicht als Investitionsaufwand berücksichtigungsfähig, weil vom Recht des Datenbankherstellers nur die Informationsaufbereitung bereits vorhandener Daten honoriert werden soll.[797] Zwischen der Datenerzeugung und einem fertigen Informationssystem liegen aber noch wesentliche Zwischenschritte.[798] Weil Daten, die den Spielplänen zugrunde gelegt sind, vom jeweiligen Veranstalter selbst erzeugt werden, werden Investitionen, die in die Aufstellung der Pläne geflossen sind, nicht berücksichtigt, was dazu führt, dass die Veranstalter kein Datenbankherstellerrecht an den Spielplänen haben.[799] Auch für Spielstatistiken ist das Ergebnis evident. Daten werden beschafft, indem sie gesichtet, gesammelt oder ausgewertet werden.[800] Die Rohdaten für Spielstatistiken werden von den Spielern erzeugt und von Dritten gesammelt. Der Kauf von Messgeräten und die elektronische Erfassung der Spielerdaten sind daher Datenbeschaffungsmaßnahmen. Diese sind anders als Lizenzkosten für den Ankauf fertiger Datenbanken berücksichtigungsfähig. Auch der Kauf von Rohdaten, die in einer Datenbank aufbereitet werden, können ein Datenbankherstellerrecht begründen. [801]

---

796 Vgl. https://www.stuttgarter-zeitung.de/inhalt.b0e58728-a572-439d-82e1-f1099477e1a0.html (Abruf v. 29.11.2018).

797 Geschützt werden „Investitionen in moderne Datenspeicher- und Datenverarbeitungs-Systeme“ (ErwGr. 12 Richtlinie 96/9/EG des Europäischen Parlaments und des Rates über den rechtlichen Schutz von Datenbanken, v. 11.3.1996, ABl. Nr. L 077 v. 27.3.1996, S. 20); *Leistner*, Der Rechtsschutz von Datenbanken im deutschen und europäischen Recht, 2000, S. 151.

798 *Leistner*, Der Rechtsschutz von Datenbanken im deutschen und europäischen Recht, 2000, S. 151; *Vogel*, in: Schricker/Loewenheim, 5. Aufl. 2017, § 87a Rn. 47; EuGH, GRUR 2005, S. 252; *Obst*, Computerdatenbank und Datenbank, 2003, S. 140.

799 EuGH, GRUR 2005, S. 254, 255.

800 EuGH, GRUR 2005, S. 244, 247 f.

801 Vgl. zum Erwerb von Nutzungsrechten der in eine Datenbank aufgenommenen Werke: BGH, GRUR 2010, S. 1004 sowie *Leistner*, Der Rechtsschutz von Daten-

Zu entscheiden ist noch, ob Investitionen in die Erfassung von Feinstaubdaten eine Maßnahme der Datenerzeugung oder Datenbeschaffung ist. Für die Abgrenzung zwischen unbeachtlicher Datenerzeugung und einer beachtlichen Datenbeschaffung wird zusätzlich als Kriterium herangezogen, ob Dritte mit gleichem wirtschaftlichem Aufwand wie der Investor die Daten sensorisch ermitteln können.[802] Wenn dies Dritten möglich ist, werden Daten nicht erzeugt, sondern aus der Natur ausgewählt oder erhoben.[803] Hingegen sind erstmals erzeugte Daten zwingend nur dem Datenerzeuger bekannt.[804] Weil Dritte mit der Hilfe der gleichen Messgeräte identische (Feinstaub-)Daten erheben könnten, sammeln die Verlage daher in der Natur vorhandene Daten. So sind Gelder, die in die Beschaffung der Messgeräte geflossen sind, als Kosten der Datenbeschaffung berücksichtigungsfähig.

b. Überprüfungsinvestitionen

Das Datenbankherstellerrecht sui generis schützt auch Investitionen, die in die Überprüfung von Datenbanken geflossen sind. Zwar wird regelmäßig die Prüfung des Datenbankinhalts weniger aufwendig sein als die erstmalige Strukturierung einer Datenbank, aber ebenso ist der dadurch erreichte Qualitätsgewinn zu berücksichtigen.[805] Wenn nicht privilegierte Quellen für Roboterjournalismus genutzt werden, ist der Rohdatenbestand vor der Aktivierung eines Journalismus-Bots besonders zu überprüfen.[806] Werden hierfür Mitarbeiter beauftragt, sind die Kosten als Überprüfungsinvestitio-

---

banken im deutschen und europäischen Recht, 2000, S. 151; *Vogel*, in: Schricker/Loewenheim, UrhR, 5. Aufl. 2017, § 87a Rn. 42.

802 BGH, GRUR 2005, S. 857, 859; *Leistner*, K&R 2007, S. 457, 460; *Wiebe*, GRUR 2017, S. 338, 342.

803 *v. Lewinski, S.* in: Roßnagel (Hrsg.), Recht der Multimediadienste, 7. Aufl. 2005, § 87a Rn. 18; *Leistner*, GRUR-Int. 1999, S. 819, 826; *Wiebe*, GRUR 2017, S. 338, 342.

804 *Wiebe*, GRUR 2017, 338, 342; *Leistner*, K&R 2007, S. 457, 460.

805 Vgl. ErwGr. 55 Richtlinie 96/9/EG des Europäischen Parlaments und des Rates über den rechtlichen Schutz von Datenbanken v. 11.3.1996, ABl. Nr. L 077 v. 27.3.1996, S. 20 und *Vogel*, in: Schricker/Loewenheim, 5. Aufl. 2017, § 87a Rn. 65 mit weiteren Nachweisen zur st. Rechtsprechung des EuGH sowie (ausführlich) *Leistner*, Der Rechtsschutz von Datenbanken im deutschen und europäischen Recht, 2000, S. 205 f.

806 Hierzu noch unter Kap. 5 B.III. (S. 243 f.).

nen, mit denen die Rohdatenqualität gesteigert werden kann, berücksichtigungsfähig.

c. Darstellungsinvestitionen

Im Rahmen des externen Roboterjournalismus erwerben Medienunternehmen Softwarelizenzen für die Nutzung der Journalismus-Bots, um Fakten aus Datenbanken zu verarbeiten bzw. darzustellen. Fraglich ist, ob Investitionen in Lizenzen für Journalismus-Bots als Darstellungsinvestitionen berücksichtigungsfähig sind. Insofern werden die Daten von Journalismus-Bots interpretiert und zu Informationen aufbereitet. Ohne auf die Abgrenzung zwischen Daten und Informationen ausführlich einzugehen,[807] ist festzuhalten, dass Journalismus-Bots aus den in einer Datenbank vorhandenen Daten Informationen generieren. Investitionen in Journalismus-Bots sind daher keine Aufwendungen in die Datengenerierung, weil die Daten in der Datenbank bereits vorliegen. Man könnte nun argumentieren, dass Journalismus-Bots ebenso wie Zugriffs- und Abfragesysteme zu behandeln sind. Investitionen in Abfragesysteme, Indizes und Thesauri, die für die Funktion der Datenbank erforderlich sind, werden ohne weiteres als Investionen in eine Datenbank berücksichtigt.[808] Auch Computerprogramme können für die Darstellung von Korrelationen zwischen Daten erforderlich sein und bilden dann Darstellungsinvestitionen.[809] Eine Grenze wird stets gezogen, wenn das Computerprogramm erst Daten generiert und in eine Datenbank transferiert. Andererseits sind gemäß § 87a Abs. 1 S. 1 a.E. UrhG nur *erforderliche* Investitionen berücksichtigungsfähig. Weil aber Journalismus-Bots für die Darstellung von Daten in informativer (Beitrags-)Form nicht zwingend nötig sind, könnten die Investitionen auch nicht erforderlich sein.[810] In der Tat ist die Darstellung des Datenbankinhalts auch für Redakteure möglich, weil die Faktendatenbanken regelmäßig Zugriffs- und Abfragesysteme enthalten. Der Schutzzweck der

---

807 Vgl. zur Abgrenzung von Daten und Informationen den Überblick von *Schoch*, IFG, 2. Aufl. 2016, § 2 Rn. 17.

808 Vgl. *Thum/Hermes*, in: Wandtke/Bullinger (Hrsg.), PK-Urheberrecht, 4. Aufl. 2014, § 87a Rn. 38.

809 *Cychowski*, in: Fromm/Nordemann (Hrsg.), UrhR, 12. Aufl. 2018, § 87a Rn. 20.

810 Vgl. etwa die (missverständlichen) Ausführungen von *Vogel*, in: Schricker/Loewenheim, UrhR, 5. Aufl. 2017, § 87a Rn. 46: „[Computerprogramme sind ein aliud gegenüber der Datenbank], wenn sie für deren Herstellung und Betrieb eine *unverzichtbare* Rolle spielen".

Datenbankrichtlinie spricht für eine Berücksichtigung von (Lizenz-)Investitionen in Journalismus-Bots. Gemäß dem 12. ErwGr. der Datenbankrichtlinie[811] sollen Investitionen in moderne Datenspeicher- und Datenverarbeitungssysteme durch das Datenbankherstellerrecht gefördert werden. Dem Schutzzweck entspricht es, den Begriff der Erforderlichkeit von § 87a Abs. 1 S. 1 a. E. UrhG weit auszulegen.[812] Investitionen in die vollautomatisierte Auswertung und Darstellung von Daten zu Informationen sind vor diesem Hintergrund schützenswert. Mit Journalismus-Bots werden weder Daten generiert noch ist der Umstand beachtlich, dass sie als Computerprogramm eigenständigen Schutz genießen.[813]

Daher ist festzuhalten, dass auf Seiten der Medienunternehmen nicht nur Aufwendungen in die kontinuierliche Pflege, Weiterentwicklung und Wartung von Journalismus-Bots als Darstellungsinvestitionen zu berücksichtigen sind,[814] sondern auch die Lizenzkosten für die Nutzung der Journalismus-Bots.

d. Wesentlichkeit der Investitionen

Die Investitionsleistungen müssten hinsichtlich Art und Umfang wesentlich sein, was eine Frage des Einzelfalls ist. Es wird vertreten, dass die Wesentlichkeitsschwelle niedrig anzusetzen ist.[815] Nach anderer Auffassung ist ein substanzielles Gewicht erforderlich.[816] Der BGH hat die Schwelle nicht hoch angesetzt.[817]

---

811 Richtlinie 96/9/EG des Europäischen Parlaments und des Rates über den rechtlichen Schutz von Datenbanken, v. 11.3.1996, ABl. Nr. L 077 v. 27.3.1996, S. 20.

812 Vgl. *Vogel*, in: Schricker/Loewenheim (Hrsg.), 5. Aufl. 2017, § 87a Rn. 46.

813 Vgl. *Vogel*, in: Schricker/Loewenheim (Hrsg.), 5. Aufl. 2017, § 87a Rn. 46; *Cychowski*, in: Fromm/Nordemann (Hrsg.), UrhR, 12. Aufl. 2018, § 87a Rn. 20.

814 Vgl. BGH, GRUR 2011, S. 724, 725: Die Kosten für die Programmierung, Weiterentwicklung und Betreuung der Datenbanksoftware.

815 *Vogel*, in: Schricker/Loewenheim, UrhR, 5. Aufl. 2017, § 87a Rn. 56; *Thum/Hermes*, in: Wandtke/Bullinger (Hrsg.), PK-Urheberrecht, 4. Aufl. 2014, § 87a Rn. 54; *Leistner*, GRUR-Int. 1999, S. 819, 830.

816 *Schack*, MMR 2001, S. 9, 12.

817 Keine ganz unbedeutende von jedermann leicht zu erbringende Aufwendung (BGH, GRUR 2011, S. 724, 725); *Dreier*, in: Dreier/Schulze (Hrsg.), UrhG, 6. Aufl. 2018, § 87a Rn. 14.

4. Zwischenergebnis

Investitionen in Faktendatenbanken mit Spielstatistiken, Spielplänen und Feinstaubdaten werden vom Recht des Datenbankherstellers geschützt. Damit ist aber noch nicht entschieden, wer Inheber dieser Schutzrechte ist. Insbesondere ist dabei die die arbeitsteilige Zusammenarbeit von Verlagen und Softwareunternehmen im externen Roboterjournalismus einzugehen.[818]

IV. (Kein) Schutz der Sprachdatenbank als Datenbank

Es wurde bereits darauf hingewiesen, dass Datenbanken i. S. d. § 4 Abs. 2 UrhG i. V. m. § 4 Abs. 1 UrhG und § 87a Abs. 1 UrhG aus unabhängigen (Einzel-)Elementen bestehen.[819] Die Sprachdaten von Journalismus-Bots bestehen aus Templates, Wörtern und sonstigen Sprachbausteinen, deren Verhältnis zueinan der Programmierer definiert. Ob diese Elemente unabhängig voneinander vorliegen, ist nicht unproblematisch festzustellen. Zudem ist umstritten, wie das Merkmal der Unabhängigkeit auszulegen ist.

1. Meinungsstand

Das Tatbestandsmerkmal der Unabhängigkeit begrenzt sowohl das Datenbankwerkrecht aus § 4 UrhG als auch das Recht des Datenbankherstellers aus § 87a UrhG, um einheitlich zu betrachtende Ausdrucksformen wie literarische Werke, Filmwerke oder sonstige Informationseinheiten nicht künstlich aufzuspalten.[820] Während der Ausschluss für die erstgenannten klassischen Werke auch mit Bezug auf ErwGr. 17 S. 3 der Datenbankrichtlinie[821] unstreitig ist, sind die Grenzen der Definition von „anderen unabhängigen Elementen" weniger geklärt.

---

818 Hierzu unter Kap. 4 C.VI. (S. 183 f.).

819 Zwar ist das Kriterium der „Unabhängigkeit" in § 4 Abs. 2 S. 1 UrhG nicht genannt, aber mit dem Begriff „ein Sammelwerk" in § 4 Abs. 2 S. 1 UrhG wird auf die Legaldefinition des § 4 Abs. 1 UrhG Bezug genommen (*Leistner*, in: Schricker/Loewenheim, UrhR, 5. Aufl. 2017, § 4 Rn. 9).

820 *Leistner*, Der Rechtsschutz von Datenbanken im deutschen und europäischen Recht, 2000, S. 46; EuGH, GRUR 2005, S. 254, 255 Rn. 29.

821 Vgl. ErwGr. 17 S. 2 Richtlinie 96/9/EG des Europäischen Parlaments und des Rates über den rechtlichen Schutz von Datenbanken v. 11.3.1996, ABl. Nr. L

a. Zugriffsmöglichkeit des Nutzers

Auf die technischen Zugriffsmöglichkeiten des Nutzers abzustellen, liegt fern.[822] Zwar können Nutzer eines Journalismus-Bots über ein Benutzerinterface vorgefertigte Satzbausteine entfernen, aber auch hinzufügen. Dies sind unabhängige Elemente , wenn auf es auf die Zugriffsmöglichkeit des Nutzers ankommen würde. Entscheidend gegen dieses Kriterium spricht, dass je nach technischem Geschick des Programmierers aufgrund der verfügbaren feinsensorischen Such- und Zugriffsprogramme, mit denen sogar einzelne Pixel und Töne erfasst werden können, der eigentliche Sinn und Zweck des Tatbestandsmerkmals unterlaufen werden könnte. Das Merkmal der Unabhängigkeit hat eine das Datenbank(werk)herstellerrecht begrenzende Funktion.[823] In systematischer Hinsicht ist zudem anzumerken, dass das Merkmal der (Einzel-)Zugänglichkeit ein eigenständiges Merkmal des Datenbankbegriffs ist.[824] Insofern würden die Tatbestandsmerkmale Einzelzugänglichkeit und Unabhängigkeit der Elemente unnötigerweise miteinander vermengt werden, wenn man auf die technische Zugriffsmöglichkeit des Bedieners abstellen würde.

b. Selbständiger Informationswert einzelner Elemente

In der Rechtsprechung sind Fälle relevant, in denen der Kläger behauptet, der Beklagte habe einen wesentlichen Teil seiner Datenbank ohne seine Erlaubnis verwertet. Der Erfolg dieser Klagen ist dann u. a. davon abhängig, ob der entnommene Teil ein unabhängiges Element der Ursprungsdatenbank ist. Nach einer auch vom Europäischen Gerichtshof vertretenen Rechtsauffassung ist hierfür notwendig, dass die einmal aus der Ursprungsdatenbank herausgelösten Elemente einen „selbständigen Informations-

---

077 v. 27.3.1996, S. 20: „(…) die Aufzeichnung eines audiovisuellen, kinematographischen, literarischen oder musikalischen Werkes als solche [fällt] nicht in den Anwendungsbereich dieser Richtlinie (…).“

822 So noch: *Dreier*, GRUR Int. 1992, S. 739, 745 – Anders jetzt aber: *Dreier*, in: Dreier/Schulze (Hrsg.), 6. Aufl. 2018, § 87a Rn. 6.

823 *Leistner*, Der Rechtsschutz von Datenbanken im deutschen und europäischen Recht, 2000, S. 47.

824 Vgl. § 4 Abs. 2 UrhG u. § 87a UrhG u. *Leistner*, Der Rechtsschutz von Datenbanken im deutschen und europäischen Recht, 2000, S. 47. – Zweifelnd gegen diese Differenzierung: *Hornung*, Die EU-Datenbankrichtlinie und ihre Umsetzung in das deutsche Recht, 1998, S. 75.

wert" behalten.[825] Dies sei aus der Sicht eines Dritten zu beurteilen, der sich für das herausgelöste Element interessiert.[826] Problematisch ist aber, dass für die herausgelösten Elemente nur schwerlich ein Informationsminimum definiert werden kann. Wann zum Beispiel aus einer Sprachdatenbank herausgelöste Templates einen eigenständigen Informationswert haben, ist nicht evident. Jedenfalls müsste ein Mindestmaß „sachdienlicher Informationen" verbleiben.[827] Zwar hat der Europäische Gerichtshof in seinen Entscheidungen die weite Auslegung des Datenbankbegriffs betont, aber ob einzelne Templates einen eigenständigen Informationswert haben, erscheint fraglich (hierzu unter 2.). Jedenfalls ist der Ansatz, auf den eigenständigen Informationswert eines (herausgelösten) Elements abzustellen, zu begrüßen. *Leistner* und im Anschluss daran auch der Europäische Gerichtshof verwenden damit ein objektives Kriterium, während ein Abstellen auf die technische Zugriffsmöglichkeit – wie aufgezeigt – die Gefahr in sich trägt, dass ein Schutz von den individuellen Möglichkeiten des jeweiligen Nutzers abhängt.

2. (Kein) eigenständiger Informationswert einzelner Teile von Sprachdatenbanken

Bezogen auf die Sprachdatenbank von Journalismus-Bots haben einzelne Sprachelemente, etwa Satzbausteine oder einzelne Wörter keinen eigenständigen Informationswert. Wie *Sören Rieger* zutreffend ausdrückt, können ursprünglich unabhängige Elemente zu einer Informationseinheit verschmelzen, wenn sie dadurch einen neuen, übergeordneten Informationsgehalt erlangen.[828] Das klassische Beispiel ist ein Telefonverzeichnis, in dem nicht einzelne Rufnummern als solche einzelne Elemente sind, sondern erst die Kombination aus Rufnummer und Teilnehmer.[829] Die

---

825 EuGH, GRUR 2015, S. 1187, 1188; *Vogel*, in: Schricker/Loewenheim, UrhR, 5. Aufl. 2017, § 87a Rn. Rn. 14; *Hertin*, in: FS Schulze, 2017, S. 13–21 und allgemein zu diesem Ansatz bereits: *Leistner*, Der Rechtsschutz von Datenbanken im deutschen und europäischen Recht, 2000, S. 47.

826 EuGH, GRUR 2015, S. 1187, 1189; EuGH, GRUR 2005, S. 254, 255.

827 EuGH, GRUR 2005, S. 254.

828 *Rieger, S.*, Der rechtliche Schutz wissenschaftlicher Datenbanken, 2010, S. 27. Im Ansatz ähnlich: *Leistner*, Der Rechtsschutz von Datenbanken im deutschen und europäischen Recht, 2000, S. 47 (dort in Fn. 125).

829 Vgl. *Leistner*, Der Rechtsschutz von Datenbanken im deutschen und europäischen Recht, 2000, S. 47 (dort in Fn. 125).

Sprachdatenbanken von Journalismus-Bots bestehen zwar aus einzelnen Buchstaben, Wörtern und Satzbausteinen. Diese Elemente haben für sich jedoch grundsätzlich keinen hinreichenden „sachdienlichen Informationswert“. Der Informationswert ergibt sich gerade aus der Kombination von Buchstaben zu Wörtern, die mit Satzbausteinen durch grammatikalische Regeln zu einer Informationseinheit werden. Hierdurch entsteht eine den einzelnen Wörtern und Satzbausteinen „übergeordnete Informationseinheit“.[830] Lediglich ausnahmsweise dürften Sammlungen von Satzbausteinen unabhängig voneinander vorliegen, wobei Sammlungen von Satzbausteinen alleine im Regelfall keine vollständige Sprachdatenbank von Journalismus-Bots bilden.

Darüber hinaus ist zu beachten, dass neben der flachen Generierung mittels Textbausteinen abstrakte Grammatiken programmiert werden, für die zukünftig auch neuronale Netze genutzt werden.[831] Die händisch eingefügten Sprachelemente und die autonom erzeugten Elemente würden sich daher wiederum zu einem einheitlichen „inhaltlichen Gewebe“[832] vermengen. Dies gilt umso mehr, wenn neuronale Netze die Sprachelemente repräsentieren, weil dann ein konkreter einzelner Zugriff auf die Sprachelemente nicht mehr möglich ist.[833] Auch das Merkmal der Einzelzugänglichkeit wäre in diesem Fall nicht mehr gegeben. Daher liegen die Elemente einer Sprachdatenbank regelmäßig abhängig voneinander vor. Ein Schutz aus §§ 4, 87a UrhG kommt nicht in Betracht.

3. Zwischenergebnis

Die Sprachdatenbank wird nicht isoliert als Datenbank vom Urheberrechtsgesetz geschützt. Lediglich Sammlungen von Satzbausteinen können im Einzelfall als Datenbank geschützt sein.

---

830 Im Sinne von *Rieger*, Der rechtliche Schutz wissenschaftlicher Datenbanken, 2010, S. 27.

831 Neuronale Netze bestehen unstreitig nicht aus unabhängigen Einheiten: *Dreier*, GRUR Int. 1992, S. 739, 745; *Hornung*, Die EU-Datenbankrichtlinie und ihre Umsetzung in das deutsche recht, 1998, S. 75; *Grützmacher*, Urheber-, Leistungs- und Sui-generis-Schutz von Datenbanken, 1999, S. 62 f. u. S. 172.

832 Vgl. *Vogel*, in: Schricker/Loewenheim, UrhR, 5. Aufl 2017, § 87a Rn. 13.

833 Vgl. zu neuronalen Netzen: *Vogel*, in: Schricker/Leowenheim (Hrsg.), UrhR, 5. Aufl 2017, § 87a Rn. 13 und die Nachweise in Fn. 831.

V. Einzelner Beitrag als Datenbank?

Erst durch die Verbindung von Fakten und Sprache entstehen Beiträge. Ein Beitrag ist damit eine neue Informationseinheit, obwohl auf rein technischer Ebene Sprache und Fakten unabhängig voneinander vorliegen.[834] Der Nutzer kann isoliert jeweils auf die Fakten- und Sprachdatenbank zugreifen. Dennoch ist ein einzelner Beitrag keine „(Meta-)Datenbank".[835] Dieses Ergebnis mag auf den ersten Blick überraschen, weil zumindest die Fakten, z. B. Spielergebnisse, aus der Sicht eines Dritten, der sich für die reinen Spielergebnisse als Daten interessiert, einen eigenständigen Informationsgehalt haben.[836] Auch ist es möglich, aus reinen Sprachdaten einen fiktiven Text zu erzeugen. Dieser Text hätte wohl auch einen Informationswert für Dritte, wenn und soweit diese sich lediglich unterhalten lassen wollen. Insoweit läge im Sinne der Recht-sprechung des Europäischen Gerichtshofs noch ein Mindestmaß an sachdienlichen Informationen vor. Ein solcher Text würde aber mangels Faktengrundlage keine Vorgänge aus der Realität behandeln, sondern lediglich ein fiktives Geschehen abbilden.[837] Der Informationsgehalt eines Beitrags würde gemindert werden, wenn eines der Elemente (Sprache oder Fakten) fehlen würde. Dieser Gesichtspunkt, dass die Ursprungsdatenbank[838] aufgrund der herausgelösten Elemente für Nutzer weniger attraktiv ist, also an Wert verliert, ist aber nach der Rechtsprechung des Europäischen Gerichtshofs unbeachtlich.[839] Dieser Rechtsprechung ist im vorliegenden Kontext, der sich – anders als in dem Fall, der dem Europäischen Gerichtshof vorlag, – auf elektronische

---

834 Dass es auf die technische Perspektive nicht ankommt, wurde bereits festgestellt (Kap. 4 IV.1. (S. 177 f.)).

835 Vgl. zur Terminologie: *Vogel*, in: Schricker/Loewenheim, UrhR, 5. Aufl. 2017, § 87a Rn. 7; *Thum/Hermes*, in: Wandtke/Bullinger (Hrsg.), PK-UrhR, 4. Aufl. 2014, § 87a Rn. 32; LG München, GRUR 2006, S. 225, 227.

836 Dem Dritten mag egal sein, ob das Ergebnis nun mittels sprachlicher Elemente vermittelt wird oder als reines Datum.

837 Mehr als deutlich wird die Diskrepanz von fiktiven und realen Berichten im Fall des „Spiegel"-Reporters *Claas Relotius*. *Relotius* tauchte die Realität seiner Berichterstattungsgegestände zum Teil in einen Nebel der Fiktion, wobei die Realität zum Teil nicht einmal im Ansatz erkennbar war. Diese „Geschichten" informieren nicht, sondern sie haben lediglich einen unterhaltenden Wert (vgl. hierzu mit Kritik an der journalistischen Ausbildung sowie dem Stellenwert von Preisen für journalistische Leistungen: *Seidl*, faz.net v. 23.12.2018).

838 Der journalistische Beitrag.

839 Der EuGH spricht vom „Wert eines Elements" innerhalb der Datenbank, EuGH, GRUR 2015, S. 1187, 1188.

Datenbanken bezieht, nicht zu folgen. Zum einen entsteht aus der Kombination von Fakten und Sprache eine neue, den Einzeldaten übergeordnete Informationseinheit. Die Sprache darf aufgrund des Tendenzschutzes für die Medien[840] eine auf Fakten basierende Wertung enthalten, wodurch ein gegenüber dem Einzeldatum Mehr an Information vermittelt wird. Hierzu ein weiteres Beispiel:

Beispiel 4

Die knappe 3:2 Niederlage des SV Werder Bremen täuscht über den Umstand hinweg, dass die Tore für die Gäste glücklich durch zwei Standardsituationen gefallen sind.

Das kurze Beispiel macht deutlich deutlich, dass hier die Meinungstendenz des Beitragserstellers bzw. des Medienunternehmens kommuniziert wird.

Zum anderen ist kritisch zu hinterfragen, ob die Minderung des Informationswertes der Ursprungsdatenbank unberücksichtigt bleiben darf. Das Merkmal der Unabhängigkeit begrenzt den Schutzumfang des Datenbankherstellerrechts.[841] Das Abstellen auf einen beliebigen Dritten, der sich für das herausgelöste Element interessiert, hätte aber zur Folge, dass durch den so erweiterten Beurteilungshorizont auch klassische Werkformen, wie ein Musikstück, aus unabhängigen Elementen bestehen würde.[842] So können aus einem Musikstück die verschiedenen Tonsequenzen der genutzten Instrumente isoliert herausgelöst werden. *Leistner* führt diplomatisch aus, dass der Europäische Gerichtshof freilich nicht so verstanden werden kann.[843] Es würde auch nicht dem Sinn und Zweck der Datenbankrichtlinie entsprechen, weil nach ErwGr. 17 S. 3 die Aufzeichnung eines musikalischen oder literarischen Werks als solche nicht in den Anwendungsbereich der Richtlinie fällt. Zur Lösung dieses Dilemmas schlägt *Leistner* vor, zu prüfen, ob die Entnahme des Elements gerade der Konzeption der (Ursprungs-)Datenbank entsprechen würde.[844] Sei dies der Fall, lägen die Elemente unabhängig vor, wenn nicht, sei von einer Informations-

840 Hierzu bereits unter Kap. 2 B.I. (S. 46 f.) u. Kap. 3 B. V.2. (S. 128 f.).

841 *Leistner*, Der Rechtsschutz von Datenbanken im deutschen und europäischen Recht, 2000, S. 46. Vgl. auch EuGH, GRUR 2005, S. 254, 255.

842 Vgl. *Leistner*, GRUR 2016, S. 42, 44.

843 *Leistner*, GRUR 2016, S. 42.

844 *Leistner*, GRUR 2016, S. 42, 44; a. A. *Dreier*, in: Dreier/Schulze (Hrsg.), UrhG, 6. Aufl. 2018, § 87a Rn. 6.

einheit auszugehen, die nicht unter § 87a Abs. 1 UrhG falle. Sinngemäß ist daher der Verwendungskontext der Ursprungsdatenbank entscheidend. Ob dieser aus der Sicht des Dateninhabers, des durchschnittlichen Nutzers einer Datenbank oder eines beliebigen Dritten, der sich für die Datenbank interessiert, zu ermitteln ist, braucht an dieser Stelle nicht abschließend entschieden werden. Zwar mag man zur Ermittlung des Verwendungskontextes der Ursprungsdatenbank in Anlehnung an den Europäischen Gerichtshof eine weite Auslegung, abstellend auf einen beliebigen Dritten, der sich für das Element interessiert, mit dem Argument bevorzugen, es sei eine weite Auslegung des Datenbankbegriffs geboten.[845] Allerdings hat das Merkmal der Unabhängigkeit auch eine das Recht des Datenbankherstellers begrenzende Funktion. Dies spricht entscheidend dafür, bei der Ermittlung des Verwendungskontextes der Ursprungsdatenbank, auf den durchschnittlichen Nutzer der Ursprungsdatenbank abzustellen.[846]

Für die Beiträge der Journalismus-Bots hat dies zur Folge, dass aus Sicht eines durchschnittlichen Rezipienten die Entnahme von Fakten und/oder Sprache dem Ursprungskonzept eines journalistischen Beitrags widersprechen würde.[847] Ohne Faktengrundlage würde nur ein fiktiver Text vorhanden sein, ohne Sprachelemente würde die Meinungstendenz des Programmierers nicht im Test enthalten sein.

Folgerichtig liegen Fakten und/oder Sprache auch nicht unabhängig voneinander vor. Der Beitrag ist nicht als Datenbank geschützt.

VI. Rechtsinhaberschaft

Noch nicht entschieden wurde, wem das Datenbankherstellerrecht an den Faktendatenbanken zusteht. Gemäß § 87a Abs. 2 UhrG ist Datenbankhersteller derjenige, der Investitionen in Beschaffung, Überprüfung oder Darstellung vorgenommen hat. Originärer Rechtsinhaber ist daher nicht, wer die Elemente der Datenbank tatsächlich beschafft oder überprüft hat, son-

---

845 EuGH, GRUR 2015, S. 1187, 1188.

846 *Leistner*, GRUR 2016, S. 42, 44, stellt z. B. auf den typischen Hörer eines Musikstücks ab. Ein Musikstück ist nicht darauf ausgelegt, von Hörern in einzelne Elemente zerlegt zu werden. Es ist daher keine Datenbank. Ein Musiker hingegen *sampled* im Rahmen seiner Kunstfreiheit schon einzelne Tonsequenzen aus einem Musikstück heraus. Allerdings ist die Sicht eines musikalischen Fachmanns nach hiesiger Ansicht nicht entscheidend.

847 Bestes Beispiel wiederum: Der Fall Relotius (hierzu: *Seidl*, faz.net v. 23.12.2018).

dern der Investor.[848] Investoren tragen gemäß ErwäGr. 41 S. 2 das Investitionsrisiko und initiieren die Datenbankherstellung, wobei letzteres Kriterium in richtlinienkonformer Auslegung in das deutsche Recht hineinzulesen ist.[849]

Zwischen den in der Praxis wichtigen Kooperationsverhältnissen von Softwarehersteller und Medienunternehmen – dem hier sogenannten externen Roboterjournalismus – und dem internen Roboterjournalismus ist somit zu differenzieren: Beim externen Roboterjournalismus agieren Softwareunternehmen lediglich als Dienstleister für ein Medienunternehmen, sodass das Medienunternehmen als Initiator, Investor und Auftraggeber Datenbankhersteller ist.[850] Übernehmen hingegen die Softwarehersteller die wirtschaftliche und organisatorische Verantwortung über die Datenbankkonzeption und -herstellung, entsteht ein Datenbankherstellerrecht in ihrem Machtbereich.[851] Wenn Medien- und Softwareunternehmen die unternehmerische Initiative und das Investitionsrisiko teilen, und beiden Parteien ein weisungsfreier Entscheidungsspielraum verbleibt, ist von einer „Koproduktion" auszugehen, sodass beide Parteien Datenbankhersteller werden.[852]

---

848 Vgl. ErwGr. 29 Richtlinie 96/9/EG des Europäischen Parlaments und des Rates über den rechtlichen Schutz von Datenbanken v. 11.3.1996, ABl. Nr. L 077 v. 27.3.1996, S. 20 sowie die Beschlussempfehlung und der Bericht des Ausschusses für Bildung, Wissenschaft, Forschung, Technologie und Technikfolgenabschätzung zum Gesetzentwurf der Bundesregierung, Entwurf eines Gesetzes zur Regelung der Rahmenbedingung für Informations- und Kommunikationsdienste v. 11.6.1997, BT-Drs. 13/7934, S. 44; *Leistner*, Der Rechtsschutz von Datenbanken im deutschen und europäischen Recht, 2000, S. 170; BGH, GRUR 2010, S. 1004, 1005; *Vogel*, in: Schricker/Loewenheim, 5. Aufl. 2017, § 87a Rn. 71.

849 Vgl. *Leistner*, Der Rechtsschutz von Datenbanken im deutschen und europäischen Recht, 2000, S. 170; BGH, GRUR 2011, S. 724, 726.

850 Nach ErwGr. 41 S. 3 Richtlinie 96/9/EG des Europäischen Parlaments und des Rates über den rechtlichen Schutz von Datenbanken v. 11.3.1996, ABl. Nr. L 077 v. 27.3.1996, S. 20 gelten „Auftragnehmer" nicht als Hersteller einer Datenbank.

851 Dass Softwareunternehmen nicht auf den kommerziellen Erfolg der Beiträge angewiesen sind, wenn sie eine Festpreisvereinbarung mit einem Medienunternehmen haben, ist unbeachtlich, weil der Schutz des Datenbankherstellers nicht von der kommerziellen Verwertbarkeit der Datenbank abhängig ist (Vgl. BGH, GRUR 2010, S. 1004, 1005).

852 Vgl. jeweils zum Recht des Filmherstellers: OLG Bremen, GRUR-RR 2009, S. 244, 246; *Schack*, ZUM 1989, S. 267, 268. In diesen Fällen wird (ggf. auch durch konkludentes Verhalten) eine Gesellschaft Bürgerlichen Rechts gemäß § 705 BGB begründet mit der Folge, dass das Datenbankherstellerrecht beiden

VII. Zwischenergebnis

Nur die Faktendatenbanken, von denen solche bestehend aus Spielstatistiken, Spielplänen und Feinstaubdaten behandelt wurden, sind vom Recht des Datenbankherstellers aus § 87a UrhG geschützt. Keine Datenbank i. S. d. § 87a UrhG sind hingegen die einzelnen Beiträge, die das Computerprogramm aus der Fakten- und Sprachdatenbank entwickelt. Die Fakten können nicht von der Sprache isoliert werden, ohne dass nicht auch ein sachdienlicher Informationswert verloren geht. Die Beiträge bilden eine Informationseinheit.

Inhaber des Datenbankherstellerrechts sind in der Regel nicht die Softwareunternehmen, wenn sie bloß ihre Journalismus-Bots und eine Cloud bereitstellen. Wie hergeleitet worden ist, ist die Schaffung der Rahmenbedingungen gerade nicht ausreichend. Die Initiative und das wirtschaftliche Risiko tragen in der Regel die Medienunternehmen, die mit den Beiträgen auch Werbeeinnahmen generieren wollen. Freilich kommen, wie ebenfalls aufgezeigt, auch Koproduktionen in Betracht, in deren Rahmen ein gemeinsames Datenbankherstellerrecht entsteht.

D. Urheberrechtlicher Schutz des Outputs von Journalismus-Bots

Die urheberrechtliche Schutzfähigkeit von „computer-generated-works" wird seit Mitte der 1960er Jahre in Deutschland diskutiert, wobei das Problem auch in den USA, Australien und Großbritannien behandelt wird. In Europa und Deutschland wird die Diskussion momentan wiederbelebt.[853] Fraglich ist, wann der Output eines Computerprogramms nicht mehr einem dahinterstehenden Menschen zugerechnet werden kann.[854] Auf Grundlage der bereits behandelten kommunikationswissenschaftlichen[855]

Parteien zur gesamten Hand zusteht (*Dreier*, in: Dreier/Schulze (Hrsg.), UrhG, 6. Aufl. 2018, § 87a Rn 21; *Vogel*, in: Schricker/Loewenheim, UrhR, 5. Aufl. 2017, § 87a Rn. 73). Weil andererseits (*Krekel*, WRP 2011, S. 436, 440) auch vertreten wird, dass nur eine Bruchteilsgemeinschaft i. S. d. § 741 BGB entsteht, was zur Folge hätte, dass die Teilhaber ohne Zustimmung des jeweils anderen Teils über ihren Teil des Datenbankherstellerrechts verfügen können (§ 747 BGB), ist in der Praxis eine Individualvereinbarung sinnvoll.

853 Vgl. die Übersichtsaufsätze von *Schaub*, JZ 2017, S. 342–349 und *Hetmank/Lauber-Rönsberg*, GRUR 2018, S. 574–582.

854 Vgl. zum Parallelproblem bei der Meinungsfreiheit Kap. 3 B.VI.1. (S. 133 f.).

855 Hierzu bereits unter Kap. 2. B.I.3. (S. 51 f.).

und technischen Grundlagen[856] ist zu untersuchen, ob Journalismus-Bots – Stand heute – Beiträge generieren, die der geistigen Schaffenskraft eines Menschen, etwa des jeweiligen Programmierers, zuzurechnen sind.

I. Gang der Darstellung

Um das Verständnis für die zu untersuchende Frage zu fördern, wird vorab die monistische Theorie des Urheberrechts am berühmten Bild des Urheberrechtsbaums von *Ulmer* erläutert und, bezogen auf die Frage nach der Schutzfähigkeit von vollautomatisiert generierten Beiträgen, erweitert (II.). Sodann steht das eingangs erwähnte Zurechenbarkeitsproblem[857] im Mittelpunkt, das am Maßstab von § 2 UrhG beantwortet wird (III.1.–6.). Während der Quellcode durch die automatisierte Umwandlung in einen Objektcode weiterhin dem jeweiligen Programmierer zuzurechnen ist, ist die Interessenlage im Roboterjournalismus ungleich komplexer. Fraglich ist, ob nach dem aktuellen Stand der Technik die automatisiert generierten Beiträge als „partly-computer-generated-content" einem Menschen zurechenbar sind. Da sich die Technik zudem auf absehbare Zeit weiterentwickeln wird, sind anschließend Zurechenbarkeitsgrenzen und deren rechtspolitische Folgen zu definieren (IV. u. VI.) Kein spezifisches Problem des Roboterjournalismus ist, ob auf journalistische Gebrauchstexte das Prinzip der kleinen Münze angewendet wird, nachdem ein geringes Maß an Schöpfungshöhe für die notwendige Individualität ausreicht (VII.). Schließlich wird zur Rechtsinhaberschaft Stellung bezogen (VIII.).

II. *Ulmers* Bild vom Urheberrechtsbaum

Für die Entstehung von Urheberrecht ist der Gedanke entscheidend, dass das „Urheberrecht nicht nur die Summe der Befugnisse ist", sondern der eigentliche Nukleus, aus dem erst die Befugnisse erwachsen.[858] In der zivilrechtlichen Dogmatik behandelt die so umschriebene herrschende monistische Theorie das Urheberrecht als einheitliches Recht, in dem persönlich-

---

856 Hierzu bereits unter Kap. 2 A.V. (S. 36 f.).

857 Hierzu bereits unter Kap. 1 B.V. (S. 25 f.).

858 *Ulmer*, Urheber- und Verlagsrecht, 3. Aufl. 1980, S. 115.

keits- und vermögensrechtliche Befugnisse eng miteinander verwoben sind.[859]

Die monistische Theorie ist nicht im Grundgesetz verankert.[860] Dass die Theorie nicht mit dem Grundgesetz vereinbar ist, wird aber auch an keiner Stelle behauptet.

Mit der monistischen Theorie wird im Besonderen erklärt, dass das Urheberrecht als solches nicht übertragbar ist.[861] Der Urheber kann lediglich Nutzungsrechte einräumen, wonach der Inhaber eines solchen Rechts nur (bestimmte) Früchte ernten darf, die an dem „Urheberrechtsbaum" wachsen.[862] Dem Urheber ist es aber verwehrt, den Baum zu fällen oder Zweige zu entfernen.[863] In diesem Bild ist das Computerprogramm, also der Journalismus-Bot, ein Urheberrechtsbaum.[864] Neu ist, dass Journalismus-Bots einen Beitrag generieren, dessen geistiger Gehalt nicht fraglich wäre, wenn ein Mensch ihn geschrieben hätte. Zu überprüfen ist, ob es für einen urheberrechtlichen Schutz ausreicht, dass der Programmierer mit einem Urheberrechtsbaum gleichzeitig einen Samen pflanzt, aus dem wiederum ein (Urheberrechts-)Baum wächst. Dem Programmierer ist bei der Programmierung des Journalismus-Bots zwar bewusst, welche Baumgattung er gepflanzt hat (Sport- und Finanzberichte oder Kriminalberichterstattung). Er weiß etwa, dass ein Kieferngewächs aus dem Samen wächst, aber nicht, welche konkrete Art („Genauer Wortlaut der Berichte").

Die Frage, ob *Ulmers* Baumbild derart erweiterbar ist, wird im Folgenden ausführlich diskutiert.

---

859 *Ulmer*, Urheber- und Verlagsrecht, 3. Aufl. 1980, S. 116; *Schack*, Urheber- und Urhebervertragsrecht, 8. Aufl. 2017, Rn. 343; *Rehbinder/Peukert*, Urheberrecht, 17. Aufl. 2015, Rn. 51. Zur dualistischen Theorie des Urheberrechts: *Kohler*, Urheberrecht an Schriftwerken und Verlagsrecht, 1980, S. 1 f.

860 *Fechner*, Geistiges Eigentum und Verfassung, 1998, S. 195.

861 Vgl. § 29 UrhG. – Hierzu kritisch: *Hilty*, in: Becker et al. (Hrsg.), FS Rehbinder, 2002, S. 259, 272 f.

862 *Schack*, Urheber- und Urhebervertragsrecht, 8. Aufl. 2017, Rn. 344.

863 *Schack*, Urheber- und Urhebervertragsrecht, 8. Aufl. 2017, Rn. 344.

864 Hierzu bereits unter Kap. 4 B. (S. 162 f.).

III. Menschlicher Gehalt von Journalismus-Bot-Beiträgen

Urheberrechtliche Werke sind nur persönliche geistige Schöpfungen eines Menschen.[865] Dass ein urheberrechtliches Werk nur von Menschen geschaffen werden kann, erscheint auf den ersten Blick offensichtlich. Der Kunstgeschichte sind aber immer wieder (künstlerische) Strategien bekannt, die sich einer eindeutigen Bestimmung zu entziehen versuchen. So haben etwa einige Künstler, die dem Abstrakten Expressionismus zuzuordnen sind, seit den 1950er Jahren versucht, eine Distanz zwischen ihrem inneren Geist und dem Gegenstand ihrer Kunst aufzubauen.[866] Die Kunst sollte sich sozusagen von ihrem Schöpfer emanzipieren.

Jackson Pollock behauptete etwa von sich, keine Vorstellung von seinen Gemälden zu haben, wenn er mit dem Malprozess begann. Ihm würde lediglich eine allgemeine Idee vorschweben.[867]

Beispiele finden sich auch in der Musik; wenn etwa Dirigenten als künstlerische Leiter ihren Orchestern bewusst keine Angaben zur Instrumentation machen, selbst die Tonhöhe nur vage andeuten, distanzieren sie sich vom Gegenstand ihres Schaffens. In diesen frei werdenden kreativen Raum sind die ausübenden Künstler getreten.[868] Während in diesen Fällen noch Menschen entweder unmittelbar mit dem Gegenstand ihrer Kunst agieren oder auch miteinander musizieren, sind es im Fall von Journalismus-Bots Computerprogramme, die nach einer menschlichen (Erst-)Anweisung Beiträge erstellen.

> *Harold Cohen* hat in den 1970er Jahren den Roboter AARON entwickelt, der eigenständig Bilder gemalt hat. Was der Roboter zeichnete, wurde durch den Einsatz von Zufallsgeneratoren bestimmt.[869] Auch als Schriftsteller waren Computerprogramme bereits tätig: Gedichte, aber auch Romane wurden von Computerprogrammen geschrieben.[870] Ende des Jahres 2018 hat das Auktionshaus Christie's ein

865 Die Merkmale sollten bei der wissenschaftlichen Betrachtung strikt auseinandergehalten werden, etwas konfus daher die Darstelltung von *Fierdag*, Die Aleatorik in der Kunst und das Urheberrecht, 2004, S. 68 f.

866 Vgl. *Boehm*, in: Ciuah (Hrsg.), Action Painting, 2008, S. 40.

867 Interview von *William Wright* mit *Jackson Pollock*, in: Harrison/Wood (Hrsg.), Kunsttheorie im 20. Jhdt., Bd. 2, 1998, S. 701, 703.

868 *Fromm*, GRUR 1964, S. 304.

869 Vgl. http://www.aaronshome.com/aaron/index.html.

870 Vgl. zu Gedichten von *Raymond Kurzweil* (www.kurzweilcyberart.com/poetry/rkcp_overview.php, Abruf v. 15.11.2018). Zu Scott French's Novel „Just This Once“ (http://articles.latimes.com/1993-08-11/news/vw-22645_1_jacquline-susann,

mit Hilfe einer künstlichen Intelligenz generiertes Gemälde für € 380.000 versteigert.[871]

Kann es nun einen Unterschied machen, ob ein Dirigent einen kreativen Raum für Dritte (hier Musiker) lässt oder aber ein Programmierer ein Computerprogramm zu einem gewissen Teil improvisieren lässt? Wie stark muss das geistige Band zwischen Urheber und seinem Werk sein?

In der Rechtsliteratur besteht in diesem Kontext weder Einigkeit um die Zurechenbarkeitsgrenzen noch um die Zurechenbarkeitskriterien. Im Ausgangspunkt wird zwischen „computer-assisted-content" und „computer-generated-content" unterschieden.[872] „Computer-assisted-content" ist einem Menschen unmittelbar zuzurechnen. Der geistige Gehalt eines Romans wird nicht dadurch in Frage gestellt, dass der Text mit Hilfe eines Textverarbeitungsprogramms statt eines Kugelschreibers niedergeschrieben wird. Das Textverarbeitungsprogramm trägt in diesem Fall zum kreativen Inhalt eines Romans genauso wenig bei wie ein Kugelschreiber. Der geistige Gehalt von „computer-assisted-content", der unter dem Einsatz von Textverarbeitungsprogrammen und ähnlichem entsteht, ist daher unstreitig gegeben.[873] Zwischen Textverarbeitungsprogrammen und Journalismus-Bots sind aber Unterschiede festzustellen. Ob diese Unterschiede dazu führen, dass die Beiträge keinen menschlichen geistigen Gehalt aufweisen und daher dem „computer-generated-content" zugeordnet werden müssen, ist fraglich. Zwischen „computer-assisted-content" und „computer-generated-content" könnte ein Gestaltungsraum vorhanden sein, in dem Menschen und Computersoftware bei der Werkherstellung zusammenarbeiten.

Der australische Rechtswissenschaftler *McCucheon* hat für die Abgrenzungsfrage den Begriff „partly-computer-generated-content" in die Diskus-

---

Abruf v. 15.11.2018). Hierzu auch *McCutcheon*, Melbourne University Law Review 2013, S. 917, 932.

871 *Wilkens*, heise.de v. 26.10.2018.

872 Die Kategorien werden computer-assisted-*works* und computer-generated-*works* genannt. Der Begriff „works" impliziert bereits, dass der Output immer urheberrechtlich geschützt wird. Dies setzt aber eine hinreichende individuelle Gestaltungshöhe voraus. Weil dies im Verlauf der Arbeit noch zu überprüfen ist, wird bis dahin der neutralere Begriff „content" verwendet. Zu den Kategorien: *Dreier*, in: Leser/Isomura (Hrsg.), FS Kitagawa, 1990, S. 869. – Zusammenfassend: *Loewenheim*, in: Schricker/Loewenheim, UrhR, 5. Aufl. 2017, § 2 Rn. 40.

873 „Dass der Autor, der sich bei der Abfassung seines Werks eines Textverarbeitungsprogramms bedient, menschlich-gestalterisch tätig wird, bedarf keiner besonderen Betonung" (*Loewenheim*, in: Schricker/Loewenheim, UrhR, 5. Aufl. 2017, § 2 Rn. 40.

sion eingebracht.[874] Fraglich ist, nach welchen Kriterien sich „partly-computer-generated-content" von („absolutly-)computer-generated-content" abgrenzen lässt.

Das Problem könnte pragmatisch gelöst werden, indem die Präsentationslehre des Schweizer Rechtswissenschaftlers *Max Kummer*[875] angewendet wird (1.). Ob die menschliche Voraussehbarkeit des Outputs als Kriterium herangezogen werden kann, ist unklar (2.). Teilweise wird gefordert, dass in einem Werk die Persönlichkeit seines Urhebers erkennbar sein muss (3.).[876] Letztlich ist für die aktuell herrschende Meinung entscheidend, dass ein Mensch die wesentlichen Rahmenbedingungen für die Werkgenerierung der Computersoftware vorgeben muss, um anschließend eigene kreative Auswahlentscheidungen zu treffen (4.).[877] Je mehr Entscheidungsspielraum an die Software, also an einen Journalismus-Bot abgetreten wird, desto mehr Raum besteht für „eigene" kreative Leistungen des Computerprogramms. Unter Berücksichtigung des aktuellen Standes der Technik ist zu untersuchen, ob Journalismus-Bots einen eigenständigen, vom Programmierer nicht mehr nachvollziehbaren kreativen Entscheidungsspielraum haben (5.). Schließlich sind die Zurechenbarkeitsgrenzen anzusprechen (6.).

1. Präsentationslehre von *Max Kummer*

Kummer hat 1968 vertreten, dass der Urheber lediglich etwas statistisch Einmaliges als Werk präsentieren muss, um einen urheberrechtlichen Schutz für den Gegenstand zu begründen.[878] Für *Kummer* macht es daher keinen Unterschied, ob Mensch oder Maschine etwas geschaffen haben. Es müsse lediglich die hohe Wahrscheinlichkeit bestehen, dass ein anderer

874 *McCutcheon*, Melbourne Law Review 2013, S. 915, 929.

875 *Kummer*, Das urheberrechtlich schützbare Werk, 1968.

876 *Fabiani*, GRUR Ausl. 1965, S. 422, 424; *Brutschke*, Urheberrecht und EDV, 1972, S. 47.

877 *Loewenheim*, in: Schricker/Loewenheim, UrhR, 5. Aufl. 2017, § 2 Rn. 41; *Schulze*, in: Dreier/Schulze (Hrsg.), UrhG, 5. Aufl. 2015, § 2 Rn. 8; *Bullinger*, in: Wandtke/Bullinger (Hrsg.), PK-Urheberrecht, 5. Aufl. 2018, § 2 Rn. 17; *Ahlberg*, in: Ahlberg/Götting (Hrsg.), BeckOK-Urheberrecht, Stand: 20.4.2018, § 2 Rn. 55. Ähnlich, aber hinsichtlich des Auswahlaktes zurückhaltender: *Dreier*, in: Leser/Isomura (Hrsg.), FS Kitagawa 1990, S. 869, 881; *Erdmann*, in: Erdmann et al. (Hrsg.), FS v. Gamm, 1990, S. 389, 396; a. A. *Brutschke*, Urheberrecht und EDV, 1972, S. 50 (Output der Computersoftware muss konkret feststehen).

878 *Kummer*, Das urheberrechtlich schützbare Werk, 1968, S. 75.

nicht ebenfalls ein solches Werk schafft.[879] Entscheidend für die Werkentstehung sei dann die „Erstaufführung“ des Werks gegenüber der Öffentlichkeit, wobei sich im Falle der „Automaten“ der Programmierer als „Meister“ dieses „Automaten“ entscheidet, den Output zu seinem Werk zu erheben.[880] Die „Präsentationslehre“ *Kummers* ist abzulehnen, da sie den Gestaltungsakt mit der Erstveröffentlichung eines Werks unzulässigerweise vermengt.[881] Nach § 12 UrhG hat der Urheber das Recht zu bestimmen, ob und wie sein Werk zu veröffentlichen ist. Das Gesetz geht in § 12 UrhG davon aus, dass bereits ein Werk entstanden ist, wenn das Werk veröffentlicht wird. Nach der Präsentationslehre wäre nicht der Zeichner eines Bildes Urheber, sondern derjenige, der das Bild erstveröffentlicht. Dies könnte auch ein Dritter sein, der ohne Einwilligung oder Erlaubnis des Zeichners das Bild erstveröffentlicht. Das kann nicht überzeugen. Zudem stünde es nach der *Kummerschen* Präsentationslehre im Belieben des Einzelnen, urheberrechtlichen Schutz zu begründen, was nicht überzeugen kann.[882] Dass *Kummers* Präsentationslehre sich nicht durchsetzen konnte, ist für die Texte von Journalismus-Bots insoweit misslich, als dass die Präsentationslehre eine simple Lösung geboten hätte. Indem ein Mensch den Output als ihm zugehörig präsentiert, etwa durch Kennzeichnung des Beitrags mit seinem Namen, hätte ein Urheberrecht jedenfalls dann begründet werden können, wenn der Beitrag statistisch einmalig ist. Dass das geistige Band zwischen dem Urheber und dem automatisiert generierten Werk (erst) mit der Präsentation des statistisch einmaligen Textes entsteht, wäre unbeachtlich.[883]

2. Vorhersehbarkeit der Schöpfung

Andere sehen das entscheidende Zurechenbarkeitskriterium in der konkreten Vorhersehbarkeit der Schöpfung,[884] was dem Wortlaut von § 2 UrhG

879 *Kummer*, Das urheberrechtlich schützbare Werk, 1968, S. 80.

880 *Kummer*, Das urheberrechtlich schützbare Werk, 1968, S. 195.

881 Vgl. *Loewenheim*, in: Schricker/Loewenheim, UrhR, 5. Aufl. 2017, § 2 Rn. 44 mit weiteren Nachweisen zur Kritik an der Präsentationslehre.

882 *Loewenheim*, in: Schricker/Loewenheim, UrhR, 5. Aufl. 2017, § 2 Rn. 44; *Bullinger*, in: Wandtke/Bullinger (Hrsg.), PK-Urheberrecht, 4. Aufl. 2014, § 2 Rn. 15; *Ulmer*, Urheber- und Verlagsrecht, 3. Aufl. 1980, S. 128.

883 Vgl. *Kummer*, Das urheberrechtliche schützbare Werk, 1968 S. 196.

884 *Erdmann*, in: Erdmann et al. (Hrsg.), FS v. Gamm, 1990, S. 389, 396 f.; *Möhring*, UFITA 50 1967, S. 835, 841; *Fabiani*, GRUR Ausl. 1965, S. 422, 424; *Fierdag*, Die

jedoch nicht entnommen werden kann.[885] Zutreffend ist aber, dass nach dem Sinn und Zweck von Urheberrechten eine persönliche geistige Schöpfung ihren Ursprung in den Gedanken ihres Urhebers hat. Wer aber ein konkretisiertes Bewusstsein bei der Werkentstehung fordert, verkennt, dass der Zufall selbst ein kreatives Element sein kann, durch das kreative Leistungen entstehen können.[886] In der Improvisationskunst, beispielsweise der Jazz-Musik, sind für den Urheber unvorhersehbare Elemente gerade ein Wesenselement des Gestaltungs- und Schöpfungsaktes.[887] Dass Jazz-Musik einen geistigen Gehalt in sich trägt, dürfte unbestritten sein. Auch fordert der Wortlaut von § 2 UrhG jedenfalls nicht unmittelbar, dass der Urheber (s)ein Werk für eine juristische Sekunde in seinen Gedanken vorbilden muss. Improvisation und Zufall liegen auch zu eng beieinander, als dass zwischen schutzfähiger Improvisation und schutzunfähigem Zufall differenziert werden könnte.[888] Allenfalls ausnahmsweise, wie im Fall des Musikers und Künstlers *John Cage*, der die Noten für seine Musik mittels eines Würfels bestimmt hat, kann ein geistiger Gehalt verneint werden, weil ausschließlich der Zufall die Noten bestimmt hat.[889] Insoweit ist die Werkentstehung absolut zufällig. Da aber in diesen und anderen Fällen letztlich nicht beweisbar ist, ob ein Werk zufällig entstanden ist, ist grundsätzlich zu unterstellen, dass ein Werk mit der „geistigen Konzeption" seines Urhebers übereinstimmt.[890] Der Zufall schließt den geistigen Gehalt eines Werks daher nur aus, wenn andere Faktoren keine Rolle spielen. Nun sind die Beiträge der Journalismus-Bots schwerlich mit Jazz-Musik vergleichbar. Die Unvorhersehbarkeit sei beim Einsatz des Zufalls in Com-

---

Aleatorik in der Kunst und das Urheberrecht, 2004, S. 71; *Brutschke*, Urheberrecht und EDV, 1972, S. 47 u. S. 49.

885 *Weissthanner*, Urheberrechtliche Probleme neuer Musik, 1973, S. 73; *Girth*, Individualität und Zufall im Urheberrecht, 1974, S. 91; *Loewenheim*, in: Schricker/Loewenheim, UrhR, 5. Aufl. 2017, § 2 Rn. 41; *Dreier*, in: Leser/Isomura (Hrsg.), FS Kitagawa 1990, S. 869, 882; *Bullinger*, in: Wandtke/Bullinger (Hrsg.), PK-Urheberrecht, 4. Aufl. 2014, § 2 Rn. 17.

886 *Bridy*, Stanford Technology Law Review 2012, S. 1, 10; a. A. *Fierdag*, Die Aleatorik in der Kunst und das Urheberrecht, 2004, S. 70.

887 Beispiel nach *Girth*, Individualialität und Zufall im Urheberrecht, 1974, S. 91.

888 Ähnlich: *Samson*, UFITA 56 (1979), S. 117, 141.

889 Vgl. zu diesem Beispiel: *Fierdag*, Die Aleatorik in der Kunst und das Urheberrecht, 2004, S. 71.

890 *Girth*, Individualität und Zufall im Urheberrecht, 1974, S. 91. In der Tendenz offener argumentiert auch *Nordemann*, was sich an den von ihm dargestellten Beispielen ergibt (ders., in: Fromm/Nordemann, UrhR, 12. Aufl. 2018, § 2 Rn. 25).

puterprogrammen „andersartig".[891] Dieses „(Rechts-)Gefühl" kann aber schwerlich als Argument gegen den geistigen Gehalt der Beiträge eines Journalismus-Bots genutzt werden. Für die Beiträge der Journalismus-Bots ist keinesfalls allein der Zufall verantwortlich (4.).

3. Persönlichkeitstheorie

Die hier sogenannte Persönlichkeitstheorie lehnt eine Zurechnung des Outputs von Computerprogrammen ab. Zwar lebe auch die Kunst von der Abstraktion von Werken zu bestehenden Konventionen und der Realität, aber schutzwürdig sei das menschliche Gefühl, „das heißt [der] Komplex geistiger Erlebnisse, Eindrücke und Regungen, die der schöpferische Künstler in sein Werk (...) hineinlegt".[892] Die menschliche Persönlichkeit muss sich danach im Werk als Ergebnis niederschlagen.[893] Damit wird an *Otto von Gierke* angeknüpft, der das Urheberrecht ausschließlich als Persönlichkeitsrecht aufgefasst hat.[894]

Unbestritten hat das Urheberrecht sein grundgesetzliches Fundament auch in Art. 2 Abs. 1 GG i. V. m. Art. 1 Abs. 2 GG. Allerdings ist dogmatisch zwischen diesem allgemeinen Persönlichkeitsrecht und dem zivilrechtlich geprägten Urheberpersönlichkeitsrecht zu differenzieren (a.). Das Urheberpersönlichkeitsrecht ist (anders als das allgemeine Persönlichkeitsrecht) eng mit den vermögensrechtlichen Befugnissen verflochten und unterliegt einem Ausgestaltungsvorbehalt des Gesetzgebers (b.).

a. Dogmatik des zivilrechtlichen Urheberpersönlichkeitsrechts

Zwar wird sich teilweise dafür ausgesprochen, nicht zwischen dem allgemeinen Persönlichkeitsrecht und dem Urheberpersönlichkeitsrecht zu differenzieren.

891 Vgl. *Glasser*, Duke Law & Technic Review 2001, Rn. 35.
892 *Fabiani*, GRUR Ausl. 1965, S. 422, 424.
893 *Fierdag*, Die Aleatorik in der Kunst und das Urheberrecht, 2004, S. 70 u. S. 77. Vgl. zur Lehre vom Persönlichkeitsrecht: *von Gierke*, Deutsches Privatrecht, Bd. 1, 1895, S. 763 f.
894 *von Gierke*, Deutsches Privatrecht, Bd. 1, 1895, S. 764 f.

> So fassen Vertreter der Einheitslehre das Urheberpersönlichkeitsrecht als besondere Ausformung des allgemeinen Persönlichkeitsrechts auf.[895]

Allerdings sind Ausformungen des verfassungsrechtlichen Persönlichkeitsrechts auf zivilrechtlicher Ebene nur „entsprechend" zu beachten.[896] Auch die fehlende unmittelbare Drittwirkung spricht gegen eine einheitliche Betrachtung, wie etwa die Diskussion eines Persönlichkeitsrechts für juristische Personen illustriert.[897] Das zivilrechtliche Persönlichkeitsrecht schützt den Urheber (anders als das allgemeine Persönlichkeitsrecht) nicht bloß gegen Eingriffe des Staates, sondern ist an die Erfordernisse des Privatrechtsverkehrs angepasst.[898] Daraus folgt, dass der Zuweisungsgehalt des zivilrechtlichen Urheberpersönlichkeitsrechts nicht auf die (engere) Persönlichkeitssphäre beschränkt ist.[899] Ein erweiterter Schutz kann in Betracht kommen.[900] Allgemein anerkannt ist, dass das zivilrechtliche Persönlichkeitsrecht auch die wirtschaftliche Verwertung der Persönlichkeit umfasst.[901] Zudem ist nicht jede Verletzung des Urheberpersönlichkeitsrechts gleichzeitig ein Eingriff in das allgemeine Persönlichkeitsrecht. Ein urheberrechtlich nicht geschütztes Werk darf nicht „bespuckt", aber frei bearbeitet sowie mit einer neuen Quellenangabe versehen werden.[902] Das allgemeine Persönlichkeitsrecht ist in letzterem Fall nicht verletzt. Auch der spezielle Zugangsanspruch des Urhebers aus § 25 UrhG ergibt sich

895 *Ehlers*, Der Geldersatz für immaterielle Schäden, 1977, S. 12 f.; BGH, NJW 1957, S. 1146, 1147.

896 BVerfGE 35, S. 202, 221 = NJW 1973, S. 1226, 1228.

897 *Jarass*, NJW 1989, S. 857, 858; *Baston-Vogt*, Der sachliche Schutzbereich des zivilrechtlichen Persönlichkeitsrechts, 1997, S. 123 u. S. 17 f.

898 *Baston-Vogt*, Der sachliche Schutzbereich des zivilrechtlichen Persönlichkeitsrechts, 1997, S. 124. Vgl. auch *Helle*, Besondere Persönlichkeitsrechte, 1991, S. 22. Nach *Helle* besteht zwischen dem Urheberpersönlichkeitsrecht und dem allgemeinen Persönlichkeitsrecht kein Zusammenhang mehr.

899 *Baston-Vogt*, Der sachliche Schutzbereich des zivilrechtlichen Persönlichkeitsrechts, 1997, S. 124.

900 A. A. *Fromlowitz*, Das Urheberpersönlichkeitsrecht und das allgemeine Persönlichkeitsrecht, 2013, S. 90.

901 Das Bundesverfassungsgericht hat dies für das Urheberpersönlichkeitsrecht aus Art. 14 GG abgeleitet (BVerfG ZUM 2009, S. 479, 480), während das allgemeine Persönlichkeitsrecht aus Art. 2 Abs. 1 GG i.V. m. Art. 1 Abs. 1 GG „nicht im Interesse der Kommerzialisierung der eigenen Person gewährleistet [ist]" (BVerfG, NJW 2000, S. 1021). All das ist freilich umstritten. Hierzu noch mit Nachweisen unter b.

902 Beispiel nach *Rau*, Antikunst und Urheberrecht, 1978, S. 27.

nicht zwingend aus dem allgemeinen Persönlichkeitsrecht, sondern aus dem speziellen Urheberpersönlichkeitsrecht. Es bestehen daher wesentliche Unterschiede zwischen dem allgemeinen Persönlichkeitsrecht und dem zivilrechtlich geprägten Urheberpersönlichkeitsrecht.

Die Einheitslehre, die eben nicht hinreichend zwischen den zivilrechtlichen Persönlichkeitsrechten und dem verfassungsrechtlichen Persönlichkeitsrecht unterscheidet, ist aus diesen Gründen abzulehnen. Vorzugswürdig ist die hier sogenannte Zweifaltigkeitslehre.[903] Zwar besteht unbestritten keine absolute Trennung zwischen dem allgemeinen Persönlichkeitsrecht und dem zivilrechtlichen Persönlichkeitsrecht. Es ist aber die gesetzgeberische Ausgestaltungsentscheidung, die zwischen dem allgemeinen Persönlichkeitsrecht und den Grundrechten Dritter vermittelt.[904]

b. Ausgestaltungsbedürftigkeit des Urheberpersönlichkeitsrechts

Jarass vergleicht die Beziehung zwischen dem allgemeinen Persönlichkeitsrecht und dem Urheberpersönlichkeitsrecht mit dem Verhältnis zwischen verfassungsrechtlichem und zivilrechtlichem Eigentumsbegriff.[905] In der Tat ist das Urheberpersönlichkeitsrecht ausgestaltungsbedürftig. Das Urheberrechtsgesetz ist für die Ausformung des zivilrechtlichen Persönlichkeitsrechts ein Musterbeispiel, wie ein spezieller Ausschnitt der Persönlichkeit in Einklang mit Drittinteressen gebracht werden kann.[906] Der von *Jarass* gezogene Vergleich ist passend, weil nach der monistischen Theorie des Urheberrechts persönlichkeitsrechtliche Elemente und vermögensrechtliche Elemente untrennbar miteinander verwoben sind.[907] Das erscheint mit

---

903 Einen sehr ähnlichen Ansatz verfolgt die „dualistische Lehre“ zur Abgrenzung ideeller und wirtschaftlicher Bestandteile des *zivilrechtlichen* Persönlichkeitsrechts. Sie erklärt in ihrer Reinform aber gerade nicht das Verhältnis zwischen dem allgemeinen Persönlichkeitsrecht und dem Urheberpersönlichkeitsrecht (vgl. *Götting*, in: Götting et al. (Hrsg.), Handbuch Persönlichkeitsrecht, 1. Aufl. 2008, § 10 Rn. 4).

904 Vgl. *Hubmann*, Das Persönlichkeitsrecht, 2. Aufl. 1967, S. 134.

905 *Jarass*, NJW 1989, S. 857, 858.

906 *Baston-Vogt*, Der sachliche Schutzbereich des zivilrechtlichen Persönlichkeitsrechts, 1997, S. 379.

907 Teilweise wird die urheberrechtliche monistische Theorie auch auf das Verhältnis zwischen dem ideellen und kommerziellen allgemeinen Persönlichkeitsrecht angewandt (*Götting*, in: Götting et al. (Hrsg.), Handbuch Persönlichkeitsrecht, 1. Aufl. 2008, § 10 Rn. 8 u. Rn. 16). Diese Ansicht vermengt aber wiederum das zivilrechtliche Persönlichkeitsrecht mit dem allgemeinen Persönlich-

dem allgemeinen Persönlichkeitsrecht nur schwer in Einklang zu bringen sein, weil dieses jedenfalls nach traditioneller Auffassung als höchstpersönliches Recht nicht im engeren Sinn kommerzialisierbar ist.[908] Hingegen ist das Urheberpersönlichkeitsrecht von Anfang an auf eine kommerzielle Verwertung ausgelegt.[909] Zudem schützt das Urheberpersönlichkeitsrecht mit dem geistigen Band zwischen Urheber und Werk ein subjektiv-objektives Verhältnis.[910] Es hat daher einen Sachbezug,[911] während das allgemeine Persönlichkeitsrecht die rein subjektive Sphäre einer Person betrifft.[912] Ein urheberrechtliches Werk verselbständigt sich von der Persönlichkeit des Urhebers, auch wenn eine ideelle Verbindung zwischen Werk und Urheber stets erhalten bleibt.[913] Diese Verbindung ist aber deutlich loser als Vorgänge, die genuin der Intimsphäre einer Person angehören.[914] Der Gesetzgeber und die Rechtsprechung behandeln das Urheberpersönlichkeitsrecht im Vergleich zum allgemeinen Persönlichkeitsrecht konsequenterweise auch nicht identisch.[915]

---

keitsrecht aus Art. 2 Abs. 1 GG i. V. m. Art. 1 Abs. 1 GG. Soweit für diesen Ansatz die Marlene Dietrich-Entscheidung des Bundesgerichtshofs (BGH, GRUR 2000, S. 709) herangezogen wird, verfängt der Vergleich nicht. Auch in der Marlene Dietrich-Entscheidung hat der BGH nicht über das allgemeine Persönlichkeitsrecht entschieden, sondern über das Recht am eigenen Bild als einzelne zivilrechtliche Ausprägung des Persönlichkeitsrechts. Zur auch vertretenen dualistischen Theorie siehe *Beuthien/Schmölz*, Persönlichkeitsgüterrechte, 1999, S. 24, 37.

908 *Peifer*, Individualität im Zivilrecht, 2001, S. 325 f.; *Hubmann*, Das Persönlichkeitsrecht, 2. Aufl. 1967, S. 134; *Beuthien/Schmölz*, Persönlichkeitsgüterrechte, 1999, S. 16; BVerfG, NJW 2000, S. 1021, 1023; *Hermann*, Werbewert der Prominenz, 2012, S. 161; a. A. *Fromlowitz*, Das Urheberpersönlichkeitsrecht und das allgemeine Persönlichkeitsrecht, 2013, S. 87 f.

909 *Baston-Vogt*, Der sachliche Schutzbereich des zivilrechtlichen allgemeinen Persönlichkeitsrechts, 1997, S. 379 f.

910 *Götting*, in: Götting et al. (Hrsg.), Handbuch Persönlichkeitsrecht, 1. Aufl. 2008, § 15 Rn. 8.

911 *Schramm*, GRUR 1972, S. 348, 349.

912 *Götting*, in: Götting et al. (Hrsg.), Handbuch Persönlichkeitsrecht, 1. Aufl. 2008, § 4 Rn. 6.

913 Vgl. *Ulmer*, Urheber- und Verlagsrecht, 3. Aufl 1980, S. 118.

914 Vgl. *Baston-Vogt*, Der sachliche Schutzbereich des zivilrechtlichen allgemeinen Persönlichkeitsrechs, 1997, S. 380.

915 Vgl. BGH, GRUR 2014, S. 702, 705; BGH NJW 1990, S. 1986, 1988; a. A. *Götting*, in: Götting et al. (Hrsg.), Handbuch Persönlichkeitsrecht, 1. Aufl. 2008, § 11 Rn. 10, der aber verkennt, dass der BGH in der hier letztgenannten Entscheidung nicht das Urheberpersönlichkeitsrecht an einem konkreten Werk über das allgemeine Persönlichkeitsrecht fortentwickelt hat, sondern vielmehr

Inwieweit dem allgemeinen Persönlichkeitsrecht auch im Verhältnis zum zivilrechtlichen Urheberpersönlichkeitsrecht eine Auffangwirkung zukommen soll, ist ebenfalls umstritten, aber an dieser Stelle nicht weiter relevant.[916]

c. Folgerungen für die Persönlichkeitstheorie

Einem Künstler, der Werke schafft, die keine Anknüpfung an seine Persönlichkeit haben (sollen), müsste nach der Persönlichkeitstheorie ein Schutz konsequenterweise versagt werden. Das ist aber nicht der Fall. Warum wird ein religiöser Text einer Autorin zugerechnet, die behauptet, nicht sie habe den Text verfasst, sondern *Jesus von Nazareth*?[917] Dies kann nicht mit dem allgemeinen Persönlichkeitsrecht der Verfasserin erklärt werden, weil die Autorin sich von dem Text als solchem distanziert. Die subjektiven Vorstellungen des Schöpfers und seine Persönlichkeit sind daher für den geistigen Gehalt eines Werks und damit für dessen Entstehung nicht entscheidend.[918] Gerade bei Nachrichtenbeiträgen, in denen die Berichterstattung über Tatsachen im Vordergrund steht, ist die Persönlichkeit des Autors auch nicht stets erkennbar. Darüber hinaus kann der menschliche Programmierer mit Hilfe von vorgefertigten Textelementen seinen persönlichen Stil in einen Journalismus-Bot implementieren (hier-

---

hat der BGH festgestellt, dass die Fälschung eines einzelnen Werks geeignet ist, das Gesamtwerk eines Künstlers zu verzerren. Das Gesamtwerk (!) eines Künstlers ist vom allgemeinen Persönlichkeitsrecht geschützt.

916 Vertreten wird daher einerseits, dass das Urheberpersönlichkeitsrecht neben dem allgemeinen Persönlichkeitsrecht steht, andererseits, dass das allgemeine Persönlichkeitsrecht als lex generalis hinter das werkbezogene Urheberpersönlichkeitsrecht als lex specialis zurücktritt. Der Streit um das Konkurrenzverhältnis hat für die vorliegende Frage nach dem Gestaltungsspielraum des Gesetzgebers keine Relevanz, weil der Kern des Streits, ob das allgemeine Persönlichkeitsrecht eine Auffangwirkung zukommt, wenn die speziellen Voraussetzungen des Urheberpersönlichkeitsrecht nicht gegeben sind, nicht entschieden werden muss, zum Streit: *Dietz/Peukert*, in: Schricker/Loewenheim, UrhR, 5. Aufl. 2017, Vor §§ 12 ff. Rn. 31, die sich für einen abschließenden Gehalt des Urheberpersönlichkeitsrechts aussprechen, andere Ansicht die überwiegende Meinung: *Schack*, Urheber- und Urhebervertragsrecht, 8. Aufl. 2017, S. 25; *Schulze*, in: Dreier/Schulze (Hrsg.), UrhG, 6. Aufl. 2018, § 28 Rn. 2.

917 OLG Frankfurt, GRUR 2014, S. 863, 865.

918 OLG Frankfurt, GRUR 2014, S. 863, 865; a. A. *Fabiani*, GRUR Ausl. 1965, S. 422, 424. *Fierdag*, Die Aleatorik in der Kunst und das Urheberrecht, 2004, S. 70 u. S. 77.

zu noch unter 6.). Daher kann die Persönlichkeitstheorie nach vorliegendem Verständnis allenfalls eine Leitlinie vorgeben, an der sich im Einzelfall orientiert werden kann.[919]

4. Computergenerierter Output als Inspirationsquelle für menschliche kreative Auswahlentscheidungen

Nach anderer Ansicht muss ein Mensch die wesentlichen Rahmenbedingungen für die Werkentstehung schaffen. Die geistige Zurechenbarkeit ist nach dieser Ansicht unproblematisch, wenn der Mensch den Output der Computersoftware lediglich als Inspirationsquelle nimmt, um darauf basierend ex post eigene kreative Auswahl- und Kombinationsentscheidungen zu treffen.[920]

Werden die Beiträge der Journalismus-Bots von Journalisten nachträglich redigiert, indem neue persönliche kreative Auswahlentscheidungen hinsichtlich von Text und Stil vorgenommen werden, so entsteht ein geistiges Band zwischen Journalist und (End-)Schöpfung. Der geistige Gehalt des Endtextes ist in diesen Fällen stets vorhanden.[921] Der Output des Journalismus-Bots ist in diesen Fällen nur ein Durchgangsstadium zum endgültigen, von einem Menschen geschaffenen Werk. Anders ausgedrückt nutzt der Mensch in diesen Fällen eine Software (lediglich) als Inspirationsquelle für eigene kreative Entscheidungen.

---

919 Ablehnend auch *Rehbinder/Peukert*, Urheberrecht, 17. Aufl. 2015, Rn. 542 (mit weiteren Beispielen); *Nordemann*, in: Fromm/Nordemann, UrhR, 12. Aufl. 2018, § 2 Rn. 22.

920 Vgl. *Dreier*, in: Leser/Isomura (Hrsg.), FS Kitagawa, 1992, S. 869, 882; *Weissthanner*, Urheberrechtliche Probleme neuer Musik, 1973, S. 73; *Loewenheim*, in: Schricker/Loewenheim, UrhR, 5. Aufl. 2017, § 2 Rn. 41; *Schulze*, in: Dreier/Schulze (Hrsg.), UrhG, 6. Aufl. 2018, § 2 Rn. 8; *Bullinger*, in: Wandtke/Bullinger (Hrsg.), PK-Urheberrecht, 4. Aufl. 2014, § 2 Rn. 17; *Ahlberg*, in: Ahlberg/Götting (Hrsg.), BeckOK-Urheberrecht, Stand: 20.4.2018, § 2 Rn. 55; ähnlich *Erdmann*, in: Erdmann et al. (Hrsg.), FS v. Gamm, 1990, S. 389, 396; a. A. *Brutschke*, Urheberrecht und EDV, 1972, S. 50 (Output der Computersoftware muss konkret festehen).

921 Wenn und soweit bereits der von einem Journalismus-Bot erstellten Entwurf bereits als Werk geschützt ist, würde es ggf. einer Einwilligung in die Veröffentlichung des Urheberrechtsinhabers bedürfen (§ 23 S. 1 UrhG), es sei denn, die individuellen Züge des computergenerierten Textes werden durch die Anpassung unkenntlich (§ 24 Abs. 1 UrhG).

Auch sind computergestützte Musikkompositionen einem Menschen zurechenbar, wenn die vom Computer erzeugten Begleitrhythmen ausgewählt und kombiniert werden.[922] In den Auswahl- und Kombinationsentscheidungen ist ein kreativer Spielraum vorhanden, der den geistigen Gehalt der Endkomposition stützt.

Zwischen der von einem Computer erzeugten Musik und dem von einem Computer erzeugten Beitrag besteht daher kein Unterschied, wenn ein Mensch diesem Rohtext nachträglich durch eigene kreative Entscheidungen einen geistigen Gehalt verleiht. Beides ist als „partly-computer-generated-content" einem Menschen zurechenbar. [923]

Da die Beiträge der Journalismus-Bots nach der in dieser Arbeit gewählten Definition in Echtzeit, d. h. ohne Dazwischentreten eines Menschen, verbreitet werden, ist zu untersuchen, ob und inwieweit eine Zurechnung auch für diese Beiträge in Betracht kommt.

5. Computergenerierter Output ohne nachträgliche menschliche Auswahlentscheidungen

Dreier schlägt zwei Kriterien vor, die kumulativ erfüllt werden müssen, um einen geistigen Gehalt von „partly-computer-generated-content" annehmen zu können. Ein Mensch habe die wesentlichen Parameter des Outputs festzulegen und müsse aus dem Output der Computersoftware ein Element auswählen.[924] Danach würde dem Output von Journalismus-Bots kein geistiger Gehalt zukommen, wenn der Output nicht vor Veröffentlichung von einem Menschen ausgewählt worden wäre. Zwingend eine menschliche Auswahlentscheidung einzufordern, geht allerdings am Problem vorbei (a.), während bezüglich des Wesentlichkeitskriteriums fraglich ist, bis zu welcher Grenze noch wesentliche Parameter des Outputs vom Menschen festgelegt werden (b.).

---

922 *Ulmer*, Urheber- und Verlagsrecht, 3. Aufl. 1980, S. 128; *Weissthanner*, Urheberrechtliche Probleme neuer Musik, 1973, S. 73; a. A. *Fierdag*, Die Aleatorik in der Kunst und das Urheberrecht, 2004, S. 74.

923 Vgl. zur Kategorie des „partly-computer-generated-content": *McCutcheon*, Melbourne Law Review 2013, S. 915, 929.

924 *Dreier*, in: Leser/Isomura (Hrsg.), FS Kitagawa, 1990, S. 870, 881; zustimmend: *Schulze*, in: Dreier/Schulze (Hrsg.), UrhG, 6. Aufl. 2018, § 2 Rn. 14; *Loewenheim*, in: Schricker/Loewenheim, UrhR, 5. Aufl. 2017, § 2 Rn. 41; *Bullinger*, in: Wandtke/Bullinger (Hrsg.), PK-Urheberrecht, 4. Aufl. 2014, § 2 Rn. 16.

a. Entbehrlichkeit nachträglicher Auswahlentscheidungen

Kann es eine menschliche Auswahlentscheidung als solche sein, die computergenerierten Output einen geistigen Gehalt verleiht? Als Entscheidungsträger kommen im externen Roboterjournalismus der Programmierer des Softwareunternehmens und der Nutzer im jeweiligen Medienunternehmen in Betracht. Nutzer, die nicht an der Programmierung von Journalismus-Bots beteiligt waren, setzen zwar für die (Erst-)Veröffentlichung einen kausalen Beitrag. Ein kausaler Beitrag allein ist aber nicht ausreichend, um das notwendige geistige Band zwischen Schöpfung und Schöpfer zu knüpfen.[925]

> Auch der Eigentümer eines Theaters wäre nicht Miturheber eines Theaterstücks, nur weil er das Stück in seinen Räumen aufführen lässt.

Dritte nehmen den Output lediglich zur Kenntnis. Die bloße Kenntnisnahme des Outputs ist aber Rezeption und keine Schöpfung.[926] Ganz fernliegend ist es anzunehmen, dass Dritte anstelle des Programmierers den geistigen Faden zu einem geistigen Band erstarken lassen. Der Schutzgegenstand des Urheberrechts ist nicht das konkrete Werkstück, sondern das geistige Werk als immaterielle Schöpfung eines Menschen.[927] Das aber besteht allenfalls zwischen kreativen Programmierern, dem Computerprogramm und dem von der Software generierten Output. Allenfalls vom Programmierer könnte eine Auswahlentscheidung von jedem konkreten Output eingefordert werden. Allerdings wäre eine Auswahlentscheidung auch durch konkludentes (schlüssiges) Verhalten möglich. Die Werkschöpfung an sich ist ein Realakt, auf den die Vorschriften über Willenserklärungen nicht anwendbar sind.[928] Im Fall des externen Roboterjournalismus ist es üblich, dass der Kunde als Nutzer über eine Cloud des Softwareunternehmens die Beiträge in Echtzeit auf seiner Plattform verbreitet.[929] Die (Freigabe-)Entscheidungen der Programmierer werden vom jeweliligen Nutzer lediglich umgesetzt. Auch in der vollautomatisierten Eingliederung eines Beitrags in einen bestehenden Internet- oder Zeitungsauftritt ist ein kon-

---

925 Darin ist *Möhring*, UFITA 50 1967, S. 835, 839 zuzustimmen.

926 Vgl. *Fromm*, GRUR 1964, S. 304.

927 *Loewenheim*, in: Schricker/Loewenheim, UrhR, 5. Aufl. 2017, § 2 Rn. 37.

928 Ganz allgemeine Ansicht: *Thum*, in: Wandtke/Bullinger (Hrsg.), PK-Urheberrecht, 4. Aufl. 2014, § 7 Rn. 3; *Schulze*, in: Dreier/Schulze (Hrsg.), UrhG, 6. Aufl. 2018, § 7 Rn. 3; *Loewenheim/Peifer*, in: Schricker/Loewenheim, UrhR, 5. Aufl. 2017, § 7 Rn. 2 u. Rn. 5.

929 Interview des Verfassers mit *Frank Feulner* am 24.9.2015.

kludenter Auswahlakt zu sehen. In diesen Beispielen trifft die auswählende Person aber keine kreative Entscheidung. Diese Ansicht fingiert im Ergebnis, dass der Aneignungsakt ein geistiges Band zwischen dem Output und der auswählenden Person entstehen lässt. Der Auswählende erbringt für den Output aber keine individuelle Leistung, weil im Output die Kreativität des Programmiers bereits enthalten ist. Wer aber ein Geisteswerk nicht schafft, „sondern nur ans Licht bringt, erwirbt daran kein Urheberrecht für sich".[930]

Lediglich die Platzierung und damit die Präsentation des Textes gegenüber einem konkreten Rezipientenkreis könnte kreativer Natur sein.

Einen (in kreativer Hinsicht) passiven Auswahlakt eines Dritten für die Zurechenbarkeit einzufordern, wird daher urheberrechtlichen Wertungen kaum gerecht.

b. Zwischenergebnis

Der Begriff der Wesentlichkeit ist in hohem Maße unbestimmt, wie die bis hierhin geführte Diskussion gezeigt hat.[931] Wenn im Output kein menschlicher Beitrag mehr feststellbar ist, ist die Kreativität der Software unbeachtlich.[932] Der Output hat in diesen Fällen keinen geistigen Gehalt eines Menschen. Er mag einen kreativen, *individuellen* Gehalt haben, aber das ist nicht ausreichend, weil § 2 Abs. 2 UrhG die geistige Schaffenskraft eines Menschen voraussetzt. Fraglich bleibt, wann ein Mensch die wesentlichen Rahmenbedingungen für den Output vorgibt und wann die Zurechenbarkeitsgrenze überschritten ist.[933] Im Folgenden wird die menschliche Nachvollziehbarkeit des Programmablaufs als neues Kriterium vorgeschlagen, anhand dessen festgestellt werden kann, ob ein Mensch noch die wesentlichen Rahmenbedingungen für einen computergenerierten Output vorgibt.

---

930 *v. Gierke*, Deutsches Privatrecht, Bd. 1, 1895, S. 766.

931 Vgl. auch zum amerikanischen Copyright-Law: *Clifford*, Tulane Law Review 1997, S. 1675, 1694.

932 *Dreier*, in: Leser/Isomura (Hrsg.), FS Kitagawa, 1990, S. 870, 882.

933 *Schulze*, in: Dreier/Schulze (Hrsg.), UrhG, 6. Aufl. 2018, § 2 Rn. 14; *Loewenheim*, in: Schricker/Loewenheim, UrhR, 5. Aufl. 2017, § 2 Rn. 41; *Schlatter*, in: Lehmann (Hrsg.), Der urheberrechtliche Schutz von Computerprogrammen, 2. Aufl. 1993, S. 213.

6. Menschliche Nachvollziehbarkeit des Programmablaufs

Als Zurechenbarkeitsgrenze wird im Folgenden die menschliche Nachvollziehbarkeit des Programmablaufs vorgeschlagen.

Wenn ein durchschnittlicher Fachmann ex post objektiv nachvollziehen kann, wie die Computersoftware aus Daten den konkreten Beitrag erzeugen konnte, ist der erforderliche geistige Zurechnungszusammenhang zwischen Beitrag und Mensch gegeben.

a. Perspektive eines Experten

Es ist nicht auf den durchschnittlichen Empfängerhorizont abzustellen, weil die durchschnittlichen Erwartungen der Rezipienten auch im sonstigen Urheberrecht irrelevant sind. Hingegen ist es übliche Praxis, dass Experten zur Ermittlung der Individualität eines Werks[934] herangezogen werden.[935] Dieser Gedanke wird nun auf das Merkmal des geistigen Gehalts übertragen.

b. Kreativität von Journalist und Journalismus-Bot

Bereits in der Programmier- und Einrichtungsphase werden Art und Umfang der Beiträge sowie die Kommunikationsziele vom Programmierer definiert.[936] In dieser Phase entstehen Entscheidungsbäume, die vom Journalismus-Bot lediglich nach den vorgegebenen Variablen noch besetzt werden müssen. Ob der Journalismus-Bot Sinnzusammenhänge zwischen historischen und aktuellen Daten herstellt, wird ebenfalls regelbasiert vorgegeben.[937] Dass Journalismus-Bots auf sprachlicher Ebene mehrere Varianten wählen können, ist unbeachtlich, weil die Vorhersehbarkeit des konkreten Textes kein Merkmal geistiger Schöpfungen ist.[938] Zudem ist die

---

934 BGH, GRUR 2013, S. 614, 615. Hierzu: *Leistner*, GRUR 2016, S. 772, 775 und die EuGH-Vorlage des BGH, GRUR 2017, S. 895.

935 Soweit der Richter nicht aus eigener Sachkunde eine Beurteilung vornehmen kann (vgl. *Nordemann*, in: Fromm/Nordemann, UrhR, 12. Aufl. 2018, § 2 Rn. 244).

936 Zur Diskursplanung bereits unter Kap. 2 V.2. (S. 40 f.).

937 Hierzu bereits unter Kap 2 A.V.2.a. (S. 41 f.).

938 Hierzu bereits unter Kap. 4. D.III.2. (S. 191 f.).

Satzplanungsphase durch das automatisierte Einpflegen der vom Journalisten vorgefertigten Textelemente geprägt.[939]

Wie sich die Beiträge zusammengesetzt haben, bleibt nachvollziehbar, weil die Entscheidungsbäume nicht vom Journalismus-Bot selbst entwickelt werden.[940] Zwar werden neben dieser „flachen Generierungstechnik" auch Methoden der „tiefen Generierung" verwendet, in denen abstrakte Grammatiken entwickelt werden.[941] Das hat jedoch keine konkreten Auswirkungen auf die Nachvollziehbarkeit des Outputs. Zwar wird die konkrete Satzstruktur teilweise autonom vom Journalismus-Bot entwickelt, aber ein mit der Technik vertrauter Programmierer kann nach der Beitragsentstehung noch nachvollziehen, wie sich der Beitrag konkret gebildet hat. Dies ist sogar ein Mehr gegenüber menschlichen Schöpfungen, weil die individuelle Gedankenführung von Menschen ex post nicht absolut nachvollzogen werden kann. Eine Nachvollziehbarkeit hinsichtlich der Programmentscheidungen einzufordern, begründet eine Ungleichbehandlung im Vergleich zu unmittelbar von einem Menschen geschriebenen Texten, dessen Inspirationsquellen, Motivationen und spirituelle Einflüsse für die urheberrechtliche Zurechnung von Werken jedweder Art unbeachtlich sind.[942] Für computergenerierte Werke ist die Interessenlage aber nicht vergleichbar, was auch aus dem verfassungsrechtlichen Trennungsprinzip zwischen softwarevermittelter menschlicher Kommunikation und zwischenmenschlicher Kommunikation abgeleitet werden kann. Insoweit macht es einen Unterschied, ob „Mensch oder Maschine sagt, was ist".

Im Moment bestimmt im Roboterjournalismus (noch) der Programmierer einen hinreichenden Rahmen für die Beiträge, die mit Hilfe von Journalismus-Bots generiert werden.

IV. Überschreitung der Zurechenbarkeitsgrenze am Beispiel neuronaler Netze

Eine Zurechenbarkeitgrenze wird aber zum Beispiel erreicht, wenn und soweit vielschichtige neuronale Netze[943] verwendet werden, sodass die Bei-

939 Hierzu bereits unter Kap. 2 A.1 (S. 37 f.) u. Kap. 2 A.V.2.b. (S. 35 f.).

940 Hierzu bereits unter Kap. 2 A.IV. (S. 33 f.) u. Kap. 2 A.V.2.a. (S. 41 f.).

941 Hierzu bereits unter Kap. 2 A.V.2.b. (S. 42 f.).

942 Vgl. OLG Frankfurt, GRUR 2014, S. 863, 864.

943 Vgl. zur Parallele im Rahmen der Meinungsfreiheit bereits unter Kap. 3 B.VI.3 (S. 139) und zur Diskussion um die Schutzfähigkeit von neuronalen Netzen als

tragszusammensetzung auch ex post nicht mehr nachvollzogen werden kann. In künstlichen neuronalen Netzen wird die Struktur menschlicher Zellen nachgebildet. Das Netz kann aus Hunderten von Knoten und Tausenden von Synapsen bestehen.[944] Der Output aus diesen Netzen ist absolut nicht vorhersehbar, weil bereits die Entscheidungsbäume selbständig generiert werden.[945] Hier kann sich das Computerprogramm eigene Regeln geben.[946] Zwar mögen auch beim Einsatz neuronaler Netze Textlänge und Thema der Beiträge vorbestimmt werden, aber in diesen Fällen ist indiziert, dass nicht mehr ein Mensch die wesentlichen Rahmenbedingungen der Textgenerierung vorgibt. Die Kreativität wird nicht unmittelbar vom Menschen, etwa durch die Vorformulierung von Textelementen ausgeübt, sondern dem Computerprogramm überlassen, dessen kreative Schaffenskraft vom geltenden Recht nicht über § 2 UrhG geschützt ist.[947] Auch eine nachträgliche geistige Zurechnung durch eine Auswahlentscheidung kann diesen Output nicht zu einem geistigen Beitrag eines Menschen machen. Das bloße „Zu-eigen-machen“ von Schöpfungen lässt kein eigenes Urheberrecht entstehen.[948]

Beiträge, die mittels neuronaler Netze entstehen, sodass die Zusammensetzung des Outputs ex post nicht mehr nachvollzogen werden kann, sind als „computer-generated-works“ de lege lata nicht von § 2 UrhG geschützt, womit die Zurechenbarkeitsgrenze klar definiert sind. Damit ein geistiger Gehalt entsteht, müsste der Mensch in diesen Fällen selbst redigierend und gestaltend auf den Text einwirken. In Frage kommt in diesem Fall ledig-

---

Computerprogramm den Beitrag von *Hartmann F./Prinz*, DSRITB 2018, S. 769–791.

944 *Segaran*, Künstliche Intelligenz, 2008, S. 319; vgl. auch *Ertel*, Grundkurs Künstliche Intelligenz, 4. Aufl. 2017, S. 265, u. S. 277, zu einzelnen neuronalen Netzen und insbesondere den Hopfield-Netzen, die in der Praxis aufgrund ihrer Komplexität nur „schwer handhabbar sind“.

945 Hierzu bereits unter Kap. 2 A.IV (S. 33 f.).

946 Vgl. zum amerikanischen Copyright Act am Beispiel von *Thalers* „Creativity Machine“, die mit zwei neuronalen Netzwerken arbeitet: *Clifford*, Tulane Law Review 1997, S. 1675, 1694.

947 In der Künstlichen Intelligenz-Forschung ist es umstritten, ob Computerprogramme kreativ sein können. Wenn mit *Margaret Boden* Kreativität als die Fähigkeit bezeichnet wird, neue wertvolle und interessante Ideen zu entwickeln, dann können auf technischer Ebene auch Computerprogramme kreativ sein (*Boden*, AI-Magazine 2009, S. 23–34 mit weiteren Nachweisen).

948 Hierzu bereits unter Kap. 4 D.III.5.a. (S. 200 f.).

lich ein (mittelbarer) Schutz journalistischer Beiträge über § 87a UrhG als Leistungsschutzrecht.[949]

V. Zwischenergebnis

Ulmers Baumbild ist nach vorliegender Ansicht daher einer Erweiterung zugänglich. Indem der Programmierer bei der Entwicklung von Journalismus-Bots die wesentlichen Rahmenbedingungen für die Beitragsgenerierung geschaffen hat, hat er gleichzeitig einen Samen gepflanzt, aus dem Beiträge aus einem bestimmten Lebensbereich mit einem variablen Wortlaut erwachsen können. Solange ex post die Beitragszusammensetzung noch für einen Experten nachvollzogen werden kann, ist ein geistiger Faden zwischen computer-generiertem Beitrag und Programmierer gegeben. Indiziert wird die Durchbrechung des geistigen Fadens zum Beispiel durch die Verwendung von neuronalen Netzen bei der Programmierung.

Stand heute werden Journalismus-Bots aber mit Entscheidungsbäumen und vorgefertigten Textelemenenten programmiert, weshalb die Rahmenbedingungen hochgradig vom menschlichen Programmierer vorgegeben sind.[950]

VI. Ausblick: Schutzfähigkeit von „computer-generated-content"

Zwar sind Journalismus-Bot-Beiträge heute noch der Kategorie des „partly-computer-generated-content" einzuordnen, aber die Programmiermethoden werden zukünftig auch auf neuronale Netze ausgedehnt werden. Der Gesetzgeber hat dann zu entscheiden, ob computergenerierter Output urheberrechtlich geschützt werden sollte. *Hetmank* und *Lauber-Rönsberg* stehen einer Erweiterung des urheberrechtlichen Schutzes jedenfalls in Kontinentaleuropa skeptisch gegenüber, weil das Urheberrecht persönlichkeitsrechtlich geprägt sei.[951] Nach hiesiger Ansicht bestehen aber zwischen dem allgemeinen Persönlichkeitsrecht und dem zivilrechtlich geprägten Urheberpersönlichkeitsrecht erhebliche Unterschiede.[952] Insbesondere ist

949 Hierzu noch unter Kap. 4 E. (S. 215 f.).
950 Vgl. zur Technik bereits unter Kap. 2 A.V. (S. 36 f.).
951 *Hetmank/Lauber-Rönsberg*, GRUR 2018, S. 574, 581.
952 Hierzu bereits unter Kap. 4 III.3.a. (S. 193 f.).

das zivilrechtliche Urheberpersönlichkeitsrecht ausgestaltungsbedürftig.[953] Die persönlichkeitsrechtliche Prägung des Urheberrechts ist daher vom Grundgesetz nicht zwingend vorgegeben. Zwar hat der Gesetzgeber 1965 die vorkonstitutionelle zivilrechtliche Konzeption des Urheberrechts, wie die monistische Theorie des Urheberrechts übernommen, aber diese hat ihren Ursprung eben nicht in der Verfassung.[954] Auch folgt das Grundgesetz nicht dem Urheberrecht, sondern das Grundgesetz ist als ranghöhere Norm der Ausgangspunkt der gesetzlichen Regelung. [955] Der Gesetzgeber kann entscheiden, ob er den geistigen Gehalt (bestimmter) computergenerierter Beiträge fingiert oder eine neue Kategorie schafft, die ggf. (kürzeren) Schutzfristen unterliegt.[956]

In rechtspolitischer Hinsicht sei in Bezug auf Journalismus-Bots angemerkt, dass den klassischen Programmiermethoden mit Entscheidungsbäumen Grenzen gesetzt sind. Zum einen sind Entscheidungsbäume hochgradig von der Qualität der menschlichen Programmierung abhängig. Dies wirkt zwar urheberschutzbegründend, aber jeder menschliche Fehler, jede Unvollständigkeit kann zu falschen Ergebnissen führen. Mittels neuronaler Netze können menschliche Fehler zwar nicht vollständig ausgeräumt werden, aber die Software agiert eigenständiger, was zumindest die Gefahr menschlicher Fehler reduziert. In dieser Hinsicht sind diese Programme effektiver. Der Effektivitätsvorteil führt dazu, dass aus der Sicht der Programmierer neuronale Netze in Zukunft auch für Journalismus-Bots an Bedeutung gewinnen sollten.[957] Wenn diese Beiträge aber gemeinfrei wären, könnte dies aus wirtschaftlicher Perspektive gegen eine Förderung der Technologie sprechen.[958]

---

953 Hierzu bereits unter Kap. 4 III.3.b. (S. 195 f.).

954 Vgl. *Dahm*, Der Schutz des Urhebers durch die Kunstfreiheit, 2012, S. 35 und zur möglichen Implementierung des Urheberrechtsgedankens im Grundgesetz: *Tretter*, in: Dittrich (Hrsg.), Die Notwendigkeit des Urheberrechts, 1991, S. 102, 108 f.

955 *Tretter*, in: Dittrich (Hrsg.), Die Notwendigkeit des Urheberrechts, 1991, S. 102, 108 f. u. S. 123; vermittelnd: *Dahm*, Der Schutz des Urhebers durch die Kunstfreiheit, 2012, S. 36 f. Zum Vorrang der Verfassung allgemein: *Stern*, StaatsR, Bd. 1, 2. Aufl. 1984, § 4 I, 3, 4.

956 Zur Flexibilisierung des Urheberrechts allgemein: *Hansen*, Warum Urheberrecht?, 2009, S. 368 f.

957 Vgl. Interview des Verfassers mit *Frank Feulner* am 24.9.2015.

958 Vgl. *Hetmank/Lauber-Rönsberg*, GRUR 2018, S. 574, 580.

Für den Bereich der journalistischen Gebrauchstexte könnte auch das Leistungsschutzrecht für Presseverleger einen ausreichenden Schutz bieten.[959]

VII. Gestaltungshöhe für journalistische Gebrauchstexte

Das Urheberrecht berechtigt traditionell Schriftsteller, Komponisten und Künstler, die mit ihren Beiträgen das kulturelle Leben bereichern.[960] Gemäß § 2 Abs. 2 UrhG sind nur persönliche Schöpfungen Werke i. S. d. Urheberrechtsgesetzes. Welche Mindestschöpfungshöhe erforderlich ist, regelt weder das deutsche noch das europäische Urheberrecht ausdrücklich. Dass literarische Werke sich auf das Prinzip der kleinen Münze berufen können, nach dem ein Minimum an Gestaltungshöhe ausreicht, ist unstreitig.[961] Die Beiträge der Journalismus-Bots werden allerdings nicht in diese Kategorie eingeordnet. Vielmehr handelt es sich dabei um klassische (journalistische) Gebrauchstexte, wie etwa die Spielberichte für Fußballspiele oder auch die Finanzberichte veranschaulichen. Der Sinn und Zweck von Journalismus-Bots ist gerade (auch) die Entlastung der Journalisten von sich wiederholenden Alltagsaufgaben. Ob solche Alltagsarbeiten eine überdurchschnittliche Gestaltungs- oder Schöpfungshöhe erreichen müssen, ist umstritten.[962] Überwiegend wird angenommen, dass die Anforderungen an die Schöpfungshöhe im europarechtlich determinierten Bereich, also im Hinblick auf Computerprogramme, Datenbankwerke und Fotografien geringer geworden sind, was aufgrund des Anwendungsvorrangs des europäischen Rechts zwingend zu beachten sei.[963] Misslich ist allerdings, dass für Schriftwerke kein europäisches Sekundärrecht existiert.[964] Wenn sich daher vereinzelt für eine „weite richtlinienkonforme

---

959 Hierzu noch unter Kap. 4 E. (S. 215 f.).

960 *Ohly*, in: Depenheuer/Peifer (Hrsg.), Geistiges Eigentum, 2008, S. 141, 150.

961 *Loewenheim*, in: Schricker/Loewenheim, UrhR, 5. Aufl. 2017, § 2 Rn. 59 u. Rn. 61.

962 Vgl. zur Entwicklung der Rechtssprechung vgl. die Urteile BGH, GRUR 1999, S. 923, 924 f. und BGH MMR 2014, S. 333.

963 *Roder*, Die Methodik des EuGH im Urheberrecht, 2016, S. 368; *Loewenheim*, in: Schricker/Loewenheim, UrhR, 5. Aufl. 2017, § 2 Rn. 60; a. A. *Peifer*, AfP 2015, S. 6, 7. Ob dies auf die anderen Werkformen durchschlägt, ist sehr umstritten. Übersicht des Streits bei *Ahlberg*, in: Ahlberg/Götting (Hrsg.), BeckOK-Urheberrecht, Stand 20.4.2018, § 2 Rn. 159.

964 *Schulze*, GRUR 2009, S. 1019, 1020; vgl. auch BGH GRUR 2014, S. 175, 177.

Auslegung" zugunsten eines generellen niedrigen Maßes an Gestaltungshöhe ausgesprochen wird, ist dies methodisch zumindest unsauber, weil es eben keine Richtlinie für Schriftwerke gibt.[965]

An anderer Stelle werden Anhaltspunkte für einheitliche geringe Anforderungen an die Schöpfungshöhe aus der „Infopaq-Entscheidung" des Europäischen Gerichtshofs hergeleitet.[966] Darin hat der Europäische Gerichtshof aus einer Gesamtschau der urheberrechtlichen Sekundärakte mittels eines Induktionsschlusses Kriterien für einen Werkbegriff für Schriftwerke hergeleitet.[967] In Teilen der Literatur mehrten sich die Stimmen, dass nunmehr ein einheitlicher europäischer Werkbegriff existiert, der das Prinzip der kleinen Münze auf alle Formen urheberrechtlichen Schaffens erstreckt.[968] Die instanzrechtliche Rechtsprechung hat sich dem aber nicht angeschlossen.[969] Weil diese Frage für die Urheberrechtsfähigkeit journalistischer Gebrauchstexte erheblich ist, wird sie nunmehr diskutiert. Im Ausgangspunkt werden die Kriterien des Europäischen Gerichtshofs vorgestellt (1.). Sodann wird die Rechtsfortbildung des Europäischen Gerichtshofs auf ihre methodische Schlüssigkeit untersucht sowie kritisch gewürdigt (2. u. 3.). Letztlich sind die praktischen Rechtsfolgen hieraus (bislang) überschaubar geblieben, weil die Auslegung der vom Europäischen Gerichtshof vorgegebenen Kriterien den nationalen Gerichten vorbehalten bleibt (4.).

1. Kriterien des Europäischen Gerichtshofs

Den Anlass des Rechtsstreits der „Infopaq-Entscheidung" bildete die Vorlageentscheidung eines dänischen Gerichts, das die Schutzfähigkeit eines aus insgesamt elf Wörtern bestehenden Textauszugs aus einer dänischen Zeitung zu beurteilen hatte:

---

965 So aber *Kriesel*, Einheitlicher europäischer Werkbegriff, 2014, S. 119.

966 *Loewenheim*, in: Schricker/Loewenhein, UrhR, 5. Aufl. 2017, § 2 Rn. 60.

967 Vgl. hierzu: *Leistner*, ZGE/IPJ 2013, S. 4, 6 f.; *Roder*, Die Methodik des EuGH im Urheberrecht, 2016, S. 145 u. S. 370; *Metzger*, ZEuP 2017, S. 836, 852.

968 *Kriesel*, Einheitlicher europäischer Werkbegriff, 2014, S. 165; *Leistner*, in: Schricker/Loewenheim, UrhR, 5. Aufl. 2017, § 2 Rn. 8.

969 OLG Düsseldorf, ZUM-RD 2015, S. 95, 97 f.; zurückhaltend auch BGH, GRUR 2014, S. 175, 179. Für eine Aufgabe des Kriteriums einer besonderen Gestaltungshöhe hingegen *Bisges*, ZUM 2015, S. 357, 360 f.

> „4. November 2005 – Dagbladet Arbejderen Seite 3: TDC: 73 %, der anstehende Verkauf des Telekommunikationskonzerns TDC, mit dessen Übernahme gerechnet wird".[970]

Dass dieser Textauszug urheberrechtlichen Schutz nach dem nationalen dänischen Recht genießt, war zwischen den Parteien unstreitig.[971] Aus der Sicht des deutschen Urheberrechts erscheint dies kaum haltbar.[972]

Die notwendige Originalität würde sich bei journalistischen Beiträgen regelmäßig aus der Art und Weise, in der das Thema dargestellt wird, sowie aus dem sprachlichen Ausdruck ergeben.[973] Erforderlich sei, so der EuGH in einer Folgeentscheidung, dass ein Raum für freie kreative Entscheidungen besteht.[974] Im Nachgang uneinheitlich beurteilt wurde, ob der Europäische Gerichtshof den fraglichen Textausschnitt unter die Kriterien auch subsumiert hat.[975] Diesbezüglich hat der Europäische Gerichtshof klar formuliert, dass das vorlegende nationale Gericht zu prüfen hat, ob Textausschnitte eine eigene geistige Schöpfung des Urhebers zum Ausdruck bringen.[976] Da Programmierer vor der Aktivierung des Programms Textbausteine definieren, besteht in dieser Phase ein kreativer Spielraum.[977] Dieser Spielraum ist mit der Porträtfotografie vergleichbar, weil auch Fotografen ihre kreativen Entscheidungen in der Vorbereitungsphase treffen, d. h. vor der Werkentstehung.[978] Dies gilt im Einzelfall für Fußballberichte, aber auch für Finanz- und Wetterberichte.

2. Methodischer Ansatz des Europäischen Gerichtshofs

Roder hat die Methodik des Europäischen Gerichtshofs im Urheberrecht ausführlich untersucht.[979] Richtlinien für bestimmte Schutzgegenstände,

---

970 EuGH, EuZW 2009, S. 655.
971 EuGH, EuZW 2009, S. 655, 657.
972 Zur Kritik: *Metzger*, ZEuP 2017, S. 836, 850.
973 EuGH, EuZW 2009, S. 655, 657.
974 EuGH, GRUR 2012, S. 166, 168.
975 Dafür: *Metzger*, GRUR 2012, S. 118, 119. Dagegen: *Berger, C.*, ZUM 2012, S. 353, 354.
976 EuGH, EuZW 2009, S. 655, 657, Rn. 48; *Berger, C.*, ZUM 2012, S. 353, 354.
977 Vgl. hierzu und zu weiteren Entscheidungen des Programmierers, die den Output von Journalismus-Bots bestimmen: Kap. 2. A.V. (S. 36 f.).
978 Vgl. EuGH, GRUR 2012, S. 166, 168.
979 Hierzu ausführlich: *Roder*, Die Methodik des EuGH im Urheberrecht, 2016, S. 314 f. u. S. 352.

wie für Computerprogramme[980] und Datenbanken[981], verdrängen als vertikale lex specialis Vorschriften nationale Regelungen, aber auch insbesondere die allgemeine Informations-Richtlinie.[982] Dort, wo keine ausdrücklichen Sekundärregelungen zu finden sind, könne allerdings der EuGH rechtsfortbildend tätig werden. Neben einem Anknüpfungspunkt in der auszulegenden Richtlinie, im Fall der Entscheidungen des Europäischen Gerichtshofs, der Informationsrichtlinie, sei ein externer systematischer Vergleich mit anderen wesensverwandten Richtlinien und völkerrechtlichen Abkommen möglich.[983] Zu erörtern sei darüber hinaus der Wille des historischen Gesetzgebers, wobei im Konfliktfall der objektive Wille des Gesetzes dem subjektiven Willen des Gesetzgebers vorgeht.[984]

3. Kritik

Zwar schließt der Gewaltenteilungsgrundsatz eine richterliche Rechtsfortbildung nicht absolut aus,[985] aber im Verhältnis des nationalen zum europäischen Rechts ist zu beachten, dass der Gewaltenteilungsgrundsatz des europäischen Rechts mit dem Prinzip des institutionellen Gleichgewichts eine unionspezifische Ausformung erfahren hat.[986] Das Kooperationsverhältnis der Organe der Europäischen Union impliziert, dass das europäische Recht einer Rechtsfortbildung durch Gerichte offener gegenübersteht als das deutsche Recht.[987] Das horizontale Verhältnis zwischen den Unionsorganen ist daher weniger problematisch als das vertikale Ver-

---

980 Richtlinie 2009/24/EG des Europäischen Parlaments und des Rates über den Rechtsschutz von Computerprogrammen v. 23.4.2009, ABl. L 111/16 v. 5.5.2009, S. 16.

981 Richtlinie 96/9/EG des Europäischen Parlaments und des Rates über den rechtlichen Schutz von Datenbanken v. 11.3.1996, ABl. Nr. L 077 v. 27.3.1996, S. 20.

982 Richtlinie 2001/29/EG des Europäischen Parlaments und des Rates zur Harmonisierung bestimmter Aspekte des Urheberrechts und der verwandten Schutzrechte in der Informationsgesellschaft v. 22.5.2001, ABl. Nr. L 167 v. 22.6.2001, S. 10; *Roder*, Die Methodik des EuGH im Urheberrecht, 2016, S. 134 u. S. 138; BGH, GRUR 2014, S. 175, 177.

983 *Roder*, Die Methodik des EuGH im Urheberrecht, 2016, S. 352.

984 *Roder*, Die Methodik des EuGH im Urheberrecht, 2016, S. 354 u. S. 356.

985 *Zippelius*, Juristische Methodenlehre, 2012, S. 68; *Roder*, Die Methodik des EuGH im Urheberrecht, 2016, S. 314.

986 *Dederer*, in: Hofmann/Naumann (Hrsg.), Europäische Demokratie, 2010, S. 89, 100.

987 *Roder*, Die Methodik des EuGH im Urheberrecht, 2016, S. 330.

hältnis zwischen dem Europäischen Gerichtshof und der nationalen Ebene. Eine Grenze sowohl für den Erlass von Normen als auch für die Rechtsfortbildung bildet das Prinzip der begrenzten Einzelermächtigung nach Art. 5 Abs. 1 S. 1, Abs. 2 S. 1 EUV.[988]

Gemessen an diesen Grenzen ist eine Rechtsfortbildung in einer kulturell geprägten Kernfrage, ob etwas als urheberrechtliches Werk geschützt wird, wenn überhaupt nur in engen Grenzen möglich. Zwar hätten die Mitgliedsstaaten auf Grundlage von Art. 118 AEUV einen konkreten Werkbegriff in der Informationsrichtlinie normieren können, weshalb auch der Europäische Gerichtshof nicht gegen das Prinzip der begrenzten Einzelermächtigung in einer qualifizierten Weise verstoßen hat.[989] Allerdings ist fraglich, ob der Europäische Gerichtshof den Grundsatz der Erforderlichkeit des Art. 5 Abs. 4 EUV hinreichend beachtet hat. Insbesondere in Kombination mit der Kulturklausel des Art. 167 Abs. 4 AEUV, nach welcher die Union bei ihrer Tätigkeit „den kulturellen Aspekten, insbesondere zur Wahrung und Förderung der Vielfalt ihrer Kulturen, Rechnung trägt“, ergibt sich ein besonderes Spannungsverhältnis. Die Frage der urheberrechtlichen Schutzuntergrenze ist eine kulturelle Frage, was der EuGH aber nicht thematisiert hat. Zwar kann in der EuGH-Entscheidung, durchaus ein induktiver Schluss von den besonderen Schutzgegenständen der Spezialrichtlinien auf einen allgemeinen Werkbegriff gezogen werden.[990] Allerdings funktioniert dieses Argument auch umgekehrt: Der „Puzzle-Ansatz“[991] des europäischen Gesetzgebers mit einer Vielzahl vertikal wirkender Richtlinien veranschaulicht, dass eine Lücke, die mittels des Induktionsschlusses geschlossen werden soll, gar nicht besteht. In der Informationsrichtlinie findet sich (bewusst) keine Definition des urheberrechtlichen Werks. Auch die Überschrift der Informationsrichtlinie, nachdem (lediglich) „bestimmte Aspekte“ des Urheberrechts geregelt werden sollen, spricht hierfür.

---

988 BVerfG, EuZW 2010, S. 828 Rn. 65; *Roder*, Die Methodik des EuGH im Urheberrecht, 2016, S. 334.

989 Ultra-Vires-Akte setzen einen qualifizierten Verstoß voraus, womit auf das supranationale Integrationsprinzip Rücksicht genommen wird, vgl. BVerfG, EuZW 2010, S. 828, 831.

990 *Roder*, Die Methodik des EuGH im Urheberrecht, 2016, S. 145; *Metzger*, ZEuP 2017, S. 836, 850.

991 *Metzger*, ZEuP 2017, S. 836, 850.

Als Zwischenfazit ist zu konstatieren, dass die „Infopaq-Entscheidung" des Europäischen Gerichtshofs nicht zwingend als entscheidender Schritt zur Etablierung eines europäischen Werkbegriffs anzusehen ist.[992]

4. (Kein) harmonisierter Werkbegriff bei journalistischen Gebrauchstexten

Dennoch hat sich die Auslegung des Werkbegriffs durch die nationalen Gerichte an den vom EuGH benannten Kriterien zu orientieren. Es ist daher stets zu prüfen, ob eine „eigene geistige originelle Schöpfung" vorliegt. Die Konkretisierung der Gestaltungshöhe bleibt aber den nationalen Gerichten überlassen.[993] Insofern ist *Roder* dahingehend zuzustimmen, dass der Europäische Gerichtshof lediglich eine „partielle Harmonisierung des Werkbegriffs" etabliert hat.[994] Dass die deutsche Rechtsprechung das Prinzip der kleinen Münze nicht für journalistische Gebrauchstexte übernommen hat, kann kritisiert werden, aber es steht mit europäischen Vorgaben in Einklang. Die europäische Rechtsentwicklung kann nicht als „das entscheidende Argument für eine einheitliche Schutzuntergrenze" herhalten.[995] Letztlich kann nur ein vollharmonisiertes Urheberrecht hier Rechtssicherheit schaffen, was aber eine rechtspolitische Entscheidung ist.

5. Anforderungen an die Gestaltungshöhe von journalistischen Gebrauchstexten

Die Anforderungen an die Gestaltungshöhe stammen für journalistische Gebrauchstexte aus dem nationalen Recht.[996] Ein originelles Werk setzt eine schöpferische Eigentümlichkeit voraus. Hierfür ist erforderlich, dass

---

992 So aber: *Kriesel*, Einheitlicher europäischer Werkbegriff, 2014, S. 165.

993 *Rode*, Die Methodik des EuGH im Urheberrecht, 2016, S. 421; *Dietrich/Szalai*, DZWIR 2014, S. 158, 165 f.; a. A. *Kriesel*, Einheitlicher europäischer Werkbegriff, 2014, S. 165.

994 *Roder*, Die Methodik des EuGH im Urheberrecht, 2016, S. 340 (dort: Fn. 2561). Vgl. einschränkend: *Leistner*, in: Schricker/Loewenheim, UrhR, 5. Aufl. 2017, § 2 Rn. 10.

995 So aber: *Loewenheim*, in: Schricker/Loewenheim, UrhR, 5. Aufl. 2017, § 2 Rn. 60; wie hier: *Rode*, Die Methodik des EuGH im Urheberrecht, 2016, S. 422.

996 Vgl. BGH, GRUR 2014, S. 175, 179, OLG Düsseldorf, ZUM-RD 2015, S. 95; a. A.: *Kriesel*, Einheitlicher europäischer Werbegriff, 2014, S. 133.

überhaupt ein Gestaltungsspielraum besteht, was man für anwaltliche Schriftsätze eher verneinen kann als für journalistische Gebrauchstexte. Während das Gesetz und die juristische Arbeitstechnik einen anwaltlichen Schriftsatz ganz maßgeblich inhaltlich und strukturell prägen, steht Journalisten die ganze Vielfalt der Sprache zur Verfügung. Sie können sogar Begriffe erfinden. Die sprachliche Vielfalt wird im Roboterjournalismus maßgeblich durch kreativ vorformulierte Textbausteine geprägt.[997] Die Tendenzautonomie setzt den grundgesetzlichen Rahmen für kreative journalistische Texte, sodass ein individueller Sprachstil[998] entwickelt werden kann. Aber auch die strukturelle Anordnung eines Textes,[999] die in der Satzplanungsphase erfolgt, ist individuellen Lösungen durchaus zugänglich. Dass der Gesetzgeber ebenso von der prinzipiellen Schutzfähigkeit von journalistischen Texten ausgeht, zeigt die Schranke des § 49 UrhG, die unnötig wäre, wenn journalistische Beiträge grundsätzlich nicht schutzfähig wären.[1000] Nicht die erforderliche Gestaltungshöhe erreichen lediglich kurze Meldungen, die sich auf Tatsachen beschränken.[1001] Ein Beispiel bildet der Text aus der Infopaq-Entscheidung des EuGH:

> „4. November 2005 – Dagbladet Arbejderen Seite 3: TDC: 73 %, der anstehende Verkauf des Telekommunikationskonzerns TDC, mit dessen Übernahme gerechnet wird".[1002]

Zum einen werden nur wenige Fakten wiedergegeben. Eine kreative Struktur kann diesem einzelnen Satz auch nicht zugesprochen werden. Es ist eine klassische kurze Informationsmeldung, die keine individualschöpferische Leistung darstellt.

Für die Berichterstattungsbereiche, in denen Journalismus-Bots eingesetzt werden, bedeutet dies, dass Fußballberichte eher die notwendige Gestaltungshöhe erreichen als Finanzberichte oder als Meldungen über die Feinstaubbelastung an bestimmten Orten. Finanzberichte sind meist kurze auf das Tatsächliche beschränkte Meldungen.[1003] Die Rezipienten erwar-

---

997 Vgl. hierzu bereits unter Kap. 2 A.V. (S. 36 f.).

998 Vgl. zum Sprachstil eines Werbetextes: OLG Düsseldorf, ZUM-RD 2015, S. 95, 98.

999 Vgl. etwa zur kreativen Struktur einer Bedienungsanleitung: OLG Frankfurt, ZUM 2015, 813, 814.

1000 BGH, ZUM-RD 1997, S. 329, 332.

1001 *Loewenheim*, Urheberrechtliche Grenzen der Verwendung geschützter Dokumente in Datenbanken, 1994, S. 23; *Rehbinder*, ZUM 2000, S. 1, 5.

1002 EuGH, EuZW 2009, S. 655.

1003 *Rehbinder*, ZUM 2000, S. 1, 5.

ten, dass bestimmte Zahlen genannt werden, wobei insbesondere tendenziöse Wertungen vermieden werden. Im Einzelfall kann aber auch hier die erforderliche Schöpfungshöhe vorliegen, wie etwa einzelne Beiträge der Sendung „Börse vor acht“ der ARD, in denen eine politische Einordnung der Wirtschaftsdaten erfolgt.[1004]

VIII. Rechtsinhaberschaft

Nach allgemeinen urheberrechtlichen Grundsätzen ist nicht nur zwischen den Entstehungsvoraussetzungen für die jeweiligen Schutzrechte zu unterscheiden, sondern auch die Urheberschaft an dem jeweiligen Schutzrecht kann unterschiedlich ausgestaltet sein.[1005] Nur, wenn alle notwendigen Beiträge in einer Hand vereinigt sind, ist der Programmierer gemäß § 7 UrhG auch alleiniger Schöpfer der vollautomatisiert generierten Werke. Dies ist beim internen Roboterjournalismus regelmäßig gegeben. Beim externen Roboterjournalismus, bei dem Medienunternehmen mit Softwareunternehmen kooperieren, kann im Einzelfall auch auf die Grundsätze der Miturheberschaft zurückgegriffen werden. Hierfür müsste ein schöpferischer Beitrag von Nutzer und Programmierer vorliegen, die gemeinsam erbracht werden. Zudem müsste eine jeweilige gesonderte Verwertung der Einzelbeiträge unmöglich sein. Eine Miturheberschaft setzt daher eine relativ enge Zusammenarbeit voraus. Wenn der Text eines Journalismus-Bots ein Werk i. S. d. § 2 UrhG ist, entsteht durch eine eigenschöpferische Anpassung des Werks durch den Nutzer in der Regel aber keine Miturheberschaft. Vielmehr handelt es sich entweder um eine vom Originalwerk abhängige Nachschöpfung (§ 23 UrhG) oder, wenn das Originalwerk nicht mehr erkennbar ist, um eine freie Benutzung (§ 24 UrhG).[1006] Die bloße Nutzung eines Journalismus-Bots begründet jedenfalls noch kein eigenes Urheberrecht, wenn lediglich das Programm nach vom Programmierer vorgegebenen Strukturentscheidungen genutzt wird. Beim externen Robo-

---

1004 Vgl. *Rehbinder*, ZUM 2000, S. 1, 5.

1005 Vgl. zum Verhältnis des Rechts des Datenbankherstellers und dem Urheberrecht an einem Datenbankwerk: *Vogel*, in: Schricker/Loewenheim, UrhR, 5. Aufl. 2017, Vor §§ 87a ff. Rn. 42. Zum Verhältnis des Urheberrechts an einem journalistischen Beitrag und dem Leistungsschutzrecht der Presseverleger: *Stieper*, in: Schricker/Loewenheim, UrhR, 5. Aufl. 2017, Vor §§ 87 ff. Rn. 15.

1006 Vgl. *Loewenheim/Peifer*, in: Schricker/Loewenheim, UrhR, 5. Aufl. 2017, § 8 Rn. 2.

terjournalismus ist daher der Programmierer des Softwareunternehmens Urheber des Journalismus-Bot-Beitrags.

IX. Zwischenergebnis

Die Beiträge, die vollautomatisiert mittels Journalismus-Bots generiert werden, sind im Einzelfall urheberrechtlichem Schutz als „partly-computer-generated-work" zugänglich. Der notwendige geistige Gehalt ist bislang noch gegeben. Wenn der Beitrag die notwendige individuelle Gestaltungshöhe erreicht, was sich nicht abstrakt beurteilen lässt, ist ein urheberrechtlicher Schutz möglich.

Rechtsinhaber an den „partly-computer-generated Beiträgen" sind die Programmierer von Journalismus-Bots. Die Nutzer des Computerprogramms müssten für eine Rechtsinhaberschaft einen eigenen Gestaltungsspielraum haben, der sich auf die Beitragszusammensetzung auswirkt und nicht ausschließlich von den Programmierern vorgegeben wurde. In engen Kooperationsverhältnissen ist es denkbar, dass eine Miturheberschaft an den Beiträgen entsteht.

E. Leistungsschutzrechtlicher Schutz des Outputs von Journalismus-Bots

Beiträge, deren Zusammensetzung sich einer ex post-Erklärbarkeit durch einen Menschen entziehen[1007] oder keine individuelle Gestaltungshöhe erreichen, können mittelbar vom Leistungsschutzrecht für Presseverleger geschützt sein.

> Die rechtspolitischen Diskussionen sowie die rechtsdogmatischen Probleme des Leistungsschutzrechts für Presseverleger zu untersuchen, würde nicht Rahmen und Ziel der vorliegenden Untersuchung entsprechen.[1008]

Um diese Möglichkeit zu prüfen, wird im Folgenden der Schutzumfang des Leistungsschutzrechts für Presseverleger vorgestellt (I.), bevor das

---

1007 Hierzu bereits unter Kap. 4 D.IV. (S. 203 f.).

1008 Aus der vielstimmigen Diskussion: *Koroch*, Eine Leistungsschutzrecht für Presseverleger, 2016; *Spindler*, WRP 2013, S. 967–976; *Alexander*, GRUR 2013, S. 1122–1130. Zu technischen Aspekten vgl. die Ausführungen von *Höppner*, K&R 2013, S. 73–82.

Schutzobjekt, das Presseerzeugnis, definiert wird (II.). Sodann wird hinterfragt, wem das Leistungsschutzrecht in arbeitsteiligen Organisationsformen zusteht (III.).

I. Schutzumfang

Nach zutreffender Ansicht ergibt sich der Schutz des Leistungsschutzrechts für Presseverleger nicht isoliert aus § 87f S. 1 UrhG, sondern erst in Kombination mit § 87g Abs. 4 S. 1 UrhG.[1009]

Zwar mag die Überschrift des § 87g UrhG („Übertragbarkeit, Dauer und Schranken") etwas anderes implizieren, aber sowohl aus dem Telos von § 87g Abs. 4 S. 1 Hs. 2 UrhG als auch aus dem dogmatischen Sinn und Zweck von Schrankenbestimmungen folgt, dass die Norm den Schutzumfang prägt.[1010]

Gemäß § 87f Abs. 1 S. 1 i. V. m. § 87g Abs. 4 S. 1 UrhG hat der Hersteller eines Presseerzeugnisses das ausschließliche Recht, das Presseerzeugnis oder Teile davon zu gewerblichen Zwecken gegenüber Anbietern von Suchmaschinen oder gewerblichen Anbietern von Diensten, die Inhalte entsprechend aufbereiten, öffentlich zugänglich zu machen, es sei denn, es handelt sich um einzelne Wörter oder kleinste Textausschnitte.[1011]

II. Schutzobjekt: Presseerzeugnis

Fraglich ist, unter welchen Voraussetzungen Journalismus-Bot-Beiträge Presseerzeugnisse i. S. d. § 87f Abs. 2 UrhG sind. Gemäß § 87f Abs. 2 S. 1 UrhG kennzeichnet die Leistung eines Presseverlegers eine redaktionell-technische Festlegung journalistischer Beiträge im Rahmen einer unter einem Titel auf beliebigen Trägern periodisch veröffentlichten Sammlung, die bei Würdigung der Gesamtumstände als überwiegend verlagstypisch anzusehen ist. Dass einmalige Veröffentlichungen von Einzelbeiträgen nicht honoriert werden, ergibt sich aus den Kriterien der Sammlung und

---

1009 *Koroch*, Das Leistungsschutzrecht für Presseverleger, 2016, S. 151; *Stieber*, in: Schricker/Loewenheim, UrhR, 5. Aufl. 2017, § 87g Rn. 11; vgl. insoweit das Fehlurteil des LG Berlin, K&R 2015, S. 430, 431 mit Anm. *Holtz*.

1010 Vgl. *Koroch*, Das Leistungsschutzrecht für Presseverleger, 2016, S. 151.

1011 § 87f Abs. 1 S. 1 Hs. 3 UrhG ist Ausdruck des Freihaltebedürfnisses der Allgemeinheit an einzelnen syntaktischen Informationseinheiten (*Koroch*, Das Leistungsschutzrecht für Presseverleger, 2016, S. 126).

der Periodizität, die hier nicht näher untersucht werden. Uneinheitlich beurteilt wird, mit welcher Intensität und in welcher Art und Weise Presseverleger Informationen erarbeiten müssen, um vom Leistungsschutzrecht für Presseverleger zu profitieren (1.). Hingegen ist die Automatisierung des journalistischen Arbeitsprozesses für sich unproblematisch, weil das Schutzrecht technologieneutral auszulegen ist (2.). Letztlich folgt aus einer Gesamtabwägung der Umstände, dass Roboterjournalismus auch verlagstypisch durchgeführt wird (3.).

1. Journalistischer Beitrag

Wie der Begriff des journalistischen Beitrags auszulegen ist, wird nicht einheitlich beurteilt. Abwegig ist es, angelehnt an die Definition des Berufsbildes von Journalisten, die hauptberufliche Tätigkeit als Kriterium heranzuziehen.[1012] Weder ist der Beruf Journalist eine geschützte Berufsbezeichnung noch würde das Kriterium vor Art. 5 Abs. 1 S. 2 GG Bestand haben können, weil die Medienfreiheit funktional auszulegen ist. Diese zu enge Auffassung wird zu Recht nicht vertreten.[1013] Wenn aber von Art. 5 Abs. 1 S. 2 GG nur berichterstattende Tätigkeiten geschützt werden, könnte auf die journalistische Arbeitstechnik abgestellt werden (a.). Nach vorliegender Auffassung muss ein journalistischer Beitrag für Rezipienten lediglich einen informativen Mindestgehalt haben (b.).

a. Journalistische Arbeitstechnik

Ein journalistischer Beitrag durchläuft mehrere Arbeitsphasen. Journalisten recherchieren Informationen, verfassen und redigieren Texte und veröffentlichen Nachrichten. Die unterschiedlichen Arbeitsphasen stehen mittelbar für einen Qualitätsanspruch, sodass die veröffentlichten Informationen eine gewisse Güte haben (sollten).[1014] Dementsprechend könnte argumentiert werden, dass journalistische Beiträge nur das Ergebnis einer be-

1012 DJV, Berufsbild Journalist, S. 3, abrufbar unter: https://www.djv.de/fileadmin/user_upload/Der_DJV/DJV_Infobrosch%C3%BCren/DJV_Wissen_4_Berufsbild_Journalist_Stand_2015_Torstr.pdf (Abruf v. 28.11.2018).

1013 Zutreffend: *Koroch*, Das Leistungsschutzrecht für Presseverleger, 2016, S. 92.

1014 Vgl. *Czychowski/Schaefer*, in: Fromm/Nordemann, UrhR, 12. Aufl. 2018, § 87f Rn. 25.

stimmten Arbeitstechnik sein können.[1015] Diese Auslegung widerspricht weder dem Schutzgegenstand noch dem Sinn und Zweck des Presseverlegerleistungsschutzrechts. Insbesondere sollen auch solche Investitionen geschützt werden, durch die die organisatorischen Voraussetzungen geschaffen werden, journalistische Beiträge zu produzieren. Da aber der Wortlaut von § 87f Abs. 2 S. 2 UrhG lediglich beispielhaft Beiträge der Informationsvermittlung, Meinungsbildung oder Unterhaltung nennt, kommt es auf Art, Inhalt oder Qualität der Beiträge nicht an.[1016] Diese auch durch Art. 5 Abs. 1 S. 2 GG geprägte Wertung könnte unterlaufen werden, wenn auf die journalistische Arbeitstechnik abgestellt werden würde, weil – wie dargelegt – eben jene Arbeitstechnik mittelbar zu einer besonderen Qualität journalistischer Informationsaufbereitung führt. Hingegen kommt es für die Verlagstypik auf die äußeren Gesamtumstände an, sodass die Gefahr einer inhaltlichen Wertungsentscheidung geringer ist.[1017] Dies spricht dafür, die journalistische Arbeitstechnik als Kriterium für die Prüfung der Verlagstypizität heranzuziehen.

b. Mindestmaß von Informationsaufbereitung und -darstellung

Der Wortlaut „Beitrag“ impliziert, dass nicht lediglich Investitionen in die Veröffentlichung von Rohdatenhaufen geschützt werden sollen. Dass nicht jede Form der Daten- und Informationsverbreitung ein besonderer Leistungsschutz nach Maßgabe des Urheberrechtsgesetzes zusteht, zeigt sich auch im Bereich des Datenbankherstellerrechts. Das Recht des Datenbankherstellers knüpft an Investitionen in den Aufbau von Datenbanken an, wobei Investitionen in die Datenerzeugung nicht schutzwürdig sind, weil noch wesentliche Zwischenschritte bis zu einem fertigen Informationssystem zu gehen sind.[1018] Dieser Rechtsgedanke gilt sinngemäß auch für das Recht des Presseverlegers.

Spindler hingegen ist der Ansicht, dass der Begriff „Information“ in § 87f Abs. 2 S. 2 Hs. 2 Var. 1 UrhG „fast allumfassend“ ist.[1019] Nach vorliegender Ansicht ist das besondere Charakteristikum eines journalistischen Beitrags,

---

1015 Vgl. *Czychowski/Schaefer*, in: Fromm/Nordemann, UrhR, 12. Aufl. 2018. § 87f Rn. 21.

1016 Dies ergibt sich auch aus Art. 5 Abs. 1 S. 2 GG (vgl. BVerfGE 34, S. 269, 283 = GRUR 1974, S. 44, 48; *Alexander*, WRP 2013, S. 1122, 1125).

1017 Hierzu noch unter Kap. 4 E.II.3. (S. 222 f.).

1018 Hierzu bereits unter Kap. 4 C.III.3. (S. 172 f.).

1019 *Spindler*, WRP 2013, S. 967, 968.

dass Rohdaten sprachlich und inhaltlich aufbereitet und für den durchschnittlichen Rezipienten eines Presseerzeugnisses rezipierbar dargestellt werden. Weder Inhalt noch journalistische Qualität sind relevant.[1020] Auch *Koroch* verlangt lediglich ein Mindestmaß an geistigem und inhaltlichem Gehalt von Beiträgen,[1021] ohne jedoch Kriterien zu nennen, wie dieser Gehalt ermittelt werden soll. Insofern liegt es auf der Hand, dass über den informativen Mindestgehalt eines Beitrags ebenso gestritten werden wird, wie um den Mindestgehalt von Datenbankinformationen[1022] und die urheberrechtliche Schöpfungs- und Gestaltungshöhe[1023]. Wie im Bereich des Datenbankherstellerrechts, ist auch im Bereich des Rechts des Presseverlegers der (Informations-)Kontext zu berücksichtigen, in dem eine Information geäußert wird. Insofern folgt aus dem Wortlaut von § 87f Abs. 2 S. 2 UrhG, dass journalistische Beiträge eine meinungsbildende Funktion haben. Sie dienen der freien und individuellen Meinungsbildung der Rezipienten. Zur Abgrenzung von bloßen Rohdatenhaufen, Rohdatenbanken, die von Rezipienten aktiv durchsucht werden müssen, ist für das Vorliegen eines journalistischen Beitrags erforderlich, dass Rohdaten oder Informationen für den durchschnittlichen Rezipienten des entsprechenden Mediums aufbereitet und rezipierbar bereitgestellt werden. Zum Beispiel enthält eine Faktendatenbank mit Spielergebnissen zwar auch Daten und Informationen, aber Rezipienten müssten die für sich relevanten Informationen erst aktiv suchen. Erst durch die Aufbereitung von Rohdaten zu einem Beitrag durch Journalismus-Bots oder Journalisten entsteht ein im Vergleich zu Rohdaten hinausgehender Mehrwert an Information.

c. Zwischenergebnis

Ein journalistischer Beitrag liegt nur vor, wenn ein Mindestmaß an geistiger und inhaltlicher Auseinandersetzung mit Rohdaten erfolgt ist, deren Ergebnis für den durchschnittlichen Leser rezipierbar bereitgestellt wird. Angelehnt an das Recht des Datenbankherstellers ist festzustellen, dass Investitionen in die Veröffentlichung von bloßen Rohdatenhaufen nicht vom Leistungsschutzrecht für Presseverleger geschützt werden.

1020 Vgl. *Spindler*, WRP 2013, S. 967, 968.
1021 *Koroch*, Das Leistungsschutzrecht für Presseverleger, 2016, S. 95.
1022 Hierzu bereits unter Kap. 4 C.IV.1.a. (S. 178).
1023 Hierzu bereits unter Kap. 4 D.VII (S. 207 f.).

2. Redaktionell-technische Festlegung der Beiträge

Die Automatisierung des journalistischen Arbeitsprozesses mit Hilfe von Journalismus-Bots steht dem Leistungsschutzrecht für Presseverleger nicht entgegen. Lediglich die ausschließliche technische Weiterleitung von fremden Beiträgen ist keine Leistung, die durch ein Leistungsschutzrecht honoriert wird (a.). Geschützt sind Investitionen in die redaktionell-technische Entwicklung von Beiträgen, wobei der Begriff redaktionell indiziert, dass die Zusammenstellung der Beiträge eine publizistische Wirkrichtung haben muss (b.).

a. (Keine) rein technische Festlegung

Eine rein technische Festlegung von Beiträgen, etwa, indem Drittinhalte lediglich weitergeleitet werden, ist keine schützenswerte Leistung i. S. d. §§ 87f ff. UrhG.[1024] Dass der Gesetzgeber in § 87f UrhG die Technik als merkmalsbildendes Element aufgenommen hat, zeigt indes, dass der Einsatz von Computersoftware einem Schutz nicht absolut entgegensteht.[1025]

Eine rein technische Festlegung liegt daher nur vor, wenn in der Computersoftware keine Selektionsalgorithmen implementiert sind, es also nur um die technische Weiterleitung von fremden Inhalten geht.[1026] Journalismus-Bots generieren eigene Inhalte, sodass keine rein technische Festlegung der Beiträge erfolgt. Weil aber auch News-Aggregatoren das Netz nach bestimmten, von Menschen festgelegten Selektionskriterien durchsuchen, um Drittinhalte für Rezipienten bereitzustellen, liegt darin keine rein technische Weiterleitung.[1027]

> News-Aggregatoren-Beiträgen fehlt es grundsätzlich an einer redaktionellen Festlegung der Beiträge (hierzu sogleich).

1024 *Spindler*, WRP 2013, S. 967, 968; *Alexander*, WRP 2013, S. 1122, 1126; *Stieber*, in: Schricker/Loewenheim, UrhR, 5. Aufl. 2017, § 87f Rn. 12; *Dreier*, in: Dreier/Schulze (Hrsg.), UrhG, 6. Aufl. 2018, § 87f Rn. 12.

1025 A. A. *Stieper*, in: Schricker/Loewenheim, UrhR, 5. Aufl. 2017, § 87f Rn. 12.

1026 Konkret: die Leistung von Host-Providern wird nicht von § 87f UrhG honoriert (vgl. *Spindler*, WRP 2013, S. 967, 968).

1027 A. A. *Stieber*, in: Schricker/Loewenheim, UrhR, 5. Aufl. 2017, § 87f Rn. 12 u. Rn. 14 (etwas) differenzierter hingegen: *Koroch*, Das Leistungsschutzrecht für Presseverleger, 2016, S. 99. Offengelassen bei *Alexander*, WRP 2013, S. 1122, 1125.

b. Redaktionelle Festlegung

Nach dem Willen des Gesetzgebers setzt eine redaktionelle Festlegung eine Selektions- und Strukturierungsentscheidung voraus.[1028] Nach hiesiger Ansicht ist dieses unbestimmte Kriterium durch ein subjektives Merkmal zu konkretisieren, das auch im Rahmen der Auslegung des journalistisch-redaktionell gestalteten Angebots i. S. d. § 54 Abs. 2 RStV verwendet wird.[1029] Erforderlich ist, dass der Beitragssammler mit der Zusammenstellung eine publizistische Wirkung erzielen will.[1030] Ein Publizist ist eine Person, die eigene Beiträge oder eine Sammlung von fremden Beiträgen der Öffentlichkeit gebündelt zugänglich macht.[1031] In den eigenen Beiträgen bzw. einer Sammlung von Beiträgen drücken sich persönliche Tendenzentscheidungen des Publizisten aus. Dass dieses Merkmal zu sinnvollen Ergebnissen führt, zeigt seine Anwendung auf Journalismus-Bots und News-Aggregatoren: Im Quellcode von Journalismus-Bots sind eigene Tendenzentscheidungen des Programmierers implementiert (Wahl des Berichterstattungsgegenstandes, Formulierung von Templates, berichterstattungswürdige Ereignisse, Länge und Tonalität des Textes).[1032] Die Arbeitsleistung, die für die Programmierung und Konzeption von Journalismus-Bots erbracht wird, zielt zudem auf die Veröffentlichung der Beiträge ab. Dass mit den Beiträgen eine publizistische Wirkung entfaltet wird, ist daher kaum zu bestreiten. Aber auch News-Aggregatoren, die Drittinhalte zu einer Sammlung zusammenstellen, treffen Selektions- und Strukturierungsentscheidungen.[1033] Entscheidend für eine redaktionelle Festlegung ist, wessen publizistische Entscheidungen in der Sammlung implementiert sind. Hat allein der Nutzer Einfluss auf die Zusammenstellung, dann fehlt

---

1028 Vgl. Gesetzentwurf der Bundesregierung eines Siebenten Gesetzes zur Änderung der Urheberrechtsgesetzes v. 14.11.2012, BT-Drs. 17/11470, S. 8.

1029 Hierzu: Kap. 5 A. (S. 227 f.).

1030 Ähnlich: *Czychowski/Schaefer*, in: Fromm/Nordemann, UrhR, 12. Aufl. 2018, § 87f Rn. 25: „Inhaltliche Auseinandersetzung" erforderlich. Anders: *Stieber*, in: Schricker/Loewenheim, UrhR, 5. Aufl. 2017, § 87f Rn. 12; *Dreier*, in: Dreier/Schulze (Hrsg.), UrhG, 6. Aufl. 2018, § 87f Rn. 12.

1031 Vgl. www.duden.de/rechtschreibung/Publizist.

1032 Hierzu bereits unter Kap. 2 A.V. (S. 36 f.).

1033 Ob die Sammlung mit News-Aggregatoren eine redaktionelle Tätigkeit ist, ist umstritten: Dagegen: *Höppner*, K&R 2013, S. 73, 76; *Ahrens*, in: Alexander et al. (Hrsg.), FS Köhler, 2014, S. 13, 20; *Fricke*, in: Spindler/Schuster (Hrsg.), Elektronische Medien, 3. Aufl. 2015, § 87f Rn. 6: *Alexander*, WRP 2013, S. 1122, 1126. Offener: *Koroch*, Das Leistungsschutzrecht für Presseverleger, 2016, S. 100 f.

es der Sammlung an einer publizistischen Wirkrichtung. In diesem Fall ist der News-Feed nichts andereres als ein Zeitungskiosk. Denn der Nutzer möchte die Inhalte für sich konsumieren und nicht an die Öffentlichkeit weiterleiten. Ist der News-Aggre-gator hingegen so gestaltet, dass der Nutzer keinen überwiegenden Einfluss auf die Zusammenstellung hat, sondern Algorithmen Lesevorschläge generieren, ist eine publizistische Wirkrichtung gegeben. Eine redaktionelle Festlegung kann daher im Einzelfall auch durch News-Aggregatoren stattfinden.[1034]

3. Verlagstypizität

Letztlich ergibt eine Gesamtwürdigung der Umstände, dass eine Sammlung von Journalismus-Bot-Beiträgen als überwiegend verlagstypisch anzusehen ist.[1035] Auch das Merkmal Verlagstypizität ist entwicklungsoffen zu interpretieren,[1036] was sich nicht zuletzt auch aus einem systematischen Vergleich mit § 30 Abs. 1 S. 2 GWB ergibt (a.). Die Beiträge der Journalismus-Bots können klassische Verlagserzeugnisse ergänzen und im Einzelfall auch ersetzen (b.).

a. Entwicklungsoffene Auslegung

Der Begriff „überwiegend verlagstypisch" ist im Urheberrechtsgesetz ausschließlich in § 87f Abs. 2 UrhG hinterlegt. Nach dem Auslegungsprinzip, die Einheit des Rechts zu wahren, also eine Norm möglichst logisch und teleologisch widerspruchsfrei im Kontext von gleich- und höherrangigen Normen zu interpretieren, sind gleichlautende Normen möglichst einheit-

---

1034 Freilich müssen auch die Programmierer von News-Aggregatoren Nutzungsrechte für die Herstellung einer Sammlung einholen, wenn die (Einzel-)Beiträgen urheberrechtliche Werke sind oder selbst mittelbar von einem Leistungsschutzrecht für Presseverleger geschützt werden.

1035 Weil eine Sammlung i. S. d. § 87f UrhG nur „überwiegend" verlagstypisch sein muss, ist nicht lediglich der Idealtyp eines Verlags umfasst (Druckerzeugnis), sondern es sind Mischformen – Durchschnittstypen –, denkbar, wobei ein Verhältnis von zwei Drittel verlagstypische Angeboten zu ein Drittel sonstiger Angebote vorgeschlagen wird (*Spindler*, WRP 2013, S. 967, 968).

1036 *Spindler*, WRP 2013, S. 967, 968; *Alexander*, WRP 2013, S. 1122, 1126 f.; *Stieber*, in: Schricker/Loewenheim, UrhG, 5. Aufl. 2017, § 87f Rn. 18. Skeptisch hingegen: *Koroch*, Das Leistungsschutzrecht des Presseverlegers, 2016, S. 108.

lich auszulegen.[1037] Insoweit sind auch außerhalb des Urheberrechtsgesetzes in die Rechtsordnung implementierte gleichlautende Normen zu beachten, wenn der Telos mit der zu untersuchenden Norm übereinstimmt.[1038] Eine solche Norm ist § 30 GWB.[1039] Gemäß § 30 Abs. 1 S. 2 GWB zählen u. a. zu Zeitungen auch Produkte, die Zeitungen reproduzieren oder substituieren und bei Würdigung der Gesamtumstände als überwiegend verlagstypisch anzusehen sind. Der Sinn und Zweck von § 30 GWB, nämlich die Finanzierung von Verlagserzeugnissen mittels einer Preisbindung zu unterstützen, um so mittelbar den Bestand freier und vielfältiger Privatmedien abzusichern,[1040] greift auch im Kontext des Leistungsschutzrechts für Presseverleger. Verleger sollen u. a. vor einer systematischen Ausbeutung ihrer Rechercheleistung geschützt werden.[1041] Auch wird § 30 GWB neuen medialen Vermittlungsformen gegenüber offen interpretiert, wenn und soweit diese geeignet sind, herkömmliche Verlagserzeugnisse zu substituieren.[1042] Im Gegensatz zu § 30 Abs. 1 S. 2 GWB fallen unter § 87f Abs. 2 UrhG auch Produkte, die Presseerzeugnisse ergänzen. Dies ist vor dem speziellen Schutzzweck von § 30 Abs. 1 S. 2 GWB erklärbar. Preisbindungen in Teilmärkten sollen die Ausnahme sein.[1043] Indes ist darin kein Widerspruch zu erkennen,[1044] weil die Auslegung von § 30 GWB eben nur entsprechend und nicht Eins-zu-Eins auf § 87f Abs. 2 UrhG übertragen wird.

b. Verlagstypizität von Journalismus-Bot-Beiträgen

Aus den Gesamtumständen fließt als Indiz in die Würdigung der Verlagstypizität einer Sammlung daher die potentielle Fähigkeit des Produkts ein, vorhandene Erzeugnisse zu ersetzen oder zu ergänzen. Zudem kann zur

---

1037 *Zippelius*, Juristische Methodenlehre, 11. Aufl. 2012, S. 43.

1038 *Zippelius*, Juristische Methodenlehre, 11. Aufl. 2012, S. 44.

1039 Ähnlich auch *Alexander*, WRP 2013, S. 1122, 1126, der aber aus § 30 GWB nur erste Anhaltspunkte entnehmen möchte.

1040 § 30 GWB steht im Abschnitt „Sonderregeln für bestimmte Wirtschaftsbereiche". Zutreffend daher: *Hennemann*, in: Gersdorf/Paal (Hrsg.), BeckOK-Informations- und Medienrecht, Stand: 1.8.2018, § 30 GWB Rn. 1.

1041 Vgl. Gesetzentwurf der Bundesregierung eines Siebenten Gesetzes zur Änderung des Urheberrechtsgesetzes v. 14.11.2012, BT-Drs. 17/11470, S. 6.

1042 BGH, GRUR 1997, S. 677, 680.

1043 Vgl. *Koroch*, Das Leistungsschutzrecht für Presseverleger, 2016, S. 108.

1044 So aberin der Tendenz: *Koroch*, Ein Leistungsschutzrecht für Presseverleger, 2016, S. 108.

Auslegung des Begriffs Verlagstypizität die journalistische Arbeitstechnik herangezogen werden.

Für Journalismus-Bots ergibt sich daher folgendes Bild: Journalismus-Bot-Beiträge haben mittel- bis langfristig nicht die Fähigkeit, bestehende Verlagsprodukte insgesamt zu ersetzen. In Teilmärkten, wie der Fußballberichterstattung über Amateurspiele, besteht diese Möglichkeit hingegen. Im Übrigen ergänzen die Beiträge bestehende Verlagsprodukte, sodass die Möglichkeiten von Medienunternehmen erweitert werden.[1045] Die journalistischen Arbeitsphasen, bestehend aus Selektion, Redigieren und Veröffentlichung, werden auch im Roboterjournalismus durchlaufen. In der Computersoftware sind menschliche Wertungen abgebildet. Auch Tendenzen können in den Beiträgen ausgedrückt werden. Irrelevant ist hingegen, dass die Berichte vollautomatisiert veröffentlicht werden, da der Begriff Verlagstypizität entwicklungsoffen und technologieneutral auszulegen ist. Roboterjournalismus im hier definierten Sinn wird daher verlagstypisch ausgeübt. Wenn die Beiträge von Journalismus-Bots periodisch in einer Sammlung publiziert werden, werden Investitionen in die Entwicklung und Darstellung dieser Sammlung daher vom Leistungsschutzrecht für Presseverleger honoriert.

III. Inhaber des Leistungsschutzrechts für Presseverleger

Gemäß § 87f Abs. 1 S. 1 UrhG ist der Hersteller eines Presseerzeugnisses auch der Inhaber des Leistungsschutzrechts für Presseverleger. Hersteller eines Presserzeugnisses ist nach der amtlichen Begründung, wer die unternehmerische Verantwortung trägt, also die Verträge im eigenen Namen mit Redakteuren, Vermietern, Serveranbietern und sonstigen Dienstleistern schließt.[1046] Nach hiesiger Ansicht ist auch zu berücksichtigen, wer die publizistische Grundausrichtung der Sammlung bestimmt.[1047] Das ist regelmäßig auch derjenige, der das wirtschaftliche (Haftungs-)Risiko mit-

1045 Vgl. zu den Chancen von Roboterjournalismus: Kap. 2 B.II. (S. 60 f.).

1046 Gesetzentwurf der Bundesregierung eines Siebenten Gesetzes zur Änderung des Urheberrechtsgesetzes v. 14.11.2012, BT-Drs. 17/11470, S. 7; *Koroch*, Das Leistungsschutzrecht für Presseverleger, 2016, S. 116.

1047 Unentschieden hingegen: *Koroch*, Das Leistungsschutzrecht für Presseverleger, 2016, S. 116, der in der Bestimmung der publizistischen Grundausrichtung des Mediums zwar eine Leistung des Presseverelegers annimt (ders., Das Leistungsschutzrecht für Presseverleger, S. 83), aber dies – jedenfalls nicht ausdrücklich – im Rahmen von § 87a UrhG berücksichtigt.

trägt. Wenn Journalismus-Bots innerhalb eines Medienunternehmens programmiert und genutzt werden, ist das Medienunternehmen auch Inhaber der entstehenden Leistungsschutzrechte.

Beim externen Roboterjournalismus investieren Medienunternehmen in die Lizenzierung von Datenbanken und Journalismus-Bots, wobei sie ebenso die publizistische Grundausrichtung der Beiträge bestimmen.[1048] Die Softwareunternehmen sind lediglich Dienstleister, die weder das organisatorische noch das wirtschaftliche Risiko tragen. Folglich sind die Medienunternehmen auch in dieser Konstellation Inhaber des Leistungsschutzrechts für Presseverleger.

IV. Zwischenergebnis

Das Leistungsschutzrecht für Presseverleger steht sowohl beim internen als auch beim externen Roboterjournalismus regelmäßig dem jeweiligen (publizierenden) Medienunternehmen zu. Dies führt dazu, dass beim externen Roboterjournalismus der Inhaber des Urheberrechts an einem Beitrag – der Programmierer – und der Inhaber des presserechtlichen Leistungsschutzrechts auseinanderfallen, was wiederum aber keine Besonderheit des Roboterjournalismus ist. Vielmehr entstehen Urheber- und Leistungsschutzrechte nebeneinander;[1049] ein Gedanke, der auch in § 87g Abs. 3 UrhG enthalten ist.[1050] In der Praxis ist diese gesetzliche Wertung, im Rahmen der Vertragsgestaltung zwischen Softwareunternehmen und Medienunternehmen zu berücksichtigen.

F. Zusammenfassung

Die Komplexalgorithmen, die dem Quellcode von Journalismus-Bots zugrundegelegt sind, sind als Entwurfsmaterial urheberrechtlichem Schutz genauso zugänglich wie der Journalismus-Bot als Computerprogramm.

1048 Vgl. zu Leistungen des Presseverlegers ausführlich: *Koroch*, Das Leistungsschutzrecht für Presseverleger, 2016, S. 81–88.

1049 Vgl. *Dreier*, in: Dreier/Schulze (Hrsg.), UrhG, 6. Aufl. 2018, Vorbm. zu §§ 70 ff. Rn. 4.

1050 Gemäß § 87g Abs. 3 UrhG kann das Leistungsschutzrecht für Presseverleger nicht zum Nachteil des Urhebers eines Werks geltend gemacht werden. Der genaue Zweck der Regelung hat *Koroch* erschlossen (ders., Das Leistungsschutzrecht für Presseverleger, 2016, S. 158 f).

Der Output des Journalismus-Bots, der Beitrag, ist keine Ausdrucksform eines Computerprogramms und wird nicht als Annex zum Computerprogramm geschützt.[1051]

Die Faktendatenbanken, in denen die Tatsachengrundlagen der Journalismus-Bot-Beiträge enthalten sind, können als Datenbankherstellerrecht sui generis geschützt sein.[1052] Weil die Sprachdaten nicht unabhängig voneinander vorliegen, sind die Datenbanken sowie ein einzelner Beitrag nicht als Datenbank geschützt.[1053] Rechtsinhaber des Datenbankherstellerrechts ist regelmäßig das Unternehmen, das die Beiträge publiziert, es sei denn, das Softwareunternehmen trägt selber das Investitionsrisiko für Aufbau und Darstellung einer Faktendatenbank. Dieses Ergebnis ist interessegerecht, weil Softwareunternehmen die Rechte am Computerprogramm innehaben. Die Softwareunternehmen sind im Fall des externen Roboterjournalismus lediglich Dienstleister der publizierenden Medienunternehmen, die die Lizenzkosten für einen Journalismus-Bot als Investition in die Darstellung einer Rohdatenbank berücksichtigen können.[1054]

Beiträge, die mit der Hilfe von Journalismus-Bots generiert werden, sind urheberrechtlich geschützt, wenn ein durchschnittlicher Fachmann die Beitragszusammensetzung ex post nachvollziehen kann.[1055] Inhaber des Urheberrechts ist der Programmierer, dessen Wertungen im Quellcode des Journalismus-Bots enthalten sind. Journalistische Gebrauchstexte müssen, um als individuelle Werke geschützt zu werden, eine überdurchschnittliche, individuelle Gestaltungshöhe erreichen.[1056] Der Werkbegriff ist nicht europarechtlich determiniert.[1057]

Für das Leistungsschutzrecht für Presseverleger ist es irrelevant, ob ein Beitrag vollautomatisiert durch ein Computerprogramm oder unmittelbar durch einen Menschen hergestellt wird.[1058] Auch Journalismus-Bot-Beiträge sind journalistische Beiträge i. S. d. § 87f Abs. 2 UrhG. Inhaber des Leistungsschutzrechts ist das Medienunternehmen, das die Beiträge verlegt, weil dieses das Investitionsrisiko trägt.[1059]

1051 Hierzu unter Kap. 4 B. (S. 162 f.).
1052 Kap. 4 C.III. (S. 169 f.).
1053 Zur Sprachdatenbank: Kap. 4 C.VI (S. 177 f.) u. zum einzelnen Beitrag: Kap. 4 C.V. (S. 181 f.).
1054 Kap. 4 C.VI. (S. 183 f.).
1055 Kap. 4 D.III.6. (S. 202 f.).
1056 Kap. 4 D.VII.5. (S. 212 f.).
1057 Kap. 4 D.VII.1.–4. (S. 208 f.).
1058 Kap. 4 E.II.2.a. (S. 220).
1059 Kap. 4 E.III. (S. 224).

Kapitel 5: Das Ordnungsrecht für Roboterjournalismus

Medien haben eine gesellschaftliche Aufgabe.[1060] Daher stehen ihnen besondere Rechte zu,[1061] aber ihnen werden auch spezielle Pflichten auferlegt. Wenn sich eine Person auf die Medienfreiheit aus Art. 5 Abs. 1 S. 2 GG berufen kann, dann gelten für diese Person auch regelmäßig die Regeln des Medienordnungsrechts. Im Medienordnungsrecht sammeln sich Informations-, Impressums- und journalistische Sorgfaltspflichten sowie der Datenschutz.

Fraglich ist, ob sich aus dem geltenden Recht roboterjournalismusspezifische Impressumspflichten herleiten lassen (A.). Zudem ist zu prüfen, ob und inwieweit der an Medien gestellte Anspruch einer wahrhaftigen Berichterstattung im Roboterjournalismus erfüllt werden kann (B.). Abschließend wird auf das sog. datenschutzrechtliche „Medienprivileg“ eingegangen (C.).

A. *Informations- und Impressumspflichten*

Sofern Medienunternehmen Journalismus-Bots intern programmieren und einrichten, gelten für die Veröffentlichung von vollautomatisiert hergestellten Beiträgen des gleichen Informations- und Impressumspflichten wie für händisch geschriebene Berichte (I.). Diese Pflichten sind insbesondere für Nachrichtenagenturen einschlägig, die Journalismus-Bots „intern“ nutzen (II.). Vom internen Roboterjournalismus zu unterscheiden, sind die momentan praxisrelevanten Kooperationsformen zwischen Medien- und Softwareunternehmen des externen Roboterjournalismus (III.). Unklar ist, ob – abgeleitet aus dem Transparenzgedanken – publizierende Medienunternehmen das Softwareunternehmen, das den Journalismus-Bot programmiert und zur Verfügung stellt, in ihrem Impressum benennen muss (III.1.2.). Zudem ist nicht evident, ob Softwareunternehmen in bestimmten Konstellationen als Nachrichtendienst sui generis nicht nur den Impressumspflichten, sondern dem gesamten Medienordnungsrecht unterliegen (IV.).

1060 Hierzu bereits unter Kap. 3 A.V.1. (S. 79 f.).
1061 Hierzu bereits unter Kap. 3. B.IV.2. (S. 119 f.).

I. Interner Roboterjournalismus

Die Rechtsgrundlage für Transparenzpflichten ist von der gewählten Übertragungsform abhängig. Werden computergenerierte Beiträge in einer verkörperten Zeitung oder Zeitschrift in periodischen Abständen vertrieben, sind die Vorschriften der jeweiligen Landespressegesetze anwendbar. Im Regelfall werden im Roboterjournalismus die Beiträge auf elektronischem Wege verbreitet, sodass die § 55 Abs. 2 RStV i. V. m. §§ 5, 6 TMG gelten. § 55 Abs. 2 RStV gilt für journalistisch und redaktionell gestaltete Angebote. Bei der Auslegung des Begriffs kann sich im Wege eines systematischen Vergleichs auch an § 87f UhrG orientiert werden, soweit es sich mit dem Sinn und Zweck der Normen vereinbaren lässt.[1062]

> Zwar ist § 87f UrhG primär eine wirtschaftsrechtliche Regelung und begründet ein Recht von Medienunternehmen, da aber mittelbar die besondere Qualität und Güte journalistischer Beiträge geschützt werden, gleichen sich in dieser Hinsicht der Sinn und Zweck der Normen an[1063]: Denn die im Fall von journalistisch-redaktionellen Angeboten einzuhaltenden journalistischen Sorgfaltspflichten führen in Kombination mit den medienspezifischen Recherecherechten gerade zu der besonderen Qualität journalistischer Beiträge für die öffentliche Meinungsbildung, die dann auch einen Leistungsschutz aus § 87f UrhG rechtfertigt.

Eine tiefergehende Auseinandersetzung mit dem Anwendungsbereich der §§ 54 f. RStV ist entbehrlich, wenn Medienanbieter journalistisch-redaktionelle Inhalte über Druckerzeugnisse und über das Internet verbreiten. Eine journalistisch-redaktionelle Tätigkeit i. S. d. § 55 Abs. 2 RStV liegt dann immer vor.[1064] Es wurde bereits festgestellt, dass die Art und Weise, wie Journalismus-Bots entwickelt, programmiert und schließlich in Gang gesetzt werden mit dem klassischen journalistischen Arbeitslablauf vergleichbar ist.[1065] So wird ein Berichterstattungsgebiet ausgewählt, geeignete Rohdaten werden recherchiert und der Journalismus-Bot wird schließlich mit

---

1062 Vgl. zur Methodik und Auslegung von § 87f UrhG im systematischen Vergleich zu § 30 GWB bereits unter Kap. 4 E.3.a. (S. 222 f.).

1063 Skeptisch hingegen: *Spindler*, WRP 2013, S. 967, 968.

1064 Hierzu: *Heilmann*, Annonymität für User-Generated-Content?, 2013; *Lorenz*, Die Anbieterkennzeichnung im Internet, 2007; *Held*, in: Binder/Vesting (Hrsg.), Beck'scher Kommentar zum Rundfunkrecht, 4. Aufl. 2018, § 54 Rn. 38.

1065 Hierzu bereits unter: Kap. 3 B.III. (S. 114 f.).

einer geeigneten Sprache ausgestattet. Zudem werden Nachrichtenwertfaktoren als Metadaten im Quellcode des Programms hinterlegt. Insofern macht es keinen Unterschied, ob mit Journalismus-Bots Beiträge generiert werden oder ob ein Journalist (klassisch) unmittelbar mit Tinte und Papier einen Text mit den eigenen Händen schreibt und veröffentlicht. Es gelten dann die Impressumspflichten des § 55 Abs. 2 RStV sowie der §§ 5, 6 TMG.

II. Nachrichtendienste

Die Landespressegesetze regulieren Zulieferdienste der Presse, wie Nachrichtenagenturen, Pressekorrespondenzen, Materndienste und ähnliche Unternehmen wie Verlage, die Druckerzeugnisse vertreiben. Aufgrund „ihrer hervorgehobenen meinungsbildenden Funktion" haben sie die gleichen Transparenz- und Verantwortlichkeitspflichten wie klassische Verlage.[1066] Die technische Form, d. h. die Art und Weise, wie der geistige Gehalt einer Nachricht zu den Redaktionen kommt, ist in den meisten Landespressegesetzen unbeachtlich.[1067] Insofern arbeitet der Gesetzgeber mit einer Fiktion in Form der Anordnung, sodass die Vorschriften für Druckwerke unabhängig von der Übertragungsform entsprechend gelten.[1068] Hingegen findet sich in Bayern keine Druckwerkfiktion für Mitteilungen von Zulieferbetrieben der Presse (Art. 18 bayPressG i. V. m. Art. 6 bayPressG).

Wenn Nachrichtenagenturen mittels Journalismus-Bots Nachrichten erstellen und verbreiten, sind die Vorschriften der Landespressegesetze ohne weiteres anwendbar. In Bayern müssten die Mitteilungen hingegen in einem Druckwerk verkörpert versendet werden.

III. „Externer Roboterjournalismus"

Externen Roboterjournalismus kennzeichnet, dass Medienunternehmen mit Softwareunternehmen zusammenarbeiten.

1066 BVerfG, AfP 2003, S. 539, 540.

1067 Vgl. § 6 Abs. 2 S. 2 PressG (Mustergesetz), § 7 Abs. 2 bremisches Pressegesetz (bremPressG); vgl. aber auch Art. 18 bayPressG i. V. m. Art. 6 bayPressG, wo am Begriff des Druckwerks festgehalten wird.

1068 *Lehr*, in: Löffler, Presserecht, 6. Aufl. 2015, § 7 Rn. 53; *Weberling*, in: Ricker/Weberling (Hrsg.), Handbuch des Presserechts, 6. Aufl. 2012, 12. Kap. Rn. 14.

Fraglich ist, ob die Medienunternehmen das kooperierende Softwareunternehmen im Impressum benennen müssen. Im analogen Bereich müssen die Anschrift, Firma oder Name des Druckers im Impressum aufgenommen werden.[1069] Nehmen Softwareunternehmen eine dem Drucker vergleichbare Position im Produktionsprozess ein (1. u. 2.)? Oder produzieren Medienunternehmen, da die Beitragserstellung durch die Programmierung des Softwareunternehmens, also durch einen Dritten stattfindet, sogar Anschlusszeitungen (3.)?[1070] Sofern eine dieser Fragen positiv zu beantworten wäre, muss das Softwareunternehmen im Impressum genannt werden.

Obwohl der Sinn und Zweck der Benennungspflicht für Drucker und ein Erstrechtschluss für die Anwendung der jeweiligen landesrechtlichen Vorschrift streiten, sprechen der (auch im Vergleich zum Grundgesetz) engere Wortlaut der überwiegenden Zahl der Landespressegesetze sowie die jeweilige Systematik gegen eine Benennungspflicht (1.). Für die Bundesländer Bremen und Sachsen-Anhalt ist eine eigenständige Auslegung erforderlich, weil diese Länder in ihren Landespressegesetzen Regelungen für die elektronische Presse festgelegt haben (2.).

1. Softwareunternehmen als Drucker sui generis

Der Wortlaut derjenigen Landespressegesetze, die auf den Begriff Druckwerk abstellen, verlangt einen verkörperten geistigen Gehalt, den Journalismus-Bot-Beiträge grundsätzlich nicht haben dürften.[1071] Rechtsfortbildend könnte ein Analogieschluss gebildet werden, wofür eine planwidrige Regelungslücke bei einer vergleichbaren Interessenlage von geregeltem und ungeregeltem Fall vorliegen müsste.[1072] Zwar mag sich die für einen Analogieschluss notwendige vergleichbare Interessenlage aus dem Sinn

---

1069 Vgl. zum Beispiel Art. 7 Abs. 2 BayPressG.

1070 Anschlusszeitungen übernehmen regelmäßig ganze Seiten des redaktionellen Teils von Dritten. In den Anschlusszeitungen müssen sodann die Drittzulieferer in das Impressum aufgenommen werden (hierzu *Lehrs*, in: Löffler, Presserecht, 6. Aufl. 2015, § 8 Rn. 109).

1071 Es ist aber freilich auch nicht ausgeschlossen.

1072 *Canaris*, Die Feststellung von Lücken im Gesetz, 1964, S. 24 f. Der Wortlaut einer Norm ist der Beginn und das Ende einer jeden Auslegung, wobei nach dem Ende die Rechtsfortbildung beginnt, die jedoch Konflikte mit dem Gewaltenteilungsgrundsatz und der Rechtssicherheit auslöst (*Zippelius* Juristische Methodenlehre, 11. Aufl. 2012, S. 54 u. S. 58 f.).

und Zweck der Benennungspflicht von Druckereien gut vertreten lassen (a.). Dagegen spricht aber der jeweilige Wortlaut (b.). Zudem bestehen erhebliche Zweifel an der Planwidrigkeit der Regelungslücke (c.).

a. Sinn und Zweck

Impressumspflichten schützen Haftungsansprüche von Dritten, also Rezipienten und Behörden, die dadurch den Initiator des Meinungsbildungsprozesses ermitteln können.[1073] Der Drucker passt die Beiträge drucktechnisch an. Er hat aber keinerlei Einfluss auf den Inhalt der Texte.[1074] Die Softwareunternehmen wiederum programmieren Journalismus-Bots, wodurch ein unmittelbarer Bezug zum Inhalt der Beiträge hergestellt wird. Wenn aber der Sinn und Zweck der Benennungspflicht für Drucker ist, die Herkunft der Beiträge zu klären, dann gilt dies umso mehr, wenn ein Dritter nicht nur einen drucktechnischen Einfluss auf die Beiträge ausübt, sondern auch den Inhalt der Beiträge beeinflusst.

> Beim externen Roboterjournalismus bestimmen die Softwareunternehmen nicht den Tatsacheninhalt der Beiträge, sondern die sprachliche Darstellung, wenn die Rohdatengrundlage von den Medienunternehmen stammt.

Der Sinn und Zweck der Benennungspflicht spricht daher für eine analoge Anwendung der Norm.

b. Wortlaut und Systematik

Druckwerke setzen eine stoffliche Fixierung voraus, was dazu führt, dass Inhalte z. B. auf CD, DVD oder Bluray-Disc verkörpert vorliegen müssen.[1075] Zwar argumentiert *Bulllinger* mit der Entwicklungsoffenheit des Pressebegriffs, dass solche elektronischen Druckwerke, die Eins-zu-Eins

---

1073 *Weberling*, in: Ricker/Weberling (Hrsg.), Handbuch des Presserechts, 6. Aufl. 2012, 13. Kap., Rn. 17; *Lorenz*, Die Anbieterkennzeichnung im Internet, 2007, S. 49.

1074 Eine Prüfpflicht der technischen Verbreiter hinsichtlich der Rechtmäßigkeit der Texte ist nur ausnahmsweise gegeben (*Ricker*, in: Ricker/Weberling (Hrsg.), Handbuch des Presserechts, 6. Aufl. 2012, 41. Kap. Rn. 21).

1075 Dass dieser Pressebegriff heutzutage noch als „weiter Pressebegriff“ bezeichnet wird, ist unverständlich, so aber: *Lehr*, in: Löffler, Presserecht, 6. Aufl. 2015, § 7 auch in verkörperter Form verbreitet werden, per Analogie dem Presserecht unterstellt werden könnten.[1076] Ob aber der Wortlaut in Anbetracht der Systematik der Landespressegesetze so weit ausgelegt werden kann, ist zweifelhaft. Der systematische Vergleich der Landespressegesetze mit dem Staatsvertrag für Rundfunk und Telemedien spricht gegen eine weite Auslegung.[1077] Die Landespressegesetze öffnen sich – mit Ausnahme des bayerischen Landespressegesetzes – durchaus für die Vermittlung von Informationen über elektromagnetische Wellen, wie für den Bereich der Zulieferdienste der Presse (Nachrichtenagenturen etc.) gezeigt wurde. Allerdings wurde bereits angesprochen,[1078] dass die Landespressegesetze die Eigenschaft als Druckerzeugnis bloß fingieren.[1079] Dem Gesetzgeber ist bei dieser Art der verdeckten Verweisung[1080] bewusst, dass auf rein faktischer Basis die elektronische Verbreitung von Inhalten nicht durch Druckwerke erfolgt. Im Umkehrschluss bedeutet dies, dass echte Druckwerke eine körperliche Fixierung voraussetzen.[1081]

c. Planwidrigkeit der Regelungslücke

Auch wenn man unterstellt, dass den Landesgesetzgebern die Zusammenarbeit von Medienunternehmen mit Softwareunternehmen, die beitragsgenerierende Computerprogramme entwickeln, unbekannt war, kann keine planwidrige Regelungslücke angenommen werden. Ob eine planwidrige Regelungslücke vorliegt, ist anhand der Regelungsabsicht des Gesetzgebers zu beurteilen.[1082] Bei der Auslegung ist daher insbesondere die Gesetzgebungshistorie heranzuziehen.[1083] Aus der Gesetzgebungshistorie lassen sich einige grundlegende gemeinsame Regelungsabsichten der Landesgesetzgeber zusammenfassen. Die Gesetzgebungshistorie des Landesrechts

---

Rn. 2; *Weberling*, in: Ricker/Weberling (Hrsg.), Handbuch des Pressrechts, 6. Aufl. 2012, 12. Kap. Rn. 4.

1076 *Bullinger*, JZ 1996, S. 385, 388; *Weberling*, AfP 2008, S. 445, 450 f.; *Rahvar*, Konvergentes Presserecht, 2011, S. 138.

1077 A. A. *Rahvar*, Konvergentes Presserecht, 2011, S. 141.

1078 Kap. 5 A.II. (S. 229 f.).

1079 Vgl. allgemein zu dieser Verweistechnik: *Larenz*, Methoden der Rechtswissenschaft, 6. Aufl. 1991, S. 262.

1080 Hierzu: *Esser*, Wert und Bedeutung der Rechtsfiktionen, 1940, S. 26 f.

1081 A. A. *Rahvar*, Konvergentes Presserecht, 2011, S. 141, die aber die Rechtsnatur einer Fiktion als bloßer Verweistatbestand verkennt.

1082 *Larenz*, Methodenlehre der Rechtswissenschaft, 6. Aufl. 1991, S. 373.

1083 *Larenz*, Methodenlehre der Rechtswissenschaft, 6. Aufl. 1991, S. 373.

zeigt eindrücklich, dass die Landesgesetzgeber bestrebt waren und sind, einheitliche Regeln im Bereich der elektronischen Medien zu schaffen. Für die journalistisch-redaktionell gestaltete elektronische Presse gilt daher der über ein Landesgesetz in das jeweilige Landesrecht inkoperierte Staatsvertrag für Rundfunk und Telemedien. Darin sind auch Transparenzvorschriften enthalten (§§ 54 Abs. 2, 55 Abs. 2 RStV). Der Rundfunkstaatsvertrag enthält jedoch keine Regelungen zu journalistischen Hilfsunternehmen. Insoweit ist es schwierig, eine planwidrige Regelungslücke anzunehmen, weil den Gesetzgebern durchaus bewusst gewesen sein muss, dass auch im Bereich der elektronischen Presse Dritte jedenfalls an der Verbreitung von Inhalten mitwirken.[1084] Zwar verbindet ein einheitlicher Rechtsgedanke die einzelnen Vorschriften: Das Prinzip journalistischer Transparenz könnte im Wege einer Gesamtanalogie[1085] auch für eine Transparenz des Softwareunternehmens streiten, deren Journalismus-Bots genutzt werden. Gegen die Zulässigkeit dieses Induktionsschlusses[1086] spricht aber gerade die bislang auf einfach-rechtlicher Ebene nicht überwundene Differenzierung zwischen elektronischer Presse und Printpresse.[1087]

Der Transparenzgrundsatz ist, gemessen an der Regelungsabsicht des Gesetzgebers, abschließend in die Landespressegesetze, den Rundfunkstaatsvertrag und die Landesmediengesetze implementiert worden.

Eine Pflicht für Verlage, Softwareunternehmen in ihrem Impressum zu benennen, ist aus den Vorschriften der Landespressegesetze, die auf Druckwerke abstellen, nicht herzuleiten.

2. Medienunternehmen mit Sitz in Sachsen-Anhalt und Bremen

Besonders auszulegen sind die Landespressegesetze von Sachsen-Anhalt und Bremen, weil diese Bundesländer neben der Impressumspflicht für

1084 Also nicht nur Softwareunternehmen, die Journalismus-Bots entwickeln, sondern auch Intermediäre wie Facebook, Google, Twitter, die ebenfalls einen Beitrag zur Kommunikation leisten.

1085 *Larenz*, Methodenlehre der Rechtswissenschaft, 6. Aufl. 1991, S. 384; *Canaris* ordnet die Gesamtanalogie als Induktionsschluss ein (vgl. *Canaris*, Die Feststellung von Lücken im Gesetz, S. 97 f.) Auf die methodische Abgrenzung kommt es aber vorliegend nicht an.

1086 Vgl. *Canaris*, Die Feststellung von Lücken im Gesetz, S. 97 f.

1087 Im Ergebnis wie hier: *Lorenz*, Die Anbieterkennzeichnung im Internet, 2007, S. 270; a. A. *Rahvar*, Konvergentes Presserecht, 2011, S. 141.

Nachrichtenagenturen und ähnlichen Hilfsunternehmen auch für sonstige elektronische Veröffentlichungen Vorschriften eingeführt haben.

a. Sachsen-Anhalt

Gemäß § 6 Abs. 5 S. 2 PressG-SA gelten die Regelungen für Druckwerke für digitale Publikationen entsprechend, soweit im Gesetz nichts anderes geregelt ist. Digitale Publikationen sind Darstellungen in Schrift, Bild oder Ton, die auch in unkörperlicher Form in öffentlichen Netzen verbreitet werden (§ 6 Abs. 5 S. 1 PressG-SA). Die „entsprechende" Anwendung bedeutet, dass die Rechtsfolgen der Regeln für Druckwerke auch für digitale Publikationen Anwendung finden, soweit der Sinn und Zweck der Normen mit der digitalen Form der Verbreitung in Einklang gebracht werden kann.[1088]

Eine Benennungspflicht hinsichtlich des Softwareunternehmens könnte sich für Verlage und andere Medienunternehmen aus § 6 Abs. 5 S. 2 PressG-SA i. V. m. § 7 Abs. 1 Var. 2 PressG-SA ergeben. Danach sind der Name und Anschrift des „Druckers" im Impressum zu benennen. Weil die Norm nur entsprechend anzuwenden ist, könnten auch solche Unternehmen benannt werden, die den technischen Herstellungsprozess digitaler Publikationen in den Händen halten.

Zwar ist der Drucker lediglich in der Verbreitungsphase tätig, während Softwareunternehmen durch die Grundprogrammierung der Software die Beitragsgenerierung und damit das Redigieren von Beiträgen beeinflussen. Es könnte daher vertreten werden, eine entsprechende Anwendbarkeit setze voraus, dass im gleichen Arbeitsprozess ein Beitrag eines Dritten genutzt wird. Dies kann aber nicht entscheidend sein, weil ein bloßer technischer Beitrag bei elektronischen Veröffentlichungen bereits in der Nutzung von Serverkapazitäten eines Dritten, über die zum Beispiel der Internetauftritt gehostet wird, hierfür ausreichend sein müsste. Die Bereitstellung von Serverkapazitäten ist aber mit der Tätigkeit eines Druckers nicht vergleichbar. Zwar hat ggf. auch der Serverbetreiber Zugriff auf die Inhalte, aber die Redaktion hat den Verbreitungsprozess stets in den eigenen Händen, während der Druckvorgang vom Druckereibetrieb in Verantwortung des Druckers vorgenommen wird.

1088 Vgl. *Larenz*, Methodenlehre der Rechtswissenschaft, 6. Aufl. 1991, S. 261.

Der erwähnte Sinn und Zweck der Benennungspflicht von Druckern,[1089] die Herkunft der Beiträge zu klären, spricht für eine entsprechende Anwendung von § 7 Abs. 1 Var. 2 PressG-SA, weil Softwareunternehmen nicht nur einen drucktechnischen Einfluss auf die Beiträge haben, sondern die Beitragsgenerierung beeinflussen. Da die Norm ausdrücklich nur entsprechend auf Softwareunternehmen, die Journalismus-Bots bereitstellen, anzuwenden ist,[1090] wird der Wortlaut „Drucker" auch nicht über die Grenze des sprachlichen Sinns ausgelegt. Eine Rechtsfortbildung wird daher, anders als in den übrigen Landespressegesetzen, nicht betrieben.

Durch das hier begründete Auslegungsergebnis müssen daher Medienunternehmen mit Sitz in Sachsen-Anhalt Name oder Firma und Geschäftsanschrift des Softwareunternehmens im Impressum vorhalten, wenn sie Journalismus-Bots extern programmieren lassen.

b. Bremen

Das Land Bremen hat mit Gesetz vom 25.5.2018 anders als Sachsen-Anhalt nicht einen zusätzlichen Begriff für elektronische Medien eingeführt, sondern den Begriff „Druckwerke" aus der Legaldefinition des § 6 bremPressG gestrichen und durch den Begriff „Medienwerke" ersetzt.[1091] Weil aber der Begriff Druckwerk an vielen Stellen des Gesetzes noch verwendet wird, ist davon auszugehen, dass Druckwerke ein Unterfall von Medienwerken sind. Dass der Begriff ersatzlos gestrichen werden sollte, liegt eher fern. Auch bezieht sich die Gesetzesbegründung lediglich auf das Recht der Pflichtexemplare.[1092] Gerade im hier interessierenden Bereich, den Impressumspflichten (§ 7 bremPressG), ist der Begriff des Druckwerks beibehalten worden. Folglich bezieht sich auch die Pflichtangabe des Druckers nur auf Druckwerke. Medienunternehmen, die Journalismus-Bots von Softwareunternehmen nutzen, müssen deren Namen oder Firma und Adresse daher nicht im Impressum aufführen.

1089 Kap. 5 A.III.1.a. (S. 231 f.).

1090 Vgl. § 6 Abs. 5 S. 2 PressG-SA.

1091 Gesetz zur Anpassung von Vorschriften aus dem Bereich Inneres an die europäische Datenschutz-Grundverordnung und zur Änderung des Gesetzes zur Ausführung des Flubereinigungsgesetzes v. 11.5.2018, GBl. Nr. 39/2018.

1092 Gesetzesentwurf des Senats zur Anpassung von Vorschriften aus dem Bereich Inneres an die europäische Datenschutz-Grundverordnung und zur Änderung des Gesetzes zur Ausführung des Flurbereinigungsgesetzes v. 17.4.2018, LT-Drs. 19/1624, S. 16.

3. Softwareunternehmen als Verleger einer „Hauptzeitung“

Die Softwareunternehmen stellen in den aktuellen Kooperationsformen die Software für die vollautomatisierte Verarbeitung von Daten zu Texten bereit. Diese Tätigkeit hat einen unmittelbaren Bezug zum Inhalt der Beiträge, weil die Grundprogrammierung von Journalismus-Bots Einfluss auf die Sprache der Beiträge hat.[1093] Softwareunternehmen sind aber nicht Verleger einer „Hauptzeitung.“ Art. 8 Abs. 4 bayPressG und die jeweiligen anderen Landespressegesetze können nicht so verstanden werden, dass die Herkunft sämtlicher Drittinhalte transparent zu machen ist. Auch die den Hauptteil der Anschlusszeitung zuliefernde Hauptzeitung muss eine eigenständige Zeitung oder Zeitschrift sein, aus der wesentliche Teile fertig übernommen werden (vgl. etwa Art. 8 Abs. 4 bayPressG). Die Softwareunternehmen müssten daher die Beiträge in eigener Verantwortung publizieren. Dieses Merkmal grenzt Zeitungen von bloßen Zulieferdiensten ab, die einzelne Mitteilungen oder Beiträge verbreiten, sodass neben dem Wortlaut auch die Systematik für das hier vertretene Ergebnis spricht.

Im Ergebnis folgt eine Benennungspflicht daher auch nicht aus den Transparenzpflichten für Anschlusszeitungen.

IV. Softwareunternehmen als medienredaktionelle Hilfsunternehmen sui generis

Abschließend ist zu hinterfragen, ob bereits die Bereitstellung von Journalismus-Bots zur Darstellung von Daten ausreicht, um die Softwareunternehmen als sonstige Hilfsunternehmen (sui generis) im Sinne der Landespressegesetze einzuordnen. Zwar hätte dies nicht zur Folge, dass Medienunternehmen Softwareunternehmen, von denen sie Journalismus-Bots lizensieren, in ihrem Impressum nennen müssten. Vielmehr wären die Softwareunternehmen selbst an die Vorschriften der Landespressegesetze gebunden. Sie müssten daher ein Impressum vorhalten und einen verantwortlichen Redakteur benennen. Hierfür soll der Begriff des medienrechtlichen Hilfsdienstes im Sinne der Landespressegesetze ausgelegt und vom verfassungsrechtlichen Begriff der Hilfsdienste der Medien abgegrenzt werden (1.). Die in den Landespressegesetzen ausdrücklich als Hilfsdienst benannten Nachrichtendienste, Presseagenturen und Materndienste recher-

1093 Zur Technik bereits unter Kap. 2 A.V. (S. 36 f.). Zum technical-bias Kap. 2 B.I.3. (S. 51). Zum Tendenzschutz (Kap. 3 B.V.2. S. 128 f.).

chieren, redigieren und verbreiten eigene Beiträge, sodass sie als eigenständige Medienunternehmen einzuordnen sind (2.). Wenn Softwareunternehmen nur bei der Redigierung von Beiträgen beteiligt sind, zudem Beiträge nicht im presserechtlichen Sinne verbreiten, nehmen sie keine vergleichbare Position wie Nachrichtendienste, Materndienste oder Pressekorrespondenzen ein (3.).

1. Begriff des medienredaktionellen Hilfsdienstes in Art. 5 Abs. 1 S. 2 GG und den Landespressegesetzen

Es wurde bereits untersucht, wie der Begriff des medienrechtlichen Hilfsdienstes i. S. d. Art. 5 Abs. 1 S. 2 GG auszulegen ist.[1094] Die Medienfreiheit schützt den gesamten Produktions- und Verbreitungsprozess von Beiträgen. Unterschieden wurde zwischen inhaltsfernen und inhaltsnahen Hilfstätigkeiten, wobei die im ersten Fall enge organisatorische Anbindung von Hilfsdienst- und Medienunternehmen durch den im zweiten Fall gegebenen Inhaltsbezug zur Beitragserstellung ausgeglichen werden kann.[1095] In beiden Fällen ist allerdings zu beachten, dass Hilfsunternehmen den Schutz durch die Medienfreiheit nur von den eigentlichen Medienunternehmen ableiten. Bei der Auslegung des einfachen Rechts ist unter Berücksichtigung von Sinn und Zweck der jeweiligen Norm zu untersuchen, welche journalistischen Arbeitsphasen die jeweilige Norm reguliert. Sodann ist zu fragen, welche Arbeitsphase vom medienrechtlichen Hilfsunternehmen unterstützt wird, wobei Art und Umfang der Hilfeleistung für die jeweilige Arbeitsphase zu berücksichtigen sind.[1096]

2. Medienredaktionelles Hilfsunternehmen der Presse i. S. d. Landespressegesetze

Unter Berücksichtigung dieser Auslegungsgrundsätze ist festzustellen, dass der in den Landespressegesetzen zugrundegelegte Begriff der Hilfsdienste der Presse ungenau ist. Es ist zu konstatieren, dass Nachrichtendienste, Pressekorrespondenzen, aber ebenso Materndienste Beiträge recherchieren, redigieren und auch (gegenüber den Medienverlagen) veröffentli-

1094 Hierzu bereits unter Kap. 3 B.I.1. (S. 98 f.).
1095 Hierzu bereits unter Kap. 3 B.I.1.b. (S. 101 f.).
1096 Hierzu bereits unter Kap. 3 B.I. (S. 99 f.).

chen.[1097] Sie sind daher in jeder journalistischen Arbeitsphase tätig. Nachrichtendienste (DPA, Reuters) sind zudem an die journalistischen Sorgfaltspflichten gebunden;[1098] sie gelten sogar als privilegierte Quelle, deren Meldungen ungeprüft übernommen werden können.[1099] Auch Pressekorrespondenzen und Materndienste liefern nicht nur, wie Nachrichtenagenturen, kleine Nachrichtenbeiträge, sondern „druckreifen Redaktionsstoff".[1100] Insofern sind Nachrichtenagenturen keine reinen Hilfsdienste, sondern eigenständige Medienunternehmen, die ihren Schutzanspruch aus Art. 5 Abs 1 S. 2 GG nicht nur von anderen Medienunternehmen ableiten, sondern sie sind eigenständige Träger der Medienfreiheit. Softwareunternehmen hingegen leiten den Schutz aus Art. 5 Abs. 1 S. 2 GG lediglich von den berichterstattenden Medienunternehmen ab.

Softwareunternehmen müssten daher berichterstattend[1101] tätig sein, um als Hilfsdienst im Sinne der Landespressegesetze eingeordnet werden zu können, obwohl sie faktisch Hilfsdienste leisten.

3. Einordnung der Softwareunternehmen

Softwareunternehmen müssten recherchierend, redigierend und veröffentlichend tätig sein.

Liefern Softwareunternehmen lediglich die Computersoftware für die Beitragsgenerierung, während die Verlage selbst die Steuerung des Programms übernehmen sowie die Datengrundlage für die zu generierenden Beiträge bereitstellen, fungieren sie nicht als medienredaktionelles Hilfsunternehmen im Sinne der Landespressegesetze. In dieser Konstellation übt das Softwareunternehmen keine unmittelbare redaktionsähnliche Kontrolle über die recherchierten Daten aus, die aber Nachrichtenagenturen, Materndienste und Pressekorrespondenzen innehaben. Der Beitrag des Softwareunternehmens reduziert sich auf die Ebene des Redigierens, indem einem Medienunternehmen eine Software zur Aufbereitung und Darstellung von Rohdaten bereitgestellt wird. Zwar wählt die Software die Daten autonom aus, was einer Recherchetätigkeit ähnelt. Entscheidend ist

1097 Vgl. *Beater*, Medienrecht, 2. Aufl. 2016, Rn. 168.

1098 BVerfG, AfP 2003, S. 539, 540.

1099 *Korte*, Praxis des Presserechts, 2014, S. 95; *Ricker*, Unternehmensschutz und Pressefreiheit, 1989, S. 121 und noch unter Kap. 5 B. III.3. (S. 246 f.).

1100 *Lehr*, in: Löffler, Presserecht, 6. Aufl. 2015, § 7 Rn. 50; *Weberling*, in: Ricker/ Weberling (Hrsg.), Handbuch des Presserechts, 6. Aufl. 2012, 12. Kap. Rn. 14.

1101 Vgl. zur Auslegung des Merkmals bereits unter Kap. 3 B.II.3. (S. 109 f.).

aber, dass auch die erstmalige Verbreitung durch den Verlag erfolgt und nicht durch das Softwareunternehmen. Dies wird dadurch deutlich, dass die Beiträge nicht von Softwareunternehmen an einzelne Verlage versendet werden. Gerade die hier zu untersuchenden Impressumspflichten knüpfen aber an den Vorgang des Verbreitens von Beiträgen an. Gemäß § 6 Abs. 1 PressG (Mustergesetz) kommt es auf die Bestimmung zur Verbreitung an. In dieses Merkmal wird ein subjektives Element hineingelesen. Verbreiter im presserechtlichen Sinn ist derjenige, der mit darüber bestimmt, wann ein Beitrag aus dem engen Kreis der an der Herstellung Beteiligten heraustritt und einem größeren individuell nicht verbundenen Personenkreis zugänglich gemacht wird.[1102] Das Softwareunternehmen verschafft in dieser Konstellation lediglich den Zugriff auf ein Computerprogramm und will selbst keine eigenen Beiträge verbreiten. Vielmehr bestimmt der Verlag, wann und wie der Beitrag verbreitet wird. Wenn ein Fotograf ein auf Bestellung gefertigtes Bild an den Auftraggeber sendet und der Auftraggeber das Porträt einem Artikel zugrundelegt, der daraufhin veröffentlicht wird, hat nicht der Fotograf das Bild im presserechtlichen Sinn verbreitet, sondern der Auftraggeber.[1103] Die Konstellation ist insofern vergleichbar, als dass in der Programmierung schon wesentliche Rahmenbedingungen der Beiträge vom Softwareunternehmen zugrundegelegt sind, die der Verlag nutzt, um Beiträge zu erstellen. In beiden Fällen fehlt es aber an der Verbreitungsabsicht des jeweiligen Auftraggebers.

Lediglich in Konstellationen, in denen ein Softwareunternehmen eigenständig Daten recherchiert, Beiträge generiert, um sie dann allen interessierten Verlagen zugänglich zu machen, ist eine medienredaktionelle Hilfstätigkeit im Sinne der Landespressegesetze gegeben.

4. Zwischenergebnis

Medienunterunternehmen mit Sitz in Sachsen-Anhalt, die externen Roboterjournalismus betreiben, müssen Name oder Firma und Geschäftsanschrift des Softwareunternehmens im Impressum vorhalten. In anderen Bundesländern besteht eine solche Pflicht lediglich, wenn die Beiträge der Journalismus-Bots über ein Druckerzeugnis vertrieben werden. Hingegen ist das Softwareunternehmen auch kein Hilfsunternehmen sui generis,

---

1102 BGH, NJW 1977, S. 1965; *Cornils*, in: Löffler, Presserecht, 6. Aufl. 2015, Einl. 114.

1103 Beispiel angelehnt an *Lehr*, in: Löffler, Presserecht, 6. Aufl. 2015, § 7 Rn. 21.

weil es eben den journalistischen Arbeitsprozess nicht in eigener Hand ausführt, was aber erforderlich ist, um eine Vergleichbarkeit mit Materndiensten und Nachrichtenagenturen herzustellen.

B. Journalistische Sorgfalt im Roboterjournalismus

Neben der Pflicht zur Wahrheit, werden die Pflicht zur Vollständigkeit, die korrekte Wiedergabe von Zitaten, die Pflicht zur Sachlichkeit sowie die Abwägung mit Rechtsgütern Dritter als Sorgfaltspflichten der Medien benannt.[1104] Während eine sachliche Auseinandersetzung mit einem Berichterstattungsgegenstand unproblematisch in der Sprachdatenbank sowie der Satzplanungs- und Lexikalisierungsphase und damit im Quellcode von Journalismus-Bots berücksichtigt wird,[1105] die korrekte Wiedergabe von Zitaten wohl auch ohne weiteres als vom Programmierer vorgegebener Textbaustein definiert werden kann, gilt dies für die Umsetzung des journalistischen Wahrhaftigkeitsanspruchs sowie die daraus ableitbare Abwägungspflicht jedenfalls nicht zwingend. Roboterjournalismus ist insoweit besonders, als dass nach der erstmaligen Programmierung und Einrichtung von Journalismus-Bots die Beiträge vollautomatisiert verbreitet werden.[1106] *Weberling* erkennt darin einen mit Art. 5 Abs. 1 S. 2 GG nicht zu vereinbarenden Mangel, weil danach jeder einzelne Beitrag vor der Veröffentlichung auf seine Wahrhaftigkeit hin überprüft werden müsste.[1107] In der Tat folgt aus der gesellschaftlichen Informations- und Vermittlungsfunktion der Medien die Pflicht, Tatsachen vor Veröffentlichung zu prüfen. Der Wahrhaftigkeitsanspruch, den Medien auch an sich selbst stellen,[1108] sorgt für eine im Vergleich zu sonstigen Inhalteanbietern besondere Informationsqualität.

Jedenfalls sind Journalisten, auch wenn sie mit Journalismus-Bots arbeiten, dem Wahrhaftigkeitsanspruch verpflichtet (I.). Allerdings passt sich der Grad der erforderlichen Sorgfalt relativ an die Berichterstattungsumstände an (II.). Insofern lässt sich eine spezifische Wahrhaftigkeitspflicht für die Arbeit mit Journalismus-Bots bestimmen (III.). Auch wird hinter-

---

1104 Vgl. *Weberling*, in: Ricker/Weberling (Hrsg.), Handbuch des Presserechts, 6. Aufl. 2012, 39. Kap. Rn. 12, 18, 20.

1105 Zur Technik bereits unter Kap. 2 A.V.2. (S. 40 f.).

1106 Vgl. zur Definition von Roboterjournalismus bereits unter Kap. 1 B. (S. 19 f.).

1107 *Weberling*, NJW 2018, S. 735, 738.

1108 Vgl. Ziff. 1 des Pressekodex.

fragt, ob vor der Veröffentlichung jedes einzelnen Artikels stets eine konkrete Abwägung zwischen Berichterstattungsinteresse und individueller Interessenbeeinträchtigung erfolgen muss (IV).

I. Wahrhaftigkeit als Wesenskern berichterstattender Tätigkeiten

Die Landespresse-, Landesmediengesetze, der Rundfunkstaatsvertrag für Rundfunk und Telemedien,[1109] aber auch der berufsethische Regelungskatalog des Trägervereins des Deutschen Presserats, enthalten übereinstimmend den Grundsatz, dass Nachrichten vor ihrer Verbreitung mit der nach den Umständen gebotenen Sorgfalt auf Inhalt, Herkunft und Wahrheit zu überprüfen sind. Die journalistische Wahrhaftigkeitspflicht ist daher der Mittelpunkt, von dem alle anderen journalistischen Sorgfaltspflichten ausgehen.[1110] Wenn man dies berücksichtigt, kommt es für die vorliegende Untersuchung auch nicht darauf an, aus welcher Rechtsgrundlage der Wahrhaftigkeitsanspruch konkret folgt. Medienunternehmen sind abhängig vom Verbreitungsweg an die Wahrhaftig-keitspflicht entweder über § 54 Abs. 2 S. 2 RStV, über das jeweilige Landespressegesetz bzw. Landesmediengesetz und ggf. durch den Presse-kodex[1111] gebunden.[1112] Die Wahrhaftigkeitspflicht steht nicht zur Disposition der Medien[1113] und

1109 Vgl. zu den Pressegesetzen die Liste von *Steffen*, in: Löffler, 6. Aufl. 2015, § 6 und §§ 10 Abs. 1 S. 3 RStV, § 54 Abs. 2 S. 2 RStV. Auch der Pressekodex enthält eine diesbezügliche Verpflichtung (vgl. Ziff. 1 des Pressekodex). – Zur Wahrheitspflicht der Presse ausführlich: *Dittmayer*, Die Wahrheitspflicht der Presse, 2013.

1110 Vgl. BVerfGE 12, S. 113, 130 = NJW 1961, S. 819, 822; *Rhode*, Publizistische Sorgfalt und redaktionelle Rechtspflichten, 2004, S. 34; *Waschatz*, Haftungsfalle Behördeninformation, 2014, S. 23.

1111 Es besteht lediglich die standesrechtliche, moralische Pflicht, Maßnahmen des Deutschen Presserates umzusetzen. Zwar wurde den Selbstverpflichtungserklärungen, die die Medienunternehmen an den Deutschen Presserat gesendet haben, teilweise eine verbindliche Rechtswirkung zugesprochen (*Tillmanns*, in: Deutscher Presserat (Hrsg.), Jahrbuch 2001, S. 44). Allerdings wird überwiegend eine Verbindlichkeit mit Hinweis auf Art. 5 Abs. 1 S. 2 GG abgelehnt (*Callies*, AfP 2002, S. 465, 467; *Heimann*, Der Pressekodex im Spannungsfeld zwischen Medienrecht und Medienethik, 2008, S. 244; *Waschatz*, Haftungsfalle Behördeninformation, 2014, S. 33).

1112 *Schierbaum*, Sorgfaltspflichten, 2016, S. 256 f.

1113 Für eine funktionierende öffentliche Meinungsbildung ist die Wahrheitspflicht eine unabdingbare Voraussetzung, vgl. BVerfGE 12, S. 113, 130 = NJW 1961, S. 819, 821 f.

kann nicht durch technische Vorkehrungen umgangen werden, aber sie untersteht einem „Möglichkeitsvorbehalt", der im Anschluss an *Rhode*[1114] herausgearbeitet und für den Roboterjournalismus konkretisiert wird.

II. Das abstrakte Maß für journalistische Sorgfaltspflichten

Als gemeinsamer Grundsatz aller journalistischen Sorgfaltspflichten gilt, dass, je schwerwiegender sich eine Berichterstattung auf das Fortkommen eines Betroffenen auswirkt, desto größer sind die Sorgfaltsanforderungen.[1115] Daher gilt ein gleitender Maßstab,[1116] der sich nach den Umständen des Einzelfalls bestimmt.[1117] Folgerichtig ist das abstrakte Maß journalistischer Sorgfalt durch die Rechtsprechung bestimmt, die zwischen der sich äußernden Person und deren Stellung im Kommunikationsprozess, konkret also Journalisten und Laien, dem öffentlichen Informationsinteresse an dem Berichterstattungsgegenstand, der Beeinträchtigungsintensität für Rechte eines Betroffenen sowie der Seriosität der Quelle differenziert.[1118]

Der Journalismus-Bot als Computerprogramm ist eine technologische und soziale Innovation, die Risiken für Rechtsgüter Dritter hervorruft.[1119] Weil aber jegliches menschliche Verhalten mit Risiken für Dritte verbunden ist und der Roboterjournalismus auch durch die Medienfreiheit ge-

---

1114 *Rhode*, Publizistische Sorgfalt und redaktionelle Rechtspflichten, 2004, S. 44 f.

1115 *Löffler*, NJW 1965, S. 942, 943; *Rhode*, Publizistische Sorgfalt und redaktionelle Rechtspflichten, 2004, S. 44; *Schierbaum*, Sorgfaltspflichten, 2016, S 269; *Soehring*, in: Soehring/Hoene, Presserecht, 5. Aufl. 2013, § 2 Rn. 14.

1116 *Weberling*, in: Ricker/Weberling (Hrsg.), Handbuch des Presserechts, 6. Aufl. 2012, 39. Kap. Rn. 9.

1117 *Kahl*, Elektronische Presse und Bürgerjournalismus, 2013, S. 279.

1118 *Rhode*, Publizistische Sorgfalt und redaktionelle Rechtspflichten, 2004, S. 44 u. S. 47 f.; vgl. BGH, NJW 2013, S. 790 (Verdachtsberichterstattung); BVerfG, NJW 2003, S. 1855, 1856 (Laienprivileg für Privatpersonen); BGH NJW 1977, S. 1288, 1289 (Anonyme Quelle); EGMR NJW 2012, S. 1058, 1061 (Behördenprivileg). Ausführlich zum Laienprivileg: *Kahl*, Elektronische Presse und Bürgerjournalismus, 2013, S. 279.

1119 Zum Begriff der Innovation: *Hoffmann-Riem*, in: Hoffmann-Riem (Hrsg.), Innovationen im Recht, 1. Aufl. 2016, S. 11, 14 f. Zum Begriff des Risikos: *Kloepfer*, in: Gethmann/Kloepfer (Hrsg.), Handeln unter Risiko im Umweltstaat, 1993, S. 65; *Scherzberg*, VerwArch 84 (1993), S. 484, 493; *Augsberg*, Informationsverwaltungsrecht, 2014, S. 274–277.

schützt ist,[1120] wird ein Maßstab entwickelt, an dem sich ein (Wahrhaftigkeits-)Risikomanagement zu orientieren hat (III. u. IV).

III. Journalistische Wahrhaftigkeitspflicht im Roboterjournalismus

Die Wahrhaftigkeitspflicht knüpft insbesondere an Recherchepflichten an.[1121] Innerhalb einer Recherche sind solche Tatsachen, die einem Beitrag zugrundegelegt werden, auf ihre Wahrhaftigkeit zu überprüfen. Dadurch wird das Risiko einer Falschberichterstattung und der damit einhergehenden Rechtsgutverletzung von Dritten reduziert (1.). Daraus lässt sich auch ableiten, dass der Einsatz von Crawlern nicht der journalistischen Sorgfaltspflicht im Roboterjournalismus entspricht (2.). Hingegen handelt sorgfaltsgemäß, wer privilegierte Quellen für die Rohdatengrundlage der Journalismus-Bot-Beiträge nutzt (3.).

1. Risikoreduktion

Der Begriff Risiko (nicht zu verwechseln mit dem (polizeirechtlichen) Gefahrenbegriff[1122]) stammt aus dem Technik- und Umweltrecht, kann aber als allgemeiner Grundsatz auf andere Rechtsbereiche übertragen werden.[1123] Zum einen ist ein Risiko einer Gefahr vorgelagert, weil im Fall einer Gefahr für Rechtsgüter Dritter die Polizei berechtigt ist, die Gefahr abzuwehren, was bei einem bloßen Risiko nicht der Fall ist.[1124] Risiko ist

---

1120 Hierzu bereits unter Kap. 3 B.III. (S. 114 f.).

1121 *Löffler*, NJW 1965, S. 943, 943; *Dittmayer*, Wahrheitspflicht der Presse, 2013, S. 82.

1122 Vgl. *Kloepfer*, in: Gethmann/Kloepfer (Hrsg.), Handeln unter Risiko im Umweltstaat, 1993, S. 65.

1123 *Augsberg*, Informationsverwaltungsrecht, 2014, S. 275. Vgl. zur Übernahme des umweltrechtlichen Kooperationsprinzips in das Medienrecht in Form der regulierten Selbstregulierung: *Callies*, AfP 2002, S. 465, 469 und zur Übertragung der Grundsätze des Risikorechts auf die Regulierung von Algorithmen, *Martini*, Blackbox Algorithmus, 2019, S. 114 f.

1124 *Scherzberg* differenziert zwischen dem Risiko erster Ordnung, der dem Gefahrenbegriff entspricht, und dem Risiko zweiter Ordnung, die auch den nachfolgenden Ausführungen zugrundelegt werden (ders., VerwArch 84 (1993), S. 484, 497). Daran anknüpfend auch *Augsberg*, Informationsverwaltungsrecht, 2014, S. 275).

„die Gefahr, Gefahren nicht zu erkennen".[1125] Anders formuliert ist über eine Situation zu entscheiden, in der Prognosen über Schadensmöglichkeit, -wahrscheinlichkeit, -eintritt und -verlauf unmöglich sind.[1126] Diese Situation entspricht dem Spannungsverhältnis zwischen Berichterstattungsinteresse auf der einen Seite und den konkreten Gefahren für Rechtsgüter Dritter auf der anderen Seite. Prognosen über die *konkrete* Gefahr für diese Rechtsgüter sind ex ante nicht möglich. Da aber nahezu jedes menschliche Verhalten mit Risiken verbunden ist, kann völlige Risikofreiheit nicht eingefordert werden.[1127] Gerade neue Technologien erzeugen Risiken, die mit den Chancen ihrer Nutzung abgewogen werden müssen.[1128] Dass der Einsatz von Journalismus-Bots der Meinungsvielfalt förderlich ist, wurde bereits dargelegt.[1129] Die Risiken einer Falsch-berichterstattung sind hinnehmbar, wenn sie auf ein Restrisiko reduziert werden. Restrisiken liegen unterhalb des rechtlich gebotenen Sicherheitsstandards.[1130] Das Eingehen von Restrisiken ist auch deshalb erlaubt, weil die Ungewissheit einer Situation als Chance für die Gewinnung besseren Wissens gesehen wird.[1131] Nach diesem Maßstab ist das Risiko einer Falschberichterstattung soweit wie möglich zu reduzieren, ohne dass der Roboterjournalismus unmöglich wird (2. u. 3.).

2. Kein automatisierter Einsatz von Crawlern

Ein kombinierter Einsatz von vollautomatisierten Crawler-Bots und Journalismus-Bots entspricht nicht der journalistischen Sorgfalt im Roboterjournalismus. Crawler suchen im Internet nach Rohdaten und katalogisieren sie, sodass sie für andere Computerprogramme, wie Journalismus-Bots,

---

1125 *Scherzberg*, in: Engel et al. (Hrsg.), Wissen, Nichtwissen, Unsicheres Wissen, S. 113, 134 f.; *Augsberg*, Informationsverwaltungsrecht, 2014, S. 275.

1126 *Beutin*, Die Rationalität der Risikoentscheidung, 2007, S. 113.

1127 Vgl. *Kloepfer*, in: Gethmann/Kloepfer (Hrsg.), Handeln unter Risiko im Umweltstaat, 1993, S. 55, 67; *Beutin*, Die Rationalität der Risikoentscheidung, 2007, S. 110.

1128 *Appel*, in: Appel et al. (Hrsg.), FS Wahl, 2011, S. 479; *Augsberg*, Informationsverwaltungsrecht, 2014, S. 274; *Hoffmann-Riem*, in: Augsberg (Hrsg.), Ungewissheit als Chance, 2009, S. 17, 30.

1129 Kap. 2 B.II. (S. 60 f.).

1130 *Appel*, Stufen in der Risikoabwehr, NuR 1996, S. 227, 228; *Beutin*, Die Rationalität der Risikoentscheidung, 2007, S. 109.

1131 *Hoffmann-Riem*, in: Augsberg (Hrsg.), Ungewissheit als Chance, 2009, S. 17, 30.

abgerufen werden können.[1132] Auf diese Art wäre es möglich, die Recherche von Daten genauso wie das Redigieren als auch die Verbreitung in Beiträgen vollautomatisiert ablaufen zu lassen. Der Autonomisierungsgrad dieses Journalismus-Bots wäre maximal, das Gefährdungspotential für die von der Berichterstattung Betroffenen wäre ex ante unabsehbar, weil nicht einmal bekannt ist, über welche Lebensbereiche berichtet wird.

Die Beschreibung des Journalismus-Bots von „Narrative Science“ weist darauf hin, dass Drittquellen in das Computerprogramm eingebunden werden können, indem Daten „gescraped“ werden.[1133]

Zwar können auch Crawler zielgerichtet nach bestimmten Informationen suchen, etwa nach Sportergebnissen, aber es kann nicht kontrolliert werden, aus welcher Quelle Crawler z. B. Spielergebnisse kopieren. Dies können Foren von Privatpersonen sein, die nicht an den journalistischen Wahrhaftigkeitsgrundsatz[1134] gebunden sind, aber auch Foren, in denen über Ergebnisse von fiktiven (Computer-)Spielen berichtet werden. Ein derart ungeordneter Rohdatenhaufen ist per se für vollautomatisierten Roboterjournalismus ungeeignet, weil das Gefährdungspotential für die Rechte Dritter nicht kontrolliert werden kann.

Der Einsatz vollautomatisierter Crawler, die ihre Daten in Echtzeit an den Journalismus-Bot weiterleiten, entspricht daher nicht der im Roboterjournalismus geforferten Sorgfalt.

> Angemerkt sei, dass dies nicht ein Verbot dieser Art von Roboterjournalismus zur Folge hat, gleichwohl ist die Gefahr einer Falschberichterstattung beträchtlich. Damit gehen dann (auch) Schadensersatzansprüche einher, weil die privilegierende Wirkung der journalistischen Sorgfaltspflichten nicht greift.[1135] Auch sind wettbewerbsrechtliche Ansprüche von Konkurrenten nicht auszuschließen, wenn behauptet wird, diese Art von Roboterjournalismus sei echter Roboterjournalismus.

1132 Hierzu bereits unter Kap. 1 B.III. (S. 23).

1133 Vgl. Patent No. US 8,355,903 v. 15.1.2013, Spalte 4 der Beschreibung und Fig. 3.

1134 Die Wahrhaftigkeitpflicht für Laienjournalisten ist weniger streng als für professionelle Journalisten, hierzu: *Kahl*, Elektronische Presse und Bürgerjournalismus, 2013, S. 279; a. A. *Schierbaum*, Sorgfaltspflichten, 2016, S. 397 f.

1135 Hierzu: *Rhode*, Publizistische Sorgfaltspflichten und redaktionelle Rechtspflichten, 2004, S. 32 f.

3. Einsatz von privilegierten Quellen

In der Rechtsprechung sind Fälle verhandelt worden, in denen die Medien eine Tatsachenbehauptung von vertrauenswürdigen Dritten übernommen haben, ohne die Wahrhaftigkeit der Tatsache von einer zweiten Quelle bestätigen zu lassen.[1136] Privilegierte Quellen stützen die Funktion der Medien, die trotz Aktualitätsdruck und begrenzten finanziellen Ressourcen ihre gesellschaftliche Aufgabe ausfüllen müssen.[1137] Der Vielfalt von Meinungen und Informationen wird der Vorrang vor einer absoluten Informationsrichtigkeit eingeräumt, was dem Prozesscharakter der Wahrheitsfindung entspricht.[1138] Der Sinn und Zweck von privilegierten Quellen lässt sich auf einen gemeinsamen Grundgedanken zurückführen (a.). Sodann werden in der Rechtsprechung anerkannte privilegierte Quellen untersucht (b.–e.) und festgestellt, ob die ebenfalls diskutierten Ausnahmen vom Berichterstattungsprivileg in den Quellcode von Journalismus-Bots implementiert werden können (f.).

a. Grundgedanke von privilegierten Quellen

Der gemeinsame Grundgedanke von sog. privilegierten Quellen ist, dass für die journalistische Quelle besondere Regeln für die Erhebung, Verarbeitung und Nachbereitung von Fehlinformationen bestehen.[1139] Diese Regeln gewährleisten die Informationsrichtigkeit. Man kann sagen, diese Informationen haben eine besondere Qualität.[1140]

b. Staatliche Informationen

Aus der Warte des Verfassungsrechts betrachtet, muss der Staat eine glaubwürdige Informationsquelle sein, weil alle drei Teilgewalten durch das De-

1136 LG Köln, AfP 2005, S. 81, 83, BGH, NJW 1966, S. 1857 (Expertenprivileg); LG München, AfP 1975, S. 758, 759 (Agenturprivileg); BGH, NJW 1987, S. 2225, 2226 (Staatliche Informationen).

1137 *Waschatz*, Haftungsfalle Behördeninformation, 2014, S. 96.

1138 *Waschatz*, Haftungsfalle Behördeninformation, 2014, S. 118.

1139 Ähnlich: *Waschatz*, Haftungsfalle Behördeninformation, 2014, S. 99 u. S. 138 f.

1140 Die Mehrdimensionaltät des Begriffs „Informationsqualität" kann hier nicht untersucht werden, hierzu: *Druey*, Information als Gegenstand des Rechts, 1996, S. 243.

mokratie- und Rechtsstaatsprinzip sowie durch die Grundrechte verpflichtet werden, (nur) wahrheitsgemäße Informationen zu verbreiten.[1141]

Damit ist allerdings nicht gemeint, dass eine Information immer objektiv mit der Realität übereinstimmen muss,[1142] weil Ungewissheit nicht vermeidbar ist.[1143]

Während proaktiv verbreitete Informationen eine besondere Richtigkeitsgewähr in sich tragen, gilt das gleiche für reaktiv zugänglich gemachte Informationen nicht zwingend.[1144] Die proaktive Veröffentlichung von Informationen ist dort, wo sie gesetzlich angeordnet ist, eine Kernaufgabe der jeweiligen staatlichen Stelle.[1145] Insofern ist es gerechtfertigt, gesteigerte Anforderungen an die Richtigkeit und Vollständigkeit der bei der jeweiligen Stelle vorhandenen und zu veröffentlichenden Informationen zu stellen.[1146] Hingegen muss in Verwaltungsverfahren, in denen über reaktive Informationsansprüche entschieden wird, nicht geprüft werden, ob die herausgegebenen Informationen richtig sind (§ 7 Abs. 3 IFG, vgl. aber auch § 7 Abs. 3 UIG).[1147] Der Anspruch richtet sich auf die bei der informationspflichtigen Stelle vorhandenen Informationen. Diese können richtig oder falsch sein. Auch der reaktive medienrechtliche Auskunftsanspruch gegenüber staatlichen Stellen, der aus der medienrechtlichen Recherchefreiheit

1141 Überwiegend wird dies aus den Grundrechten hergleitet: BVerfG, NJW 2002, S. 2621, 2624; *Schoch*, NJW 2012, S. 2844, 2848. Ausführlich auch zur Differenzierung zwischen reaktiven und proaktiven Informationsansprüchen, deren Wahrhaftigkeitsanspruch unterschiedlich weit geht: *Waschatz*, Haftungsfalle Behördeninformation, 2014, S. 131. – Ohne Differenzierung hingegen: *Dittmayer*, Wahrheitspflicht der Presse, 2013, S. 92 f.

1142 In dieser Hinsicht ist *Damm*, Staatliche Geodaten als Element der Daseinsvorsorge, 2017, S. 285 zuzustimmen.

1143 *Augsberg*, Informationsverwaltungsrecht, 2014, S. 238.

1144 Im Ergebnis ebenso: *Waschatz*, Haftungsfalle Behördeninformation, 2014, S. 131.

1145 Solche Normen finden sich im Informationsfreiheitsrecht zum Beispiel in § 11 Informationsfreiheitsgesetz (IFG), § 11 Abs. 1 Goedatenzugangsgesetz (GeoZG) und § 10 Umweltinformationsgesetz (UIG) i. V. m. § 8 Abs. 3 UIG. Vgl. zum Geodatenzugangsgesetz: *Neumann*, Zugang zu Geodaten, 2014, S 367; *Rossi*, NVwZ 2013, S. 1263, 1266; a. A. Erhobene Geodaten sind nur bloßes Nebenprodukt, daher bloße Nebenpflicht: *Damm*, Staatliche Geodaten als Element der Daseinsvorsorge, 2017, S. 285.

1146 Vgl. zum Geodatenzugangsgesetz: *Neumann*, Zugang zu Geodaten, 2014, S 367; *Rossi*, NVwZ 2013, S. 1263, 1266. Tendenziell weniger streng: *Damm*, Staatliche Geodaten als Element der Daseinsvorsorge, 2017, S. 285.

1147 *Schoch*, IFG, 2. Aufl. 2016, § 7 Rn. 126.

abgeleitet wird, ist auf eine individuelle Auskunft gerichtet.[1148] Nach allgemeinen Untersuchungsgrundsätzen ist die Behörde von Amts wegen verpflichtet, sich eine eigene Überzeugung von der Wahrheit zu bilden.[1149] Allerdings haben die Medien aufgrund ihrer gesellschaftlichen Aufgabe[1150] das Recht, eine eigenverantwortliche Entscheidung über die Verarbeitung der von einer staatlichen Stelle erhaltenen Information zu treffen.[1151] Insoweit sind auch Auskünfte, die Medien auf Grundlage eines medienrechtlichen Auskunftsanspruchs erhalten, nicht als privilegierte Quelle zu behandeln.[1152]

c. Staatliche Information: Wahlergebnisse

Zusammenfassend ist die Gewähr der Rohdatenrichtigkeit durch Vorschriften der Wahlgesetze und der Wahlordnungen gesichert, die Regeln für die Erhebung und Verarbeitung von Wählerstimmen beinhalten.

Die Berichterstattung über Wahlergebnisse ist ohne Überprüfung der Richtigkeit der Informationen möglich, wenn die Rohdaten unmittelbar vom jeweiligen Wahlleiter erhoben werden oder wenn sichergestellt ist, das Dritte die Daten vom Wahlleiter unverändert an das Medienunternehmen, das Roboterjournalismus betreiben will, übertragen. *Weberling* fordert für die Berichterstattung von Wahlergebnissen vor Veröffentlichung eines Beitrags eine Prüfung der Tatsachen, die der Meldung zugrundeliegen.[1153] Dem ist entgegenzuhalten, dass das gesamte Verfahren, in dem die Rohdaten – also die Wählerstimmen – erhoben und verarbeitet werden, engmaschig durch die jeweiligen Wahlgesetze und -verordnungen reguliert ist.[1154] Der Wahlleiter ist Inhaber eines öffentlichen Amtes, sodass die Bekanntgabe des vorläufigen Wahlergebnisses ein besonderer Fall proaktiver staatlicher Informationstätigkeit ist. Der Staat ist in diesen Fällen eine

---

1148 Vgl. hierzu bereits unter Kap. 3 B.IV.2. (S. 119 f.).

1149 Vgl. allgemein: *Ramsauer*, in: Kopp/Ramsauer, 19. Aufl. 2018, § 24 Rn. 2.

1150 Hierzu bereits unter Kap. 3 A.V.1. (S. 79 f.).

1151 VG Dresden, AfP 2009, S. 301; *Waschatz*, Haftungsfalle Behördeninformation, 2014, S. 151.

1152 Ebenso: *Waschatz*, Haftungsfalle Behördeninformation, 2014, S. 171.

1153 *Weberling*, NJW 2018, S. 735, 738.

1154 Vgl. insbesondere zur Zählung, Feststellung und Bekanntgabe des (vorläufigen) Endergebnisses z. B. § 52 Bundeswahlgesetz (BWG) i. V. m. §§ 67–80 Bundeswahlordnung (BWO).

besonders glaubwürdige Quelle.[1155] Dies gilt erst recht, wenn auch die Erhebung, Verarbeitung und Bekanntgabe der Information durch einen bestimmten Amtsinhaber besonders geregelt sind. Daher ist auch der Wahlleiter eine privilegierte Quelle. Die Wahrhaftigkeit der Tatsachen, die der Wahlleiter in seiner amtlichen Information äußert, muss daher von Journalisten nicht gesondert überprüft werden.

d. Private Informationen: Spielergebnisse des Deutschen Fußballbunds

Der Deutsche Fußballbund (DFB) ist ein gemeinnütziger Verein mit Sitz in Frankfurt, der nicht nur den Bereich des Profifußballs organisiert, sondern als Dachverband von 26 Fußballverbänden auch für die Amateurmeisterschaften verantwortlich ist.[1156] Der DFB verwaltet seine elektronischen Datenbanken über eine Tochtergesellschaft, deren gesamte Anteile Eigentum des DFB sind.[1157]

Die Spieldatenverwaltung des DFB ist, abgesehen von der Länderspielbilanz der Deutschen Fußballnationalmannschaft, daher nicht der staatlichen Sphäre zuzuordnen.[1158] Die Glaubwürdigkeit des DFB hinsichtlich der Richtigkeit der Spielergebnisse folgt daher nicht aufgrund der Zuordnung zur staatlichen Sphäre.

Entscheidend für die Einordnung der Faktendatenbanken des DFB als privilegierte Quelle ist aber, dass die ausgebildeten Schiedsrichter[1159] in einem durch das Verbandsrecht geregelten Meldeverfahren verpflichtet sind, ausschließlich zutreffende Spielergebnisse zu melden. Zwar ist in der DFB-Schiedsrichterordnung die Übermittlung der *richtigen* Ergebnisse nicht ausdrücklich gefordert, aber in Verbindung mit der DFB-Satzung und dem Ethikkodex des DFB kann eine solche Pflicht hergeleitet wer-

---

1155 Anders, wenn eine Information staatlichen Ursprungs ohne Entäußerungswillen des Staates an die Öffentlichkeit gelangt, BGH, NJW 2014, S. 2029, 2032.

1156 Vgl. § 1 DFB-Satzung i. d. F. v. 25.10.2013.

1157 www.dfb.de/gesellschaften/dfb-gmbh/unternehmen/portrait (Datum des Abrufs: 20.12.2018).

1158 Der DFB übernimmt in diesem Bereich auch eine öffentliche Aufgabe wahr, indem er die Bundesrepublik Deutschland im nationalen Interesse repräsentiert, ausführlich hierzu: *v. Lewinski/v. Lindeiner-Wildau*, SpuRt 2006, S. 147, 148.

1159 Vgl. § 6 Nr. 1 a) Var. 2 DFB-Satzung i. d. F. v. 25.10.2013 i. V. m. § 3 Nr. 1 DFB-Schiedsrichterverordnung i. V. m. mit den Regelungen der jeweiligen Landesverbände.

den.[1160] Die Schiedsrichter sind als Mitglieder des DFB an dessen Satzung gebunden (§ 1 Abs. 3 DFB-Schiedsrichterordnung). Aus dem Fair-Play Gedanken (§ 4 Nr. 2 a) Var. 5 DFB-Satzung) für Funktionsträger ergibt sich eine Pflicht, die Ergebnisse wahrheitsgemäß zu übermitteln, wobei Verstöße betraft werden können (§ 44 Nr. 1 DFB-Satzung). Verglichen mit der Unverbindlichkeit des Ethikkodex des Deutschen Presserates e.V. sind die Durchsetzungsmöglichkeiten des DFb hinsichtlich des Wahrhaftigkeitsgebots sogar strenger. Im Übrigen ist es Redaktionen schwerlich zumutbar, jedes einzelne Spielergebnis im Amateurbereich zu überprüfen, weil dadurch der übrige Redaktionsbetrieb erliegen würde.[1161] Soweit die Medien die Spielergebnisse direkt vom DFB e. V. oder einem 100%-Tochterunternehmen, wie der DFB-GmbH,[1162] erhalten, sind Medien nicht verpflichtet, ihre Richtigkeit zu überprüfen.[1163] Freilich gilt auch hier, dass, wenn ein Dritter die Daten unverändert vom DFB an das Medienunternehmen technisch weiterleitet, die privilegierende Wirkung des DFB auf diesen Dritten ausstrahlt.

e. Private Informationen: Nachrichtenagenturen

Auch Nachrichtenagenturen gelten als zuverlässig, weil sie selbst dem Wahrhaftigkeitsanspruch unterliegen, soweit sie in der Praxis anerkannt sind.[1164] Eine Überprüfung jeder einzelnen Agenturmeldung würde die Redaktionsarbeit zum Erliegen bringen.[1165] Wortberichterstattungen können und müssen im Wesentlichen übernommen werden, weil die privilegierende Wirkung im Einzelfall nach einer Bearbeitung entfallen kann. Ist in eine Wortberichterstattung eine Bildquelle integriert, so ist auch diese

---

1160 Vgl. § 6 Nr. 1 a) Var. 2 DFB-Satzung i. d. F. v. 25.10 2013 i. V. m. § 8 Nr. 4 DFB-Schiedsrichterordnung i. V. m. DFB-Ethikkodex.

1161 Vgl. zu dieser Argumentation beim Agenturprivileg: *Peters*, NJW 1997, S. 1334, 1337.

1162 www.dfb.de/gesellschaften/dfb-gmbh/unternehmen/portrait (Datum des Abrufs: 20.12.2018)

1163 A. A. *Weberling*, NJW 2018, S. 735, 738.

1164 *Peters*, NJW 1997, S. 1334, 1336; *Dittmayer*, Wahrheitspflicht der Presse, 2013, S. 92; BVerfG, NJW 2004, S. 589, 590, wobei das Bundesverfassungsgericht die Frage, ob Meldungen von Nachrichtenagenturen ungeprüft übernommen werden können, offengelassen hat.

1165 *Peters*, NJW 1997, S. 1334, 1337; *Dittmayer*, Wahrheitspflicht der Presse, 2013, S. 92.

als privilegierte Quelle zu behandeln, wenn der Kontextbezug des Bildes gewahrt bleibt.[1166]

Zudem pflegen Nachrichtenagenturen eine besondere Fehlerkultur.[1167] Nachrichtenagenturen weisen in der Kommunikation mit Medienunternehmen proaktiv auf eigene Fehler hin, indem sie die ursprüngliche Falschmeldung mit einer Richtigstellung zu einer Berichtigungsmeldung verknüpfen.[1168] Die Berichtigungsmeldungen werden an Medienunternehmen gesendet und als Meldung mit hoher Priorität gekennzeichnet.[1169] Hingegen sind in den Publikumsmedien proaktive Berichtigungsmeldungen selten und reaktive Berichtigungsmeldungen müssen nur ausnahmsweise[1170] prominent platziert werden.[1171] Trotzdem wird sich teilweise für eine Privilegierung auch sonstiger als seriös anerkannter Medienunternehmen ausgesprochen, wenn der Betroffene einer Berichterstattung nicht widersprochen hat.[1172] Im Kontext des Roboterjournalismus muss die privilegierende Wirkung der Informationen von Nachrichtenagenturen allerdings mit Bedacht geprüft werden, wenn und soweit die Nachrichtenagenturen selber Journalismus-Bots nutzen. In diesen Fällen ist entscheidend, ob die Nachrichtenagentur hierfür auch privilegierte Quellen nutzt.

1166 Hingegen überlassen Bildagenturen die redaktionelle Zweckbestimmung dem Medienunternehmen, dass die Bilder nutzen will. Aus diesem Grund sind Bildagenturen keine privilegierten Quellen (vgl. *Hoene*, in: Soehring/Hoene, Presserecht, 5. Aufl. 2013, § 2 Rn. 21a; BGH, GRUR 1962, S. 211, 214).

1167 Hierzu und im Folgenden: *Waschatz*, Haftungsfalle Behördeninformation, 2014, S. 111–119.

1168 *Waschatz*, Haftungsfalle Behördeninformation, 2014, S. 117.

1169 *Waschatz*, Haftungsfalle Behördeninformation, 2014, S. 117 *Grüll*, Die Qualität der Nachrichtenagenturen aus Sicht ihrer Kunden, 2009, S. 35.

1170 Aber nur dann, wenn die Erstmeldung ebenfalls an prominenter Stelle platziert wurde, vgl. zum Gegendarstellungsanspruch auf der Titelseite der Bild-Zeitung,

1171 Vgl. zur Nachdruckpflicht im Fall einer ursprünglich rechtmäßigen Verdachtsberichterstattung, wobei sich später der Verdacht nicht bestätigt hat: BVerfG, WM 2018, S. 1167.

1172 OLG Karlsruhe, NJW-RR 2006, S. 483, 484 (Öffentlich-rechtliche Rundfunkanstalte als privilegierte Quelle).

f. Ausnahmen vom Quellenprivileg

Vom Quellenprivileg werden zwei Ausnahmen gemacht: Wenn offensichtliche Zweifel an der Richtigkeit der Meldung bestehen,[1173] und wenn das Medienorgan über bessere Erkenntnisquellen verfügt.[1174]

Der erste Fall kann im Quellcode von Journalismus-Bots berücksichtigt werden, indem mittels Metadaten „Ausreißer“ definiert werden. Metadaten beziehen sich auf die zu veröffentlichenden Rohdaten und verschaffen dem Computerprogramm ein semantisches „Verständnis“ für die Rohdaten. Wenn ein Herrenkreisligafußballspiel 30:22 geendet haben soll, dann liegt es auf der Hand, dass dieses Ergebnis offensichtlich falsch ist. Sollte ein derartiges Ergebnis vorliegen, müsste technisch gewährleistet sein, dass die vollautomatisierte Veröffentlichung gestoppt und eine (Fehler-)Meldung generiert wird.

Der zweite Fall kann nicht im Quellcode berücksichtigt werden. Allerdings ist nach hiesiger Ansicht die Rechtfertigung dieser Ausnahme zweifelhaft: Es widerpricht der Entlastungsfunktion von privilegierten Quellen, wenn zwingend stets die beste Erkenntnisquelle genutzt werden muss, was zudem eine Wertungsentscheidung ist. Im Übrigen müssen selbst Anzeigenteile, die von keiner privilegierten Quelle stammen, nicht einzeln überprüft werden, sondern nur im Fall „grober, unschwer zu erkennenden Verstöße“.[1175]

Das Medienorgan ist nicht zur Nachrecherche verpflichtet, auch wenn es eine zweite, vermeintlich bessere Quelle heranziehen könnte. Die sekundäre Nachrecherchepflicht ist daher auf „Ausreißer“ begrenzt.

4. Zwischenergebnis

Privilegierte Quellen reduzieren das Risiko einer Falschberichterstattung. Aus den Beispielfallgruppen lassen sich allgemeine Grundsätze kondensieren, die indizieren, dass eine glaubwürdige und nicht überprüfungspflich-

---

1173 *Steffen*, in: Löffler, Presserecht, 6. Aufl. 2015, § 6 Rn. 169; *Weberling*, in: Ricker/Weberling (Hrsg.), Handbuch des Presserechts, 6. Aufl. 2012, 39. Kap. Rn. 15; KG, NJW-RR 2008, S. 356.

1174 *Weyhe*, in: Paschke et al. (Hrsg.), Gesamtes Medienrecht, 3. Aufl. 2016, 37. Abschn., 1. Kap. Rn. 56; *Korte*, Handbuch des Presserechts, 2014, § 2 Rn. 219.

1175 BGH, WRP 2001, S. 529, 531; BGH, AfP 1998, S. 624, 625; *Weberling*, in: Ricker/Weberling (Hrsg.), in: Handbuch des Pressrechts, 5. Aufl. 2012, 39. Kap. Rn. 15.

tige Quelle verwendet wurde: Dies ist bei staatlichen Informationen der Fall, wenn diese proaktiv veröffentlicht werden. Wenn und soweit die Datenerhebung besonderen Regeln unterliegt, die die Richtigkeit des Datums gewährleisten sollen, spricht dies ebenfalls für eine privilegierte Quelle.

IV. Interessenabwägung im Roboterjournalismus

Die Landespresse- und -mediengesetze, der Rundfunkstaatsvertrag und der Pressekodex normieren einheitlich, dass Nachrichten *vor* ihrer Verbreitung mit der nach den Umständen gebotenen Sorgfalt auf Inhalt, Herkunft und Wahrheit zu überprüfen sind.[1176] Nach allgemeinen Grundsätzen gilt, je schwerwiegender die Folgen für die von der Berichterstattung Betroffenen sind, desto intensiver muss die Richtigkeit einer Tatsache überprüft werden.[1177] Die Interessenabwägung bestimmt daher das Maß der journalistischen Recherchepflicht. Wie aufzuzeigen ist, bestimmt der Berichterstattungsgegenstand, ob eine konkrete oder eine abstrakte Abwägung erforderlich ist (1.).

1. Abstrakte Abwägungsentscheidung

Jedenfalls der Wortlaut der Landespresse- und -mediengesetze steht dieser Auslegung zumindest nicht offensichtlich entgegen. Schließlich ist nicht definiert, welche *konkreten* Anforderungen an die Abwägungsentscheidung gestellt werden. Hingegen steht der grundrechtliche Maßstab fest: Im Sinne praktischer Konkordanz ist der Berichterstattungsfreiheit der Medien aus Art. 5 Abs. 1 S. 2 GG und den möglichen betroffenen Grundrechten Dritter, wie zum Beispiel das allgemeine Persönlichkeitsrecht aus Art. 2 Abs. 1 GG i. V. m. Art. 1 Abs. 1 GG, jeweils zu ihrer größtmöglichen Entfaltung zu verhelfen.[1178]

1176 Vgl. § 54 Abs. 2 RStV und *Steffen*, in: Löffler, Presserecht, 6. Aufl. 2015, § 6 Rn. 157; *Held*, in: Binder/Vesting (Hrsg.), Beck'scher Kommentar zum Rundfunkrecht, 4. Aufl. 2018, § 54 Rn. 65; *Hoene*, in: Soehring/Hoene, Presserecht, 5. Aufl. 2013, § 2 Rn. 9.

1177 *Peters*, NJW 1997, S. 1334, 1336; *Beater*, Medienrecht, 2. Aufl. 2016, S. 477; BVerfG, NJW-RR 2010, S. 470, 472.

1178 Vgl. *Hesse*, Grundzüge des Verfassungsrechts, 20. Aufl. 1999, Rn. 75. – Mit Bezug zur Wahrheitspflicht: BVerfG, NJW-RR 2010, S. 470, 471 u. 472.

Um Abschreckungseffekte auf die Medientätigkeit zu verhindern, dürfen die Anforderungen an die Abwägungsentscheidung von Journalisten nicht überspannt werden.[1179] Je schwerwiegender eine Berichterstattung Rechte Dritter beeinträchtigt, desto höhere Anforderungen sind an die Abwägungsentscheidung zu stellen.[1180]

a. Beispiel: Amateurfußball

Entscheidend ist, dass ohne vollautomatisierte Journalismus-Bots keine Berichterstattung über Amateurfußball bis in die untersten Ligen realisiert werden kann. Angesichts von weit über 80.000 Spielen pro Wochenende, 160.000 Mannschaften und über drei Millionen Spielern[1181] im Amateurfußball ist eine konkrete Abwägung für jedes einzelne Spiel unmöglich. Es müsste in jedem Einzelfall ermittelt werden, über welche Situation berichtet wird (z. B. Tor oder rote Karte), was bereits erhebliche Schwierigkeiten bereitet. Sodann müsste der soziale Status eines jeden Spielers ermittelt werden, wenn man die Auswirkungen einer Berichterstattung genau erfassen will. Im Zweifel würde daher auf den Gebrauch der Meinungs- und Medienfreiheit verzichtet werden, weil entsprechende haftungsrechtliche Konsequenzen drohen.

Hingegen wird die Wahrscheinlichkeit einer Falschberichterstattung auf ein Minimum reduziert, wenn privilegierte Quellen genutzt werden. Das Restrisiko ist gegenüber dem Informationsinteresse der Öffentlichkeit abzuwägen, das im Fall der Berichterstattung über Amateurfußballspiele überwiegt: Im Fall der Wortberichterstattung über Fußballspiele im Amateurbereich ist etwa die Information, wer wann ein Tor in einem Fußballspiel erzielt hat, der Privatsphäre zuzuordnen, die vom allgemeinen Persönlichkeitsrecht geschützt wird.[1182] Zudem ist das Alter des Torschützen zu berücksichtigen, weil das Recht auf ungestörte geistige und seelische Entwicklung von Minderjährigen sowie die Eltern-Kind-Beziehung besonders schutzwürdig sind.[1183] Sofern der (Klar-)Name eines Spielers nicht

---

1179 Vgl. zur Wahrheitspflicht: BVerfG, NJW-RR 2010, S. 470, 471.

1180 Vgl. zur Wahrheitspflicht: BVerfG, NJW-RR 2010, S. 470, 471 u. 472.

1181 So der Vertreter der AmteurFußballer und DFB-Vizepräsident *Hermann Korfmacher*, vgl. https://www.dfb.de/news/detail/amateurFußball-kongress-das-hat-gewaltige-dimensionen-30594/ (Datum des Abrufs: 23.12.2019).

1182 Vgl. zur Berichterstattung über ein regionales Sportereignis: BGH, NJW 2013, S. 2890, 2991.

1183 Vgl. BVerfG, NJW 2000, S. 1021, 1023; BGH, NJW 2005, S. 215, 217.

ausdrücklich benannt wird („Tor des Spielers mit der Nr. 8), ist die Betroffenheit nicht zwingend ausgeschlossen, wenn durch Nutzung anderweitiger Quellen ein Personenbezug hergestellt werden kann.[1184] Auf dem Portal „transfermarkt.de“ sind etwa Spielerprofile ab der 5. Liga aufwärts öffentlich zugänglich, sodass ein Personenbezug leicht hergestellt werden kann. Erst recht ist die Bildberichterstattung rechtfertigungsbedürftig,[1185] wenn auch Journalismus-Bots selbständig Bilder einfügen sollten.[1186]

Demgegenüber steht das aus Art. 5 Abs. 1 S. 2 GG abgeleitete Berichterstattungsinteresse der Medien, die die interessierte Bevölkerung über das Sportereignis informieren wollen. Dass (nur) über ein regionales Sportereignis berichtet wird, der Rezipientenkreis in quantitativer Hinsicht regelmäßig nicht die Abrufzahlen von Profifußballspielergebnissen erreicht, ist für das öffentliche Interesse an der Berichterstattung irrelevant.[1187] In diesem Bereich des „öffentlichen Alltagslebens“[1188] müssen Spieler und sonstige Verantwortliche, die an einem offiziell organisierten Fußballspiel partizipieren, damit rechnen, dass Medien über den Spielausgang berichten.[1189] Dies kann namentlich und mittels Bildern erfolgen.[1190] Dabei kommt es auch nicht darauf an, ob tatsächlich Reporter am Spielfeld anwesend sind.[1191] Ein Bericht, in dem über ein Tor eines Spielers berichtet wird, ist daher vom Berichterstattungsinteresse der Medien umfasst, das auch die Beeinträchtigung der Privatsphäre eines Spielers überwiegt. Nun hat der Torschütze freilich weniger Probleme mit der Veröffentlichung seines siegbringenden Tores als derjenige, der mit einer roten Karte wegen groben Foulspiels das Fußballfeld vorzeitig verlassen muss. Es ist zu beachten, dass das allgemeine Persönlichkeitsrecht kein absolutes Recht auf „mediale Selbstbestimmung“ gewährt, wenn der Einzelne sich in eine Sphäre

---

1184 *Rhode*, Publizistische Sorgfalt und redaktionelle Rechtspflichten, 2004, S. 114; *Schierbaum*, Sorgfaltspflichten, 2016, S. 316.

1185 Dies folgt auch bereits aus dem abgestuften Schutzkonzept der §§ 22 ff. KUG (vgl. BVerfGE 101, S. 361, 387 f.).

1186 Vgl. zu einem Projekt des DFB in Kooperation mit der sporttotal.tv GmbH, das eine Liveberichterstattung über Amateurfußballspiele ermöglicht (https://www.sporttotal.tv/). Auch könnten Einzelbilder dann freilich in die Beiträge von Journalismus-Bots integriert werden.

1187 Vgl. BGH, NJW 2013, S. 2890, 2893.

1188 Treffend: *Fricke*, in: Wandtke/Bullinger (Hrsg.), PK-Urheberrecht, 4. Aufl. 2014, § 22 Rn. 31.

1189 Ein anderer Fall wäre die Berichterstattung über ein nicht offiziell organisiertes Spiel auf einem „Bolzplatz“.

1190 Vgl. BGH, NJW 2013, S. 2890, 2893.

1191 BGH, NJW 2013, S. 2890, 2893.

begibt, in der ein Berichterstattungsinteresse besteht.[1192] Dies ist im Fall des von offizieller Stelle organisierten Fußballspiels aber der Fall. Zudem würde eine rote Karte auf dem eigenen Fehlverhalten des Spielers beruhen. Die Folgen einer wahren Wort- und kontextbezogenen Bildberichterstattung für den Betroffenen überwiegen nicht das Berichterstattungsinteresse der Medien, sodass auch nachteilige Tatsachen in der Regel hingenommen werden müssen, wenn sie wahr sind.[1193]

Wenn dann doch eine Falschmeldung verbreitet wird, kann eine proaktive verbreitete Berichtigungsnachricht den Eingriff in das allgemeine Persönlichkeitsrecht abmildern. Auch ist anzuregen, einen Meldebutton zu implementieren, damit Fehler jederzeit von Journalisten berichtigt werden können. Das Beispiel der Nachrichtenagenturen zeigt, dass eine proaktive Fehlerkorrektur die Ungewissheit über die absolute Wahrheit ausgleichen kann.[1194] Derartige Maßnahmen sind zu fördern und können als Pflicht zur kommunikativen Nachsorge bezeichnet werden, was dem Prozesscharakter der Wahrheitsfindung entsprechen würde.

b. Beispiel: Berichterstattung über Wahlergebnisse

Mit Journalismus-Bots kann auch über Wahlergebnisse der „sonstigen Parteien" berichtet werden. In den bekannten Balkendiagrammen, die die prozentuale Verteilung der Stimmen darstellen, sind die Kleinstparteien als sonstige Parteien zusammengefasst. Wer hinter den „sonstigen Parteien" steht, ist meist unklar, weil Berichte über größere Parteien einen höheren Nachrichtenwert haben. Insofern kann durchaus von einem Informationsdefizit gesprochen werden, das mit der Hilfe von Journalismus-Bots behoben werden könnte. Es besteht daher ein abstraktes Informationsinteresse an Berichten über Kleinstparteien, das ohne Journalismus-Bots nicht befriedigend oder nur mit einem unzumutbaren redaktionellen und finanziellen Aufwand bewältigt werden könnte. Hingegen ist die Wahrscheinlichkeit einer Rechtsverletzung Dritter, wie das allgemeine Persönlichkeits-

---

1192 *Götting*, in: Götting et al. (Hrsg.), Handbuch Persönlichkeitsrecht, 1. Aufl. 2008, § 1 Rn. 19.

1193 Ständige Rechtsprechung des Bundesverfassungsgerichts (vl. BVerfG, NJW-RR 2010, S. 470, 471; BVerfG, NJW 1994, S. 1779).

1194 Es ist eine „Kompensationsstrategie", die die Restgefährdung für Rechte Dritter einzufangen geeignet ist, vgl. allgemein hierzu: *Augsberg*, Informationsverwaltungsrecht, 2014, S. 244.

recht von Parteiangehörigen, gering, wenn die Ergebnisse unmittelbar vom Wahlleiter abgeschöpft werden. Darüber hinaus ist zu differenzieren:

Wenn über die Ergebnisse der Erststimmen berichtet wird, werden die Kandidaten namentlich benannt. Insofern ist das allgemeine Persönlichkeitsrecht betroffen – allerdings nur in der Sozialsphäre. Im Übrigen sind selbst Kreistagskandidaten relative Personen der Zeitgeschichte, weil ihre Persönlichkeit im Kontext einer demokratischen Wahl thematisiert wird. Eine abstrakte Abwägung des Berichterstattungsinteresses mit dem allgemeinen Persönlichkeitsrecht führt daher zu dem Ergebnis, dass das Berichterstattungsinteresse der Öffentlichkeit überwiegt.

Wenn über die Ergebnisse der Zweitstimmen berichtet wird, dann sind dadurch die Rechte der Parteiangehörigen lediglich reflexhaft betroffen. Gut vertretbar ist es – auch bei einer Falschberichterstattung –, aufgrund des unüberschaubaren Personenkreises von Parteimitgliedern und Verantwortlichen, keinen Eingriff in das allgemeine Persönlichkeitsrecht einzelner Personen anzunehmen.[1195] Fernliegend ist es, de lege lata, eine Partei für beleidungsfähig zu halten, was sich nicht zuletzt auch aus der abschließenden Aufzähung von beleidungsfähigen Institutionen in § 194 Abs. 3 u. 4 StGB ergibt.[1196]

2. Konkrete Abwägungsentscheidung am Beispiel der Verdachtsberichterstattung

Es ist evident, dass eine Verdachtsberichterstattung, in deren Rahmen über ein vermutlich strafbares Verhalten eines Individuums berichtet wird, einem Journalisten vorbehalten ist.

Auch wenn die technische Möglichkeit bestünde, die Voraussetzungen einer Verdachtsberichterstattung im Quellcode eines Journalismus-Bots abzubilden, ist in diesem Fall die Art der Berichterstattung nicht mit dem allgemeinen Persönlichkeitsrecht des potentiellen Straftäters vereinbar. Schon die Tatsache, dass gegen eine Person ermittelt wird, kann einen Verdächtigen in seinem Fortkommen nachhaltig behindern.[1197] Die Gemein-

---

1195 Vgl. zu diesem Kriterium im Fall der Beleidigung unter einer Kollektivbezeichnung: *Lencker/Schittenhelm*, in: Schönke/Schröder, StGB, 30. Aufl. 2019, Vorb. zu §§ 185 ff. Rn. 5 f.

1196 *Lencker/Schittenhelm*, in: Schönke/Schröder, StGB, 30. Aufl. 2019, Vorb. zu §§ 185 ff. Rn. 1.

1197 *Schlüter*, Verdachtsberichterstattung, 2011, S. 24; OLG Köln, AfP 1989, S. 683, 685 schaft reagiert auf Verdächtige einer Straftat mit einem „bestandsschützenden Reflex“, indem Ver-dächtige sozial geächtet werden.[1198] Die Unschuldsvermutung mildert diesen Effekt nur teilweise ab. Der Verdächtige hat daher ein Recht auf Nicht-Entsozialisierung als besondere Ausprägung des allgemeinen Persönlichkeitsrechts.[1199] Die journalistische Sorgfaltspflicht gebietet es, keine Journalismus-Bots vollautomatisiert für Fälle der Verdachtsberichterstattung einzusetzen: Aus dem Rechtsgedanken des Art. 22 DSGVO lässt sich herleiten, dass niemand eine ihn betreffende vollautomatisierte Berichterstattung, die ihn in einer erheblichen Weise beeinträchtigt, dulden muss. Der Sinn und Zweck des Verbots der automatisierten Einzelfallentscheidung des Art. 22 DSGVO besteht darin, zu verhindern, dass ein Mensch zu einem bloßen Objekt einer automatisierten Bewertung gemacht wird.[1200] Zwar wird eine vollautomatisierte Entscheidungsfindung unter bestimmten Voraussetzungen erlaubt, aber der Nukleus dieser Ausnahmen besteht unter anderem darin, nur vollautomatisierte Entscheidungen mit keinen oder ausschließlich positiven Auswirkungen auf die Rechtsstellung des Betroffenen zuzulassen.[1201] Im Fall einer erheblichen Beeinträchtigung hat daher stets ein Mensch die Entscheidung des Computerprogramms zu überprüfen.[1202]

Diese Rechtsgedanken lassen sich auf die vollautomatisierte Verdachtsberichterstattung mit Journalismus-Bots übertragen. Wenn bereits die Verdachtsberichterstattung durch Journalisten eine erhebliche Beeinträchtigung des allgemeinen Persönlichkeitsrechts eines Verdächtigen darstellt, dann muss dies besonders für eine vollautomatisierte Berichterstattung gelten. Auch wenn die Information des Verdachts aus einer privilegierten Quelle, wie von der Staatsanwaltschaft, stammt, der auch bereits eine konkrete Interessenabwägung zugrunde liegt, wird dennoch der Verdächtige

1198 *Gounalakis*, NJW 2012, S. 1473, 1475.

1199 *v. Becker*, Straftäter und Tatverdächtige, 1979, S. 92 u. S. 99; *Korte*, Handbuch des Presserechts, 2014, § 2 Rn. 222; *Schlüter*, Verdachtsberichterstattung, 2011, S. 39; BGH, GRUR 2013, S. 965, 967; zum Recht auf Resozialisierung, das ausdrücklich vom Bundesverfassungsgericht anerkannt ist: BVerfGE 35, S. 202, 235 f. = NJW 1973, 1226, 1231.

1200 *v. Lewinski*, in: Telemedicus e. V. (Hrsg.), Überwachung und Recht, 2014, S. 1, 16.

1201 Umkehrschluss aus Art. 22 Abs. 1 Var. 2 DSGVO.

1202 Der Person obliegt dann eine Richtigkeits- und Plausibilitätskontrolle (vgl. *v. Lewinski*, in: Wolff/Brink (Hrsg.), BeckOK-Datenschutzrecht, Stand: 1.11.2018, Art. 22 Rn. 23. Tendenziell enger, nämliche eine inhaltiche Bewertung für erforderlich haltend: *Herbst*, in: V. Lewinski et al. (Hrsg.), DSGVO/BDSG, 6. Aufl. 2018, Art. 22 Rn. 6.

zu einem Objekt einer Entscheidung eines Computerprogramms gemacht, die sich offenkundig nachteilig auf das allgemeine Persönlihchkeitsrehts auswirken kann. Dabei wird nicht verkannt, dass auch der Quellcode der Ausdruck menschlicher Entscheidungen ist. Allerdings sind diese Entscheidungen, die einem Computerprogramm implementiert sind, nicht zwingend mit unmittelbar von einem Menschen getroffenen Entscheidungen gleichzusetzen. Hier macht es daher einen Unterschied, ob eine Maschine oder ein Mensch „sagt, was ist."

Auf kommunikationsverfassungsrechtlicher Ebene wurde hierfür das Trennungsprinzip zwischen unmittelbarer menschlicher Kommunikation und softwarevermittelter Kommunikation entwickelt, dass eine Ausprägung des Prinzips der Meinungsvielfalt ist.[1203]

V. Zwischenergebnis

Roboterjournalismus unter Berücksichtigung der Wahrhaftigkeitspflicht betreibt, wer die Rohdatengrundlage aus privilegierten Quellen zusammenstellt. Das besondere an privilegierten Quellen ist, dass bestimmte Regeln und Vorschriften für die Erhebung, Verbreitung und Verarbeitung der Rohdaten vorhanden sind. Diese Regeln können aus gesetzlichen Vorschriften, wie im Fall des Wahlrechts, aus verbindlichen Vorgaben des Vereinsrechts, wie im Fall des DFB, aber auch aus einer ständig ausgeübten Selbstverpflichtungspraxis wie bei den Nachrichtenagenturen, bestehen. Die Verallgemeinerungsfähigkeit der Grundsätze für privilegierte Quellen bedeutet auch, dass sich neue Datenanbieter etablieren können, die sich verbindliche Vorgaben für die Erhebung von Daten geben und (Kommunikations-)Verfahren entwickeln, die es rechtfertigen, auch diese Anbieter als privilegierte Quelle einzuordnen. Insbesondere die proaktive Berichtigungstätigkeit der Nachrichtenagenturen ist als journalistisches Best-Practice-Beispiel für die Bewältigung von Ungewissheit hervorzuheben. Diese Maßnahmen können als kommunikative Nachsorgemaßnahmen bezeichnet werden.

1203 Hierzu bereits unter Kap. 3 VI.4.b. (S. 93 f.).

C. Datenschutzrechtliche Pflichten

Damit Medien ihre gesellschaftliche Aufgabe erfüllen können, müssen sie Daten erheben, verarbeiten, übermitteln und verbreiten. Soweit diese Daten einen Personenbezug aufweisen, entsteht ein Spannungsverhältnis zwischen dem Recht auf informationelle Selbstbestimmung aus Art. 2 Abs. 1 GG i. V. m. Art. 1 Abs. 1 GG bzw. dem Grundrecht auf Schutz personenbezogener Daten aus Art. 8 GRCh i. V. m. Art. 7 GRCh der betroffenen Person und der Medienfreiheit der Medienunternehmen aus Art. 5 Abs. 1 S. 2 GG und Art. 11 GRCh.[1204] Weil aber ein Personenbezug bereits entsteht, wenn eine Person mittelbar identifiziert werden kann, sind kaum Fälle denkbar, in denen journalistische Arbeit ohne Verarbeitung personenbezogener Daten auskommt.[1205] Insbesondere kann die Recherche von Tatsachen nicht sinnvoll durchgeführt werden, wenn Journalisten vor jeder Erhebung den Betroffenen über den Zweck der Datenverarbeitung aufzuklären hätten. Das aber wäre nötig, wenn die einer Verarbeitung vorgelagerten Informationspflichten der DSGVO anzuwenden wären. Investigative Recherchen könnten von Betroffenen behindert werden, was die „Public-Watchdog-Funktion“ der Medien tangieren würde.[1206] Aus diesem Grund sind die meisten Vorschriften der DSGVO auf journalistische Tätigkeiten nicht anwendbar.[1207]

Im Folgenden wird untersucht, welche Verarbeitungsvorgänge von Medien- und Softwareunternehmen vom datenschutzrechtlichen „„Medienprivileg““ umfasst sind. Hierfür wird der Anwendungsbereich der Normen geklärt (I.), bevor auf den verbleibenden Pflichtenkatalog eingegangen wird (II.).

1204 Vgl. hierzu etwa: *Eberle*, MMR 2008, S. 508, 510.

1205 Auf europäischer Ebene wird allgemein daher auf Art. 7 GRCh – dem Recht auf Privatheit – zurückgegriffen, um zu betonen, dass nicht jede Datenverarbeitung rechtswidrig ist (*Reinhardt*, AöR 142 (2017), S. 528, 539). Dies steht vielmehr unter einem Abwägungsvorbehalt, der sich seit BGH, NJW 2009, S. 2888, 2891, an äußerungsrechtlichen Maßstäben orientiert (vgl. *Cornils*, Das datenschutzrechtliche Medienprivileg, 2018, S. 26).

1206 Vgl. BGH, NJW 2011, S. 2285, 2289 – Deutlich: *v. Lewinski*, in: v. Lewinski et al. (Hrsg.), DSGVO/BDSG, 6. Aufl. 2018, Einf. Rn. 74: „strukturelle Nähe zur Zensur“.

1207 Trotzdem ist es verkürzt, in diesem Kontext von einem Medienprivileg zu sprechen, weil datenschutzrechtliche (Grund-)Pflichten auch im Fall einer berichterstattenden Tätigkeit verbleiben (*Albrecht/Janson*, CR 2016, S. 500, 502).

I. Anwendungsbereich

Art. 85 Abs. 1 u. Abs. 2 DSGVO enthalten zwei Öffnungsklauseln, die den Mitgliedsstaaten ermöglichen, die Meinungs- und Medienfreiheit mit dem Grundrecht auf Schutz personenbezogener Daten nach dem Prinzip praktischer Konkordanz in Einklang zu bringen. Für die deutschen Gesetzgeber ist dabei Art. 5 Abs. 1 S. 2 GG und Art. 2 Abs. 1 GG i. V. m. Art. 1 Abs. 1 GG der grundrechtlich gebotene Maßstab, weil die Öffnungsklausel dazu führt, dass die deutschen Umsetzungsgesetze nicht mehr europäisches (Datenschutz-)Recht i. S. d. Art. 51 Abs. 1 GrCh durchführen.[1208]

In allen Landesgesetzen setzt die Anwendung des „Medienprivileg"s voraus, dass personenbezogene Daten zu „journalistischen Zwecken" verarbeitet werden (2.). Während die Vorgängerregelung noch eine „ausschließlich eigene journalistische Zwecksetzung" gefordert hat, ist diese Einschränkung nunmehr entfallen, was den Datenaustausch zwischen Personen und Unternehmen erleichtert, sofern übereinstimmend die Daten zu einem journalistischen Zweck verarbeitet werden (3.).

1208 Nicht zu folgen ist im Kontext zu Art. 85 DSGVO der „Kumulationsthese" des EuGH, nach der jeder Bezug zum Unionsrecht – etwa zu Grundfreiheiten – ausreicht, um den Schutz der mitgliedsstaatlichen Grundrechte zu aktivieren (EuGH, EuZW 2013, S. 302 f.). Die „Trennungsthese", die maßgeblich noch vom Bundesverfassungsgericht vertreten wird (z. B. BVerfGE 129, S. 78 f. = NJW 2011, S. 3428, 3432 f.), ist gerade im Kontext zum Medienprivileg vorzugswürdig (a. A. *Albrecht/Janson*, CR 2016, S. 500, 505; *Buchner/Tinnefeld*, in: Kühling/Buchner (Hrsg.), DSGVO, 2. Aufl. 2018, Art. 85 Rn. 7; *Schulz/Heilmann*, in: Gierschmann et al. (Hrsg.), DSGVO, 2018, Art. 85 Rn. 9; *Schiedermair*, in: Ehmann/Selmayr (Hrsg.), Datenschutzgrundverordnung, 2018, Art. 85 Rn. 8). Die Öffnungsklauseln werden nicht durchgeführt, „sondern es wird von ihnen Gebrauch gemacht" (*Cornils*, Das datenschutzrechtliche Medienprivileg unter Behördenaufsicht, 2018, S. 90). Die Gegenansicht verkennt, wie *Cornils* überzeugend herleitet, dass Art. 85 Abs. 1 DSGVO dazu ermächtigt, die Datenverarbeitung zu journalistischen Zwecken ausschließlich nur einer gerichtlichen Kontrolle zu unterwerfen. Auch ErwGr. 153 S. 6 geht davon aus, dass die Mitgliedsstaaten unterschiedliche Regeln erlassen werden, wenn im Kollisionsfall das Recht eines Mitgliedsstaates angewendet werden soll, dem der Verantwortliche unterliegt. Offengelassen bei *v. Lewinski*, in: v. Lewinski et al. (Hrsg.), DSGVO/BDSG, 6. Aufl. 2018, Art. 85 Rn. 2.

1. Journalistische Zwecke

Die Auslegung des Begriffs journalistischer Zweck hat sich am Maßstab von Art. 5 Abs. 1 S. 2 GG und Art. 5 Abs. 1 S. 1 GG zu orientieren.[1209] Jede Person kann sich daher auf das datenschutzrechtliche „„Medienprivileg““ berufen, wenn sie berichterstattend i. S. d. Art. 5 Abs. 1 S. 2 GG tätig ist (a.). Ungeklärt ist, welche Anforderungen an die journalistische Zwecksetzung zu stellen sind, wenn Medienunternehmen Metadaten erheben, die anfallen, wenn Rezipienten Beiträge lesen, kommentieren und weiterleiten. Die Grenzen zwischen journalistischen und sonstigen, etwa ausschließlich wirtschaftlichen Zwecken, werden anhand des Roboterjournalismus veranschaulicht (b.).

a. Berichterstattende Tätigkeiten

Werden personenbezogene Daten und Informationen recherchiert und redigiert, um sie öffentlich zu verbreiten, ist eine journalistische Zwecksetzung gegeben. Nach ErwGr. 153 S. 7 der DSGVO ist der Begriff „Journalismus" im Hinblick auf die Bedeutung des Rechts auf freie Meinungsäußerung weit auszulegen. Irrelevant ist, dass Journalismus-Bots nur monothematisch in einzelnen Lebensbereichen, wie der Fußballberichterstattung, eingesetzt werden.[1210] Eine „universelle Berichterstattung" ist genauso wenig erforderlich wie eine redaktionelle oder vergleichbare Struktur zur Qualitätssicherung.[1211] Letzteres würde zum Beispiel sämtliche Individualblogger, deren Beiträge kein peer-review-Verfahren durchlaufen, keine journalistische Zwecksetzung unterstellen. Diese und weitere Kriterien, die *Schulz/Heilmann* kumulativ für ein Mindestmaß journalistischer Tätig-

---

1209 Vgl. *Cornils*, Das datenschutzrechtliche Medienprivileg, 2018, S. 92; a. A. *Albrecht/Janson*, CR 2016, S. 500, 505; *Buchner/Tinnefeld*, in: Kühling/Buchner (Hrsg.), DSGVO, 2. Aufl. 2018, Art. 85 Rn. 7; *Schulz/Heilmann*, in: Gierschmann et al. (Hrsg.), DSGVO, 2018, Art. 85 Rn. 9; offengelassen bei *v. Lewinski*, in: v. Lewinski et al. (Hrsg.), DSGVO/BDSG, 6. Aufl. 2018, Art. 85 Rn. 2.

1210 Zu monothematischen Bloggern vertreten eine andere Ansicht: *Schulz/Heilmann*, in: Gierschmann et al. (Hrsg.), DSGVO, 2018, Art. 85 Rn. 39, nach denen ein Blogger einen universellen Überblick über verschiedene Themenfelder geben muss; *Heilmann*, Anonymität für User-Generated-Content, 2013, S. 386 (zu § 55 Abs. 2 RStV).

1211 A. A. *Schulz/Heilmann*, in: Gierschmann et al. (Hrsg.), DSGVO, 2018, Art. 85 Rn 38.

keit aufstellen, mögen zwar zum alten Recht vertretbar gewesen sein, können aber angesichts der nicht nur in den Erwägungsgründen aufgestellten Forderung nach einer weiten Auslegung von Journalismus allenfalls eine Indizwirkung entfalten.

Für die journalistische Zwecksetzung unbeachtlich sind die Anstrengungen, die nötig sind, um (personenbezogene) Daten zu recherchieren. Es ist unerheblich, ob Daten verarbeitet werden, die der Staat proaktiv veröffentlicht hat,[1212] oder erst investigative Maßnahmen von Journalisten eine Erhebung ermöglichen. Nicht umfasst ist hingegen das Veröffentlichen von Rohdatenhaufen.[1213] Allerdings dürfen an das Maß der redigierenden Tätigkeit keine überzogenen Anforderungen gestellt werden.[1214] Das von *Schulz/Heilmann* geforderte Qualitätssicherungsmanagement als Ausgleich für den „Wegfall bzw. die Einschränkung des Schutzes" personenbezogener Daten ist als Kriterium nicht haltbar.[1215] Das „„Medienprivileg"" reguliert nur das Verhältnis zwischen Meinungs- und Medienfreiheit sowie dem Recht auf informationelle Selbstbestimmung als Vorfeldschutz des allgemeinen Persönlichkeitsrechts.[1216] Es trifft aber keine Aussage zum nachgelagerten (äußerungsrechtlichen) Schutz aus dem allgemeinen Persönlichkeitsrecht im Verhältnis zur Meinungs- bzw. Medienfreiheit.[1217] Der nachgelagerte Schutz durch das allgemeine Persönlichkeitsrecht bleibt vom datenschutzrechtlichen „„Medienprivileg"" unangestastet, was allerdings auch im Redaktionsdatenschutz des Pressekodex ignoriert wird.[1218]

Allerdings muss der Journalist eine eigenständige Auswahlentscheidung getroffen haben; die bloße Verbreitung von Rohdatenhaufen ist keine

---

1212 EuGH, EuZW 2008, S. 108, 110. Kritisch: *Spiecker gen. Döhmann*, in: Herrmann/Krämer (Hrsg.), FS Kirchberg, 2017, S. 163, 173.

1213 Ebenso: *Spiecker gen. Döhmann*, in: Herrmann/Krämer (Hrsg.), FS Kirchberg, 2017, S. 163, 173; Unentschieden: *Schulz/Heilmann*, in: Gierschmann et al. (Hrsg.), DSGVO, 1. Aufl. 2018, Art. 85 Rn. 44.

1214 Gefordert ist lediglich ein „Mindestmaß" (vgl. *Buchner/Tinnefeld*, in: Kühling/Buchner, (Hrsg.), DSGVO, 2. Aufl. 2018, Art. 85 Rn. 24).

1215 *Heilmann*, Anonymität für User-generated-Content, 2013, S. 378 f.; *Schulz/Heilmann*, in: Gierschmann et al. (Hrsg.), DSGVO, 2018, Art. 85 Rn. 38.

1216 *v. Lewinski*, Die Matrix des Datenschutzrechts, 2014, S. 78 f.; *Cornils*, Das datenschutzrechtliche Medienprivileg unter Behördenaufsicht?, 2018, S. 63. Ähnlich: *Schulz/Heilmann*, in: Gierschmann et al. (Hrsg.), DSGVO, 2018, Art. 85 Rn. 8.

1217 Hiergegen kann gerade nicht eingewendet werden, dass Art. 8 GRCh i. V. m. Art. 7 GRCh kein Recht auf informationelle Selbstbestimmung enthält, weil das das europäische Datenschutzgrundrecht bei der Umsetzung des Medienprivilegs nicht anwendbar ist (siehe hierzu bereits oben).

1218 *Kloepfer*, AfP 2005, S. 118, 120 (zum Richtigstellungsanspruch).

journalistische Tätigkeit („Whistleblowing“). Wenn ein Unternehmen aus öffentlich zugänglichen Daten eine Teilmenge auswählt, liegt hingegen eine ausreichende redigierende Tätigkeit vor.[1219]

Darüber hinaus differenziert das „„Medienprivileg““ nicht zwischen verschiedenen (Übertragungs-)Techniken.[1220] Das „Medienprivileg“ ist in jeder journalistischen Arbeitsphase technologieneutral auszulegen. Daher ist es irrelevant, dass mit Journalismus-Bots eine Computer-Software für das Redigieren und Veröffentlichen von Daten eingesetzt wird. Sofern Journalismus-Bots keine reinen Werbetexte produzieren, sondern Daten, die zur Meinungsbildung beitragen, ist eine journalistische Zwecksetzung gegeben.

Festzuhalten ist, dass das „„Medienprivileg““ für klassische Medienunternehmen und die hier sogenannten Softwareunternehmen gilt, wenn sie selbständig Roboterjournalismus betreiben, d. h. Rohdaten zusammenstellen, die Journalismus-Bots auswählen, redigieren und veröffentlichen. Hingegen ist die automatisierte Herstellung von Beschreibungen von Waren reiner e-commerce, der keine journalistische Zielsetzung verfolgt.[1221]

b. Analyse von Rezipientendaten

Journalismus-Bots sollen mittelfristig in der Lage sein, individuelle Texte für bestimmte Rezipientengruppen zu erzeugen. Hierfür ist es zwingend erforderlich, das Leseverhalten der Nutzer auszuwerten. Dies erfolgt, indem Metadaten über die vom Rezipienten gelesenen Beiträge erhoben werden. Relevant ist zum Beispiel im Fall der Fußballberichterstattung, über welchen Verein sich Rezipienten informieren. Daneben kann die Verweildauer Anhaltspunkte für die optimale Festlegung der Beiträgslänge bieten. Mit Hilfe dieser Metadaten können personalisierte Beiträge produziert werden. Während zu § 41 BDSG a. F. unstreitig war, dass mit der Analyse von Metadaten von Rezipienten kein ausschließlicher journalistischer Zweck verfolgt wird,[1222] hat die DSGVO zu einer Änderung des Wortlauts geführt. Nicht mehr erforderlich ist, dass „ausschließlich“ ein

---

1219 EuGH, EuZW 2009, S. 109, 110; A. A. *Spiecker gen. Döhmann*, in: Herrmann/Krämer (Hrsg.), FS Kirchberg, 2017, S. 163, 172.

1220 EuGH, EuZW 2009, S. 109, 110.

1221 Vgl. *v. Lewinski*, in: V. Lewinski et al. (Hrsg.), DSGVO/BDSG, 6. Aufl. 2018, Art. 85 Rn. 11.

1222 Vgl. zur alten Rechtslage: *Dix*, in: Simitis (Hrsg.), BDSG, 8. Aufl. 2014, § 41 Rn. 15.

journalistischer Zweck verfolgt wird.[1223] Der Wortlaut des neuen „„Medienprivileg"s" ist folglich offener formuliert. Es könnte daher argumentiert werden, dass als Nebenzweck auch die Verarbeitung zu kommerziellen Zwecken zulässig ist.[1224] Hierfür spricht der enge Zusammenhang zwischen der Finanzierung von Medienunternehmen und der Vielfalt medialer Angebote auf dem Markt der Meinungen.[1225] Je größer der finanzielle Spielraum für die Konzeption und Fortentwicklung von journalistischen Inhalten ist, desto mehr journalistische Beiträge werden produziert.[1226] Damit aber dieses Argument nicht dazu missbraucht wird, massenhaft Rezipientendaten zu erheben, um diese zum Beispiel zu verkaufen,[1227] muss nach hier vertretener Ansicht durch die Analyse auch ein publizistischer Mehrwert für die Rezipienten entstehen. Dieser Mehrwert darf sich nicht allein aus der personalisierten Bereitstellung von Werbung ergeben, sondern muss sich auf den journalistischen Beitrag beziehen. Insofern sind Leseranalysen vom „Medienprivileg" umfasst, wenn sie genutzt werden, um etwa eine publizistische Rubrik einzuführen (z. B.: „Unsere Leserinnen und Leser"). Aber auch darüber hinaus zeigt das Potential von Journalismus-Bots auf, dass durch die Erhebung von Lesegewohnheiten ein individuelles Leseerlebnis erbracht werden kann. Insbesondere können Lesergruppen – etwa mit Beiträgen in „einfacher Sprache" – erreicht werden, die sich andernfalls nicht informiert hätten. Dieser Aspekt ist im Hinblick auf die gesellschaftliche Aufgabe der Medien besonders hervorzuheben. Daher ist die pauschale Verneinung einer journalistischen Zwecksetzung für Leseranalysen nicht nur aufgrund des offeneren Wortlauts nicht mehr haltbar.

1223 Vgl. aber § 21 Abs. 2 MedienG-LSA.

1224 *Schulz/Heilmann*, in: Gierschmann et al. (Hrsg.), DSGVO, 2018, Art. 85 Rn. 46; *v. Lewinski*, in: V. Lewinski et al. (Hrsg.), DSGVO/BDSG 6. Aufl. 2018, Art. 85 Rn. 11; a. A.: *Buchner/Tinnefeld*, in: Kühling/Buchner (Hrsg.), DSGVO, 2. Aufl. 2018, Art. 85 Rn. 16.

1225 *Beater*, AfP 2017, S. 277. – Vgl. auch die Beiträge in *v. Lewinski* (Hrsg.), Wer bezahlt, bestellt, 2017.

1226 *Habel*, in: *v. Lewinski* (Hrsg.), Immersiver Journalismus, 2018, S. 141 f.

1227 Dass der kommerzielle Handel mit Rezipientendaten nicht gedeckt ist, dürfte untreitig sein (vgl. *Schulz/Heilmann*, in: Gierschmann et al. (Hrsg.), DSGVO, 2018, Art. 85 Rn. 46; *v. Lewinski*, in: V. Lewinski et al. (Hrsg.), DSGVO/BDSG, 6. Aufl. 2018, Art. 85 Rn. 11; *Buchner/Tinnefeld*, in: Kühling/Buchner (Hrsg.), DSGVO, 2. Aufl. 2018, Art. 85 Rn. 15.

2. Insbesondere: Externer Roboterjournalismus

Weil sich das „Medienprivileg" nicht mehr auf ausschließlich eigene journalistische Zwecke bezieht, sind Recherchekooperationen genauso denkbar wie die gemeinsame Bearbeitung von bereits vorhandenen Rohdaten.[1228] Gerade letzteres ist der aktuelle Regelfall im externen Roboterjournalismus. Die Medienunternehmen recherchieren Rohdaten, um sie mit der Hilfe von Journalismus-Bots aufzubereiten. Je enger die Zusammenarbeit zwischen Software- und Medienunternehmen ist, desto eher verfolgt das Softwareunternehmen eigene journalistische Zwecke, indem auf der Ebene der Textbearbeitung mitbestimmende Impulse gegeben werden. In Fällen der gemeinsamen Entwicklung eines neuen Projekts sind Softwareunternehmen daher nicht nur Hilfsunternehmen.[1229] Wenn ein standardisierter Journalismus-Bot zur freien Programmierung für ein Medienunternehmen bereitgestellt wird, ist von einer reinen Hilfstätigkeit auszugehen. Auch für Hilfsunternehmen von Medienunternehmen gelten nur die eingeschränkten datenschutzrechtlichen Pflichten.[1230] Es darf keinesfalls verkannt werden, dass der Begriff Hilfsunternehmen nicht nur die in den Pressegesetzen erwähnten Nachrichtenagenturen und ähnliche Dienste umfasst, sondern alle Hilfsunternehmen, die innerhalb einer journalistischen Arbeitsphase unterstützend tätig sind.[1231] Sie müssen gerade nicht alle Aufgaben alleine ausführen, was den Begriff der Hilfstätigkeit konter-

---

1228 Vgl. zu Rechercheverbünden die Begründung zum 21. Rundfunkänderungsstaatsvertrag, S. 7, abrufbar unter: https://www.rlp.de/fileadmin/rlp-stk/pdf-Dateien/Medienpolitik/21_RAE
StV_Begruendung.pdf (Abruf v. 16.12.2018).

1229 Roboterjournalismus als Hilfstätigkeit einordnend, aber noch ohne Begründung: *Schulz/Heilmann*, in: Gierschmann et al. (Hrsg.), DSGVO, 2018, Art. 85 Rn. 45.

1230 *v. Lewinski*, in: V. Lewinski et al. (Hrsg.), DSGVO, 6. Aufl. 2018, Art. 85 Rn. 9.

1231 Vgl. die Begründung zum 21. Rundfunkänderungsstaatsvetrag, S. 8, abrufbar unter: https://www.rlp.de/fileadmin/rlp-stk/pdf-Dateien/Medienpolitik/21_RAEStV_Begruendung.pdf (Abruf v. 16.12.2018): „Von der datenschutzrechtlichen Privilegierung sollen alle Vorgänge, von der Beschaffung der Information über die Verarbeitung bis zur Veröffentlichung, auch in digitalten Archiven, erfasst sein, nicht erst die Gestaltung der Angebote"; *Herb*, in: Binder/Vesting (Hrsg.), Beck'scher Kommentar zum Rundfunkrecht, 4. Aufl. 2018, § 57 Rn. 10; *v. Lewinski*, in: V. Lewinski et al. (Hrsg.), DSGVO/BDSG, 6. Aufl. 2018, Art. 85 Rn. 9; unentschieden: *Schulz/Heilmann*, in: Gierschmann et al. (Hrsg.), 2018, Art. 85 Rn. 42 u. Rn. 45: Der Gesetzgeber muss die neuen Intermediäre nicht privilegieren. *Buchner/Tinnefeld*, in: Kühling/Buchner (Hrsg.), DSGVO, 2. Aufl. 2018, Art. 85 Rn. 25.

karieren würde und mit der weiten Auslegung des Begriffs der journalistischen Zwecksetzung unvereinbar wäre.

II. Verbleibende datenschutzrechliche Pflichten

Die zur Gesetzgebung befugten Bundesländer[1232] haben ihre Pflicht, Art. 5 Abs. 1 S. 2 GG mit dem Recht auf informationelle Selbstbestimmung in Einklang zu bringen, in ihren Landespresse- und -mediengesetzen umgesetzt. Da für den Einsatz der Journalismus-Bots keine Sonderregeln bestehen, verbleibt es bei den allgemeinen Vorschriften des Mediendatenschutzes.[1233] Insbesondere ist das IT-Sicherheitsgesetz nicht anwendbar, weil dieses nur für kritische Infrastrukturen gilt.[1234] Medien werden aber bislang nicht als kritische Infrastruktur angesehen.[1235]

1232 *v. Lewinski*, in: V. Lewinski et al. (Hrsg.), DSGVO/BDSG, 6. Aufl. 2018, Art. 85 Rn. 22; *Herbst*, in: Kühling/Buchner (Hrsg.), DSGVO, 2. Auf. 2018, Art. 85 Rn. 33; *Schulz/Heilmann*, in: Gierschmann et al. (Hrsg.), DSGVO, 2018, Art. 85 Rn. 73; a. A. *Wolff*, BayVBl. 2017, S. 797, 800 („mehr als zweifelhaft").

1233 Datensicherheit, Datengeheimnis (Art. 5 Abs. 1f DSGVO, Art. 24 DSGVO), begrenzter Auskunftsanspruch von Betroffenen (z. B. § 57 Abs. 2 RStV), wobei ein Verstoß gegen diese Vorschriften auch zu zivilrechtlichen Schadensersatzansprüchen führen kann.

1234 *Heckmann/Schmid*, Informatik-Spektrum 2017, S. 430, 431.

1235 Vgl. aber zu diesem Gedanken: *Etteldorf*, AfP 2018, S. 114–119.

Kapitel 6: Haftung

Die (Medien-)Wirtschaft agiert arbeitsteilig, was sich auf die unterschiedlichen Haftungsadressaten und deren Verantwortungssphären im Außenverhältnis zu Geschädigten aber nicht zwingend auswirken muss.[1236]

Auch Roboterjournalismus kann und darf arbeitsteilig organisiert werden. Die journalistische Verantwortlichkeit kann hingegen nicht auf den Journalismus-Bot übertragen werden, der kein Haftungssubjekt ist (A.). Darüber hinaus stellen sich für den internen Roboterjournalismus, aber insbesondere auch für den externen Roboterjournalismus Handlungs- und Zurechnungsprobleme, die im Folgenden aufgelöst werden (B.).

Keine Besonderheit von Roboterjournalismus ist die haftungsprivilegierende Wirkung von journalistischen Sorgfaltspflichten, sofern diese eingehalten wurden, auf die Verantwortlichkeit berichterstattender Medien (C.).

Abschließend werden nicht alle möglichen zivilrechtlichen Anspruchsgrundlagen erläutert, weil hierfür – genauso wie für Fragen des haftungsrechtlichen Innenverhältnisses zwischen Softwareunternehmen und Medienunternehmen – die allgemeinen Grundsätze gelten. Aber es wird gefragt, ob sich aus dem Produkthaftungsgesetz (ProdHaftG) Ansprüche desjenigen herleiten lassen, der von einer rechtswidrigen Berichterstattung betroffen ist (D.). Abschließend wird zu Fragen des internen Haftungsausgleichs und etwaiger Gewährleistungsrechte zwischen Softwareunternehmen und Medienunternehmen Stellung bezogen, wobei auch hier auf allgemeine Grundsätze zurückgegriffen werden kann (E.).

A. Kein Haftungssubjekt: Journalismus-Bots

Journalismus-Bots sind keine Haftungssubjekte, weil eine Handlung einen willentlichen und beherrschbaren Beitrag eines Menschen voraussetzt.[1237]

1236 Insofern ist der Grad der Beteiligung lediglich für Schadensersatzansprüche nicht aber zwingend für Unterlassungsansprüche relevant (vgl. *Steffen*, in: Löffler, Presserecht, 6. Aufl. 2015, § 6 Rn. 220).

1237 Vgl. *Wagner*; in: Säcker et al. (Hrsg.), Müko-BGB, 7. Aufl. 2017, Bd. 6, § 823 Rn. 63; *Spindler*, in: Gsell et. al (Hrsg.), Beck-OGK-Zivilrecht, Stand: 1.7.2018,

Soweit Journalismus-Bots und andere Computerprogramme als deterministisches System[1238] lediglich menschliche Handlungsanweisungen abarbeiten, wird Software keine Handlungsfähigkeit zugesprochen.[1239] Eine andere Entscheidung würde kaum mit dem Konzept der Willensfreiheit[1240] vereinbar sein. Solche Systeme sind nicht Adressat von Verhaltens- und Befugnisnormen, sondern nur von Normen, die vom Programmierer im Quellcode implementiert worden sind.[1241] Insoweit sind Journalismus-Bots auch keine Erfüllungsgehilfen eines Journalisten oder Softwareunternehmens, die journalistische Beiträge schreiben. Eine Anwendung von § 278 BGB ist nicht erforderlich, weil auf die Handlung des Programmierers abgestellt werden kann, der den Journalismus-Bot programmiert.[1242] Diese Fragen stellen sich aber erneut, wenn Computersoftware selbständig die Rahmenbedingungen des Quellcodes modifiziert oder – wie am Beispiel neuronaler Netze aufgezeigt wurde –, die Entscheidung des Computerprogramms nicht mehr ex post erklärbar ist.[1243]

B. *Zurechnungsfragen im internen und externen Roboterjournalismus*

Im Folgenden wird die äußerungsrechtliche Verantwortlichkeit für eine Falschberichterstattung, für die Nutzer von Journalismus-Bots eine kausale Ursache gesetzt haben, behandelt.[1244] Aufgrund der arbeitsteiligen Organi-

---

§ 823 Rn. 73; *Günther*, Roboter und rechtliche Verantwortung, 2016, S. 126; *Schulz, T.*, Verantwortlichkeit bei autonom agierenden Systemen, 2015, S. 50.

1238 Vgl. zur Technik bereits unter Kap. 2 A.V. (S. 36 f.).

1239 Vgl. *Schuhr*, in: Hilgendorf (Hrsg.), Robotik im Kontext von Recht und Moral, 2014, S. 16; *Schulz, T.*, Verantwortung bei autonom agierenden Systemen, 2015, S. 52; *Wischmeyer*, AöR 143 (2018), S. 1, 3; *Ernst*, JZ 2017, S. 1026, 1027.

1240 Das Konzept ist umstritten, hierzu mit weiteren Nachweisen *Schuhr*, in: Beck (Hrsg.), Jenseits von Mensch und Maschine, 2012, S. 44 f.

1241 Vgl. *Schuhr*, in: Hilgendorf (Hrsg.), Robotik im Kontext von Recht und Moral, 2014, S. 19.

1242 Für eine entsprechende Anwendung von § 278 BGB auf autonome Systeme spricht sich aber aus: *Wiebe*, Die elektronische Willenserklärung, 2002, S. 187 f. Ablehnend: *Schulz, T.*, Verantwortlichkeit bei autom agierenden Systemen, 2015, S. 140; *John*, Haftung für künstliche Intelligenz, 2002, S. 249; *Müller-Hengstenberg/Kirn*, MMR 2014, S. 307, 308; *Horner/Kaulartz*, CR 2016, S. 7.

1243 *Spindler*, in: Beck (Hrsg.), Robotik im Kontext von Recht und Moral, 2014, S. 66. Aus technischer Perspektive: *Stiemerling*, CR 2015, S. 762, 764.

1244 Zur Zurechnung von Willenserklärungen, die über Software-Agenten abgegeben werden: *Günther*, Roboter und rechtliche Verantwortung, 2016, S. 45 ff.; *Schulz, T.*, Verantwortlichkeit bei autonom agierenden Systemen, 2014, S. 98 f.

sation sind potentiell mehrere Personen für eine Falschberichterstattung verantwortlich (I.). Das Zivil- und Strafrecht ordnet die Verantwortlichkeitssphäre dann einander zu (II.).

I. Verantwortlichkeitssphären medialer Zusammenarbeit

Der Verleger ist der Herr des Medienunternehmens. Er trägt die wirtschaftliche Verantwortung, stellt Autoren ein und bestimmt die publizistischen Leitlinien, indem er die Ressortzuständigkeit organisiert.[1245] Zwar kann der Verleger die aus seiner publizistischen Leitungsfunktion resultierenden Kontroll- und Prüfpflichten auf Mitarbeiter übertragen,[1246] aber er muss diesen insbesondere bei „heißen Eisen" eine Organstellung i. S. d. § 31 BGB verschaffen.[1247] Seine Kontroll und Prüfpflicht wird zu einer Organisationspflicht, für deren Verletzung der Verleger einzustehen hat.[1248] Es ist naheliegend, dass der Verleger auch über den Einsatz von vollautomatisierten Journalismus-Bots in einem bestimmten Berichtertattungsgebiet entscheidet.

Der Verantwortliche i. S. d. Presserechts ist verpflichtet, das Publikationsmedium frei von strafrechtlich relevanten Inhalten freizuhalten.[1249]

Der Programmierer konzipiert und programmiert den Journalismus-Bot. Er ist im internen Roboterjournalismus „der Autor" von Journalismus-Bot-Beiträgen.

Der Nutzer ist der Journalist, der den Journalismus-Bot verwendet, und auf seine Verhältnisse im Rahmen der vom Programmierer vorgegebenen Möglichkeiten anpasst. Freilich ist der Nutzer beim internen Roboterjournalismus gleichzeitig der Programmierer. Dritte sind insbesondere Datenzulieferer, die die Rohdatengrundlage für die Journalismus-Agenten bereitstellen.

Alle benannten Personen erbringen Handlungen, die für den (falschen) Output des Journalismus-Bot ursächlich sein können. Je nach konkreter Art der Handlung und der zugewiesenen Verantwortungssphäre haften die

---

1245 *Ricker*, in: Ricker/Weberling (Hrsg.), Handbuch des Presserechts, 6. Aufl. 2012, 41. Kap. Rn. 22.

1246 *Steffen*, in: Löffler, Presserecht, 6. Aufl. 2015, § 6 Rn. 221.

1247 *Steffen*, in: Löffler, Presserecht, 6. Aufl. 2015, § 6 Rn. 223.

1248 Sog. Fiktionshaftung des Verlegers (BGH, NJW 1963, S. 902).

1249 Zur funktionalen Auslegung des Begriffs, wonach die formale Benennung im Impressum nicht entscheidend ist: *Steffen*, in: Löffler, Presserecht, 6. Aufl. 2015, § 6 Rn. 226.

Beteiligten auch für Rechtsgutverletzungen, die mittels Journalismus-Bots verursacht werden. Als aktive Verursachungsbeiträge für eine Falschberichterstattung kommen die Entscheidung, einen Journalismus-Bot einzusetzen,[1250] dessen Konzeption und Programmierung,[1251] und die Aktivierung des Programms in Betracht.[1252]

II. Äußerungsrechtliche Verantwortlichkeit als Täter- und Teilnehmer

Kein besonderes Problem ist die Zurechnung straf- und zivilrechtlich relevanten Täter- und Teilnehmerverhaltens (1.). Der strafrechtlich relevante Beitrag eines Gehilfen unterscheidet sich von einem bloß zivilrechtlich relevanten Beitrag allein durch den (Doppel-)Vorsatz des Gehilfen (2.).

1. Täter

Täter ist gemäß § 25 StGB derjenige, wer die Straftat selbst, gemeinsam mit anderen oder durch einen anderen begeht. Die Handlungsherrschaft über die Ausführungshandlung führt zur Tatherrschaft des Täters.[1253] Der Autor eines Beitrags verfasst und veröffentlicht den gedanklichen Inhalt. Als unmittelbar Handelnder ist er daher als Täter verantwortlich.[1254] Weil aber gerade in klassischen Medienorganisationen arbeitsteilig vorgegangen wird, ist auch der sog. verantwortliche Redakteur als Mittäter i. S. d. § 25 Abs. 2 StGB heranzuziehen, wenn er selbst an der Veröffentlichung des Beitrags mitgewirkt hat oder als Täter eines Unterlassungsdelikts, wenn er seiner Pflicht, die Veröffentlichung strafbarer Inhalte zu verhindern, nicht

---

1250 Der wirtschaftliche und publizistische Entscheidungsträger ist regelmäßig der Verleger des Medienunternehmens.

1251 Programmiert wird der Journalismus-Bot beim „internen Roboterjournalismus" von angestellten Redakteuren, beim „externen Roboterjournalismus" dagegen grundsätzlich vom Programmierer des Softwareunternehmens.

1252 Aktivierung oder bloße Nutzung des Programms im Rahmen der vom Programmierer vorgegebenen Möglichkeiten.

1253 *Roxin*, Täterschaft und Teilnahme, 9. Aufl. 2015, S. 127 f.; *Heine/Weißer*, in: Schönke/Schröder, StGB, 30. Aufl. 2019, Vorbm. zu §§ 25 ff. Rn. 74.

1254 *Kühl*, in: Löffler, Presserecht, 6. Aufl. 2015, § 20 Rn. 83; *Weberling*, in: Ricker/Weberling (Hrsg.), Handbuch des Presserechts, 6. Aufl. 2012, 49. Kap. Rn. 16; *Soehring*, in: Soehring/Hoene, Presserecht, 5. Aufl. 2013, § 26 Rn. 4.

nachgekommen ist.[1255] Nur mittelbar bei einem Medieninhaltedelikt Beteiligte, wie der Druckerreibetreiber, sonstige Intermediäre, aber auch Informanten, haften in der Regel nur als Gehilfen, wenn sie vom strafrechtlich relevanten Inhalt Kenntnis hatten.[1256]

Diese allgemeinen Grundsätze können auch für den Roboterjournalismus angewandt werden.

a. Programmierer

Im Einzelfall kann an die Konzeption und Programmierung des Journalismus-Bots angeknüpft werden. Naheliegend wird der Täter einwenden, nicht er, sondern der Journalismus-Bot habe eine Nachricht generiert. Der Journalismus-Bot habe eigenständig einen neuen Kausalverlauf in Gang gesetzt. Der Vortrag wird aber keinen Erfolg haben. Zum einen ist die Fallgruppe des „dazwischentretenden Dritten" auf Menschen zugeschnitten.[1257] Journalismus-Bots haben aber keinen Verstand, sondern arbeiten lediglich vom Programmierer vorgegebene (mathematische) Funktionen ab.[1258] Zum anderen „agiert" der Journalismus-Bot in den Bahnen, die der Programmierer vorgibt. Die Programmierer legen das Anwendungsprofil sowie den Rahmen des Outputs durch Entwurf und Umsetzung des Quellcodes fest.[1259] Zwar kann nicht vorhergesehen werden, welche Tatsachen der Journalismus-Bot konkret auswählt. Dies ist für einen adäquat-kausalen Verursachungsbeitrag jedoch auch nicht erforderlich, weil auf dieser Ebene lediglich außergewöhnliche Umstände nicht zurechenbar sind.[1260] Wenn hingegen die Beitragszusammensetzung ex post nicht mehr erklärt werden kann, stellt sich die Frage erneut, ob der Computer durch seine „eigenständige" strafbare Leistung als Dritter in den vom Programmierer

---

1255 Eine Haftung richtet sich im letzteren Fall nach den jeweiligen Strafvorschriften der Landespresse und -mediengesetzen (vgl. *Kühl*, in: Löffler, Presserecht, 6. Aufl. 2015, § 20 Rn. 86; *Soehring*, in: Soehring/Hoene, Presserecht, 5. Aufl. 2013 § 26 Rn. 8a u. 8b).

1256 *Weberling*, in: Ricker/Weberling (Hrsg.), Handbuch des Presserechts, 6. Aufl. 2012, 49. Kap. Rn. 19.

1257 *Volkmann*, MMR 2018, S. 58, 61.

1258 Vgl. hierzu bereits unter Kap. 1 B.I. (S. 20 f.), Kap. 3 VI.1.a. (S. 134 f.).

1259 Vgl. zu den verschiedenen Variablen und journalistischen Kriterien, die in den Programmcode implementiert werden könnne bereits unter Kap. 2 A.V. (S. 36 f.) und zum technical bias unter Kap. 2 B.I.3. (S. 51 f.).

1260 *Sternberg-Lieben/Schuster*, in: Schönke/Schröder, StGB, 30. Aufl. 2019, § 15 Rn. 55.

gesetzten Kausalverlauf eingetreten ist.[1261] Anzumerken ist allerdings, dass an die Wesentlichkeit der Abweichung von einem vorgestellten Kausalverlauf hohe Anforderungen gestellt werden, weil sich die Abweichung außerhalb des nach allgemeiner Lebenserfahrung Voraussehbaren halten muss.[1262] Wenn ein Social-Bot so programmiert wird, dass er von Nutzerkommentaren seinen Sprachschatz erlernt, ist die Zurechnung von rassistischen und beleidigenden Kommentaren an die Programmierer davon abhängig, ob der Social-Bot in einem neutralen Nutzerumfeld eingesetzt wird oder in einem Forum, in dem den Programmierern bekannt ist, dass dort strafrechtlich relevante Äußerungsdelikte begangen werden.[1263] Insofern ist es gut vertretbar, dass im Fall des Microsoft Chatbot „Tay" aus Sicht der Programmierer ein außergewöhnlicher Umstand darin begründet war, dass Nutzer in einem normalen Umfeld „Tay" beleidigende und rassistische Kommentare „beibrachten". Hingegen liegt kein außergewöhnlicher Umstand und atypischer Kausalverlauf vor, wenn bewusst das Handlungsumfeld so gewählt wird, dass auch der Social-Bot einen entsprechenden Output generiert.[1264] Gleiches gilt freilich auch für Journalismus-Bots. Wenn Programmierer eine Sprache mit volksverhetzenden Behauptungen entwickeln, die sodann veröffentlicht werden, ist es evident, dass der Journalismus-Bot lediglich ein Werkzeug ist, mit dem einer der Programmierer seine Tat unmittelbar ausführt.

Im „arbeitsteiligen" Verhältnis zwischen Täter und Journalismus-Bot braucht auf die Fallgruppe der mittelbaren Täterschaft i. S. d. § 25 Abs. 1 S. 1 Var. 2 StGB (noch) nicht zurückgegriffen zu werden, wenn die Rahmenbedingungen vom Menschen vorgegeben werden.[1265]

In Frage kommt im Einzelfall auch eine mittelbare Täterschaft des Rohdatenlieferanten – als Informanten –, der nach Jahren problemloser Zusammenarbeit die arg- und vorsatzlosen Verleger, Nutzer und Program-

---

1261 Vgl. allgemein und keine Zurechengrenzen definierend: *Volkmann*, MMR 2018, S. 58, 61. *Volkmann* weißt aber darauf hin, dass das Rechtsinstitut der actio libera in causa für diese Situation angewendet werden könnte.

1262 Vgl. allgemein zu dieser Fallgruppe: *Sternberg-Lieben/Schuster*, in: Schönke/ Schröder, StGB, 30. Aufl. 2019, § 15 Rn. 55.

1263 Vgl. zu dem Einsatz in einem neutralen Umfeld, der Chatbot „Tay" (http://www.faz.net/aktuell/wirtschaft/netzwirtschaft/microsofts-bot-tay-wird-durch-nutzer-zum-nazi-und-sexist-14144019.html) und andererseits *Volkmann*, MMR 2018, S. 58, 61.

1264 *Volkmann*, MMR 2018, S 58, 61.

1265 Vgl. zu bewusst für volksverhetzende Aussagen eingesetzten Social-Bots, die ihren Wortschatz aus den Beiträgen von menschlichen Nutzern generieren: *Volkamm*, MMR 2018, S. 58, 61.

mierer plötzlich (planvoll) mit falschen Daten versorgt. Dass der Rohdatenlieferant hier eine adäquat-kausale Ursache gesetzt hat, liegt auf der Hand. Aus der Sicht der anderen Personen liegt hingegen ein außergewöhnlicher Umstand vor, sodass die Falschberichterstattung den im Übrigen vorsatzlosen Personen nicht zuzurechnen ist.

b. Verleger und Herausgeber

Die bloße Entscheidung, einen Journalismus-Bot einzusetzen, ist als solche nicht strafrechtlich relevant, sondern nur, wenn weitere strafbarkeitsbegründende Umstände vorliegen. Die Entscheidung des Verlegers, einen Journalismus-Bot entgegen der journalistischen Sorgfaltspflicht für Verdachtsberichterstattungen einzusetzen, ist aber eine zivilrechtlich relevante Organisationspflichtverletzung des Verlegers.[1266] Verleger und Herausgeber haften grundsätzlich als Gehilfen i. S. d. § 27 StGB, es sei denn, sie haben einen unmittelbaren Einfluss auf die Veröffentlichung eines konkreten Beitrags genommen oder es gibt Anhaltspunkte dafür, dass der jeweilige Autor ein Medieninhaltsdelikt begehen wird.[1267] Im letzteren Fall ist die Duldung der Veröffentlichung ein objektiver Gehilfenbeitrag.[1268]

2. Teilnehmer

Als Gehilfe wird bestraft, wer die rechtswidrige Haupttat eines Dritten fördert.[1269]

Softwareunternehmen, die beim externen Roboterjournalismus lediglich die Software bereitstellen, machen sich durch die Lizenzierung nicht als Gehilfe strafbar. Insofern besteht im Ergebnis Einigkeit darüber, dass neutrale (Alltags)Handlungen mangels hinreichenden deliktischen Bezugs keine strafbaren Beihilfehandlungen sind, obwohl sie mitursächlich für

---

1266 Hierzu noch unter Kap. 6 B.III.2.a. (S. 280).

1267 *Kühl*, in: Löffler, Presserecht, 6. Aufl. 2015, § 20 Rn. 89; *Weberling*, in: Ricker/Weberling (Hrsg.), Handbuch des Presserechts, 6. Aufl. 2012, 49. Kap. Rn. 18.

1268 *Kühl*, in: Löffler, Presserecht, 6. Aufl. 2015, § 20 Rn. 89.

1269 Ständige Rechtsrepchung (vgl. BGH, NJW 2001, S. 2409, 2410; a. A. Mitkausalität des Tabeitrags erforderlich (vgl. *Geppert*, Jura 1999, S. 266). Zum Ganzen vgl. die Literaturnachweise bei *Heine/Weißer*, in: Schönke/Schröder, StGB, 30. Aufl. 2019, § 27 Rn. 3 f.

die Haupttat geworden sind.[1270] Eine bloße Risikoerhöhung durch die Programmierung von Journalismus-Bots ist daher für eine Strafbarkeit nicht ausreichend. Die Neutralität einer Alltagshandlung ist erst dann überschritten, wenn eine wertende Betrachtung im Einzelfall ergibt, dass der Haupttäter – für den Gehilfen erkennbar – eine Straftat begehen will.[1271] Im Ergebnis wird hier aufgrund objektiver Tatumstände auf den Förderwillen geschlossen.[1272] Es ist daher die subjektive Perspektive, die im Rahmen des subjektiven Tatbestands zudem einen bedingten (Doppel-)Vorsatz auf die Gehilfenhandlung und die Haupttat erfordert (einschließlich des Bewusstseins ihrer Rechtswidrigkeit), die eine strafbare Beihilfehandlung von einer fahrlässigen und nur zivilrechtlich relevanten Handlung unterscheidet.[1273] Übertragen auf die Softwareunternehmen bedeutet dies, dass nur im Einzelfall ein Vorsatz aufgrund objektiver Tatumstände angenommen werden kann. Relevante Faktoren können sein: Der konkrete Vertragspartner, die geforderte Sprachstruktur des Journalismus-Bots und die gewählte Rohdatengrundlage. Dabei ist das Softwareunternehmen nicht verpflichtet, aktiv diese Tatsachen zu erforschen, weil sie weder aus Ingerenz noch aus anderen Gesichtspunkten eine Garantenstellung hinsichtlich des Verhaltens ihrer Vertragspartner haben.

3. Auswirkungen strafrechtlich relevanten Verhaltens auf die zivilrechtliche Haftung

Die Begriffe Täter und Teilnehmer werden von der Rechtsprechung in die zivilrechtliche Dogmatik übernommen, sodass sich Straftäter als Schädiger der ganzen Bandbreite zivilrechtlicher Ansprüche[1274] ausgesetzt sehen, wenn die weiteren Anspruchsvoraussetzungen gegeben sind.[1275]

1270 Hierzu und zur streitigen Begründung dieses Ergebnisses: *Heine/Weißer*, in: Schönke/Schröder, StGB, 30. Aufl. 2019, § 27 Rn. 9.

1271 BGH, NJW 2000, S. 3011; *Heine/Weißer*, in: Schönke/Schröder, StGB, 30. Aufl. 2019, § 27 Rn. 10.

1272 *Heine/Weißer*, in: Schönke/Schröder, StGB, 30. Aufl. 2019, § 27 Rn. 10.

1273 Beispiel bei BGH, NJW 2010, S. 2061, 2062; *Heine/Schröder*, in: Schönke/Schröder, StGB, 30. Aufl. 2019, § 27 Rn. 28.

1274 § 1004 Abs. 1. S. 2 BGB analog i. V. m. § 823 Abs. 2 BGB i. V. m. §§ 186 ff. StGB (Unterlassung, Berichtigung, Widerruf), § 824 BGB, § 826 BGB, § 823 Abs. 1 BGB i. V. m. Art. 2 Abs. 1 i. V. m. Art. 1 Abs. 1 GG (Geldentschädigung).

1275 BGH, ZUM 2015, S. 650; *Ohly*, ZUM 2017, S. 793, 794.

III. Äußerungsrechtliche Verantwortlichkeit als „Störer"

Auch mittelbare Verursachungsbeiträge, die zu einer Rechtsgutverletzung führen, erfüllen die Voraussetzungen des naturwissenschaftlichen Kausalitätsbegriffs. Zum Beispiel kann auch über den Beitrag eines Telekommunikationsanbieters, der die technische Verbindung zwischen dem Rechner eines Äußernden und dem Rechner der Empfänger bereitstellt, im Fall einer rechtswidrigen Äußerung, die über die Verbindung verbreitet wird, nicht hinweggedacht werden, ohne dass der konkrete Erfolg entfiele. Dass der technische Beitrag des Telekommunikationsanbieters nicht zur vollen Verantwortlichkeit für Rechtsgutverletzungen durch Dritte führt, wird durch normative Zurechenbarkeitsgrenzen, namentlich durch Adäquanzerwägungen und durch die Lehre vom Schutzzweck der Norm begründet.[1276] Eben diese Konzepte können auch für Roboterjournalismus fruchtbar gemacht werden.

Als Grundproblem von autonomen Systemen ist das Unvermögen, den Output vorhersagen zu können, ermittelt worden.[1277] In der haftungsrechtlichen Kategorie der Zurechnung einer Rechtsgutverletzung ist der Umstand, dass der Schädiger eine Rechtsgutverletzung nicht absolut antizipieren kann, aber ein altbekanntes Problem.[1278] Insofern muss in der „äußerungsrechtlichen Auslegung der Adäquanztheorie" nicht nur die Wahrscheinlichkeit für den Erfolgseintritt durch eine Handlung erheblich erhöht worden sein.[1279] Auch sind nicht nur Bedingungen, die ihrer Natur

---

1276 Vgl. allgemein *Teichmann*, in: Jauernig, BGB-Kommentar, 17. Aufl. 2018, § 823 Rn. 24; BGH, NJW 2005, S. 3137, 3139; BGH, JZ 1964, S. 178 (mit Anm. *Lorenz*). Nach anderer Ansicht sollen Zumutbarkeitsgesichtspunkte erst auf der Ebene des Veschuldens geprüft werden (vgl. *Wagner*, in: Säcker et al. (Hrsg.), Müko-BGB, Bd. 6, 7. Aufl. 2017, § 823 Rn. 70). Der Streit darf für die Praxis nicht überbewertet werden, weil die andere Ansicht die Adäquanztheorie und den Schutzzweck der Norm identisch im Bereich des Verschuldens prüft (Pflichtwidrigkeitszusammenhang). Wie aufzuzeigen sein wird, ist auch die Störerhaftung von den Gesichtspunkten der Adäquanz geprägt (hierzu bereits ausführlich: *Wollin*, Störerhaftung im Immaterialgüter- und Persönlichkeitsrecht, 2018, S. 99).

1277 *Günther*, Roboter und rechtliche Verantwortung, 2016, S. 38; *Wischmeyer*, AöR 143 (2018), S. 1, 5.

1278 Im Bereich der Störerhaftung ist die absolute Vorhersehbarkeit einer Rechtsverletzung nicht erforderlich (vgl. *Freytag*, Haftung im Netz, 1999, S. 63; *Neuhaus*, Sekundäre Haftung, 2011, S. 33; *Wollin*, Störerhaftung im Immaterialgüter- und Persönlichkeitsrecht, 2018, S. 99).

1279 BGH, NJW 1972, S. 195; *Oetker*, in: Säcker (Hrsg.), Möko-BGB, Bd. 2, 7. Aufl. 2016, § 249 Rn. 110.

nach für die Entstehung des Schadens gleichgültig sind und nur durch eine Verkettung außergewöhnlicher Umstände zu der Rechtsgutverletzung führen, unbeachtlich.[1280] Vielmehr ist auch entscheidend, ob der Einzelne aus Sicht eines objektiven Beobachters in der konkreten Lage auch die technischen und rechtlichen Möglichkeiten zur Verhinderung der Rechtsverletzung hatte.[1281]

Insbesondere transferiert das zivilrechtliche Haftungsrecht diese Kriterien auch in die Figur der Störerhaftung. Danach sind für aktuelle und drohende Beeinträchtigungen von absoluten Rechten[1282] nicht nur die unmittelbar handelnden Täter und Teilnehmer verantwortlich, sondern auch solche Personen, die unwissentlich mittelbar zu der Rechtsverletzung beitragen.[1283] Störer haften aber anders als Täter und Teilnehmer nicht auf Schadensersatz, sondern nur auf die zukünftige Unterlassung der rechtsgutbeeinträchtigenden Handlung.[1284]

Der Störerbegriff wird im Folgenden definiert (1.), bevor die herausgearbeiteten Kriterien auf den internen und externen Roboterjournalismus angewendet werden (2. u. 3.). Hervorgehoben werden sodann Verkehrssicherungspflichten von Softwareunternehmen (4.).

1. Störerbegriff

Der Bundesgerichtshof verwendet den Begriff „Störer" bekanntermaßen nicht einheitlich. Als Störer haftet nach der Rechtsprechung des *I. Zivilsenats* des BGH nur, wer weder Täter noch Teilnehmer ist.[1285] Nach der Rechtsprechung des für das Äußerungsrecht zuständigen *VI. Zivilsenat* des Bundesgerichtshofs ist der unmittelbare Störer gleichzeitig Täter oder Teilnehmer.[1286] Die Gründe für die terminologischen Unterschiede sind nicht

1280 BGH, NJW 1953, S. 700; *Oetker*, in: Säcker (Hrsg.), Müko-BGB, Bd. 2, 7. Aufl. 2016, § 249 Rn. 110.

1281 Vgl. *Spindler/Volkmann*, in: Spindler/Schuster (Hrsg.), Recht der elektronischen Medien, 3. Aufl. 2015, § 1004 Rn. 9; *Schuhr*, in: Beck (Hrsg.), Robotik im Kontext von Recht und Moral, 2014, S. 20 f.; BGH, GRUR 2013, S. 1030, 1032.

1282 Im hier relevanten Bereich insbesondere Persönlichkeitsrechte.

1283 Umfassend zur Dogmatik der Störerhaftung: *Wollin*, Störerhaftung im Immaterialgüter- und Persönlichkeitsrecht, 2018.

1284 BGH, NJW 2004, S. 3102, 3105; BGH 2010, S. 2061, 2062; *Korte*, Handbuch des Presserechts, 2014, § 4 Rn. 46.

1285 BGH, ZUM 2015, S. 893.

1286 BGH, NJW 2016, S. 56, 59. Ausführliche Analyse hierzu von *Hollenders*, Mittelbare Verantwortlichkeit von Intermediären im Netz, 2012, S. 84 f.

neu und sollen hier auch nicht wiederholt werden.[1287] Zur terminologischen Klarstellung wird in der Literatur, wie auch in dieser Arbeit, auf die Begriffe des „intellektuellen Verbreiters“ und des „technischen Verbreiters“ zurückgegriffen.[1288] Intellektueller Verbreiter ist jeder Täter und Teilnehmer eines Äußerungsdelikts, während der technische Verbreiter nur eine mittelbare Ursache für eine Rechtsverletzung setzt.[1289] Es geht daher konkret um die äußerungsrechtliche Verantwortlichkeit von Vermittlern von Inhalten. Der Begriff des Störers wird daher auch für entbehrlich gehalten.[1290]

1287 § 1004 Abs. 1 S. 2 BGB analog setzt die Störereigenschaft des Anspruchsgegners voraus. Da für Unterlassungsansprüche dem für das Allgemeine Persönlichkeitsrecht zuständigen *VI. Zivilsenat* des BGH keine andere Rechtsgrundlage zur Verfügung steht, muss er seine Terminologie entsprechend anpassen. Hingegen stehen dem für das Immaterialgüterrecht zuständigen *I. Zivilsenat* für Unterlassungsansprüche die geschriebenen Unterlassungsansprüche aus dem Marken- und Urheberrecht (§ 14 Abs. 5 MarkenG, § 97 UrhG) zur Verfügung. Hierzu: *Wollin*, Störerhaftung im Imaterialgüterrecht, 2018, S. 98 f. Im Urheberrecht wird aufgrund der Urteile des Europäischen Gerichtshofes das Ende der Sörerhaftung für das UrhG diskutiert (*Ohly*, ZUM 2017, S. 793). Im allgemeinen Wettbewerbsrecht ist sie aufgegeben (BGH, GRUR 2011, S. 152, 156; zweifelnd: *Goldmann*, in: Harte-Bavendamm/Henning-Bodewig (Hrsg.), UWG, 4. Aufl. 2016, § 8 Rn. 427).

1288 *Korte*, Praxis des Presserechts, 2014, § 4 Rn. 22; *Söder*, in: Gersdorf/Paal (Hrsg.), BeckOK-Informations- und Medienrecht, Stand: 1.8.2018, § 823 BGB Rn. 14.

1289 *Korte*, Praxis des Presserechts, 2014, § 4 Rn. 22; *Peifer*, NJW 2016, S. 23, 24; *Söder*, in: Gersdorf/Paal (Hrsg.), BeckOK-Informations- und Medienrecht, Stand: 1.8.2018, § 823 BGB Rn. 14. Diese Abgrenzung soll im weiteren Verlauf noch vertieft werden, weil nich evident ist, ob Softwareunternehmen, die beim externen Roboterjournalismus, nur den Journalismus-Bot bereitstellen, technischer oder intellektueller Verbreiter ist.

1290 Insofern ist bereits im Rahmen von § 1004 Abs. 1 S. 1 BGB der Begriff „Störer“ umstritten. Nach der Rechtsusurpationslehre hat der Begriff keine eigenständige Bedeutung, während die herrschende Meinung zwischen Handlungs und Zustandsstörer differenziert (hierzu einführend: *Sohnheimder*, in: Gsell et. al (Hrsg.), Beck-OGK-Zivilrecht, Stand: 1.7.2018, § 1004 Rn. 142 f.). *Wollin* diskutiert in seiner Dissertationsschrift den zivilrechtsdogmatischen Streit ausführlich und überträgt die gefundenen Ergebnisse auf das Persönlichkeits- und Immaterialgüterrecht (*Wollin*, Störerhaftung im Immaterialgüter und Persönlichkeitsrecht, 2018).

2. Prüf- und Überwachungspflichten im internen Roboterjournalismus

Die Entwicklung neuartiger Geschäftsmodelle ist gesamtgesellschaftlich wünschenswert.[1291] Aus diesem Grund werden technische Verbreiter von einer deliktischen Haftung für Beiträge, die von Dritten intellektuell erstellt worden sind, grundsätzlich freigestellt.[1292] Dies ergibt sich für die genannten Dienstanbieter i. S. d. § 2 Telemediengesetz (TMG) unmittelbar aus den §§ 7 ff. TMG. Aber auch technische Verbreiter, auf die das Telemediengesetz nicht angewendet wird, wie beispielsweise auf Pressegrossisten[1293] und Buchhändler,[1294] haften deliktisch grundsätzlich nicht, weil sie nur technische Verbreiter sind.[1295] Dabei ist zu beachten, dass nicht jede mittelbare Ursache eine Einstandspflicht als Störer begründet. Technische Verbreiter müssen zusätzlich Überprüfungs- oder Überwachungspflichten verletzt haben, die von der Rechtsprechung im Einzelfall entwickelt werden.[1296] Entscheidend für den Umfang des Pflichtenkatalogs sind dabei die Funktion, die tatsächlichen und rechtlichen Möglichkeiten des potentiel-

---

1291 Vgl. Gesetzesentwurf der Bundesregierung zur Regelung der Rahmenbedingungen für Informations- und Kommunikationsdienste v. 9.4.1997, BT-Drs. 13/7385, S. 16.

1292 Vgl. Gesetzesentwurf der Bundesregierung zur Regelung der Rahmenbedingungen für Informations- und Kommunikationsdienste v. 9.4.1997, BT-Drs. 13/7385, S. 20 f.

1293 *Burkhardt*, in: Wenzel (Hrsg.), Das Recht der Wort- und Bildberichterstattung, 5. Aufl. 2003, Kap. 10 Rn. 221; OLG Frankfurt a. M., ZUM-RD 2008, S. 128, 130.

1294 LG Düsseldorf, ZUM-RD 2009, S. 279, 280.

1295 Vgl. *Söder*, in: Gersdorf/Paal (Hrsg.), BeckOK-Informations- und Medienrecht, Stand: 01.
08.2018, § 823 Rn. 19.

1296 BGH, ZUM 2013, S. 550, 553. In domatischer Hinsicht sieht sich dieser Rechtsprechung einiger Kritik ausgesetzt, die *Wollin* (Störerhaftung im Immaterialgüterrecht, 2018) lesenswert zusammenfasst: Die Prüfpflichten sind faktisch Verkehrssicherungspflichten, die im Rahmen von § 823 Abs. 1 BGB zu prüfen sind (S. 107). Zudem ist nicht absehbar, welche Prüfpflichten der BGH im Einzelfall definiert, was zu Rechtsunsicherheit bei den Adressaten führt (S. 107). Sie definieren zudem gleichzeitig die Rechtsfolge des Unterlassungs- und Beseitigungsanspruchs, weil die zukünfigte Unterlassung nur mir einem *aktiven* Mehraufwand zu erfüllen ist (S. 105). Auch der BGH fordert, dass der Erstverbreiters einer falschen Tatsachenbehauptung im Rahmen des Zumutbaren auch gegen Dritte, die einen Beitrag übernommen haben, vorgeht (BGH, NJW 2016, S. 56, 58). *Wollin* plädiert daher für eine kenntnisunbhängige Beseitigungspflicht (*Wollin*, Störerhaftung im Immaterialgüterrecht, 2018, S. 260 u. S. 264).

len Störers sowie dessen Eigenständigkeit und schließlich die gesellschaftliche Funktion des Dienstes.[1297]

Für den internen Roboterjournalismus wird pauschal eine proaktive Prüfpflicht eingefordert, wonach jeder generierte Beitrag händisch vor Veröffentlichung auf seine inhaltliche Richtigkeit gegengelesen werden soll.[1298] Dies ist in dieser Pauschalität unzutreffend.

a. Grundsätzlich keine proaktiven Prüfpflichten

Zuzugestehen ist dieser Ansicht aber, dass im Einzelfall bereits die Entscheidung des Verlegers, Journalismus-Bots zum Beispiel im Bereich der Verdachtsberichterstattung einzusetzen, eine Organisationspflichtverletzung sein kann. Organisationspflichten beziehen sich im Besonderen auf die Überwachung und Unterweisung des Personals.[1299] Genauso wie ein Verleger seine Pflicht zur sorgsamen Personalauswahl verletzt, wenn er einen Journalisten anstellt, der bereits mehrere Ehrverletzungen begangen hat,[1300] haftet der Verleger für die Entscheidung, vollautomatisierte Journalismus-Bots in einem Bereich einzusetzen, von dem ihm bewusst ist, dass dort eine erhöhte Wahrscheinlichkeit für Beeinträchtigungen des allgemeinen Persönlichkeitsrechts Betroffener besteht.[1301]

Weiterhin erkennt der Bundesgerichtshof in der (Voll-)Automatisierung der Informationsverarbeitung grundsätzlich einen gefahrenerhöhenden Umstand, der strengere Prüfpflichten rechtfertigt.[1302] Die Vollautomatisierung allein führt aber nicht zwingend zur Pflicht, Inhalte vor der Veröf-

1297 Neben den rechtlichen Möglichkeiten sind freilich (*Schapiro*, Unterlassungsansprüche, 2011, S. 51) auch die tatsächlichen Möglichkeiten relevant, obwohl der BGH dies nicht ausdrücklich formuliert (vgl. BGH, ZUM 2013, S. 550, 552). Zu einzelnen Prüfpflichten im Überblick: *Spindler*, in: Spindler/Schmitz (Hrsg.), TMG, 2. Aufl. 2018, § 7 Rn. 49. – Ausführlich: *Wollin*, Störerhaftung im Immaterialgüter und Persönlichkeitsrecht, 2018, S. 59–114.

1298 *Weberling*, NJW 2018, S. 735, 738.

1299 Vgl. BGH, NJW 1963, S. 902.

1300 OLG München, AfP 1990, S. 222.

1301 Insoweit treffen ihn strengere Verkehrssicherungspflichten (vgl. *Obergfell*, in: Ulmer/Obergfell (Hrsg.), Verlagsrecht, 2013, Kap. I, Rn. 101; *Foerste*, NJW 1991, S. 1433, 1435.

1302 Zur automatisierten Domainvergabe: BGH, GRUR 2012, S. 304, 308.

fentlichung zu überprüfen.[1303] In dieser Hinsicht ist auch die gesellschaftliche Funktion eines Dienstes relevant. Soweit Kommunikationsgrundrechte und das allgemeine Persönlichkeitsrecht als Rahmenrecht miteinander abzuwägen sind, kann eine proaktive Prüfpflicht eine zensurähnliche Wirkung entfalten. Daher verpflichtet der Bundesgerichtshof Anbieter von Meinungs- und Bewertungsforen zur Einhaltung eines Verfahrens, das erst auf Initiative – also reaktiv – eines Betroffenen durchzuführen ist.[1304] An dessen Ende steht freilich der Anbieter wiederum vor dem Dilemma, ob er einen Inhalt löschen soll oder nicht.[1305] Die besondere Fähigkeit von automatisierten Journalismus-Bots liegt gerade darin, aus Nischengebieten zu berichten, für die sich nur ein kleiner Nutzerkreis interessiert. Der Beitrag zur Meinungsvielfalt ist daher als gesellschaftlicher Gewinn in die Interessenabwägung einzustellen.[1306]

Insgesamt müssen sich proaktive Prüfpflichten daher auf die nach dem Stand der Technik möglichen automatisierbaren Optionen beschränken.[1307] Insbesondere können Kriterien für „Ausreißer-Berichte" im Programmcode definiert werden, die offensichtlich falsch sind, sowie Kriterien für offensichtliche Hate-Speech-Inhalte entwickelt werden.

b. Proaktive Prüfpflicht außerhalb privilegierter Quellen

Diskutabel erscheint es aber, eine proaktive Prüfpflicht einzufordern, wenn keine privilegierten Quellen genutzt werden. Hierfür sprechen auch Adäquanzgesichtspunkte, wenn im Einzelfall dadurch die Wahrscheinlichkeit für eine Falschberichterstattung erheblich erhöht worden ist.[1308] Im Ausgangspunkt erhöht die Missachtung journalistischer Sorgfaltspflichten

---

1303 Vgl. BGH, ZUM 2013, S. 550, 553; *Spindler*, in: Spindler/Schmitz (Hrsg.), TMG, 2. Aufl. 2018, Vorbm. zu §§ 7–10 Rn. 88 sowie zur „journalismus-bot-spezifischen" Sorgfaltspflicht bereits unter Kap. 5 B. (S. 240 f.).

1304 Notice-and-take-down-Verfahren (hierzu: BGH, NJW 2012, S. 148, 150 f.). Anders hingegen für „zu-eigen-gemachte Inhalte", weil der Anbieter als intellektueller Verbreiter zur Unterlassung verpflichtet ist, BGH, GRUR 2010, S. 616.

1305 Vgl. *Wollin*, Störerhaftung im Immaterialgüter- und Persönlichkeitsrecht, 2018, S. 268; *Spindler*, in: Alexander et al. (Hrsg), FS Köhler, 2014, S. 695, 702.

1306 Vgl. zu den Chancen von Roboterjournalismus für die Meinungsvielfalt bereits unter Kap. 2 B.II. (S. 60 f.).

1307 Welche genauen Optionen hier erforderlich sind, muss im Einzelfall nach dem jeweiligen Stand der Technik gepüft werden (vgl. BGH, GRUR 2011, S. 152).

1308 BGH, NJW 1972, S. 195; *Oetker*, in: Säcker et al. (Hrsg.), Müko-BGB, Bd. 2, 7. Aufl. 2016, § 249 Rn. 110.

bei der Recherche von Informationen die Wahrscheinlichkeit einer rechtswidrigen Beeinträchtigung des allgemeinen (Unternehmer-)Persönlichkeitsrechts oder sonstiger Rechte. Die Nutzung privilegierter Quellen soll die Wahrscheinlichkeit einer Rechtsgutverletzung auf ein Restrisiko reduzieren, so dass auch der Schutzzweck dieser Verhaltensnorm[1309] gerade das Risko einer Falschberichterstattung senkt. Ob sich aber durch die Missachtung der Norm die Wahrscheinlichkeit einer Rechtsgutverletzung *erheblich* erhöht, ist nicht evident und muss in jedem Einzelfall überprüft werden. Als Leitlinie lässt sich vorgeben, dass in diesen Fällen Anlass besteht, die Rohdatengrundlage proaktiv zu überprüfen. Sofern hingegen sichergestellt ist, dass nur geprüfte Rohdaten in die automatisiert generierten und verbreiteten Beiträge gelangen, erhöht sich die Wahrscheinlichkeit einer Rechtsgutverletzung im Vergleich zu einer Berichterstattung mittels privilegierter Quellen nicht. In anderen Fällen aber mag eine händische Nachprüfung von Beiträgen vor der Veröffentlichung auch im Hinblick auf die geschützten Interessen des Medienunternehmens zumutbar sein. Zwar wird das Medienunternehmen durch die proaktive Prüfpflicht einer stärken Sorgfalt unterworfen. Allerdings ist die Beeinträchtigung von Art. 5 Abs. 1 S. 2 GG zugunsten des allgemeinen (Unternehmer-)Persönlichkeitsrechts erforderlich und angemessen, weil außerhalb des vollautomatisierten Roboterjournalismus genügend Handlungsmöglichkeiten vorhanden sind, um berichterstattend tätig zu sein.

c. Zwischenergebnis

Das publizierendee Medienunternehmen ist auf Hinweis Dritter verpflichet, Beiträge zu überprüfen, wenn privilegierte Quellen genutzt werden. Das Medienunternehmen muss reaktiv auf einen konkreten Hinweis auf eine Falschberichterstattung reagieren.[1310] Als Haftungsadressat für Unterlassungsansprüche dürften regelmäßig bereits der Verleger und Programmierer in Betracht kommen. Der Verleger, wenn er die wirtschaftliche Entscheidung trifft, Journalismus-Bots in einem bestimmten Bereich ein-

1309 Vgl. allgemein zum Schutzzweck der Norm als Zurechnungsbegrenzung: *Wagner*, in: Säcker et al. (Hrsg.), Müko-BGB, Bd. 6, 7. Aufl. 2017, § 823 Rn. 459 u. Rn. 460; *Oetker*, in: Säcker et al. (Hrsg.) Müko-BGB, Bd. 2, 7. Aufl. 2016, § 249 Rn. 120.

1310 Insofern verläuft die Haftung parallel zur Autocomplete-Funktion von Google (hierzu: BGH, ZUM 2013, S. 550, 553).

zusetzen, aber auch der Programmierer, der den Journalismus-Bot wartet und bedient. Der Programmierer ist in dieser Konstellation wie ein Autor verantwortlich.

3. Prüf- und Überwachungspflichten im externen Roboterjournalismus

Im externen Roboterjournalismus kooperieren publizierende Medienunternehmen mit Softwareunternehmen. Aber auch das klassische Verlagsrecht ist geprägt von der Zusammenarbeit zwischen freien Autoren und Verlagen, sodass auf verlagsrechtliche Grundsätze sinngemäß zurückgegriffen werden kann.[1311] Wie beim internen Roboterjournalismus orientiert sich der Umfang des Pflichtenkatalogs an der Funktion, den tatsächlichen und rechtlichen Möglichkeiten des potentiellen Störers sowie dessen Eigenständigkeit und schließlich der gesellschaftlichen Funktion des Dienstes.[1312]

a. Überprüfung des Quellcodes

Weil das Urheberrecht am Computerprogramm dem Softwareunternehmen zusteht, bestimmt auch das Softwareunternehmen, welche Lizenzen vergeben werden.[1313] Diese Lizenzgestaltung hat Einfluss auf die rechtlichen Möglichkeiten von publizierenden Medienunternehmen, ihren reaktiven Prüfpflichten nachzukommen. Zwar kann der semantische Aussagegehalt eines Beitrags immer mit dem Vortrag eines Betroffenen verglichen werden, um dann den Wahrheitsgehalt des Beitrags zu überprüfen. Aber es sind Konstellationen denkbar, in denen eine (erneute) Rechtebeeinträchtigung nur durch Sichtung des Quellcodes festgestellt und durch Änderung des Quellcodes abgestellt werden kann. Wie im klassischen Verlagsrecht, wo der Verleger grundsätzlich nicht berechtigt ist, Inhalte zu än-

---

1311 Zum Verlagsrecht: *Obergfell*, in: Ulmer-Eilfort/Obergfell (Hrsg.), Verlagsrecht, 1. Aufl. 2013, Kap. 1 Rn. 97 ff.

1312 Vgl. *Schapiro*, Unterlassungsansprüche, 2011, S. 51; BGH, ZUM 2013, S. 550, 552). Zu einzelnen Prüfpflichten im Überblick: *Spindler*, in: Spindler/Schmitz (Hrsg.), TMG, 2. Aufl. 2018, § 7 Rn. 49. – Ausführlich: *Wollin*, Störerhaftung im Immaterialgüter und Persönlichkeitsrecht, 2018, S. 59–114.

1313 Vgl. hierzu bereits unter Kap. 4 B.IV. (S. 166).

dern (§ 39 UrhG)[1314], ist zu berücksichtigen, ob das publizierende Medienunternehmen berechtigt ist, den Quellcode zu sichten bzw. zu ändern.[1315] Grundsätzlich ist dies dem Softwareunternehmen gemäß § 69c Nr. 2 UrhG vorbehalten, das das Urheberrecht am Computerprogramm hat. Zwar erlaubt § 69d Abs. 1 UrhG den Berechtigten, Fehler des Programms ohne Zustimmung des Rechtsinhabers zu beseitigen. Aber durch das Dekompilierungsgebot des § 69e UrhG ist es ohne Zustimmung unmöglich, den maschinenlesbaren Objektcode in den für Menschen lesbaren Quellcode zu übersetzen.[1316] Dies ist aber erforderlich, um Fehler im Quellcode zu sichten und dann den Quellcode umzuprogrammieren. Eher abwegig ist es, dem publizierenden Medienunternehmen und dem Softwareunternehmen einen gesetzlichen Kontrahierungszwang für einen Wartungsvertrag aufzuerlegen, zumal in der Praxis solche Verträge bereits üblich sind.[1317]

Unabhängig davon, warum ein Fehler im Quellcode nicht ermittelt werden kann, muss das Medienunternehmen ggf. jeden Beitrag händisch prüfen oder – als Ultima Ratio – den Journalismus-Bot deaktivieren, wenn Falschberichte gehäuft auftreten. Zudem ist der Betroffene im Einzelfall angehalten, seine Rechte auch gegenüber dem Softwareunternehmen durchzusetzen, insbesondere wenn diese auf Hinweise des Medienunternehmens nicht reagieren.

b. Softwareunternehmen als technischer- oder intellektueller Verbreiter?

Problematisch ist, ob Softwareunternehmen eine passive, neutrale Rolle bezüglich des Inhalts der Beiträge einnehmen oder zumindest auch eine aktive Rolle bei der Inhaltsgenerierung übernehmen.

1314 Soweit nicht Gesetzesverstöße vorliegen (*Foerste*, NJW 1991, S. 1433, 1435). Vgl. auch zu § 39 Abs. 2 UrhG: *Dietz/Peukert*, in: Schricker/Loewenheim, UrhR, 5. Aufl. 2017,
§ 39 Rn. 16.

1315 Vgl. zu dieser Argumentation im Kontext der Haftung für (unsichere) Software: *Raue*, NJW 2017, S. 1841, 1842.

1316 *Loewenheim/Spindler*, in: Schricker/Loewenheim, UrhR, 5. Aufl. 2017, § 69e Rn. 10.

1317 Vgl. *Marly*, PK-Softwarerecht, 7. Aufl. 2018, S. 447 f.

> Intellektuelle Verbreiter übernehmen eine aktive Rolle bei der Inhaltsgenerierung oder -veröffentlichung, während technische Verbreiter eine neutrale und passive Stellung einnehmen.[1318]

Die Abgrenzung zwischen dem passiven technischen Verbreiter und einem aktiven intellektuellen Verbreiter erfolgt aufgrund einer Gesamtschau der tatsächlichen Verhältnisse sowie aus der Gesamtpräsentation des Inhalts, die aus der Sicht eines verständigen Dritten zu beurteilen ist.[1319]

Im Wesentlichen haben zwei Faktoren Einfluss auf den Output eines Journalismus-Bots: Zum einen die Rohdaten, die den tatsächlichen Gehalt der Beiträge bilden.[1320] Zum anderen die Sprachdatenbank, die der Journalismus-Bot nutzt, um die Tatsachen zu werten.[1321] Daher werden Meinungen mit Tatsachen häufig verbunden. Bei der rechtlichen Bewertung bilden Meinung und Tatsache aber nicht zwingend eine Einheit.[1322] Die Grenze zwischen Rechtmäßigkeit und Rechtswidrigkeit einer Aussage bilden die (Un-)Wahrheit einer Tatsache und die Einhaltung journalistischer Sorgfaltspflichten im Zeitpunkt der Erstveröffentlichung.[1323]

> Für zivilrechtliche Ansprüche ist der Wahrheitsgehalt einer Tatsachenäußerung von entscheidender Bedeutung. Nur für den Unterlassungsanspruch ist bei mehrdeutigen Äußerungen diejenige Auslegungsvariante zugrundezulegen, die den Betroffenen am stärksten beeinträchtigt, während für Berichtigungs-, Widerrufs- und Schadensersatzansprüche die am wenigsten die Betroffenenrechte tangierende Auslegung zu wählen ist.[1324] Jeweils ist die (Un-)Wahrheit aber der (mit-)entscheidende Anknüpfungspunkt für die (Un-)Zulässigkeit einer Äußerung.

1318 Vgl. zu dieser Faustformel: *Spindler*, in: Spindler/Schmitz (Hrsg.), TMG, 2. Aufl. 2018, § 7 Rn. 10 u. Rn. 11.

1319 *Spindler*, in: Spindler/Schmitz (Hrsg.), TMG, 2. Aufl. 2018, § 7 Rn. 17.

1320 Zum Recht des Datenbankherstellers an den Faktendatenbanken bereits unter Kap. 4 C.III. (S. 169 f.).

1321 Zum (verneinten) Schutz des Datenbankherstellers an den Sprachdatenbanken bereits unter Kap. 4 C.IV. (S. 177 f.).

1322 Der Bezug der Tatsache zu einer Meinung bildet aber die zwingende „Brücke“, die zum Schutz dieser Aussage durch die Meinungsfreiheit führt (*Grimm*, NJW 1995, S. 1697, 1699).

1323 Grundrechtdogmatisch wird die Grenze nicht auf Schutzbereichs-, sondern auf Abwägungsebene gezogen (*Grimm*, NJW 1995, S. 1697, 1699).

1324 BGH, NJW 2006, S. 207, 208 f.

Die tatsächlichen Verhältnisse sprechen für eine Rolle des Softwareunternehmens als intellektueller Verbreiter, wenn das Softwareunternehmen selbst Rohdaten recherchiert und dem Medienunternehmen in Kombination mit dem Journalismus-Bot zur Verfügung stellt.[1325] Das Medienunternehmen entscheidet in diesen Fällen, wie auch im Fall von Auftragsarbeiten eines Journalisten, nur über den Zeitpunkt der Veröffentlichung. Sowohl Medienunternehmen als auch das Softwareunternehmen sind in diesen Fällen intellektuelle Verbreiter, es sei denn, das Medienunternehmen distanziert sich hinreichend vom Inhalt der Beiträge des Journalismus-Bots.[1326]

Zumeist übernehmen die Medienunternehmen aber die Recherche von Rohdaten. In diesem Fall passen die Softwareunternehmen die Rohdaten automatisiert an die Programmstruktur des Journalismus-Bots an, was für die Funktion notwendig ist.[1327] Mit der bloßen technischen Speicherung von Rohdaten macht sich das Softwareunternehmen den semantischen Aussagegehalt der Rohdaten aber nicht zu Eigen, weil die Entscheidung über die Veröffentlichung der Rohdaten beim Medienunternehmen verbleibt, das die Rohdaten in seinem eigenen Angebot verbreitet. Das Speichern und vollautomatisierte Aufbereiten sind daher mit Bezug zum semantischen Gehalt der Rohdaten passive Handlungen, die gerade einer Stellung als technischer Verbreiter entspricht.[1328]

Zwar spricht für eine Stellung als intellektueller Verbreiter, wenn die Programmierer des Softwareunternehmen (Allein-)Urheber der computergenerierten Beiträge sind.[1329] Man mag argumentieren, einen größeren intellektuellen Beitrag kann es gar nicht geben. Allerdings bezieht sich das Urheberrecht nicht auf die Haftung für Informationen, sondern nur auf ihren besonderen schöpferischen Gehalt. Die Rohdaten als solche sind daher nicht vom Urheberrechtsschutz umfasst, sodass die Stellung von Softwareunternehmen als Urheber, wenn überhaupt, nur indiziell herangezogen werden kann. Entscheidend ist auch, ob das Softwareunternehmen eine journalistisch-redaktionelle Kontrolle ausübt, die gerade nicht bezüglich der verwendeten Rohdaten gegeben sein dürfte. Beim externen Robo-

1325 Dann können sich Softwareunternehmen unmittelbar auf Art. 5 Abs. 1 S. 2 GG berufen (hierzu bereits unter Kap. 3 B.III.1. (S. 114).

1326 Vgl. BVerfG, NJW-RR 2010, S. 470 f.

1327 Vgl. G. 2. Abs. 2 der AGB von Retresco, einem in Berlin ansässigen Unternehmen, dass sich auf die automatsierte Textproduktion spezialisiert hat.

1328 Vgl. zur rein automatisierten und technischen Informationsaufbereitung: EuGH, GRUR 2010, S. 445, 451.

1329 Vorausgesetzt die Schöpfungshöhe wird erreicht.

terjournalismus sind Softwareunternehmen lediglich als Hilfsunternehmen der berichterstattenden Medienunternehmen von Art. 5 Abs. 1 S. 2 GG geschützt, was im Rahmen der Festlegung zivilrechtlicher Verantwortlichkeitssphären zu berücksichtigen ist.[1330] Programmierer des Softwareunternehmens entwerfen das Computerprogramm, das für jeden Beitrag einen individuellen Textkorpus generiert. Wenn auch die Tatsachengrundlage vom Medienunternehmen stammt, kann zudem die Wahrhaftigkeit eines Beitrags regelmäßig unabhängig vom jeweils genutzten Textkorpus beurteilt werden.[1331]

Und auch wenn das Softwareunternehmen mittels Wortfiltern die Prüfung von „Ausreißern" übernimmt, werden dadurch die Beiträge nicht zu eigenen Inhalten der Softwareunternehmen.[1332] Hierfür spricht letztlich auch die Wertung des § 20 VerlG, wonach der Verleger, also im hiesigen Kontext das Medienunternehmen, die Korrektur besorgt.[1333] Auch ist im analogen Bereich nicht als Störer verantwortlich, wer einen Lückentext entwirft, der als solcher unbedenklich ist, sondern Dritte, die die journalistisch-redaktionelle Aufbereitung mit Fakten und Tatsachen übernehmen und den ausgefüllten (Lücken-)Text als eigenen veröffentlichen.

Nicht abzustreiten ist aber, dass der Textkorpus in seiner Grundversion vom Softwareunternehmen stammt.[1334] Der Textkorpus ist ein eigener Inhalt des Softwareunternehmens, den sich die Medienunternehmen zu eigen machen. Zwar kann er vom Medienunternehmen angepasst werden, aber in der Regel[1335] nur in den vom Programmierer des Softwareunternehmens gesetzten Grenzen. Bezüglich des Textkorpus kann das Softwareunternehmen daher als intellektueller Verbreiter anzusehen sein. Da aber der Textkorpus, also die Sprachelemente, regelmäßig nur für die Implementierung von Wertungen und die Transformation von syntaktischen Informationen in semantische Informationen dient, ist dieser Inhalt als wer-

1330 Vgl. *Obergfell*, in: Ulmer-Eilfort/Obergfell (Hrsg.), Verlagsrecht, 1. Aufl. 2013, Kap. I. Rn. 91.

1331 Ausnahme: verdeckte Tatsachen.

1332 Vgl. BGH, NJW 2015, S. 3443, 3445.

1333 Freilich ist die Vorschrift disponibel, sodass insbesondere die Gewährleistung der inhaltlichen Richtigkeit eines Beitrags auf den Autor übertragen werden kann, *Wegner*, in: Ahlberg/Götting (Hrsg.), BeckOK-Urheberrecht, Stand: 20.4.2018, § 20 Rn. 7.

1334 Dieser Textkorpus kann nachträglich von Medienunternehmen und deren Mitarbeitern ergänzt werden, was zur Folge hat, dass wiederum Software und Medienunternehmen intellektuelle Verbreiter sind.

1335 Wenn Medienunternehmen Zugriff auf den Quellcode haben, ist freilich eine Anpassung des Programms ohne weiteteres möglich.

tende Meinungsäußerung regelmäßig bis zur Grenze einer Schmähkritik zulässig.

Somit kann als Leitlinie festgehalten werden, dass in der Regel Softwareunternehmen beim externen Roboterjournalismus lediglich als technischer Verbreiter der Rohdaten anzusehen sind, die nur anlassbezogenen verpflichtet sind, den Journalismus-Bot und dessen Funktion zu überprüfen.

4. Verkehrssicherungspflichten von Softwareunternehmen

Softwareunternehmen sind insbesondere beim externen Roboterjournalismus bezüglich der Tatsachengrundlage als technischer Verbreiter einzuordnen. Zudem sind Fehler, die beim Zusammenfügen von Wertung und Tatsache auftreten, nicht absolut vermeidbar. Allerdings haben Softwareunternehmen Verkerssicherungspflichten, die das Risiko einer Falschberichterstattung minimieren. Konkret sind Entwicklungspflichten (a.), Instruktionspflichten (b.) und Produktbeobachtungspflichten (b.) zu diskutieren.

a. Entwicklungspflichten

Entwicklungspflichten[1336] haben die Wertungen von Art. 5 Abs. 1 GG maßgeblich zu berücksichtigen. Schmähkritik und beleidigende Sprache dürfen nicht in der Sprachdatenbank implementiert werden, weil solche Äußerungen nur im Einzelfall als Gegenschlagsäußerung oder in satirischer Form zulässig sind. Weil aber der Journalismus-Bot diese Formen und Grenzen der Meinungsäußerung nicht imitieren kann, ist eine praktische Verwendung als vollautomatisierter Journalismus-Bot in dieser Hinsicht – Stand heute – ausgeschlossen.

1336 Zu den Pflichten gehören freilich auch die für Software allgemein üblichen Sicherheitsstandards, die sich nach den anerkannten Regeln der Technik und der Verkehrsauffassung orientieren (hierzu: *Spindler*, NJW 2004, S. 3145, 3146).

b. Instruktionspflichten

Jedenfalls bestehen besondere Instruktionspflichten gegenüber dem nutzenden Medienunternehmen, das mit Journalismus-Bots noch nicht gearbeitet hat.[1337] Es ist auf die technischen Grenzen dieser Journalismus-Bots hinzuweisen, etwa, dass sich Satire-Bots nicht für den vollautomatisierten Einsatz eignen. Die Instruktionsflichten setzen sich fort, indem Medienunternehmen in die Programmstruktur und Funktion von Journalismus-Bots eingewiesen werden. Dabei ist zu berücksichtigen, dass Medienunternehmen zwar berufsmäßig tätig sind, aber nicht zwingend über die entsprechenden IT-Kenntnisse verfügen.[1338] Dabei muss nicht zwingend der Quellcode erklärt werden, aber es muss sichergestellt sein, dass die Zusammensetzung der Beiträge ex post durch das Medienunternehmen gegenüber Dritten erläutert werden kann. Wenn und soweit sich die Beiträge der Journalismus-Bots durch die Integration in den eigenen Internetauftritt zu Eigen gemacht wurden, setzt eine Berufung auf die Meinungsfreiheit dies gerade voraus.[1339]

c. Produktbeobachtungspflichten

Produktbeobachtungspflichten greifen, wenn Journalismus-Bots von Medienunternehmen tatsächlich eingesetzt werden – also nach dem Inverkehrbringen der Software. Zwar wird an Beobachtungspflichten im Bereich von Software teilweise ein strenger Maßstab gestellt, weil Softwarefehler aufgrund ihrer Komplexität unvermeidbar sind.[1340] Aber damit einher geht keine Überprüfungspflicht für jeden einzelnen Vorgang, den die Software errechnet. Vielmehr wird allgemein nur gefordert, dass (lediglich) Hinweise auf Fehler von Dritten entgegengenommen werden müssen.[1341] Wenn Hinweise vorliegen, muss das Softwareunternehmen aber aktiv nach dem konkreten Fehler suchen. Ein Abwarten ist aufgrund der

---

1337 Vgl. auch zu Instruktionspflichten im Bereich von autonomen Fahrzeugen: *Vogt*, NZV 2003, S. 153, 159.

1338 Vgl. allgemein hierzu: *Spindler*, CR 2015, S. 766, 769.

1339 Hierzu bereits unter Kap. 3 B.VI.1.b. (S. XXX).

1340 Daraus zu folgern, dass Nutzer gar nicht erst die Erwartung haben dürfen, dass Software fehlerfrei funktioniert, geht klar zu weit (vgl. *Sodtalbers*, Softwarehaftung im Internet, 2006, S. 146; *Spindler*, in: Gsell et. al (Hrsg.), Beck-OGK-Zivilrecht, Stand: 1.7.2018, § 823 Rn. 729.

1341 *Droste*, CCZ 2015, S. 105, 106.

Automatisierung der Berichterstattung,[1342] die zu Folgefehlern und (weiteren) Rechtsverletzungen führen kann, nicht ausreichend, wenn persönlichkeitsrelevante Inhalte verbreitet werden.

Auch für Produktbeobachungspflichten ist allgemein anerkannt, dass Gefahren, die aus der Kombination des Produkts mit Zubehörteilen entstehen können, registriert werden müssen, insbesondere, wenn es um Gefahren für Leib und Leben von Menschen geht.[1343] Fraglich ist bereits, ob Rohdaten Zubehör in diesem Sinne sein können. Zudem trifft die Schlussfolgerung, dass Softwareunternehmen darauf zu achten haben, welchen semantischen Aussagegehalt die von den Medienunternehmen genutzten Rohdaten der Medienunternehmen haben, nicht zu: Beim externen Roboterjouralismus bilden Medienunternehmen einen professionellen Filter, dessen Struktur durch die journalistischen Sorgfaltspflichten geprägt ist. Softwareunternehmen sind beim externen Roboterjournalismus lediglich Hilfsunternehmen, sodass sich zumutbare Prüfpflichten auf Ausreißer beschränken. Die Ausreißer können mittels interner Fehlermeldungen des Journalismus-Bots registriert werden, wobei im Einzelfall, der Programmablauf ex post zu überprüfen ist. Als Ultima Ratio kann sich auch eine Pflicht zur öffentlichen Warnung vor Fehlinformationen ergeben, die der Journalismus-Bot gehäuft verbreitet hat.

C. *Wirkung journalistischer Sorgfaltspflichten auf die Haftung von Medienunternehmen und Redakteuren*

Die Einhaltung journalistischer Sorgfaltspflichten vor der Veröffentlichung eines Beitrags führt dazu, dass die beteiligten Akteure weder auf Unterlassung,[1344] Widerruf, Schadensersatz noch auf Geldentschädigung haften, wenn sich erst nach der Veröffentlichung die Unrichtigkeit eines Beitrags herausstellt.[1345] Berichtigungs- und Gegendarstellungsansprüche sind hingegen in Form einer Klarstellung oder einer formalen Gegendarstellung denkbar, weil dadurch das Interesse der Allgemeinheit an wahr-

---

1342 Für strengere Produktbeobachtungspflichten im Bereich autonomer Systeme: *Heckmann/Schmid*, Informatik-Spektrum 2017, S. 430, 433.

1343 BGH, NJW 1995 S. 1286, 1287 f. Ablehnend: *Spindler*, CR 2015, S. 766, 769.

1344 Ausnahme: Erstbegehungsgefahr.

1345 *Rhode*, Publizistische Sorgfaltspflichten und redaktionelle Rechtspflichten, 2004, S. 26–35; *Schierbaum*, Sorgfaltspflichten, 2016, S. 338–342.

haftiger Berichterstattung erfüllt werden.[1346] Weil sich für den vollautomatisierten Roboterjournalismus bezüglich der dogmatischen Wirkung keine Besonderheiten ergeben (I.), werden im Folgenden nur überblicksartig die Gründe für die Privilegierung vorgestellt (II.).

I. Zivilrechtliche Dogmatik von journalistischen Sorgfaltspflichten

Im Fall eines Unterlassungsanspruchs aus § 1004 BGB analog i. V. m. § 823 Abs. 1 Var. 6 BGB entfällt bereits die vom Tatbestand geforderte Wiederholungsgefahr für eine Beeinträchtigung des allgemeinen Persönlichkeitsrechts des Anspruchsstellers.[1347] Zwar mag der Anspruchssteller durch eine falsche Tatsachenmitteilung in seinem allgemeinen Persönlichkeitsrecht betroffen sein, sodass grundsätzlich die für den Unterlassungsanspruch erforderliche Wiederholungsgefahr vermutet wird,[1348] aber die Vermutungswirkung entfällt, wenn sich die Unwahrheit einer Tatsache erst nach der Veröffentlichung herausgestellt, und das Medienunternehmen hinreichend sorgfältig recherchiert hat.[1349] Ein Unterlassungsanspruch kommt in diesen Fällen nur in Betracht, wenn das Medienunternehmen an der Richtigkeit der Erstmitteilung festhalten will – mithin der Vortrag des Anspruchsstellers auf eine Erstbegehungsgefahr schließen lässt.[1350] Diese gilt selbst im Fall von unwahren und kränkenden Äußerungen.[1351] Eindeutig keine Erstbegehungsgefahr liegt in Fällen vor, in denen das Medienunter-

1346 Sie haben daher (unstreitig) einen über den Schutz von Indidividualrechten hinausgehenden Zweck, *Rhode*, Publizistische Sorgfaltspflichten und redaktionelle Rechtspflichten, 2004, S. 33; *Korte*, Praxis des Presserechts, 2014, S. 179.

1347 *Ricker*, in: Ricker/Weberling (Hrsg.), Handbuch des Presserechts, 6. Aufl 2012, 44. Kap. Rn. 3 u. Rn. 5; *Rhode*, Publizistische Sorgfaltspflichten und redaktionelle Rechtspflichten, 2004, S. 32; *Korte*, Praxis des Presserechts, 2014, S. 139.

1348 *Steffen*, in: Löffler, Presserecht, 6. Aufl. 2015, § 6 Rn. 264.

1349 BVerfG, AfP 2005, S. 544, 547; *Ricker*, in: Ricker/Weberling (Hrsg.), Handbuch des Presserechts, 6. Aufl 2012, 44. Kap. Rn. 3, Rn. 5 u. Rn. 14; *Rhode*, Publizistische Sorgfaltspflichten und redaktionelle Rechtspflichten, 2004, S. 32.

1350 Die Darlegungs- und Beweislast für die Erstbegehungsgefahr liegt beim Anspruchssteller (*Prinz/Peters*, Medienrecht, 1999, Kap. 11 Rn. 297; *Steffen*, in: Löffler, Presserecht, 6. Aufl. 2015, § 6 Rn. 269; BVerfG, NJW-RR 2000, S. 1210).

1351 BGH, NJW 1987, S. 2225, 2226; *Ricker*, in: Ricker/Weberling (Hrsg.), 6. Aufl. 2012, 44. Kap. Rn. 14.

nehmen von sich aus – etwa unter Beachtung von Ziff. 16 des Pressekodex – eine Richtigstellung[1352] oder Klarstellung[1353] publiziert.

Während Unterlassungsansprüche bereits auf der Ebene der Anspruchsentstehung ausscheiden, ist in den Fällen von Schadensersatz und immateriellen Geldentschädigungsansprüchen gemäß § 193 StGB analog die Widerrechtlichkeit der Erstveröffentlichung nicht gegeben.[1354] Die Journalisten haben die im (journalistischen) Verkehr erforderliche Sorgfalt i. S. d. § 276 Abs. 2 BGB eingehalten. Uneinheitlich beurteilt wird, ob die in landesgesetzlichen Normen implementierte journalistische Wahrhaftigkeitspflicht ein Schutzgesetz i. S. d. § 823 Abs. 2 BGB darstellt.[1355] Auch könnte diskutiert werden, ob die journalistischen Sorgfaltspflichten Verkehrssicherungspflichten i. S. d. § 823 Abs. 1 BGB sind, die für Betroffene ein subjektives Recht quasi als Annex zu allgemeinen (Unternehmer-)Persönlichkeitsrechten bilden.[1356] Zwar dürfen diese Fragen im Kontext der verschuldensabhängigen Haftung nicht überbewertet werden, weil jedenfalls auf der Ebene der Rechtswidrigkeit wiederum § 276 BGB i. V. m. § 193 StGB analog greift.[1357] Problematisch ist allerdings, wie die Haftungsprivilegierung für die verschuldensunabhängige Haftung gerechtfertigt werden kann.

Das Produkthaftungsgesetz schützt verschuldensabhängig Leib, Leben, Gesundheit und Sachschäden von Personen, die durch ein Produkt eines Herstellers verursacht worden sind. Nicht umfasst sind Ehrverletzungen.[1358] Nach vorzugswürdiger Auffassung[1359] ist auch das Produkthaftungsgesetz verfassungskonform im Hinblick auf die abschreckende Wirkung von Schadensersatzpflichten berichterstattender Medien auszulegen. Wenn man nicht pauschal den Anwendungsbereich des Produkthaftungsgesetzes für eröffnet ansehen möchte,[1360] ist auch eine teleologische Re-

1352 LG Köln, AfP 2010, S. 605, 606.

1353 LG Hamburg, AfP 2010, S. 613, 614.

1354 *Rhode*, Publizistische Sorgfaltspflichten und redaktionelle Rechtspflichten, 2004, S. 32; *Schierbaum*, Sorgfaltspflichten, 2016, S. 340.

1355 So etwa: *Rhode*, Publizistische Sorgfaltspflichten und reddaktionelle Rechtspflichten, 2004, S. 29; a. A. *Steffen*, in: Löffler, Presserecht, 6. Aufl. 2015, § 6 Rn. 17.

1356 Zur Erweiterung des Schutzes absoluter Rechte durch Verkehrssicherungspflichten: *Picker*, JZ 2010, S. 541, 551.

1357 Vgl. *Steffen*, in: Löffler, Presserecht, 6. Aufl. 2015, § 6 Rn. 238.

1358 *Wagner*, in: Säcker et al. (Hrsg.), Müko-BGB, 7. Aufl. 2017, § 1 ProdHaftG Rn. 2.

1359 A. A. *Höckelmann*, Die Produkthaftung für Verlagserzeugnisse, 1994, S. 122.

1360 *Ricker/Müller-Malm*, AfP 1989, S. 505, 509; *Foerster*, NJW 1991, S. 1433, 1438.

duktion des Fehlerbegriffs denkbar.[1361] Beide Spielarten legen das Produkthaftungsgesetz verfassungskoform im Hinblick auf Art. 5 Abs. 1 S. 2 GG aus. Auf die en detail stark umstrittenen Fragen, ob Software[1362] und der geistige Gehalt eines Beitrags[1363] überhaupt Produkte i. S. d. Produkthaftungsgesetzes sind, kommt es nicht an.

Berichterstattende Medien profitieren von der mittelbaren Drittwirkung von Art. 5 Abs. 1 S. 2 GG auf das zivilrechtliche Haftungsregime, soweit sie die im Einzelfall maßgebliche (roboter-)journalistische Sorgfalt angewendet haben. Die Gründe hierfür werden im Folgenden zusammengefasst.

II. Ratio der Haftungsprivilegierung

Die Gründe für diese Haftungsfreistellung für berichterstattende Medien liegen in der gesellschaftlichen Aufgabe der Medien, Meinungsbildungsprozesse nicht nur zu begleiten, sondern als Faktor zu prägen. Ihnen kommt die oftmals schwierige Aufgabe zu, einen Meinungsbildungsprozess in Gang zu setzen. Der Gesetzgeber toleriert diese Situation, weil er berichterstattenden Medien nur auferlegt, mit der nach den Umständen gebotenen Sorgfalt die Wahrhaftigkeit einer Tatsache zu erforschen. Dabei wird der Freiheit des Kommunikationsprozesses vor der absoluten Informationsrichtigkeit, die z. B. in Gerichtsverfahren angestrebt wird, der Vorrang eingeräumt. Insbesondere könnte die Aussicht, mit Schadensersatz- und Geldentschädigungsansprüchen konfrontiert zu werden, berichterstattende Medien veranlassen, im Zweifel von der Veröffentlichung eines Beitrags abzusehen. Die einschüchternde Wirkung der Haftungsansprüche würde der „Public-Watchdog-Funktion" berichterstattender Medien widersprechen, die als „vierte Gewalt" im demokratischen Gemeinwesen den Meinungsbildungsprozess moderieren, aber auch als Faktor prägen und nicht zuletzt initiieren sollen.

1361 Vgl. *Lang*, Die Haftung für Fehler in Druckwerken, 1982, S. 77; Für eine teleologische Reduktion des Fehlerbegriffs: *Meyer*, ZIP 1991, S. 1393, 1404. Für eine Lösung über den Rechtswidrigkeitsbegriff: *Berger-Delhey*, BB 1990, S. 1501, 1503.

1362 Hierzu *Soldtalbers*, Softwarehaftung im Internet, 2005, S 109 f.; *Günther, A.*, Produkthaftung für Informationsgüter, 2001, S. 189 f.

1363 Hierzu ausführlich zum Streitstand: *Günther, A.*, Produkthaftung für Informationsgüter, 2001, S. 175 f.

III. Unvereinbarkeit einer verschuldensunabhängigen Haftung mit Art. 5 Abs. 1 S. 2 GG

Insbesondere ist eine verschuldensunabhängige Haftung – etwa nach dem Produkthaftungsgesetz – nicht mit Art. 5 Abs. 1 S. 2 GG vereinbar.[1364] Nach zutreffender Ansicht würde eine verschuldensunabhängige Einstandspflicht für die Informationsrichtigkeit von Beiträgen eine Gefahr für die Meinungsvielfalt darstellen.[1365] Sie würde daher nicht nur die Medienfreiheit der Medienunternehmen tangieren, sondern auch die freie und individuelle Meinungsbildung der Rezipienten. Zwar mag im Ansatz argumentiert werden können, auch die Rechte des Art. 5 Abs. 1 GG haben Schranken, die es rechtfertigen könnten, mit Bezug auf die abstrakte Gefährdungslage für Grundrechte Dritter, die durch die Berichterstattung mittels Journalismus-Bots führt, eine verschuldensunabhängige Haftung einzuführen. Allerdings sind gesetzliche Konkretisierungen des allgemeinen Schädigungsverbots[1366] nur verhältnismäßig, soweit Gefährdungslagen bestehen, die über das allgemeine Lebensrisiko hinausgehen.[1367] Dass im Prozess der individuellen und öffentlichen Meinungsbildung Fehlinformationen entstehen, ist aufgrund der Freiheit privater und medialer Selbstbestimmung hinzunehmen. Auch die mediale Informationsvermittlung mit der Hilfe von Journalismus-Bots ist Teil eines nicht absolut fehlerfreien Meinungsbildungsprozesses. Mit Falschinformationen konfrontiert zu werden, entspricht dem allgemeinen Lebensrisiko. Das Prinzip der Meinungsvielfalt ist gerade aus diesem Grund so wichtig für die freie und individuelle Meinungsbildung. In einer vielfältigen Kommunikationslandschaft besteht eine höhere Wahrscheinlichkeit, dass Fehlinformationen korrigiert werden als in einer stark konzentrierten Kommunikationsordnung. Eine verschuldensunabhängige Haftung für Roboterjournalismus dürfte zu einem „Chilling-Effect" für die Ausübung der Meinungs- und Medienfreiheit führen. Ein derartiger Paradigmenwechsel in der medienrechtlichen Haftung kann auch nicht mit dem Trennungsgrundsatz zwi-

---

1364 Vgl. hierzu *Günther, A.*, Produkthaftung für Informationsgüter, 2001, S. 343 f. *Lang*, Die Haftung für Druckfehler, 1982, S. 77.

1365 *Lang*, Die Haftung für Druckfehler, 1982, S. 75; *Ricker/Müller-Malm*, AfP 1989, S. 505,
509 – jeweils zur Rechtslage vor dem Produkthaftungsgesetz. Zur aktuellen Rechtslage: *Günther, A.*, Produkthaftung für Informationsgüter, 2001, S. 343 f.

1366 *Byrd/Hruschka*, in: ARSP 91 (2005), S. 484 u. 495 f.; *Schuhr*, Rechtstheorie 46 (2015), S. 225, 244.

1367 *Schuhr*, Rechtstheorie 46 (2015), S. 225, 246.

schen unmittelbarer zwischenmenschlicher Kommunikation und der durch Journalismus-Bots vermittelten Kommunikation gerechtfertigt werden. Denn in beiden Fällen liegt menschliche Kommunikation vor, die von der Meinungs- und Medienfreiheit geschützt wird, solange die Beitragsgenerierung noch von einem Menschen nachvollzogen werden kann. Insoweit gelten im Roboterjournalismus für „Mensch und Maschine" im Grundsatz die gleichen Regeln. Abweichungen vom Grundsatz bedürfen einer Rechtfertigung vor Art. 5 Abs. 2 GG und der Wechselwirkungslehre. Da es aber an plausiblen Anhaltspunkten fehlt, dass Journalismus-Bots mehr Fehlinformationen verbreiten als Journalisten, scheitert die Einführung einer verschuldensunabhängigen Haftung bereits am Erfordernis eines legitimen Regulierungsziels. Es ist (zurzeit) nicht plausibel herleitbar, dass von Journalismus-Bots eine erhöhte Gefährlichkeit der Desinformation und damit einer Gefährdung für ein verfassungsrechtlich auch geschütztes Rechtsgut ausgeht. Auch das Trennungsprinzip zwischen der unmittelbaren und softwarevermittelten menschlichen Kommunikation kann hierfür nicht herhalten, weil sich eine solche Regelung an den Schranken des Art. 5 Abs. 2 GG zu messen hat. Insbesondere die Erforderlichkeit einer verschuldensunabhängigen Haftung ist nicht gegeben.

D. Innenverhältnis zwischen Softwareunternehmen und Medienunternehmen beim externen Roboterjournalismus

Zwischen Softwareanbietern und Medienunternehmen besteht ein Vertragsverhältnis. Regelmäßig wird es sich dabei um einen gemischten Vertrag handeln, bestehend aus Application-Service-Leistungen oder Software-as-a-Service-Leistungen, die mit einem Verlagsvertrag sui generis – hinsichtlich der vollautomatisiert erstellten Beiträge – kombiniert werden.[1368]

Dass sich aus dem Vertrag ggf. Mängelgewährleistungsrechte ergeben können, ist offensichtlich, und wird im Folgenden nicht weiter untersucht. Der Journalismus-Bot ist einerseits eine journalistische Anwendung, dessen Nutzung insbesondere von Art. 5 Abs. 1 S. 2 GG geschützt wird, aber andererseits auch Software, deren Mangelhaftigkeit sich nach den all-

1368 In Software-as-a-Service-Verträgen wird Standardsoftware betrieben, während über Application-Service-Providing-Verträge Individualsoftware angeboten wird (*Spindler*, in: Schricker/Loewenheim, UrhR, 5. Aufl. 2017, Vor 69a ff. Rn. 65).

gemeinen Gewährleistungsvorschriften richtet.[1369] Insofern werden Medien im haftungsrechtlichen Innenverhältnis zu Dienstleistern und Informanten – anders als im Außenverhältnis zu Betroffenen – gerade nicht besonders privilegiert. Sie sind Teilnehmer des Wirtschaftsverkehrs, wie andere Unternehmen auch.[1370]

1369 Umfassend hierzu *Marly*, PK-Softwarerecht, 2018.
1370 Zur dieser Doppelfunktion der Medien: *Beater*, Medienrecht, 2. Aufl. 2016, Rn. 36 f.

Kapitel 7: Zusammenfassung

Kapitel 1: Einführung in den Untersuchungsgegenstand

Im ersten Kapitel wird Roboterjournalismus definiert und festgestellt, dass Journalismus-Bots Hilfsmittel von Journalisten sind. Besonders hervorzuheben ist, dass Roboterjournalismus im hier verstandenen Sinn „hochautomatisiert" durchgeführt wird.[1371] Nach der finalen Programmierung kann der Journalismus-Bot eigenständig Beiträge generieren, ohne dass ein Mensch vor Veröffentlichung der Beiträge redigierend eingreift. Die Leitfrage für die nachfolgenden Ausführungen, ob es einen Unterschied macht, wenn ein Mensch oder eine Maschine „sagt, was ist", ist bewusst überspitzt gestellt. Denn im gleichen Atemzug wird verdeutlicht, dass Journalismus-Bots weder Journalisten noch als sonstiges System mit eigenen Rechten ausgestattet sind.

Kapitel 2: Realbereichsanalyse

Im zweiten Kapitel wird veranschaulicht, dass Journalismus-Bots zurzeit determinierte Systeme sind, deren Output von menschlichen Entscheidungen abhängig ist. Der Mensch entscheidet, welche Rohdaten Journalismus-Bots verarbeiten. Der Mensch legt mittels Metadaten fest, welche Verbindungen Rohdaten zueinander und welcher semantische Gehalt der Output am Ende haben soll. Der Mensch definiert die Tendenzen, die in einem Beitrag ausgedrückt werden. Zugleich werden die Kernprobleme des maschinellen Lernens, einer Programmiermethode, benannt, die zugleich Zurechenbarkeitsgrenzen zwischen einem computergenerierten Output und dem menschlichen Programmierer prägen. Dies sind die Unvorhersehbarkeit und Nachvollziehbarkeit algorithmischer Entscheidungen. Diese Kriterien werden im weiteren Verlauf angewendet, um Zurechenbarkeitsgrenzen zu definieren, die nicht überschritten werden können, ohne dass eine Zurechnung des Outputs zu einem Menschen – jedenfalls ohne einen Aneignungsakt – unmöglich wird.

1371 Vgl. zu den Stufen der Automatisierung bei der Betrachtung autonomen Fahrens, *Sander/Hollering*, NStZ 2017, S. 193, 194.

Die Realbereichsanalyse wird abgeschlossen, indem Risiken und Chancen des Einsatzes von Journalismus-Bots diskutiert werden. Den Medien wird regelmäßig vorgeworfen, einseitig und nicht ausgewogen über einen Sachverhalt zu berichten. Dabei ist es eine zutiefst menschliche Entscheidung, einem Beitrag eine Meinungstendenz zu geben. „Bias“ im Journalismus ist menschlich und zwar unabhängig davon, ob ein Journalist oder ein Journalismus-Bot einen Beitrag erstellt bzw. generiert. In der Kommunikations- und Politikwissenschaft werden die Auwirkungen kommunizierender Algorithmen auf den Prozess der öffentlichen Meinungsbildung diskutiert, aber inwieweit Theorien wie die „Filter-Bubble“ und die „Fragmentierung des Medienpublikums“, zutreffen ist nicht abschließend bewiesen. Einen eindeutigen Beweis oder Evidenz für eine Gefährdung des Meinungsbildungsprozesses liefern diese Studien (bislang) nicht. Gefährdungen der Meinungsbildung sind aber auch nicht absolut ausgeschlossen. Im Einzelfall werden sie plausibel dargelegt, wie an Beispielen des Popularity-Bias aufgezeigt wurde.

Den Risiken des automatisierten Journalismus stehen Chancen für die Meinungsvielfalt gegenüber, wie dem Mehr an Berichterstattung aus Randbereichen. Zudem ist die Arbeitsentlastung ein nicht zu unterschätzender Faktor. Im Übrigen könnten Fragmentierungstendenzen mit der Hilfe von Journalismus-Bots entgegengewirkt werden, indem sprachlich individualisierte Beiträge generiert werden. Texte können z. B. in einfacher Sprache verfasst werden.

Kapitel 3: Roboterjournalismus und Verfassungsrecht

Das Phänomen des automatisierten Journalismus wirft die Frage auf, auf welcher dogmatischen Grundlage der Gesetzgeber mögliche Gefährdungen für die öffentliche Meinungsbildung regulieren kann. Im ersten Abschnitt wird das Kommunikationsverfassungsrecht analysiert und im zweiten Schritt werden die Kommunikationsgrundrechte erläutert. Im dritten Teil wird der gefundene Regulierungsrahmen am Beispiel von Transparenzpflichten angewendet.

Erster Abschnitt

Es wird nicht dem dogmatischen Pfad gefolgt, den das Bundesverfassungsgericht für die Medienregulierung vorgeschlagen hat. Dieser Pfad ist steinig, weil Gesetze, mit denen Gefährdungen des öffentlichen Meinungsbildungsprozesses reguliert werden, nicht einheitlich an Art. 5 Abs. 2 GG gemessen werden. Zudem kann mit Journalismus-Bots noch kein Fernsehrundfunk veranstaltet werden, für den das Bundesverfassungsgericht das Konzept der Meinungsvielfalt und das Prinzip einer dienenden Rundfunkfreiheit entworfen hat. Zwar werden Alternativrouten, die um die gefährlichen Abschnitte des steinigen Pfades herumführen, seit Jahrzehnten diskutiert, aber im Ergebnis führen auch diese Routen stets (isoliert) über Art. 5 Abs. 1 GG. Diese (Mikro-)Perspektive erweist sich als zu eng. Dass das Prinzip der Meinungsvielfalt aus (Makro-)Perspektive zu betrachten ist, wird zwar auch in der Literatur immer wieder angedeutet, aber es fehlt eine verfassungsdogmatisch überzeugende Herleitung des Verfassungsprinzips der Meinungsvielfalt als eigenständiges Rechtsprinzip. Dabei ist die Erweiterung der Perspektive, angesichts der potentiellen Macht „kommunizierender und kreativer Algorithmen", die die individuelle Meinungsbildung beeinflussen, hinfällig. Denn eine durch Journalismus-Bots simulierte öffentliche Meinung hat das Potential, die Freiheit der Meinungsbildung einzelner Menschen, die sodann ihre Meinung wiederum nur unfrei, beeinflusst eben durch automatisierten Journalismus, äußern zu beeinflussen. Das Prinzip der Meinungsvielfalt ist aufgrund seiner konstituierenden Funktion als gesellschaftlicher Wert ein notwendiges Subprinzip des Demokratieprinzips, das aus Art. 5 Abs. 1 GG i. V. m. Art. 20 Abs. 1 Var. 2 u. Art. 20 Abs. 2. GG hergeleitet wird. Im Verhältnis zu den Individualgrundrechten ist es eine grundrechtsakzessorische Grundrechtsvoraussetzung mit einem eigenen Gewährleistungsgehalt. Dieser Weg führt eben nicht über den steinigen Pfad des Art. 5 GG, sondern er ist ein zu Art. 5 GG parallel verlaufender Weg. Insbesondere sind kommunikative Chancengleichheit und ein Trennungsprinzip zwischen der mittelbaren menschlichen Kommunikation, die mit der Hilfe von (Journalismus-)Bots durchgeführt wird, sowie der unmittelbaren menschlichen Kommunikation aus dem Prinzip unmittelbarer (!) menschlicher Meinungsvielfalt abzuleiten. Die Summe vielfaltsschützender Regelungen, zu denen z. B. auch die Entscheidung für ein duales Rundfunksystem gehört, wird hier als Medienvielfaltsgewährleistungsrecht bezeichnet.

Zweiter Abschnitt

Die Akteurskonstellationen im automatisierten Journalismus lassen sich in einen internen Roboterjournalismus, verstanden als Entwicklung und Verwendung von Journalismus-Bots im eigenen (Verlags-)Haus, und in einen externen Roboterjournalismus einteilen. Beim externen Roboterjournalismus kooperieren die Medienunternehmen mit Softwareunternehmen, die Journalismus-Bots entwickeln.

Dies vorangestellt ist zu konstatieren, dass sich Softwareunternehmen im externem Roboterjournalismus auf einen von den kooperierenden Medienunternehmen abgeleiteten Schutz aus der Medienfreiheit des Art. 5 Abs. 1 S. 2 GG berufen können. Art. 5 Abs. 1 S. 2 GG ist als einheitliches Mediengrundrecht auszulegen. Der sachliche Schutzbereich umfasst in der gebotenen funktionalen Auslegung alle berichterstattenden Tätigkeiten. Dieses in Art. 5 Abs. 1 S. 2 GG enthaltene Merkmal ist aus der Perspektive einer einheitlichen Medienfreiheit nicht auf die Rundfunkfreiheit begrenzt. Roboterjournalismus ist eine bericherstattende Tätigkeit und von Art. 5 Abs. 1 S. 2 GG geschützt, wobei beim externen Roboterjournalismus stets zu beachten ist, dass der Schutz der Softwareunternehmen sich in diesem Fall nur von den Medienunternehmen ableitet. Je nachdem, in welcher journalistischen Arbeitsphase das Softwareunternehmen dem Medienunternehmen hilft, greifen entsprechende Rechte und Pflichten. Hervorzuheben ist, dass sich aus der Meinungsfreiheit und der Medienfreiheit keine Pflicht zur absoluten Informationsrichtigkeit herleiten lässt. Dem Prozess öffentlicher Meinungsbildung sind Fehlinformationen nicht fremd, sondern immanent, sodass sich auch für Roboterjournalismus nur die Frage stellt, in welcher Art und Weise sich um eine wahrhafte Berichterstattung bemüht werden muss.

Die Freiheit des Veröffentlichens von Meinungen mittels Journalismus-Bots ist von der Meinungsfreiheit geschützt. Zu differenzieren ist zwischen der Meinungsbildung, die durch die Programmierung von Journalismus-Bots stattfindet, und der Meinungsverbreitung, die auch mit Journalismus-Bots erfolgen kann. Die Meinungsbildung ist dem Programmierer nur zurechenbar, wenn er die Beitragszusammensetzung ex post erklären kann. Damit sind zugleich die Zurechenbarkeitsgrenzen definiert, was beispielhaft anhand einer möglichen Beitragsgenerierung mittels neuronaler Netze aufgezeigt wird. Dass hingegen die konkrete Beitragszusammensetzung ex ante nicht vorhergesehen werden kann, ist unbeachtlich.

Dritter Abschnitt

Transparenzpflichten im Roboterjournalismus messen sich insbesondere am Redaktionsgeheimnis, das durch Art. 5 Abs. 1 S. 2 GG geschützt wird.

Im Ergebnis ist weder eine gesetzliche Pflicht zur proaktiven Veröffentlichung der Rohdatengrundlage einzelner Beiträge noch eine proaktive Veröffentlichung der Entscheidungsvariablen verhältnismäßig. Bezüglich der Transparenz der Entscheidungsvariablen ist zu konstatieren, dass sich aus der prozessualen Darlegungs- und Beweislast ein mittelbarer reaktiver Auskunftsanspruch herleiten lässt. Denn die Berufung auf die Meinungsfreiheit ist für den jeweiligen Programmierer ein günstiger Umstand, den er darzulegen hat. Da aber die Zurechnung einer Meinungsäußerung die Nachvollziehbarkeit der Beitragszusammensetzung erfordert, hat der Programmierer bzw. das Medienunternehmen, die Entscheidungsvariablen in diesem Fall zu offenbaren. Ob ein reaktiver Auskunftsanspruch in die Rechtsordnung implementiert wird, ist Sache des Gesetzgebers, der hier einen gesetzgeberischen Entscheidungsspielraum hat.

Eine Pflicht zur Kennzeichnung von automatisiert generierten Beiträgen ist verfassungskonform umsetzbar. Dadurch wird der aus dem Prinzip der Meinungsvielfalt hergeleitete Trennungsgrundsatz der Kommunikation mittels Software und der unmittelbaren menschlichen Kommunikation umgesetzt. Auf Gefährdungen für die kommunikative Chancengleichheit, die auch als Ausprägung des Prinzips der Meinungsvielfalt anzusehen ist, kommt es dann nicht an. Zudem ist es im externen Roboterjournalismus ohne weiteres denkbar, dass eine Pflicht eingeführt werden kann, dass das kooperierende Softwareunternehmen zumindest im Impressum geeignet genannt werden muss.

Kapitel 4: Rechte am Journalismus-Bot

Dass Journalismus-Bots Computerprogramme sind und daher auch urheberrechtlich geschützt werden, lässt sich unproblematisch feststellen. Auch werden (Darstellungs-)Investitionen in Faktendatenbanken vom Recht des Datenbankherstellers geschützt, während für Sprachdatenbanken ein solcher Schutz genauso ausscheidet wie für die automatisiert generierten Beiträge. Problematisch ist der Schutz des Outputs von Journalismus-Bots als urheberrechtlich geschütztes Werk. Im Ergebnis muss der Mensch noch die wesentlichen Rahmenbedingungen für einen Output setzen, wobei als Kriterium wiederum die menschliche Nachvollziehbarkeit der Beitragszusammensetzung verwendet wird. Andere in der Literatur diskutierte Abgrenzungsmodalitäten, wie etwa eine dazwischengetretene menschliche Auswahlentscheidung, hegen sich nicht in die urheberrechtliche Dogmatik ein. Die Schöpfung ist ein Realakt, durch den im Fall von Journalismus-Bots kein geistiges Band zwischen Output und Nutzer geknüpft werden kann. Einem Auswahlakt wohnt keine Kreativität inne. Vielmehr ist es die Kreativität des Programmierers und nicht des einen Beitrag auswählenden Nutzers, der den vom Journalismus-Bot-Beiträgen einen geistigen Gehalt verleiht. Die Zurechenbarkeitgrenzen werden wiederum am Beispiel neuronaler Netze aufgezeigt, wobei in rechtspolitischer Hinsicht auch einiges für einen Schutzbedarf spricht. Grundsätzlich ist der Programmierer Urheber des automatisiert generierten Outputs, wobei im Fall des externen automatisierten Journalismus Zwischenformen denkbar sind. Ob der automatisiert generierte Content dann aber auch die notwendige Individualität erreicht, ist eine Frage des Einzelfalls, wobei hervorzuheben ist, dass sich der Maßstab der Individualität aus dem deutschen und nicht aus dem europäischen Recht ergibt.

Auch ist der Schutz von Investitionen in die Herstellung einer Sammlung journalistischer Beiträge vom Leistungsschutzrecht für Presseverleger geschützt. Im Fall des externen Roboterjournalismus sind die Medienunternehmen Inhaber des Leistungsschutzrechts, sodass sich die Situation ergeben kann, dass Urheber- und Leistungsschutzrecht verschiedenen Personen zustehen.

Kapitel 5: Das Ordnungsrecht für Roboterjournalismus

Im Ausgangspunkt gelten für den internen Roboterjournalismus die gleichen medienordnungsrechtlichen Regeln wie für den klassischen Journalismus. Im externen Roboterjournalismus stellt sich die Frage, ob nicht Softwareunternehmen als Drucker sui generis im Impressum des Mediums benannt werden müssen. Diese Frage wird verneint, weil der Begriff des Druckwerks und die Systematik der jeweiligen Landespresse- und Landesmediengesetze im Verhältnis zum Rundfunkstaatsvertrag dagegensprechen. Eine Ausnahme gilt für Medienunternehmen mit Sitz in Sachsen-Anhalt, weil für digitale Publikationen dort Regeln für Druckwerke (ausdrücklich) entsprechend gelten.

Der journalistische Wahrhaftigkeitsanspruch kann auf die Verhältnisse des Roboterjournalismus angepasst werden. Schon bereits aufgrund der Chancen für die Meinungsvielfalt verbietet es sich, automatisierten Journalismus pauschal als unseriöse und nicht geschützte Form medialen Arbeitens einzuordnen. Die journalistischen Sorgfaltspflichten richten sich nach den (Berichterstattungs-)Umständen im Einzelfall. Eine Prüfung der Wahrhaftigkeit einer Tatsache ist nicht erforderlich, wenn Rohdaten einer privilegierten Quelle verwendet werden. Auf eine allgemeine Formel gebracht, liegt eine privilegierte Quelle vor, wenn Rohdaten eines Datenerzeugers genutzt werden, der bei der Datenerhebung besonderen Regeln unterworfen ist, die nach ihrem Schutzzweck geeignet sind, die Rohdatenqualität zu sichern. Die Regeln können sich aus Gesetzen oder auch aus Selbstverpflichtungsregeln ergeben. Sofern keine privilegierten Quellen genutzt werden, sind dem Roboterjournalismus in der hier verstandenen hochautomatisierten Form Grenzen gesetzt. Entweder sind die Rohdaten händisch (ggf. mit Prüfprogrammen) auf ihre Richtigkeit zu evaluieren, oder der Tatsachengehalt eines Beitrags ist vor der Veröffentlichung zu prüfen. Zudem kann die konkrete im Einzelfall erforderliche konkrete Interessenabwägung durch eine abstrakte Interessensabwägung ersetzt werden, wenn privilegierte Quellen genutzt werden. Es ist vor der Aktivierung zu prüfen, ob und inwieweit eine (Falsch-)Berichterstattung in die (Persönlichkeits-)Rechte einer Person eingreift. Aufgrund des gleitenden Maßstabs journalistischer Sorgfaltspflichten kann diese Abwägung ergeben, dass eine hochautomatisierte Berichterstattung ein hohes Risiko für die Rechte Dritter darstellt. Anschaulich wird dies am Beispiel der Verdachtsberichterstattung, die eine besondere Eingriffsintensität aufweist und daher Menschen vorbehalten bleibt.

Insgesamt ergibt sich aus diesem Kapitel auch, dass die Gewährleistung der Informationsrichtigkeit des Outputs von BIG-DATA-Anwendungen eine elementare Grundvoraussetzung für hochautomatisierte Prozesse ist. Welchen Bezugspunkt die Informationsrichtigkeit hat, bleibt hier offen. Für die Kommunikationsordnung ist aber der Gedanke elementar, dass die Wahrheitsfindung ein Prozess ist, der auch den Austausch von Fehlinformationen beinhaltet. Aus diesem Grund ist das Prpinzip kommunikativer Nachsorge im Roboterjournalismus besonders relevant.

Kapitel 6: Haftung

Sowohl der Täter- und Teilnehmerbegriff als auch der Begriff des Störers sind geeignet, die Verursachungsbeiträge für eine Falschberichterstattung dem Verantwortlichen zuzuordnen. Insbesondere entlang der Störerhaftung lassen sich Leitlinien für Unterlassungsansprüche entwickeln, die im Ausgangspunkt den allgemein bekannten Grundsätzen entsprechen. Es gibt keine proaktive Prüfpflicht von Einzelbeiträgen. Allerdings haben Softwareunternehmen im Fall des externen Roboterjournalismus Verkehrssicherungspflichten. Diese orientieren sich aber an Regeln, die im Bereich des Vertriebs von Software ohnehin gelten. Im Übrigen sind Softwareunternehmen im externen Roboterjournalismus hinsichtlich der Verbreitung der Tatsachen als technische Verbreiter einzuordnen, wenn die Rohdaten vom Medienunternehmen bereitgestellt werden. Hinsichtlich des Textkorpus hingegen kommt eine Stellung als intellektueller Verbreiter aber in Betracht. Die Abgrenzung darf jedoch keinesfalls überbewertet werden, weil nach §§ 7 ff. TMG als auch nach den Grundsätzen der allgemeinen Störerhaftung eben keine proaktiven, sondern nur reaktive Prüfpflichten bestehen.

An dieser Stelle ist auf die Ausgangsfrage der vorliegenden Untersuchung zurückzukommen: Kann es einen rechtlichen Unterschied machen, ob ein Mensch oder eine Maschine „sagt, was ist"? In der Tat wird im Recht bisher nicht hinreichend unterschieden, wobei dies in vielfacher Hinsicht geboten scheint: Aus dem Prinzip der Meinungsvielfalt kann ein Trennungsgrundsatz zwischen der unmittelbaren menschlichen Kommunikation und der durch Journalismus-Bots vermittelten Kommunikation hergeleitet weren. Kennzeichnungspflichten könnten diesen Trennungsgrundsatz konkretisieren, wobei auf die Verhältnismäßigkeit des damit einhergehenden Eingriffs in die Rechtssphäre journalistischen Arbeitens geachtet werden muss. Keine verfassungsrechtlichen Bedenken bestehen gegen Kennzeichnungspflichten für die mit Hilfe von Journalismus-Bots generierten Beiträge sowie für eine Benennungspflicht hinsichtlich des Softwareunternehmens im Rahmen des externen Roboterjournalismus. Ob in urheberrechtlicher Hinsicht eine Erweiterung des Schutzes für computer-generated-works erforderlich ist, ist eine Frage, die der Gesetzgeber zu konkretisieren hätte. Denn keinesfalls steht das zivilrechtliche Urheberpersönlichkeitsrecht einer Erweiterung des Schutzes entgegen, weil es ausgestaltungsfähig ist.

Literaturverzeichnis

Abokhodair, Norah/Yoo, Daisy/McDonald, David W., Dissecting a Social-Botnet – Growth, Content and Influence in Twitter, in: Proceedings of the 18th ACM Conference on Computer Supported Cooperative Work & Social Computing, Vancouver, Canada 2015, S. 839–853, abrufbar unter doi: 10.1145/2675133.2675208, Abruf v. 3.12.2018 (zit. als: *Abokhodair* et al., Dissecting a Social-Botnet 2015, S. 839).

Adams, Terrence, AI-Powered Social-Bots, 2017, abrufbar unter: https://arxiv.org/abs/1706.05143v 1, Abruf v. 10.10.2018 (zit. als: *Adams*, AI-Powered Social-Bots, 2017).

Ahlberg, Hartwig/Götting, Horst-Peter (Hrsg.), Beck'scher Online-Kommentar zum Urheberrecht, Stand: 20.4.2018 (zit. als: *Bearbeiter*, in: Ahlberg et al. (Hrsg.), BeckOK-Urheberrecht, Stand: 20.4.2018).

Ahrens, Hans-Jürgen, Leistungsschutzrecht für Presseverleger, in: *Alexander, Christian/Nornkamm, Joachim/Buchner, Benedikt/Fritzsche, Jörg/Lettl, Tobias* (Hrsg.), Festschrift für Helmut Köhler zum 70 Geburtstag, S. 13–22, München 2014 (zit. als: *Ahrens*, in: Alexander et al. (Hrsg.), FS Köhler, 2014, S. 13).

Albrecht, Jan Philipp/Janson, Nils J., Datenschutz und Meinungsfreiheit unter der Datenschutzgrundverordnung, Computer und Recht 2016, S. 500–509 (zit. als: *Albrecht/Janson*, CR 2016, S. 500).

Alexander, Christian, Der Schutz des Presseverlegers gemäß § 87f bis § 87h UrhG, Wettbewerb in Recht und Praxis 2013, S. 1122–1130 (zit. als: *Alexander*, WRP 2013, S. 1122).

Alexy, Robert, Grundrechte als subjektive Rechte und objektive Normen, Der Staat, Band 29 (1990), S. 49–68 (zit. als: *Alexy*, Der Staat 29 (1990), S. 49).

Alexy, Robert, Theorie der Grundrechte, 2. Auflage, Frankfurt a. M. 1994 (zit. als: *Alexy*, Theorie der Grundrechte, 2. Aufl. 1994).

Allcott, Hunt/Gentzkow, Matthew, Social Media and Fake News in the 2016 Election, Journal of Economic Perspectives, 2017, S. 211–236 (zit. als: *Allcott/Gentzkow*, Journal of Economic Perspectives 2017, S. 211).

Anderson, Christopher W., Towards a Sociology of Computational and Algorithmic Journalism, New Media and Society 2012, S. 1005–1021 (zit. als: *Anderson*, New Media and Society 2012, S. 1005).

Appel, Ivo, Grenzen des Risikorechts, in: *Appel, Ivo/Hermes, Georg/Schönberger, Christoph* (Hrsg.), Öffentliches Recht im offenen Staat – Festschrift für Rainer Wahl zum 70. Geburtstag, Berlin 2011, S. 463–488 (zit. als: *Appel*, in: FS Wahl, 2011, S. 463).

Appel, Ivo, Stufen in der Risikoabwehr – Zur Neuorientierung der umweltrechtlichen Sicherheitsdogmatik im Gentechnikrecht, Natur und Recht 1996, S. 227–235 (zit. als: *Appel*, NuR 1996, S. 227).

Arnold, Katja, Die grundrechtliche Schutzbereichsbegrenzung, Berlin u. a. 2011 (zit. als: *Arnold*, Die grundrechtliche Schutzbereichsbegrenzung, 2011).

Augsberg, Ingo, „Wer glauben will, muss zahlen"? – Erwerb und Aufgabe der Kirchenmitgliedschaft im Spannungsfeld von Kirchenrecht und Religionsverfassungsrecht, Archiv des öffentlichen Rechts, 138. Jahrgang, 2013, S. 493–535 (zit. als: *Augsberg*, AöR 138 (2013), S. 493).

Augsberg, Ingo, Informationsverwaltungsrecht – Zur kognitiven Dimension der rechtlichen Steuerung von Verwaltungsentscheidungen, Tübingen 2014 (zit. als: *Augsberg*, Informationsverwaltungsrecht, 2014).

Baden, Christian, Vermessen von Verzerrungen – Quantitäten, Qualitäten & operationale Herausforderungen, in: *Stern, Klaus/Pfeifer, Karl-Nikolaus/Hain, Karl-Eberhard.* (Hrsg.), Media Bias im Internet – Tendenzfreiheit und Vielfalt von Medien(inhalten), Köln 2016, S. 137–156 (zit. als: *Baden*, in: Stern et al. (Hrsg.), Media Bias im Internet, 2016, S. 137).

Badura, Peter, Die Form des Verwaltungsaktes, in: *Glaeser-Schmitt, Walter* (Hrsg.), Verwaltungsverfahren – Festschrift zum 50jährigen Bestehen des Richards Boorberg Verlags, Stuttgart u. a. 1977, S. 205–222 (zit. als: *Badura*, in: Schmitt-Glaeser (Hrsg.), FS Richard Booberg Verlag, 1977, S. 205).

Baston-Vogt, Marion, Der sachliche Schutzbereich des zivilrechtlichen Persönlichkeitsrechts, Tübingen 1997 (zit. als: *Baston-Vogt*, Der sachliche Schutzbereich des zivilrechtlichen Persönlichkeitsrechts, 1997).

Beam, Michael A., Automating the News – How Personalized News Recommender System Design Choices Impact News Reception, Communication Research 2014, S. 1019–1041 (zit. als: *Beam*, Communication Research 2014, S. 1019).

Beater, Axel, Die Finanzierung von Print- und privaten Telemedien aus rechtlicher Sicht, AfP – Zeitschrift für das gesamte Medienrecht 2017, S. 277–284 (zit. als: *Beater*, AfP 2017, S. 277).

Beater, Axel, Medienrecht, 2. Auflage, Tübingen 2016 (zit. als: *Beater*, Me-dienrecht, 2. Aufl. 2016).

Beck, Klaus, Das Mediensystem Deutschlands – Strukturen, Märkte, Regulierung, Wiesbaden 2012 (zit. als: *Beck, K.*, Das Mediensystem Deutschlands, 2012).

Beck, Susanne, Grundlegende Fragen zum rechtlichen Umgang mit der Robotik, Juristische Rundschau 2009, S. 225–230 (zit. als: *Beck*, JR 2009, S. 225).

Beck, Susanne/Zabel, Benno, Menschenrechte und Robotik – Zur Technolo-gisierung des Sozialen, in: *Demko, Daniela/Brudermüller, Gerd/Seelmann, Kurt* (Hrsg.), Menschenrechte – Begründung, Bedeutung, Durchsetzung, Würzburg 2015, S. 197–223 (zit. als: *Beck/Zabel*, in: Demko et al. (Hrsg.), Menschenrechte, 2015, S. 197).

Becker, Peter von, Straftäter und Tatverdächtige in den Massenmedien – Die Frage der Rechtmäßigkeit identifizierender Kriminalberichte – Eine Untersuch-ung zur beispielhaften Konkretisierung von Medienverantwortung im demokratisch-sozialen Rechtsstaat, Baden-Baden 1979 (zit. als: *v. Becker*, Straftäter und Tatverdächtige, 1979).

Beierwaltes, Andreas, Demokratie und Medien – Der Begriff der Öffentlichkeit und seine Bedeutung für die Demokratie in Europa, Baden-Baden 2002 (zit. als: *Beierwaltes*, Demokratie und Medien, 2002).

Beiler, Marcus/Stascheit, Dirk, Arbeitsbelastung von Journalisten als medienethische Herausforderung, in: *Filipović, Alexander/Schicha, Christian/Stapf, Ingrid* (Hrsg.), Gesellschaft ohne Diskurs? – Digitaler Wandel und Journalismus aus medienethischer Perspektive, Berlin u. a. 2017, S. 87–102 (zit. als: *Beiler*, in: Filipović et al. (Hrsg.), Gesellschaft ohne Diskurs, 2017, S. 87).

Benda, Ernst/Maihofer, Werner/Vogel, Hans-Jochen (Hrsg.), Handbuch des Verfassungsrechts der Bundesrepublik Deutschland – Studienausgabe, 2. Auflage, Berlin 1995 (zit. als: *Bearbeiter*, in: Benda et al. (Hrsg.), HdbVerfR, 2. Aufl. 1995).

Benkard, Georg (Begr.), Patentgesetz, 11. Auflage, München 2015 (zit. als: *Bearbeiter*, in: Benkart, 11. Aufl. 2015).

Berger, Ariane, Der automatisierte Verwaltungsakt, Neue Zeitschrift für Verwaltungsrecht 2018, S. 1260–1264 (zit. als: *Berger, A.*, NVwZ 2018, S. 1260).

Berger, Christian, Aktuelle Entwicklungen im Urheberrecht – Der EuGH bestimmt die Richtung, Zeitschrift für Urheber- und Medienrecht 2012, S. 353–361 (zit. als: *Berger, C.*, ZUM 2012, S. 353).

Berger, Matthias/Haim, Mario/Graefe, Andreas/Brosius, Hans-Bernd/Hess, Thomas, Computational Journalism, Medienwirtschaft 2015, S. 22–25 (zit. als: *Berger, M.* et al., Medienwirtschaft 2015, S. 22).

Berger-Delhey, Ulf, Presse- und Produkthaftung, Betriebsberater 1990, S. 1501–1504 (zit. als: *Berger-Delhey*, BB 1990, S. 1501).

Bessi, Alessandro/Ferrara, Emilio, Social Bots distort the 2016 U. S. Presidential Election Online Discussion, First Monday 2016, Vol. 21, Nr. 11, abrufbar unter: https://firstmonday.org/ojs/index.php/fm/article/view/7090/5653, Abruf v. 4.11.2018 (zit. als: *Bessi/Ferrara*, First Monday v. 4.11.2016, Vol. 21 Nr. 11).

Bethge, Herbert, Eine Zensur findet nicht statt, in: *Jochum, Heike/Elicker, Michael/Lampert, Steffen/Bilsdorfer, Peter/Bartone, Roberto* (Hrsg.), Freiheit, Gleichheit, Eigentum – Öffentliche Finanzen und Abgaben – Festschrift für Rudolf Wendt zum 70. Geburtstag, Berlin 2016, S. 31–39 (zit. als: *Bethge*, in: Jochum et al. (Hrsg.), FS Wendt, 2016, S. 31).

Bethge, Herbert, Grundrechtsschutz für die Medienpolizei?, Neue Juristische Wochenzeitschrift 1995, S. 557–561 (*Bethge*, NJW 1995, S. 557).

Bettermann, Karl-August/Neumann, Franz L./Nipperdey, Hans-Carl (Hrsg.), Die Grundrechte, Band 2, 2. Auflage, Berlin 1968 (zit. als: *Bearbeiter*, in: Bettermann et al. (Hrsg.), Die Grundrechte, Bd. 2, Aufl. 1968).

Beuth, Patrick, Google besiegt erstmals einen Goprofi, Zeit-Online v. 28.1.2016, abrufbar unter https://www.zeit.de/digital/internet/2016-01/kuenstliche-intelligenz-google-deepmind-go-alphago, Abruf v. 15.10.2018 (zit. als: *Beuth*, zeit-online v. 28.1.2016).

Beuthien, Volker/Schmölz, Anton S., Persönlichkeitsschutzrechte durch Persönlichkeitsgüterrechte – Erlösherausgabe statt nur billige Entschädigung in Geld, München 2006 (zit. als: *Beuthien/Schmölz*, Persönlichkeitsgüterrechte, 2006).

Beutin, Andreas, Die Rationalität der Risikoentscheidung – Zur Verwendung ökonomischer Kriterien im Risikoverwaltungsrecht, Baden-Baden 2007 (zit. als: *Beutin*, Die Rationalität der Risikoentscheidung, 2007).

Binder, Reinhart/Vesting, Thomas (Hrsg.), Beck'scher Kommentar zum Rundfunkrecht, 4. Auflage, München 2018 (zit. als: *Bearbeiter*, in: Binder/Vesting (Hrsg.), Beck'scher Kommentar zum Rundfunkrecht, 4. Aufl. 2018).

Bisges, Marcel, Der europäische Werkbegriff und sein Einfluss auf die deutsche Urheberrechtsentwicklung, Zeitschrift für Urheber- und Medienrecht 2015, S. 357–361 (zit. als: *Bisges*, ZUM 2015, S. 357).

*Bismark, Hans*Neue Medientechnologien und grundgesetzliche Kommunikationsverfassung, Berlin 1982 (zit. als: *Bismark*, Neue Medientechnologien und Kommunikationsverfassung, 1982).

Böckenförde, Ernst-Wolfgang/Wieland, Joachim, Die „Rundfunkfreiheit" – ein Grundrecht?, AfP – Zeitschrift für das gesamte Medienrecht 1982, S. 77–85 (zit. als: *Böckenförde /Wieland*, AfP 1982, S. 77).

Böckenförde, Ernst-Wolfgang, Grundrechtstheorie und Grundrechtsinterpre-tation, Neue Juristische Wochenzeitschrift 1974, S. 1529–1538 (zit. als: *Böc-kenförde*, NJW 1974, S. 1529).

Böckenförde, Ernst-Wolfgang, Die Entstehung des Staates als Vorgang der Säkularisation, in: Säkularisation und Utopie, Festschrift für Ernst Forsthoff zum 65. Geburtstag, Stuttgart u.a. 1967, S. 75–94 (zit. als: *Böckenförde*, in: FS für Forsthoff, 1967, S. 75).

Boehm, Gottfried, Die Form des Formlosen – Abstrakter Expressionismus und Informel, in: *Ciuha, Delia* (Hrsg.), Action Painting. Jackson Pollock, Ostfildern 2008, S. 38–46 (zit. als: *Boehm*, in: Ciuha (Hrsg.), Action Painting, 2008, S. 38).

Boden, Margaret A., AI: Its nature and future, Oxford 2016 (zit. als: *Boden*, AI, 2016).

Boden, Margaret A., Computer Models of Creativity, AI-Magazine 2009, S. 23–34 (zit. als: *Boden*, AI-Magazine 2009, S. 23).

Böker, Lina Barbara, Computerprogramme zwischen Werk und Erfindung – Eine wettbewerbsorientierte Analyse des immaterialgüterrechtlichen Schutzes von Computerprogrammen unter besonderer Berücksichtigung von Open Source-Software, Baden-Baden 2009 (zit. als: *Böker*, Computerprogramme zwischen Werk und Erfindung, 2009).

Bortnikov, Vyacheslav, Die „dienende" Funktion der Telekommunikation – Verhältnis zwischen TK- und Medienrecht, Multimedia und Recht 2014, S. 435–439 (zit. als: *Bortnikov*, MMR 2014, S. 435).

Bortnikov, Vyacheslav, Netzneutralität und Bedingungen kommunikativer Selbstbestimmung, München 2013 (zit. als: *Bortnikov*, Netzneutralität und kommunikative Selbstbestimmung, 2013).

Boshmaf, Yazan/Muslukhov, Ildar/Beznosov, Konstantin/Ripeanu, Matei, Design and Analysis of a Social Botnet, Computer Networks 2013, S. 556–578 (zit. als: *Boshmaf* et al., Computer Networks 2013, S. 556).

Boshmaf, Yazan/Muslukhov, Ildar/Beznosov, Konstantin/Ripenanu, Matei, The Social-Bot Network – When Bots Socialize for Fame and Money, in: Proceedings of the 27th Annual Computer Security Applications Confer-ence, 05.–9.12.2011, Orlando, USA 2011, abrufbar unter: http://lersse-dl.e ce.ubc.ca/record/264/files/264.pdf, Abruf v. 11.10.2018 (zit. als: *Boshmaf* et al., The Social-Bot Network, 2011).

Botthof, Alfons/Bovenschulte, Marc, Die Autonomik als integratives Technologieparadigma, iit-Perspektive, Nr. 2 (2011) (zit. als: *Botthof/Bovenschulte*, iit-Perspektive Nr. 2 (2011)).

Bozdag, Engin, Bias in Algorithmic Filtering and Personalization, Ethics Information Technology 2013, S. 209–227 (zit. als: *Bozdag*, Ethics Inf. Techn. 2013, S. 209).

Bretschneider, Harald, Bewertung crossmedialer Verflechtungen im Medienkonzentrationsrecht – Eine rechtsvergleichende Untersuchung unter besonderer Berücksichtigung Deutschlands, Großbritanniens sowie der Entwicklung in der EU, Frankfurt a. M. u. a. 2010 (zit. als: *Bretschneider*, Bewertung crossmedialer Verflechtungen im Medienkonzentrationsrecht 2010).

Bridy, Annemarie, Coding Creativity, Stanford Technology Law Review 2012, S. 1–28 (zit. als: *Bridy*, Stanford Technology Law Review 2012, S. 1).

Bronsema, Frauke, Medienspezifischer Grundrechtsschutz der elektronischen Presse – Darstellung des Grundrechtsschutzes in der Europäischen Union und Entwicklung eines Lösungsansatzes für den Grundrechtsschutz aus Art. 5 Abs. 1 GG, Berlin 2008 (zit. als: *Bronsema*, Medienspezifischer Grundrechtsschutz der elektronischen Presse, 2008).

Brouilette, Monique, Hoffnung für das komplexe Gehirn, Spektrum der Wissenschaft v. 15.11.2018 (zit. als: *Brouilette*, Spektrum.de v. 15.11.2018).

Brutschke, Paul-Gerhard, Urheberrecht und EDV, München 1972 (zit. als: *Brutschke*, Urheberrecht und EDV, 1972).

Bullinger, Martin, Genetische Belastung der „öffentlichen Aufgaben“ der Presse, AfP – Zeitschrift für das gesamte Medienrecht 1995, S. 644–645 (*Bullinger*, AfP 1995, S. 644).

Bullinger, Martin, Ordnung oder Freiheit für Multimediadienste, Juristenzei-tung 1996, S. 385–391 (zit. als: *Bullinger*, JZ 1996, S. 385).

Bumke, Ulrich, Die öffentliche Aufgabe der Landesmedienanstalten, München 1995 (zit. als: *Bumke*, Die öffentliche Aufgabe der Landesmedienanstalten, 1995).

Bunjes, Miriam, Innere Pressefreiheit und die Verpflichtung der Medien, in: *Korczak, Dieter* (Hrsg.), Meinungsfreiheit oder die Macht der Medien, München 2016, S. 25–39 (zit. als: *Bunjes*, in: Korczak (Hrsg.), Meinungsfreiheit oder die Macht der Medien, 2016, S. 25).

Bunz, Mercedes, Die stille Revolution – Wie Algorithmen Wissen, Arbeit, Öffentlichkeit und Politik verändern, ohne dabei viel Lärm zu machen, Berlin 2012 (zit. als: *Bunz*, Die Stille Revolution, 2012).

Byrd, B. Sharon/Hruschka, Joachim, Lex iusti, und lex iustitiae in Kants Rechtslehre, Archiv für Rechts- und Sozialphilosophie, 91. Jahrgang, 2005, S. 484–500 (zit. als: *Byrd/Hruschka*, ARSP 91 (2005), S. 484).

Calliess, Christian, Inhalt, Dogmatik und Grenzen der Selbstregulierung im Medienrecht, Archiv für Presserecht 2002, S. 465–475 (zit. als: *Calliess*, AfP 2002, S. 465).

Canaris, Claus-Wilhelm, Die Feststellung von Lücken im Gesetz – Eine methodologische Studie über Voraussetzungen und Grenzen der richterlichen Rechtsfortbildung praeter legem, Berlin 1967 (zit. als: *Canaris*, Die Feststellung von Lücken im Gesetz, 1967).

Carlson, Matt, The Robotic Reporter – Automated Journalism and the Redefinition of Labor, Digital Journalism 2014, S. 416–431 (zit. als: *Carlson*, Digital Journalism 2014, S. 416).

Carstensen, Kai-Uwe/Ebert, Christian/Jekat, Susanne/Klabunde, Ralf/Langer, Hagen (Hrsg.), Computerlinguistik und Sprachtechnologie – Eine Einführung, 3. Auflage, Heidelberg 2010 (zit. als: *Bearbeiter*, in: Carstensen et al. (Hrsg.), Computerlinguistik und Sprachtechnologie, 3. Aufl. 2010).

Christaller, Thomas/Wehner, Josef, Autonomie der Maschinen – Einführung in die Diskussion, in: *Christaller, Thomas/Vollmehr, Josef* (Hrsg.), Autonome Maschinen, Wiesbaden 2003, S. 9–37 (zit. als: *Christaller/Wehner*, in: Christaller/Vollmehr (Hrsg.), Autonome Maschinen, 2003, S. 9).

Cindy, Michel, 30.000 Meldungen in 30 Tagen – Google unterstützt Roboterjournalismus, Wired v. 7.7.2017, abrufbar unter: https://www.wired.de/collection/life/roboter-journalismus-bots-pa-dni-google-news-digitale-artikel, Abruf v. 4.12.2018 (zit. als: *Cindy*, wired v. 7.7.2017).

Clark, Alexander/Fox, Chris/Lappin, Shalom (Hrsg.), The Handbook of Computational Linguistic and Natural Language Processing, Hoboken, New York 2010 (zit. als: *Bearbeiter*, in: Clark et al. (Hrsg.), The Handbook of NLP, 2010).

Clerwall, Christer, Enter the Robot Journalist – Users' perceptions of automated content, Journalism Practice 2014, S. 519–531 (zit. als: *Clerwall*, Journalism Practice 2014, S. 519).

Clifford, Ralph D., Intellectual Property in the Era of the Creative Computer Program – Will the true Creator please stand up?, Tulane Law Review 1997, S. 1675–1703 (zit. als: *Clifford*, Tulane Law Review 1997, S. 1675).

Cormen, Thomas H./Leiserson, Charles E./Rivest, Ronald/Stein, Clifford, aus dem Englischen übersetzt von Molitor, Paul, Algorithmen – Eine Einführung, 4. Auflage, München 2013 (zit. als: *Cormen*, Algorithmen, 4. Aufl. 2013).

Cornelius, Kai, Vertragsabschluss durch autonome elektronische Agenten, Multimedia und Recht 2002, S. 353–358 (zit. als: *Cornelius*, MMR 2002, S. 353).

Cornils, Matthias, Das datenschutzrechtliche Medienprivileg unter Behördenaufsicht? – Der unionsrechtliche Rahmen für die Anpassung der medienrechtlichen Bereichsausnahmen (in § 9c, § 57 RStV-E und den Landespressegesetzen) an die EU-Datenschutz-Grundverordnung, Tübingen 2018 (zit. als: *Cornils*, Das datenschutzrechtliche Medienprivileg unter Behördenaufsicht, 2018).

Cornils, Matthias, Die Ausgestaltung der Grundrechte, Tübingen 2005 (zit. als: *Cornils, Matthias*, Die Ausgestaltung der Grundrechte, 2005).

Cornils, Matthias, Ausgestaltungsvorbehalt und staatsfreie Normsetzung im Rundfunkrecht – Rechtsgutachten im Auftrag der Bayerischen Landeszen-trale für neue Medien, München 2011 in: Bayerische Landeszentrale für neue Medien (Hrsg.), (zit. als: *Cornils*, Staatsfreie Normsetzung im Rundfunkrecht (Rechtsgutachten im Auftrag der BLM), 2011).

Cornils, Matthias, Richterrecht statt Gesetz – Die Entwicklung des verfas-sungs-unmittelbaren Presseauskunftsanspruchs, AfP – Zeitschrift für das ge-samte Medienrecht 2016, S. 205–216 (zit. als: *Cornils*, AfP 2016, S. 205).

Cornils, Matthias, Vielfaltssicherung bei Telemedien, AfP – Zeitschrift für das gesamte Medienrecht 2018, S. 377–387 (zit. als: *Cornils*, AfP 2018, S. 377).

Cresci, Stefano/Di Pietro, Roberto/Petrocchi, Marinella/Spognardi, Angelo/Tesconi, Maurizio, Fame for Sale – Efficient Detection of Fake Twitter Followers, Decision Support Systems 2015, S. 56–71 (zit. als: *Cresci* et al., Decision Support Systems 2015).

Dahm, Katja, Der Schutz des Urhebers durch die Kunstfreiheit, Tübingen 2012 (zit. als: *Dahm*, Der Schutz des Urhebers durch die Kunstfreiheit, 2012).

Dalen, Arjen van, The Algorithms behind the Headlines, Journalism Practice 2012, S. 648–658 (zit. als: *v. Dalen*, Journalism Practice 2012, S. 648).

Damm, Matthias, Der Zugang zu staatlichen Geodaten als Element der Daseinsvorsorge, Berlin 2017 (zit. als: *Damm*, Staatliche Geodaten als Element der Daseinsvorsorge, 2017).

Dankert, Kevin, Normative Technologien in sozialen Netzwerken, in: Kritische Vierteljahresschrift für Gesetzgebung und Rechtswissenschaft 2015, S. 49–73 (zit. als: *Dankert*, KritV 2015, S. 49).

Dankert, Kevin, Verfälschung von Datenbeständen durch Social-Bots, in: *Hoffmann-Riem, Wolfgang* (Hrsg.), BIG DATA – Regulative Herausforde-rungen, Baden-Baden 2018, S. 157–166 (zit. als: *Dankert*, in: Hoffmann-Riem (Hrsg.), Big Data, 2018, S. 157).

Dankert, Kevin/Dreyer, Stephan, Social Bots – Grenzenloser Einfluss auf den Meinungsbildungsprozess?, Kommunikation & Recht 2017, S. 73–78 (zit. als: *Dankert/Dreyer*, K&R 2017, S. 73).

Dederer, Hans-Georg, Zur Gewaltenteilung in der Union – Checks and Balances – Institutionelles Gleichgewicht oder Konfusion, in: *Hofmann, Klaus/Nauman, Kolja* (Hrsg.), Europäische Demokratie in guter Verfassung? – Tagungsband zum Kolloquium von Mehr Demokratie e. V. und der Demokratie-Stiftung an der Universität Köln, Baden-Baden 2010, S. 89–106 (zit. als: *Dederer*, in: Hofmann/Nauman (Hrsg.), Europäische Demokratie, 2010, S. 89).

Deemter, Kees van/Theune, Mariët/Krahmer, Emiel, Real versus Template-Based Natural Language Generation – A False Opposition?, Computational Linguistics, Issue 31 (2005), S. 15–24 (zit. als: *v. Deemter* et al., Computational Linguistics 31 (2005), S. 15).

Degenhart, Christoph, Duale Rundfunkordnung im Wandel, AfP – Zeitschrift für das gesamte Medienrecht (Sonderheft) 2007, S. 24–33 (zit. als: *Degenhart*, AfP 2007, S. 24).

Denninger, Erhard/Hoffmann-Riem, Wolfgang/Schneider, Hans-Peter/Stein, Ekkehart (Hrsg.), Kommentar zum Grundgesetz der Bundesrepublik Deutschland, Loseblatt, 3. Auflage, München 2001, Stand: August 2002 (zit. als: *Bearbeiter*, in: Denninger et al. (Hrsg.), AK-GG, 3. Aufl. 2001).

Determann, Lothar, Kommunikationsfreiheit im Internet – Freiheitsrechte und gesetzliche Beschränkungen, Baden-Baden 1999 (zit. als: *Determann*, Kommunikationsfreiheit im Internet, 1999).

Deutsch, Max, Harry Potter – Written by Artificial Intelligence, Medium v. 8.7.2016, abrufbar unter https://medium.com/deep-writing/harry-potter-written-by-artificial-intelligence-8a9431803da6/, Abruf v. 13.4.2017 (zit. als: *Deutsch*, Medium v. 8.7.2016).

Deutscher Presserat (Hrsg.), Jahrbuch 2001, Konstanz 2001 (zit. als: *Bearbeiter*, in: Deutscher Presserat (Hrsg.), Jahrbuch 2001).

Diakopoulus, Nicholas, Accountability in Algorithmic Decision Making, Communications of the Association for Computing Machinery, Vol. 59, 2016 (zit. als: *Diakopoulus*, Communications of the ACM 59 (2016)).

Diakopoulus, Nicholas, Diversity in the Robot Reporter Newsroom, Blog-Eintrag v. 16.7.2016, abrufbar unter: http://www.nickdiakopoulos.com/2014/07/16/diversity-in-the-robot-reporter-newsroom/, Abruf v. 10.8.2017 (zit. als: *Diakopoulus*, Blog-Eintrag v. 16.7.2016).

Diakopoulus, Nicholas/Koliska, Michael, Algorithmic Transparency in the News Media, Digital Journalism 2016, S. 809–828, abrufbar unter https://doi.org/10.1080/21670811.2016.1208053, Abruf v. 18.10.2018 (zit. als: *Diakopoulus/Koliska*, Digital Journalism 2016, S. 809).

Dietrich, Nicole, Der Deutsche Presserat – Eine Untersuchung aus rechtlicher Sicht, Baden-Baden 2002 (zit. als: *Dietrich*, Der Deutsche Presserat, 2002).

Dittmayer, Matthias, Wahrheitspflicht der Presse – Umfang und Gewährleist-ung, Baden-Baden 2013 (*Dittmayer*, Wahrheitspflicht der Presse, 2013).

Donsbach, Wolfgang, Medienwirkung trotz Selektion, Köln u. a. 1991 (zit. als: *Donsbach*, Medienwirkung trotz Selektion, 1991).

Donsbach, Wolfgang, Objektivität, Tatsachen, Aussagen und Meinung, in: Bitburger Gespräche, Jahrbuch 1999, Band 1, München 2000, S. 49–72 (zit. als: *Donsbach*, Bitburger Gespräche 1999, Band 1).

Dörr, Dieter/Holznagel, Bernd/Picot, Arnold, Legitimation und Auftrag des öffentlich-rechtlichen Rundfunks in der Cloud, Frankfurt a. M. u. a. 2016 (zit. als: *Dörr, D.* et al., Legitimation und Auftrag des öffentlich-rechtlichen Rundfunks in der Cloud, 2016).

Dörr, Dieter/Natt, Alexander, Suchmaschinen und Meinungsvielfalt – Ein Beitrag zum Einfluss von Suchmaschinen auf die demokratische Willensbil-dung, Zeitschrift für Urheber- und Medienrecht 2014, S. 829–847 (zit. als: *Dörr, D./Natt*, ZUM 2014, S. 829).

Dörr, Konstantin, Mapping the Field of Algorithmic Journalism, Digital Journalism 2016, S. 700–722 (zit. als: *Dörr*, Digital Journalism 2016, S. 700).

Dörr, Konstantin, Algorithmen – Big Data und ihre Rolle im Computational Journalism, in: *Meier, Klaus/Neuberger, Christoph* (Hrsg.), Journalismusforschung, Stand und Perspektiven, 2. Auflage, Baden-Baden 2016, S. 245–264 (zit. als: *Dörr*, in: Meier/Neuberger (Hrsg.), Journalismusforschung, 2. Aufl. 2016, S. 245).

Dörr, Konstantin/Köberer, Nina/Haim, Mario, Normative Qualitätsansprü-che an algorithmischen Journalismus, in: *Filipović, Alexander/Schicha, Chri-stian/Stapf, Ingrid* (Hrsg.), Gesellschaft ohne Diskurs? – Digitaler Wandel und Journalismus aus medienethischer Perspektive, Berlin u. a. 2017, S. 121-134 (zit. als: *Dörr* et al., in: Filipović et al. (Hrsg.), Gesellschaft ohne Diskurs, 2017, S. 121).

Dörr, Konstantin/Hollnbuchner, Katharina, Ethical Challenges of Algorith-mic Journalism, Digital Journalism 2017, S. 404–419, abrufbar unter: http://dx.doi.org/10.1080/21670811.2016.1167612, Abruf v. 18.10.2018 (zit. als: *Dörr/Hollnbuchner*, Digital Journalism 2017, S. 404).

Draack, Constantin, Pressekartellrecht zur Vielfaltssicherung – Möglichkeiten und Grenzen, Baden-Baden 2014 (zit. als: *Draack*, Pressekartellrecht zur Vielfaltssicherung, 2014).

Dreier, Horst (Hrsg.), Grundgesetz-Kommentar, Band 1 (Präambel, Artikel 1–19), 3. Auflage, Tübingen 2013 (zit. als: *Bearbeiter*, in: Dreier, H. (Hrsg.), GG-Kommentar, Bd. 1, 3. Aufl. 2013).

Dreier, Thomas, Creation and Investment – Artistic and Legal Implications of Computer-generated Works, in: Leser, Hans G./Isomura, Tamutso (Hrsg.), Wege zum japanischen Recht – Festschrift für Zentaro Kitagawa zum 60. Geburtstag am 5. April 1992, Berlin 1992, S. 869–888 (zit. als: *Dreier*, in: Leser/Isomura (Hrsg.), FS Kitagawa, 1992, S. 869).

Dreier, Thomas, Die Harmonisierung des Rechtsschutzes von Datenbanken in der EG, Gewerlicher Rechtsschutz und Urheberrecht, Internationaler Teil 1999, S. 739–749 (zit. als: *Dreier*, GRUR Int. 1992, S. 739).

Dreier, Thomas/Schulze, Gernot (Hrsg.), Urheberrechtsgesetz, 6. Auflage, München 2018 (zit. als: *Bearbeiter*, in: Dreier/Schulze (Hrsg.), UrhG, 6. Aufl. 2018).

Droste, Johannes, Produktbeobachtungspflichten der Automobilhersteller bei Software in Zeiten vernetzten Fahrens, Corporate Compliance Zeitschrift 2015, S. 105–110 (*Droste*, CCZ 2015, S. 105).

Druey, Jean-Nicolas, Information als Gegenstand des Rechts – Entwurf einer Grundlegung, Zürich 1996 (zit. als: *Druey*, Information als Gegenstand des Rechts, 1996).

Eberle, Carl-Eugen, Digitale Rundfunkfreiheit, Computer und Recht – Rundfunk zwischen Couch-Viewing und Online-Nutzung 1996, S. 193–198 (*Eberle*, CR 1996, S. 193).

Eberle, Carl-Eugen, Medien und Datenschutz – Antinomien und Antipathien, Multimedia und Recht 2008, S. 508–513 (zit. als: *Eberle*, MMR 2008, S. 508).

Edward, Shalene, Die Rechtmäßigkeit von Whistleblowing in der Öffentlichkeit nach der EMRK und nach deutschem Recht, Frankfurt a. M. u. a. 2017 (zit. als: *Edward*, Rechtmäßigkeit von Whistleblowing, 2017).

Ehlers, Wolfram, Der Geldersatz für immaterielle Schäden bei deliktischer Verletzung des allgemeinen Persönlichkeitsrechts, München 1976 (zit. als: *Ehlers*, Der Geldersatz für immaterielle Schäden, 1976).

Ehmann, Eugen/Selmayr, Martin (Hrsg.), Datenschutz-Grundverordnung – DS-GVO, 2. Auflage, München 2018 (zit. als: *Bearbeiter*, in: Ehmann/Selmayr (Hrsg.), Datenschutzgrundverordnung, 2. Aufl. 2018).

Eichhoff, Julia, Investigativer Journalismus aus verfassungsrechtlicher Sicht, Heidelberg 2010 (zit. als: *Eichhoff*, Investigativer Journalismus, 2010).

Elster, Alexander, Gewerblicher Rechtsschutz, umfassend Urheber- und Verlagsrecht, Patent- und Musterschutzrecht, Warenzeichenrecht und Wettbewerbsrecht, Berlin 1921 (zit. als: *Elster*, Gewerblicher Rechtsschutz, Urheber und Verlagsrecht, 1921).

Engelmann, Ines, Gatekeeping, Baden-Baden 2016 (zit. als: *Engelmann*, Gatekeeping, 2016).

Ensthaler, Jürgen, Gewerblicher Rechtsschuz und Urheberrecht, Berlin 1998 (zit. als: *Ensthaler*, Gewerblicher Rechtsschutz und Urheberrecht, 1998).

Ensthaler, Jürgen/Möllenkamp, Heinz T., Reichweite des urheberrechtlichen Softwareschutzes nach der Umsetzung der EG-Richtlinie zum Rechtsschutz der Computerprogramme, Gewerblicher Rechtsschutz und Urheberrecht 1994, S. 151–158 (zit. als: *Ensthaler/Möllenkamp*, GRUR 1994, S. 151).

Entman, Robert M., Framing – Toward Clarification of a Fractured Paradigm, Journal of Communication 1993, S. 51–58 (zit. als: *Entman*, Journal of Communication 1993, S. 51).

Epstein, Robert/Robertson, Ronald, The search engine manipulation effect (SEME) and its possible impact on the outcomes of elections, Proceedings of the National Academy of Sciences of the United States of America (PNAS) No. 33 (2015), S. 4512–4521, abrufbar unter http://www.pnas.org/content/112/33/E4512.full, Abruf v. 3.2.2017, (zit. als: *Epstein/ Robertson*, PNAS 33 (2015), S. 4512).

Erdemir, Murad, Filmzensur und Filmverbot – Eine Untersuchung zu den verfassungsrechtlichen Anforderungen an die strafrechtliche Filmkontrolle im Erwachsenenbereich, Marburg 2000 (zit. als: *Erdemir*, Filmzensur und Filmverbot, 2000).

Erdmann, Willi, Die Realität des Werkbegriffs, in: *Erdmann, Willi/Leistner, Matthias/ Rüffer, Wilfried/Schulte-Beckhausen, Thomas* (Hrsg.), Festschrift für Michael Loschelder zum 65. Geburtstag, Köln 2010, S. 61–74 (zit. als: *Erdmann*, in: FS Loschelder, 2010, S. 61).

Erdmann, Willi, Schutz der Kunst im Urheberrecht in: *Erdmann, Willi/Hefermehl, Wolfgang/Mees, Hans K./Piper, Henning/Teplitzky, Otto/Ulmer, Peter* (Hrsg.), Festschrift für Otto-Friedrich Frhr. v. Gamm, S. 389–404, Köln 1990 (zit. als: *Erdmann*, in: Erdmann et al. (Hrsg.), FS v. Gamm, 1990, S. 389).

Ernst, Christian, Algorithmische Entscheidungsfindung und personenbezogene Daten, Juristenzeitung 2017, S. 1026–1036 (*Ernst*, JZ 2017, S. 1026).

Ertel, Wolfgang, Grundkurs Künstliche Intelligenz – Eine Einführung, 4. Auflage, Wiesbaden 2016 (zit. als: *Ertel*, Grundkurs Künstliche Intelligenz, 4. Aufl. 2016).

Esser, Josef, Wert und Bedeutung der Rechtsfiktionen – Kritisches zur Technik der Gesetzgebung und zur bisherigen Dogmatik des Privatrechts, 1. Auflage, Frankfurt a. M. 1949 (zit. als: *Esser*, Wert und Bedeutung der Rechtsfiktionen, 1949).

Eßer, Martin/Kramer, Philipp/von Lewinski, Kai (Hrsg.), DSGVO/BDSG, 6. Auflage, Köln 2018 (zit. als: *Bearbeiter*, in: v. Lewinski et al. (Hrsg.), DSGVO/ BDSG, 6. Aufl. 2018).

Etteldorf, Christina, Medien als Kritische Infrastrukturen?, AfP – Zeitschrift für das gesamte Medienrecht 2018, S. 114–119 (zit. als: *Etteldorf*, AfP 2018, S. 114).

Fabeck, Josef, Begriffe aus der Text- und Informationsverarbeitung und ihre Definitionen, Arbeitsgemeinschaft für wirtschaftliche Verwaltung e. V./Verband für Texterverarbeitung e. V. (Hrsg.), Baden-Baden 1985 (zit. als: *Fabeck*, Begriffe aus der Text- und Informationsverarbeitung, 1985).

Fabiani, Mario, Sind Apparate geistige Schöpfer?, Gewerblicher Rechtsschutz und Urheberrecht, Auslands- und Internationaler Teil 1965, S. 422–425 (zit. als: *Fabiani*, GRUR Ausl. 1965, S. 422).

Färber, Claus, Die Patentfähigkeit von Algorithmen, München 2015 (zit. als: *Färber*, Die Patentfähigkeit von Algorithmen, 2015).

Fechner, Frank, Geistiges Eigentum und Verfassung – Schöpferische Leistungen unter dem Schutz des Grundgesetzes, Tübingen 1999 (zit. als: *Fechner*, Geistiges Eigentum und Verfassung, 1999).

Fechner, Frank, Die Medienfreiheit, in: *Sander, Gerald G./Scheel, Tobias/Esposito, Anna* (Hrsg.), Öffentliches Recht im Wandel – Liber amicorum Armin Dittmann, Hamburg 2015, S. 1–16 (zit. als: *Fechner*, in: Sander et al. (Hrsg.), 2015, S. 1).

Ferrara, Emilio/Varol, Onur/Davis, Clayton/Menczer, Filippo/Flammini, Alessandro, The Rise of Social Bots, Communications of the ACM, July 2016, Vol. 59 No. 7, S. 96–104 (zit. als: *Ferrara* et al., The Rise of Social-Bots, 2016, S. 96).

Festinger, Leon, Theorie der kognitiven Dissonanz, Deutsche Fassung übersetzt von Irle, Martin und Möntmann, Volker, abgedruckt, in: *Irle, Martin/Möntmann, Volker* (Hrsg.), Theorie der kognitiven Dissonanz, Bern 1978 (zit. als: *Festinger*, Theorie der kognitiven Dissonanz (Deutsche Fassung), 1978).

Fiedler, Herbert, Automatisierung im Recht und juristische Informatik, Juristische Schulung 1970, S. 552–556 (zit. als: *Fiedler*, JuS 1970, S. 552).

Fierdag, Hanno, Die Aleatorik in der Kunst und das Urheberrecht – Unter besonderer Berücksichtigung der computer-generated works, Berlin 2004 (zit. als: *Fierdag*, Die Aleatorik in der Kunst und das Urheberrecht, 2004).

Flaxman, Seth/Goel, Sharad/Rao, Justin M., Filter Bubbles – Echo Chambers, and Online News Consumption, Public Opinion Quarterly 2016, S. 298–320 (zit. als: *Flaxman* et al., Public Opinion Quarterly 2016, S. 298).

Flechsig, Norbert P., Der rechtliche Rahmen der europäischen Richtlinie zum Schutz von Datenbanken, Zeitschrift für Urheber- und Medienrecht 1997, S. 577–592 (zit. als: *Flechsig*, ZUM 1997, S. 577).

Fleischer, Wolfgang/Barz, Irmhild, Wortbildung der deutschen Gegenwartssprache, 4. Auflage, Berlin 2012 (zit. als: *Fleischer/Barz*, Wortbildung der deutschen Gegenwartssprache, 4. Aufl. 2012).

Flew, Terry/Spurgeon, Christina/Daniel, Anna/Swift, Adam, The Promise of Computational Journalism, Journalism Practice 2012, S. 157–171 (zit. als: *Flew* et al., Journalism Practice 2012, S. 157).

Foerste, Ulrich, Die Produkthaftung für Druckwerke, Neue Juristische Wochenzeitschrift 1991, S. 1433–1439 (*Foerste*, NJW 1991, S. 1433).

Franzius, Claudio, Das Internet und die Grundrechte, Juristenzeitung 2016, S. 650–659 (zit. als: *Franzius*, JZ 2016, S. 650).

Freytag, Stefan M., Haftung im Netz – Verantwortlichkeit für Urheber-, Marken- und Wettbewerbsverletzungen nach § 5 TDG und § 5 MDStV, München 1999 (zit. als: *Freytag*, Haftung im Netz, 1999).

Fricke, Ernst, Recht für Journalisten – Presse, Rundfunk, Neue Medien, 2. Auflage, Konstanz 2010 (zit. als: *Fricke*, Recht für Journalisten, 2. Aufl. 2010).

Fricke, Michael/Gerecke, Martin, Informantenschutz und Informantenhaf-tung, AfP – Zeitschrift für das gesamte Medienrecht 2014, S. 293–299 (zit. als: *Fricke, M./Gerecke*, AfP 2014, S. 293).

Friedmann, Batya/Nissenbaum, Helen, Bias in Computer Systems, ACM Transactions on Information Systems 1996, S. 330–347 (zit. als: *Friedmann/Nissenbaum*, Bias in Computer Systems, 1996, S. 330).

Friedmann, Batya/Nissenbaum, Helen, Discerning Bias in Computer Sys-tems, in: *Ashlund, Stacey/Mullet, Kevin/Henderson, Austin/Hollnagel, Erik/White, Ted* (Hrsg.), INTERACT 1993 and CHI 1993 Conference Com-panion on Human Factors in Computing Systems (CHI) 1993, S. 141–142 (zit. als: *Friedmann/Nissenbaum*, Discerning Bias in Computer Systems, 1993, S. 141).

Fromlowitz, Patrick, Das Urheberpersönlichkeitsrecht und das allgemeine Persönlichkeitsrecht – Eine vergleichende Untersuchung unter besonderer Berücksichtigung der geschichtlichen Entwicklung, des Inhalts, des postmortalen Schutzes und der Übertragbarkeit, Frankfurt a. M. u. a. 2013 (zit. als: *Fromlowitz*, Das Urheberpersönlichkeitsrecht und das allgemeine Persönlichkeitsrecht, 2013).

Fromm, Friedrich-Karl/Nordemann, Wilhelm (Begr.), *Nordemann, Axel/Nordemann, Jan Bernd/Czychowski, Christian* (Hrsg.), Urheberrecht, 12. Auflage, Stuttgart 2018 (zit. als: *Bearbeiter*, in: Fromm/Nordemann, UrhR, 12. Aufl. 2018).

Fromm, Friedrich-Karl, Der Apparat als geistiger Schöpfer, Gewerblicher Rechtsschutz und Urheberrecht 1964, S. 304–307 (zit. als: *Fromm*, GRUR 1964, S. 304).

Galtung, Johan/ Holmboe Ruge, Mari, The Structure of Foreign News, Journal of Peace Research 1965, S. 64–91 (zit. als: *Galtung/Holmboe Ruge*, Journal of Peace Research 1965, S. 64).

Gensing, Patrick, Bedrohen Social-Bots die Demokratie?, faktenfinder.tages-schau.de v. 11.12.2018, abrufbar unter: http://faktenfinder.tagesschau.de/social-bots-bundestag-wahl-101.html., Abruf v. 25.12.2018 (zit. als: *Gensing*, faktenfinder.tagesschau.de v. 11.12.2018).

Garey, Michael R./Johnson, David S., Computers and Intractability – A guide to the Theory of NP-Completeness, New York 1979 (zit. als: *Garey/Johnson*, Computers and Intractability, 1979).

Garret, R. Kelly/Carnahan, Dustin/Lynch, Emily K., A Turn Toward Avoidance?, Political Behavior 2013, S. 113–134 (zit. als: *Garret* et al., Polit. Behav. 2013, S. 113).

Geppert, Klaus, Die Beihilfe, Jura 1999, S. 266–274 (*Geppert*, Jura 1999, S. 266).

Gersdorf, Hubert, Hatespeech in Sozialen Netzwerken – Verfassungswidrigkeit des NetzDG-Entwurfs und grundrechtliche Einordnung der Anbieter sozialer Netzwerke, Multimedia und 2017, S. 439–447 (zit. als: *Gersdorf*, MMR 2017, S. 439).

Gersdorf, Hubertus, Auswirkungen der Medienkonvergenz auf den Rund-funkbegriff und die Medienregulierung, in: *Gundel, Jörg/Heermann, Peter W./Leible, Stefan* (Hrsg.), Konvergenz der Medien, Jena 2009, S. 31–45 (zit. als: *Gersdorf*, in: Gundel et al. (Hrsg.), 2009, S. 31).

Gersdorf, Hubertus, Grundzüge des Rundfunkrechts, München 2003 (zit. als: *Gersdorf*, Grundzüge des Rundfunkrechts, 2003).

Gersdorf, Hubertus, Legitimation und Limitierung von Onlineangeboten des öffentlich-rechtlichen Rundfunks – Konzeption der Kommunikationsverfas-sung des 21. Jahrhunderts, Berlin 2009 (zit. als: *Gersdorf*, Legitimation und Limitierung von Onlineangeboten des öffentlich-rechtlichen Rundfunks, 2009).

Gersdorf, Hubertus, Wo geht's hier zum Fernsehen? – Die Reichweite der Rundfunkfreiheit am Beispiel von Intermediären, in: Bayerische Landeszen-trale für neue Medien (Hrsg.), BLM-Symposium Medienrecht 2014, Baden-Baden 2015, S. 53-71 (zit. als: *Gersdorf*, BLM-Symposium Medienrecht, 2015, S. 53).

Gersdorf, Hubertus/Paal, Boris P. (Hrsg.), BeckOK-Informations- und Me-dienrecht, 21. Edition, Stand: 1.8.2018, München 2018 (zit. als: *Bearbei-ter*, in: Gersdorf/Paal (Hrsg.), BeckOK Informations- und Medienrecht, Stand: 1.8.2018).

Ghiron, Mario, Grundsätzliche Betrachtung über die Urheberrechte, Archiv für Urheber-, Film-und Theaterrecht, Band 5, 1932, S. 34–59 (zit. als: *Ghiron*, UFITA 5 (1932)).

Gierke, Otto von, Deutsches Privatrecht, Band 1, Allgemeiner Teil und Personenrecht, Leipzig 1895 (zit. als: *v. Gierke*, Deutsches Privatrecht, Bd. 1, 1895).

Gierschmann, Sybille/Schlender, Katharina/Stentzel, Rainer/Veil, Winfried (Hrsg.), Kommentar – Datenschutz-Grundverordnung, Köln 2018 (zit. als: *Bearbeiter*, in: Gierschmann et al. (Hrsg.), DSGVO, 2018).

Gillespie, Tarleton, The Relevance of Algorithms, in: *Gillespie, Tarleton/Boczkowski, Pablo/Foot, Kirsten* (Hrsg.), Media Technologys – Essay on Communication, Materiality, and Society, Cambridge, Mass./London 2014, S. 167–194 (zit. als: *Gillespie*, in: Gillespie et al. (Hrsg.), Media Technologys, 2014, S. 167).

Girth, Peter, Individualität und Zufall im Urheberrecht, Berlin 1974 (zit. als: *Girth*, Individualität und Zufall im Urheberrecht, 1974).

Gitter, Rotraud/Roßnagel, Alexander, Rechtsfragen mobiler Agentensysteme im E-Commerce, Kommunikation&Recht 2003, S. 64–72 (zit. als: *Gitter/Roßnagel*, K&R 2003, S. 64).

Glasersfeld, Ernst von, Piaget und die Erkenntnistheorie des radikalen Konstruktivismus, in: *Schmidt, Siegfried J./Finke, Peter* (Hrsg.), Wissen, Sprache und Wirklichkeit – Arbeiten zum radikalen Konstruktivismus, Deutsche Fassung von Wolfram K. Köck, Braunschweig 1987, S. 99–112 (zit. als: *v. Glasersfeld*, in: Schmidt/Finke (Hrsg.), Wissen, Sprache und Wirklichkeit (Deutsche Fassung), 1987).

Glasser, Darin, Copyrights & Trademarks – Whom, if Anyone, Do we Reward?, Duke Law & Technic Review 2001, Rev. 0024, (zit. als: *Glasser*, Duke Law & Technic Review 2001, Rn.).

Göbel, Elisabeth, Neue Institutionenökonomik – Konzeptionen und betriebswirtschaftliche Anwendungen, Stuttgart 2002 (zit. als: *Göbel*, Institutionenökonomik, 2002).

Götting, Horst-Peter/Schertz, Christian/Seitz, Walter (Hrsg.), Handbuch Persönlichkeitsrecht, München 2008 (zit. als: *Bearbeiter*, in: Götting et al. (Hrsg.), Handbuch Persönlichkeitsrecht, 2008).

Goldman, Eric, Revisiting Search Engine Bias, William Mitchel Law Review 2011, S. 96–110 (zit. als: *Goldman*, William Mitchel Law Review 2011, S. 96).

Goldman, Eric, Search Engine Bias and the Demise of Search Engine Utopi-anism, Yale and Technologie 2006, S. 188–200 (zit. als: *Goldman*, Yale and Technologie 2006, S. 188).

Gornig, Hanno-Gilbert, Äußerungsfreiheit und Informationsfreiheit als Menschenrechte, Berlin 1988 (zit. als: *Gornig*, Äußerungsfreiheit und Informationsfreiheit als Menschenrechte, 1988).

Gounalakis, Georgios, Persönlichkeitsschutz und Geldersatz, AfP – Zeitschrift für das gesamte Medienrecht 1998, S. 10–25 (zit. als: *Gounalakis*, AfP 1998, S. 10).

Gounalakis, Georgios, Verdachtsberichterstattung durch die Staatsanwalt-schaft, Neue Juristische Wochenzeitschrift 2012, S. 1473–1479 (zit. als: *Gounalakis*, NJW 2012, S. 1473).

Graefe, Andreas, Guide to Automated Journalism, 2016, abrufbar unter: http://towcenter.org/research/guide-to-automated-journalism, Abruf v. 14.4.2017 (zit. als: *Graefe*, Guide to Automated Journalism, 2016).

Graefe, Andreas/Haim, Mario/Haarmann, Bastian/Brosius, Hans-Bernd, Readers' Perception of Computer-Written News – Credibility, Expertise, and Readability, Journalism 2016, S. 1–16 (zit. als: *Graefe* et al., Journalism 2016, S. 1).

Grapentin, Justin, Vertragsschluss und vertragliches Verschulden beim Einsatz von Künstlicher Intelligenz und Softwareagenten, Baden-Baden 2018 (zit. als: *Grapentin*, Vertragsschluss und Verschulden beim Einsatz von Künstlicher Intelligenz und Softwareagenten, 2018).

Grimm, Dieter, Die Meinungsfreiheit in der Rechtsprechung des Bundesverfassungsgerichts, Neue Juristische Wochenzeitschrift 1995, S. 1697–1705 (zit. als: *Grimm*, NJW 1995, S. 1697).

Gruber, Malte-Christian, Rechtssubjekte und Teilrechtssubjekte des elektronischen Geschäftsverkehrs, in: *Beck, Susanne* (Hrsg.), Jenseits von Mensch und Maschine – Ethische und rechtliche Fragen zum Umgang mit Robotern, Künstlicher Intelligenz und Cyborgs, Baden-Baden 2012, S. 133–160 (zit. als: *Gruber*, in: Beck (Hrsg.), Jenseits von Mensch und Maschine, 2012, S. 133).

Grüll, Fabian, Die Qualität der Nachrichtenagenturen aus Sicht ihrer Kunden – Eine Befragung von Nachrichtenredakteuren in leitender Funktion, Münster 2009 (zit. als: *Grüll*, Die Qualität der Nachrichtenagenturen aus Sicht ihrer Kunden, 2009).

Grützmacher, Malte, Urheber-, Leistungs- und Sui-generis-Schutz von Datenbanken – Eine Untersuchung des europäischen, deutschen und britischen Rechts, Baden-Baden 1999 (zit. als: *Grützmacher, Malte*, Urheber-, Leistungs- und Sui-generis-Schutz von Datenbanken, 1999).

Grzeszick, Bernd, Der Telemedien-Auftrag des öffentlich-rechtlichen Rundfunks zwischen Verfassungs- und Gemeinschaftsrecht, Neue Zeitschrift für Verwaltungsrecht 2008, S. 608–615 (zit. als: *Grzeszick*, NVwZ 2008, S. 608).

Gsell, Beate/Krüger, Wolfgang/Lorenz, Stephan/Reymann, Christoph (Gesamt-Hrsg.), beck-online.Großkommentar, München 2019 (zit. als: *Bearbeiter*, in: Gsell et. al. (Hrsg.), BeckOKG-Zivilrecht, Stand, §).

Gucht, Christiane, Das Zensurverbot im Gefüge der grundrechtlichen Eingriffskautelen, Frankfurt a. M. u. a. 2000 (zit. als: *Gucht*, Das Zensurverbot, 2000).

Günther, Andreas, Produkthaftung für Informationsgüter, Köln 2001 (zit. als: *Günther A.*, Produkthaftung für Informationsgüter, 2001).

Günther, Jan-Philipp, Roboter und rechtliche Verantwortung, München 2016 (zit. als: *Günther*, Roboter und rechtliche Verantwortung, 2016).

Haas, Hannes, Empirischer Journalismus – Verfahren zur Erkundung gesellschaftlicher Wirklichkeit, Wien u. a. 1999 (zit. als: *Haas*, Empirischer Journalismus, 1999).

Habel, Dominic, Immersiver Journalismus und Werberecht, in: *Lewinski, Kai von* (Hrsg.), Immersiver Journalismus – Technik, Wirkung, Regulierung, Bielefeld 2018, S. 141–162 (zit. als: *Habel*, in: v. Lewinski (Hrsg.), Immersiver Journalismus, 2018, S. 141).

Habermas, Jürgen, Ach, Europa, Frankfurt a. M. 2008 (zit. als: *Habermas*, Ach, Europa, 2008).

Häberle, Peter, Öffentliches Interesse als juristisches Problem, 2. Auflage, Berlin 2006 (zit. als *Häberle*, Öffentliches Interesse als juristisches Problem, 2. Aufl. 2006).

Hain, Karl-Eberhard, Rundfunkfreiheit als dienende Freiheit, in: *Dörr, Dieter* (Hrsg.), Die Macht der Medien – Medienrechtliches Kolloquium zum 75. Geburtstag von Hartmut Schieder-mair, Frankfurt a. M. 2011, S. 63–78 (zit. als: *Hain*, in: Dörr, D. (Hrsg.), Die Macht der Medien, 2011, S. 63).

Hain, Karl-Eberhard, Ist die Etablierung einer Internetdienstefreiheit sinn-voll?, Kommunikation & Recht 2012, S. 98–103 (zit. als: *Hain*, K&R 2012, S. 98).

Hain, Karl-Eberhard, Rezension zu Matthias Cornils, Die Ausgestaltung der Grundrechte 2005, Juristenzeitung 2005, S. 939–940 (zit. als: *Hain*, JZ 2005, S. 939).

Hain, Karl-Eberhard, Rundfunkfreiheit und Rundfunkordnung, Baden-Ba-den 1993 (zit. als: *Hain*, Rundfunkfreiheit und Rundfunkordnung, 1993).

Haller, André, Der Wahlkampf im Netz, Politische Studien 2017, S. 12–21 (zit. als: *Haller*, Politische Studien 2017).

Hampton, Keith N./Rainie, Lee/Lu, Weixu/Dwyer, Maria/Shin, Inyoung/Purcell, Kristen, Social Media and the „Spiral of Silence“, Studie im Auftrag des Pew Research Center, 2014, abrufbar unter: http://www.pewinternet.org/2014/08/26/social-media-and-the-spiral-of-silence/, Abruf v. 21.4.2017 (zit. als: *Hampton* et al., Social Media and the Spiral of Silence, 2014).

Handel, Ulrike, Die Fragmentierung des Medienpublikums, Wiesbaden 2000 (zit. als: *Handel*, Die Fragmentierung des Medienpublikums, 2000).

Hansen, Gerd, Warum Urheberrecht? – Die Rechtfertigung des Urheberrechts unter besonderer Berücksichtigung des Nutzerschutzes, Baden-Baden 2009 (zit. als: *Hansen*, Warum Urheberrecht?, 2009).

Harrison, Charles/Wood, Paul (Hrsg.), Kunsttheorie im 20. Jahrhundert – Künstlerschriften, Kunstkritik, Kunstphilosophie, Manifeste, Statements, Interviews, Band 2, 1940–1991, Stuttgart 1998, S. 701–704 (zit. als: Interview von William Wright mit Jackson Pollock, in: Harrison/Wood (Hrsg.), Kunsttheorie im 20. Jhdt., Bd. 2, 1998, S. 701).

Harte-Bavendamm, Henning/Henning-Bodewig, Frauke (Hrsg.), Gesetz gegen den unlauteren Wettbewerb (UWG), 4. Auflage, München 2016 (zit. als: *Bearbeiter*, in: Harte-Bavendamm/Henning-Bodewig (Hrsg.), UWG, 4. Aufl. 2016).

Hartl, Korbinian, Suchmaschinen, Algorithmen und Meinungsmacht, Wiesbaden 2017 (zit. als: *Hartl*, Suchmaschinen, Algorithmen und Meinungsmacht, 2017).

Hartmann, Bernd J., Dienende Freiheit – notwendige Verstärkung oder widersprüchliche Beschränkung subjektiver Rechte?, Juristenzeitung 2016, S. 18–26 (zit. als: *Hartmann*, JZ 2016, S. 18).

Hartmann/Prinz, Immaterialgüterrechtlicher Schutz von Systemen Künstlicher Intelligenz, Tagungsband Herbstakademie 2018, S. 769–791 (zit. als: *Hartmann, F./Prinz*, DSRITB 2018, S. 769).

Haun, Matthias, Cognitive Computing – Steigerung des systemischen Intelligenzprofils, Berlin 2014 (zit. als: *Haun*, Cognitive Computing, 2014).

Heckmann, Dirk (Hrsg.), juris-Praxiskommentar Internetrecht, 5. Auflage, Saarbrücken 2017 (zit. als: *Bearbeiter*, in: Heckmann (Hrsg.), juris-PK-Internetrecht, 5. Aufl. 2017).

Heckmann, Dirk, Persönlichkeitsschutz im Internet – Anonymität der IT-Nutzung und permanente Datenverknüpfung als Herausforderungen für Ehrschutz und Profilschutz, Neue Juristische Wochenzeitschrift 2012, S. 2631–2635 (zit. als: *Heckmann*, NJW 2012, S. 2631).

Heckmann, Dirk/Schmid, Alexander, Rechtliche Aspekte automatisierter Sys-teme – Rechtskonforme Gestaltung unserer Zukunft, Informatik-Spektrum 2017, S. 430–439 (zit. als: *Heckmann/Schmid*, Informatik-Spektrum 2017, S. 430).

Heermann, Peter/John, Martin, Lizenzierbarkeit von Spielplänen im deutschen Ligasport, Kommunikation & Recht 2011, S. 753–760 (zit. als: *Heermann/John*, K&R 2011, S. 753).

Hegelich, Simon, Die Invasion der Meinungsroboter, Analysen und Argumente 2016, Kurzstudie im Auftrag der Konrad-Adenauer-Stiftung, Ausgabe 221 (zit. als: *Hegelich*, Analysen&Argumente 221 (2016)).

Heilmann, Stefan, Annonymität für User-Generated-Content – Verfassungsrechtliche und einfach-gesetzliche Analyse der Informationspflichten für journalistisch-redaktionelle Angebote und andere Telemedien in §§ 5 TMG, 55 RStV, Baden-Baden 2013 (zit. als: *Heilmann*, Annonymität für User-Generated-Content, 2013).

Heimann, Felix, Der Pressekodex im Spannungsfeld zwischen Medienrecht und Medienethik, Bern u. a. 2008 (zit. als: *Heimann*, Der Pressekodex im Spannungsfeld zwischen Medienrecht und Medienethik, 2008).

Heinert, Michael, Künstliche Neuronale Netze – Ein Einblick in die *Black-Box*, Conference-Paper, Workshop zur Theorie und Anwendung lernender Algorithmen für Ingenieure und Naturwissenschaftler der TU Braunschweig, Juni 2015, S. 41–53, abrufbar unter: https://www.researchgate.net/publication/259568786_Einblick_in_die_Black_Box_neuronaler_Netze, Abruf v. 3.12.2018 (zit. als: *Heinert*, Einblick in die Black Box, 2015).

Helle, Jürgen, Besondere Persönlichkeitsrechte im Privatrecht, Tübingen 1991 (zit. als: *Helle*, Besondere Persönlichkeitsrechte, 1991).

Hermann, Tobias, Der Werbewert der Prominenz – Vermögensrechtliche Ansprüche bei werblicher Zwangskommerzialisierung insbesondere von Politikern, Baden-Baden 2011 (zit. als: *Hermann*, Werbewert der Prominenz, 2011).

Hertin, Paul W., Der Elementenschutz für Darstellungen wissenschaftlicher und technischer Art ist eröffnet – Die Konsequenz aus der Rechtsprechung des EuGH zum Datenbankschutz für analoge Kartografie, in: *Dreier, Thomas/Pfeifer, Karl-Nikolaus/Specht, Louisa* (Hrsg.), Anwalt des Urheberrechts – Festschrift für Gernot Schulze zum 70. Geburtstag, München 2017, S. 13–21 (zit. als: *Hertin*, in: FS Schulze, 2017, S. 13).

Herzog, Christian/Zetti, Daniela, Öffentlich-rechtliche Medien – Zivilgesellschaftliche Interessengruppen und die Mitverantwortung des Publikums, in: *Filipović, Alexander/Schicha, Christian/Stapf, Ingrid* (Hrsg.), Gesellschaft ohne Diskurs? – Digitaler Wandel und Journalismus aus medienethischer Perspektive, Berlin u. a. 2017, S. 253–271 (zit. als: *Herzog/Zetti*, in: Filipović et al. (Hrsg.), Gesellschaft ohne Diskurs, 2017. S. 253).

Hesse, Konrad, Grundzüge des Verfassungsrechts der Bundesrepublik Deutschland, 20. Auflage, Wieblingen 1999 (*Hesse*, Grundzüge des Verfassungsrechts, 20. Aufl. 1999).

Hetmank, Sven/Lauber-Rönsberg, Anne, Künstliche Intelligenz – Herausforderungen für das Immaterialgüterrecht, Gewerblicher Rechtsschutz und Urheberrecht 2018, S. 574–582 (zit. als: *Hetmank/Lauber-Rönsberg*, GRUR 2018, S. 574).

Hildebrandt, Mireille, Smart Technologies and the End(s) of Law, Cheltenham, UK, 2016 (zit. als: *Hildebrandt*, Smart Technologies and the End(s) of Law, 2016).

Hilgendorf, Eric, Menschenwürde und die Idee des Posthumanen, in: *Joerden, Jan C./Hilgendorf, Eric/Thiele, Felix* (Hrsg.), Menschenwürde und Medizin, Berlin 2013, S. 1047–1068 (zit. als: *Hilgendorf*, in: Joerden et al. (Hrsg.), Menschenwürde und Medizin, 2013).

Hilty, Reto M., Unübertragbarkeit urheberrechtlicher Befugnisse – Schutz des Urhebers oder dogmatisches Ammenmärchen, in: *Becker, Jürgen/Hilti, Reto M./Stöckli, Jean-Fritz/Würtenberger, Thomas* (Hrsg.), Recht im Wandel seines sozialen und technologischen Umfeldes – Festschrift für Manfred Rehbinder, München 2002, S. 259–284 (zit. als: *Hilty*, in: FS Rehbinder, 2002, S. 259).

Höckelmann, Eckhard, Die Produkthaftung für Verlagserzeugnisse, Baden-Baden 1994 (zit. als: *Höckelmann*, Die Produkthaftung für Verlagserzeugnisse, 1994).

Höppner, Thomas, Technisch-ökonomische Aspekte des Leistungsschutzrechts für Presseverleger – Zur „Verteidige Dein Netz!"-Kampagne und anderen „Fakten" zum Gesetzesentwurf, Kommunikation & Recht 2013, S. 73–82 (zit. als: *Höppner*, K&R 2013, S. 73).

Hoeren, Thomas/Wehkamp, Nils, Individualität im Quellcode?, Softwareschutz und Urheberrecht, Computer & Recht 2018, S. 1–7 (zit. als: *Hoeren/Wehkamp*, CR 2018, S. 1).

Hoffmann-Riem, Wolfgang, Die Regulierung der dualen Rundfunkordnung – Grundfragen, Baden-Baden 2000 (zit. als: *Hoffmann-Riem*, Die Regulierung der dualen Rundfunkordnung, 2000).

Hoffmann-Riem, Wolfgang, Enge oder weite Gewährleistungsgehalte der Grundrechte?, in: *Bäuerle, Michael/Hanebeck, Alexander* et al. (Hrsg.), Ha-ben wir wirklich Recht?, Baden-Baden 2009, S. 53–76 (zit. als: *Hoffmann-Riem*, in: Bäuerle et al. (Hrsg.), Haben wir wirklich Recht?, 2009, S. 53).

Hoffmann-Riem, Wolfgang, Innovationen im Recht – Zur Einführung, in: *Hoffman-Riem, Wolfgang* (Hrsg.), Innovationen im Recht, Baden-Baden 2016, S. 11–32 (zit. als: *Hoffmann-Riem*, in: Hoffmann-Riem. (Hrsg.), In-novationen im Recht, 2016, S. 11).

Hoffmann-Riem, Wolfgang, Kommunikations- und Medienfreiheit, in: *Hoff-mann-Riem, Wolfgang* (Hrsg.), Offene Rechtswissenschaft, Tübingen 2010, S. 659-702 (zit. als: *Hoffmann-Riem*, in: Hoffmann-Riem (Hrsg.), Offene Rechtswissenschaft, 2010, S. 659).

Hoffmann-Riem, Wolfgang, Öffentliches Wirtschaftsrecht der Kommunika-tion und der Medien, in: *Schmidt, Rainer* (Hrsg.), Öffentliches Wirtschafts-recht, Besonderer Teil 1, Berlin u. a. 1995 (zit. als: *Hoffmann-Riem*, in: Schmidt (Hrsg.), Öffentliches Wirtschaftsrecht, 1995).

Hoffmann-Riem, Wolfgang, Personalrecht der Rundfunkaufsicht, Baden-Ba-den 1991 (zit. als: *Hoffmann-Riem*, Personalrecht der Rundfunkaufsicht, 1991).

Hoffmann-Riem, Wolfgang, Rundfunkrecht neben Wirtschaftsrecht – Zur An-wendbarkeit des GWB und des EWG-V auf das Wettbewerbsverhalten öf-fentlich-rechtlichen Rundfunks in der dualen Rundfunkordnung, Baden-Ba-den 1991 (zit. als: *Hoffmann-Riem*, Rundfunkrecht neben Wirtschaftsrecht, 1991).

Hoffmann-Riem, Wolfgang, Verhaltenssteuerung durch Algorithmen – Eine Herausforderung für das Recht, Archiv des öffentlichen Rechts, 142. Jahr-gang, 2017, S. 1–42 (zit. als: *Hoffmann-Riem*, AöR 142 (2017), S. 1).

Hoffmann-Riem, Wolfgang, Wissen als Risiko – Unwissen als Chance – Her-ausforderungen auch an die Rechtswissenschaft, in: *Augsberg, Ingo* (Hrsg.), Ungewissheit als Chance, Tübingen 2009, S. 17–38 (zit. als: *Hoffmann-Riem*, in: Augsberg (Hrsg.), Ungewissheit als Chance, 2009, S. 17).

Hofmann, Philipp, Computerspielsysteme, Tübingen 2017 (zit. als: *Hofmann*, Computerspielsysteme, 2017).

Holland, Martin, Roboter-Journalismus – Associated Press automatisiert Meldungen zu Geschäftsberichten, heise.de v. 1.7.2014, abrufbar unter https://www.heise.de/newsticker/meldung, Abruf v. 24.2.2017 (zit. als: *Holland*, heise.de v. 1.7.2014).

Hollenders, Anna-Sophie, Mittelbare Verantwortlichkeit von Intermediären im Netz, Baden-Baden 2011 (zit. als: *Hollenders*, Mittelbare Verantwortlichkeit von Intermediären im Netz, 2012).

Holznagel, Bernd, Erosion demokratischer Öffentlichkeit?,Veröffentlichungen der Vereinigungen der Deutschen Staatsrechtler, 68. Jahrgang, 2009 – Berichte und Diskussionen auf der Tagung der Vereinigung der Deutschen Staatsrechtslehrer Erlangen v. 1.–4. Oktober 2008, Berlin u. a. 2009, S. 381–412 (zit. als: *Holznagel*, VVDStRL 68 (2009), S. 381).

Horner, Susanne/Kaulartz, Markus, Haftung 4.0, Computer und Recht 2016, S. 7–14 (*Horner/Kaulartz*, CR 2016, S. 7).

Hornung, Oliver, Die EU-Datenbank-Richtlinie und ihre Umsetzung in das deutsche Recht – Eine Untersuchung unter besonderer Berücksichtigung des Schutzrechts sui generis nach der EU-Datenbank-Richtlinie, Baden-Baden 1999 (zit. als: *Hornung*, Die EU-Datenbankrichtlinie und ihre Umsetzung in das deutsche Recht, 1998).

Howe, Paul, Das Genie und die Krankheit, 02/2015, abrufbar unter: http://www.seltene-krankheiten.de/krankheitsbilder/das-genie-und-die-krankh-eit, Abruf v. 22.12.2018 (zit. als: *Howe*, seltenekrankheiten.de v. Februar 2015).

Hubmann, Heinrich, Das Persönlichkeitsrecht, 2. Auflage, Köln u. a. 1967 (zit. als: *Hubmann*, Das Persönlichkeitsrecht, 2. Aufl. 1967).

Ingold, Albert, Digitalisierung demokratischer Öffentlichkeiten, Der Staat, 56. Jahrgang, 2017, S. 491–533 (zit. als: *Ingold*, Der Staat 56 (2017), S. 491).

Ingold, Albert, Grundrechtsschutz Sozialer Emergenz – Eine Neukonfigura-tion juristischer Personalität in Art. 19 Abs. 3 GG angesichts webbasierter Kollektivitätsformen, Der Staat, 53. Jahrgang, 2014, S. 193–226 (zit. als: *In-gold*, Der Staat 53 (2014), S. 193).

Introna, Lucas D./Nissenbaum, Helen, Shaping the Web, The Information Society 2000, S. 169–185 (zit. als: *Introna/Nissenbaum*, The Information Society 2000, S. 169).

Isensee, Josef/Kirchhof, Paul (Hrsg.), Handbuch des Staatsrechts der Bundesrepublik Deutschland, Bände: Band V (Allgemeine Grundrechtslehren), 1. Auflage 1992, Band VII (Normativität und Schutz der Verfassung – Internationale Beziehungen), 1. Auflage 1992, Band II (Demokratische Willensbildung – Die Staatsorgane, Verfassungsstaat), 2. Auflage 1998, Band VI: (Bundesstaat), 3. Auflage 2011, Band IX (Allgemeine Grundrechtslehren), 3. Auflage 2011, Heidelberg 1992, 1998, 2011 (zit. als: *Bearbeiter*, in: Isensee/Kirchhof (Hrsg.), HStR, Bd., Aufl., Jahr).

Jarass, Hans, Das allgemeine Persönlichkeitsrecht im Grundgesetz, Neue Juristische Wochenzeitschrift 1989, S. 857–862 (zit. als: *Jarass*, NJW 1989, S. 857).

Jarass, Hans, Die Freiheit der Massenmedien – Zur staatlichen Einwirkung auf Presse, Rundfunk, Film und andere Medien, Baden-Baden 1978 (zit. als: *Jarass*, Die Freiheit der Massenmedien, 1978).

Jauernig, Othmar (Begr.), *Stürner, Rolf* (Hrsg.), Bürgerliches Gesetzbuch – BGB, 17. Auflage, München 2018 (zit. als: *Bearbeiter*, in: Jauernig, BGB, 17. Aufl. 2018).

Jaume-Palasí, Lorena/Spielkamp, Matthias, Ethik und algorithmische Prozesse zur Entscheidungsfindung oder -vorbereitung, AlgorithmWatch Arbeitspapier Nr. 4, Berlin 2017 (zit. als: *Jaume-Palasí/Spielkamp*, AlgorithmWatch Arbeitspapier Nr. 4, 2017).

Jlémenez, Fanny, So funktioniert das schwierigste Brettspiel der Welt, welt.online v. 16.3.2016, Abruf v. 22.12.2018 (zit. als: *Jlemenez*, welt.online v. 16.3.2016).

John, Robert, Haftung für Künstliche Intelligenz – Rechtliche Beurteilung des Einsatzes intelligenter Softwareagenten im E-Commerce, Hamburg 2007 (zit. als: *John*, Haftung für Künstliche Intelligenz, 2007).

Jürgens, Pascal/Stark, Birgit/Magin, Melanie, Gefangen in der Filterbubble?, in: *Stark, Birgit/Dörr, Dieter/Aufenanger, Stefan* (Hrsg.), Die Googleisierung der Informationssuche, Berlin 2014, S. 98–135 (zit. als: *Jürgens* et al., in: Stark et al. (Hrsg.), Die Googleisierung der Informationssuche, 2014, S. 98).

Jungheim, Stephanie, Medienordnung und Wettbewerbsrecht im Zeitalter der Digitalisierung und Globalisierung, Tübingen 2012 (zit. als: *Jungheim*, Medienordnung und Wettbewerbsrecht, 2012).

Kahl, Jonas, Elektronische Presse und Bürgerjournalismus, Baden-Baden 2013 (zit. als: *Kahl*, Elektronische Presse und Bürgerjournalismus, 2013).

Kahl, Wolfgang/Waldhoff, Christian/Walter, Christian (Hrsg.), Bonner Kommentar zum Grundgesetz Ordner: Ordner 3 (Art. 5 Abs. 1 und 2, 185. Aktualisierung 2017),, Ordner 14 (Art. 69–74, 103. Aktualisierung 2003), Heidelberg 2003, 2017 (zit. als: *Bearbeiter*, in: BK-GG, Bd., Akt.).

Kaiser, Markus, Recherchieren – klassisch, online, crossmedial, Wiesbaden 2015 (zit. als: *Kaiser*, Recherchieren, 2015).

Kastl, Graziana, Algorithmen – Fluch oder Segen?, Gewerblicher Rechtsschutz und Urheberrecht 2015, S. 136–141 (zit. als: *Kastl*, GRUR 2015, S. 136).

Kastl, Graziana, Automatisierung im Internet, Baden-Baden 2016 (zit. als: *Kastl*, Automatisierung im Internet, 2016).

Kersten, Jens, in: *Bumke, Christian/Röthel, Anne* (Hrsg.), Autonomie im Recht, Tübingen 2017, S. 315–352 (zit. als: *Kersten*, in: Bumke/Röthel (Hrsg.), Autonomie im Recht, 2017).

Kiefer, Marie-Luise, Journalismus und Medien als Institution, Konstanz 2010 (zit. als: *Kiefer*, Medien als Institution, 2010).

Kind, Sonja/Bovenschulte, Marc/Ehrenberg-Silies, Simone/Jetzke, Tobias/Weide, Sebastian, Social Bots – Thesenpapier des Büros für Technikfolgenabschätzung beim Deutschen Bundestag, Januar 2017 (zit. als: *Kind* et al., Thesenpapier Social-Bots, 2017).

Klein, Hans H., Die Rundfunkfreiheit, München 1978 (zit. als: *Klein*, Die Rundfunkfreiheit, 1978).

Kloepfer, Michael, „Innere Pressefreiheit" und Tendenzschutz im Lichte des Artikels 10 der Europäischen Konvention zum Schutze der Menschenrechte und Grundfreiheiten, Berlin 1996 (zit. als: *Kloepfer*, „Innere Pressefreiheit" und Tendenzschutz, 1996).

Kloepfer, Michael, Datenschutz in Redaktionen, AfP – Zeitschrift für das gesamte Medienrecht 2005, S. 118–127 (zit. als: *Kloepfer*, AfP 2005, S. 118).

Kloepfer, Michael, Grundrechte als Entstehungssicherung und Bestandsschutz, München 1970 (zit. als: *Kloepfer*, Grundrechte als Entstehungssicherung und Bestandsschutz, 1970).

Kloepfer, Michael, Handeln unter Unsicherheit im Umweltstaat, in: *Geth-mann, Carl-Friedrich/Kloepfer, Michael* (Hrsg.), Handeln unter Risiko im Umweltstaat, Berlin u. a. 1993, S. 55–98 (zit. als: *Kloepfer*, in: Geth-mann/Kloepfer (Hrsg.), Handeln unter Risiko im Umweltstaat, 1993, S. 55).

Kloepfer, Michael, Informationsrecht, München 2002 (zit. als: *Kloepfer*, In-formationsrecht, 2002).

Kloepfer, Michael, Verfassungsrecht, Band 2 – Grundrechte, München 2010 (zit. als: *Kloepfer*, Verfassungsrecht, Bd. 2, 2010).

Kloepfer, Michael/Lewinski, Kai von, Das Informationsfreiheitsgesetz des Bundes, Deutsches Verwaltungsblatt 2005, S. 1277–1288 (zit. als: *Kloepfer/*v. *Lewinski*, DVBl. 2005, S. 1277).

Kluth, Winfried/Schulz, Wolfgang, Konvergenz und regulatorische Folgen – Gutachten im Auftrag der Rundfunkkommission der Länder, Hamburg 2014 (zit. als: *Kluth/Schulz*, Konvergenz und regulatorische Folgen, 2014).

Knobloch-Westerwick, Silvia, Kognitive Dissonanz „Revisited", Publizistik 2007, S. 51–62 (zit. als: *Knobloch-Westerwick*, Publizistik 2007, S. 51).

Köhler, Helmut, Die Problematik automatisierter Rechtsvorgänge, insbesondere von Willenserklärungen, Archiv für die civilistische Praxis 182. Jahrgang, 1982, S. 126–171 (zit. als: *Köhler*, AcP 182 (1982), S. 126).

Köhler, Reimar, Der urheberrechtliche Schutz der Rechenprogramme, München 1968 (zit. als: *Köhler*, Der urheberrechtliche Schutz der Rechenprogramme, 1968).

König, Michael, Das Computerprogramm im Recht, Köln 1991 (zit. als: *König*, Das Computerprogramm im Recht, 1991).

Kohler, Josef, Urheberrecht an Schriftwerken und Verlagsrecht, Aalen 1980 (zit. als: *Kohler*, Urheberrecht und Verlagsrecht, 1980).

Kopp, Ferdinand (Begr.), *Raumsauer, Ulrich* (Hrsg.), Verwaltungsverfahrensgesetz, 19. Auflage, München 2018 (zit. als: *Bearbeiter*, in: Kopp/Ramsauer, VwVfG, 19. Aufl. 2018).

Koreng, Ansgar, Zensur im Internet, Baden-Baden 2010 (zit. als: *Koreng*, Zensur im Internet, 2010).

Koroch, Stefan, Das Leistungsschutzrecht für Presseverleger – Legitimation, Konzeption und Reflektion der §§ 87f bis 87h UrhG, Tübingen 2016 (*Koroch*, Das Leistungsschutzrecht für Presseverleger, 2016).

Korte, Benjamin, Das Recht auf Gegendarstellung im Wandel, Baden-Baden 2002 (zit. als: *Korte, B.*, Das Recht auf Gegendarstellung im Wandel, 2002).

Korte, Benjamin, Praxis des Presserechts, München 2014 (zit. als: *Korte, B.*, Praxis des Presserechts, 2014).

Korte, Stefan, Die dienende Funktion der Rundfunkfreiheit in Zeiten medialer Konvergenz, Archiv des öffentlichen Rechts, 139. Jahrgang, 2014, S. 384–419 (zit. als: *Korte*, AöR 139 (2014), S. 384).

Kraft, Ingo, Der Grundsatz der Verhältnismäßigkeit im deutschen Rechtsverständnis, Bayerische Verwaltungsblätter 2007, S. 577–581 (*Kraft*, Bay VBl. 2007, S. 577).

Kraßer, Rudolf/Ann, Christoph, Patentrecht – Lehrbuch zum deutschen und europäischen Patentrecht und Gebrauchsmusterrecht, 7. Auflage, München 2016 (zit. als: *Kraßer/Ann*, Patentrecht, 7. Aufl. 2016).

Krekel, Jan F., Die digitale Datenbank – Aktuelle Probleme im Recht des Datenbankherstellers, Wettbewerb in Recht und Praxis 2011, S. 436–443 (zit. als: *Krekel*, WRP 2011, S. 436).

Kriesel, Kathrin-Lena, Einheitlicher europäischer Werkbegriff und Herabsenkung der Anforderungen an die Gestaltungshöhe bei Werken der angewandten Kunst, Frankfurt a. M. u. a. 2014 (zit. als: *Kriesel*, Einheitlicher europäischer Werkbegriff, 2014).

Krisor-Wietfeld, Katharina, Rahmenbedingungen der Grundrechtsausübung – insbesondere zu öffentlichen Foren als Rahmenbedingung der Versammlungsfreiheit, Tübingen 2016 (*Krisor-Wietfeld*, Rahmenbedingungen der Grundrechtsausübung, 2016).

Krizhevsky, Alex/Sutskever, Ilja/Hinton, Geoffrey E., ImageNet Classification with Deep Convolutional Neural Networks, Advances in Neural Information Processing Systems 25–26th Annual Conference on Neural Information Processing Systems, 2012, S. 1–9 (zit. als: *Krizhevsky*, et al., Advances in Neural Information Processing Systems 25 (2012)).

Krzywicki, Thomas, Crossmediale Zusammenschlüsse als Sonderform der Konzentration im Medienbereich, Baden-Baden 2014 (zit. als: *Krzywicki*, Crossmediale Zusammenschlüsse, 2014).

Kübler, Friedrich, Gegendarstellung und Grundgesetz – Überlegungen zu Umfang und Grenzen der legislatorischen Regelungsbefugnisse im Erwiderungsrecht, AfP – Zeitschrift für das gesamte Medienrechtliche 1995, S. 629–635 (zit. als: *Kübler*, AfP 1995, S. 629).

Kübler, Friedrich, Medien, Menschenrechte und Demokratie, Heidelberg 2008 (zit. als: *Kübler*, Medien, Menschenrechte und Demokratie, 2008).

Kühling, Jürgen/Buchner, Benedikt (Hrsg.), Datenschutz-Grundverordnung, Bundesdatenschutzgesetz – DS-GVO/BDSG, 2. Auflage, München 2018 (zit. als: *Bearbeiter*, in: Kühling/Buchner (Hrsg.), DSGVO, 2. Aufl. 2018).

Kummer, Max, Das urheberrechtlich schützbare Werk, Bern 1968 (zit. als: *Kummer*, Das urheberrechtlich schützbare Werk, 1968).

Ladeur, Karl-Heinz, Helmut Ridders Konzeption der Meinungs- und Pressefreiheit in der Demokratie, Kritische Justiz 1999, S. 281–294 (zit. als: *Ladeur*, KJ 1999, S. 281).

Ladeur, Karl-Heinz, Terrestrische Übertragungsformen für digitales Fernse-hen und Hörfunk (DVB-T und DAB-T) – Rechtliche Probleme der Projekt-gestaltung, Multimedia und Recht 1999, S. 266–272 (zit. als: *Ladeur*, MMR 1999, S. 266).

Lang, Elisabeth, Die Haftung für Fehler in Druckwerken, München 1982 (zit. als: *Lang*, Die Haftung für Fehler in Druckwerken, 1982).

Lareau, Francois/Dras, Marc/Dale, Robert, Detecting Interesting Event Sequences for Sports Reporting, in: *Gardent, Claire/Striegnitz, Kristina* (Hrsg.), Proceedings of the 13th European Workshop on Natural Language Generation (NLG), Nancy 2011, S. 200–205 (zit. als: *Lareau* et al., in: Gardent/Striegnitz (Hrsg.), Proceedings of the 13th European Workshop on NLG, 2011, S. 200).

Larenz, Karl, Methodenlehre der Rechtswissenschaft, 6. Auflage, Berlin u. a. 1991 (zit. als: *Larenz*, Die Methodenlehre des Rechtswissenschaft, 6. Aufl. 1991).

Latzer, Michael/Hollnbuchner, Katharina/Just, Natascha/Saurwein, Florian, The economics of algorithmic selection on the Internet, in: *Bauer, Johannes M./Latzer, Michael* (Hrsg.), Handbook on the Economics of the Internet, Cheltenham 2016, S. 395–425 (zit. als: *Latzer* et al., in: Bauer/Latzer (Hrsg.), Handbook on the Economics of the Internet, 2016, S. 395).

Lehmann, Michael (Hrsg.), Rechtsschutz und Verwertung von Computerprogrammen – Urheberrecht, Patentrecht, Warenzeichenrecht, Wettbewerbsrecht, Kartellrecht, Vertrags- und Prozessrecht, Produzentenhaftung, 2. Auflage, Köln 1993 (zit. als: *Bearbeiter*, in: Lehmann (Hrsg.), Rechtsschutz und Verwertung von Computerprogrammen, 2. Aufl. 1993).

Lehrke, Anne, Pluralismus in den Medien – Verfassungsrechtliche Aspekte von Meinungsbildungsrelevanz als medienübergreifendem Kriterium der Vielfaltsregulierung, Hamburg 2006 (zit. als: *Lehrke*, Pluralismus in den Medien, 2006).

Leistner, Matthias, „Last exit" withdrawal? – Die Zukunft des Europäischen Datenbankschutzes nach der EuGH-Entscheidung in Sachen BHB v. Hill und dem Evaluierungsbericht der Kommission, Kommunikation & Recht 2007, S. 457–465 (zit. als: *Leistner*, K&R 2007, S. 457).

Leistner, Matthias, Der europäische Werkbegriff, Zeitschrift für Geistiges Ei-gentum/Intellectual Property Journal 2013, S. 4–45 (zit. als: *Leistner*, ZGE/IPJ 2013, S. 4).

Leistner, Matthias, Der neue Rechtsschutz des Datenbankherstellers, Ge-werblicher Rechtsschutz und Urheberrecht, Internationaler Teil, S. 819–839 (zit. als: GRUR Int. 1999, S. 819).

Leistner, Matthias, Der Rechtsschutz von Datenbanken im deutschen und eu-ropäischen Recht – Eine Untersuchung zur Richtlinie 96/9/EG und zu ihrer Umsetzung in das deutsche Urheberrechtsgesetz, München, 2000 (zit. als: *Leistner*, Der Rechtsschutz von Datenbanken im deutschen und europäi-schen Recht, 2000).

Leistner, Matthias, Die „Metall auf Metall-Entscheidung" des BVerfG – Oder: Warum das Urheberrecht Gewerblicher Rechtsschutz und Urheber-recht in Karlsruhe in guten Händen ist, Gewerblicher Rechtsschutz und Urh-eberrecht 2016, S. 772–777 (zit. als: *Leistner*, GRUR 2016, S. 772).

Leistner, Matthias, Was lange währt wird gut – EuGH entscheidet zur Schutz-fähigkeit geografischer Karten als Datenbanken, Gewerblicher Rechts-schutz und Urheberrecht 2016, S. 42–44 (zit. als: *Leistner*, GRUR 2016, S. 42).

Leppänen, Leo/Munezero, Myriam/Granroth-Wilding, Mark/Toivonen, Hannu, Data-Driven News Generation for Automated Journalism, in: *Alonso, Jose M./Bugarín, Alberto/Reiter, Ehud* (Hrsg.) – Proceedings of the 10th International Natural Language Generation Conference (INLG), Stroudsburg, PA, 2017, S. 188–197 (zit. als: *Leppänen* et al., in: Alonso et al. (Hrsg.), Proceedings of the 10th International NLG-Conference, 2017, S. 188).

Lerche, Peter, Verfassungsrechtliche Aspekte der „inneren Pressefreiheit", Heidelberg 1974 (zit. als: *Lerche*, Verfassungsrechtliche Aspekte der „inneren Pressefreiheit", 1974).

Lessig, Lawrence, Code: Version 2.0, New York 2006 (zit. als: *Lessig*, Code 2.0, 2006).

Lewandowski, Dirk/Kerkmann, Friederike/Sünkler, Sebastian, Wie Nutzer im Suchprozess gelenkt werden in: *Stark, Birgit/Dörr, Dieter/Aufenanger, Stefan* (Hrsg.), Die Googleisierung der Informationssuche, Berlin 2014, S. 76–97 (zit. als: *Lewandowski* et al., in: Stark et al. (Hrsg.), Die Googleisierung der Informationssuche, 2014, S. 76).

Lewinski, Kai von (Hrsg.), Wer bezahlt, bestellt – (Un-)Abhängigkeiten der Medieninhalte von der Medienfinanzierung, Baden-Baden 2017 (zit. als: *v. Lewinski* (Hrsg.), Wer bezahlt, bestellt, 2017).

Lewinski, Kai von, Überwachung, Datenschutz und die Zukunft des Informa-tionsrechts, in: Telemedicus e. V. (Hrsg.), Überwachung und Recht, Berlin 2014, S. 1–30 (zit. als: *v. Lewinski*, in: Telemedicus e. V. (Hrsg.), Überwa-chung und Recht, 2014, S. 1).

Lewinski, Kai von, Veröffentlichungspflichten als proaktives Handeln zur Verwertung, in: *Dreier, Thomas/Fischer, Veronika/Raay, Anne van/Spiec-ker gen. Döhmann, Indra* (Hrsg.), Informationen der öffentlichen Hand – Zugang und Nutzung, Baden Baden 2016, S. 437–458, (zit. als: *v. Lewinski*, in: Dreier et al., Informationen der öffentlichen Hand, 2016, S. 437).

Lewinski, Kai von/Lindeiner, Fabian von, Rechtsfragen der deutschen Fuß-ball-Länderspielbilanz, Sport und Recht 2006, S. 147–152 (zit. als: *v. Lewinski/v. Lindeiner*, SpuRt 2006, S. 147).

Liesching, Marc, Zur Gesetzgebungskompetenz der Bundesländer für den Bereich „Jugendschutz in Rundfunk und Telemedien", Zeitschrift für das Urheber- und Medienrecht 2002, S. 868–875 (zit. als: *Liesching*, ZUM 2002, S. 868).

Liesching, Marc, Immersiver Journalismus – Jugendschutzregulierung de lege lata und de lege ferenda, in: *Lewinski, Kai von* (Hrsg.), Immersiver Jour-nalismus – Technik, Wirkung, Regulierung, Bielefeld 2018, S. 163–186 (zit. als: *Liesching*, in: v. Lewinski (Hrsg.), Immersiver Journalismus, 2018, S. 163).

Lilienthal, Volker/Reineck, Dennis, „Lügenpresse" und andere Verschwörungs-theorien – Zur Bedrohung von Tendenzfreiheit und Medienvielfalt im Digitalen Journalismus, in: *Stern, Klaus/Pfeifer, Karl-Nikolaus/Hain, Karl-E.* (Hrsg.), Media Bias im Internet – Tendenzfreiheit und Vielfalt von Medien(inhalten), Köln 2016,, S. 89–105 (zit. als: *Lilienthal/Reineck*, in: Stern et al. (Hrsg.), Media Bias im Internet, 2016).

Lilienthal, Volker/Weichert, Stephan/Reineck, Dennis/Sehl, Annika/Worm, Silvia, Digitaler Journalismus, LfM-Schriftenreihe Medienforschung 74, 2. Auflage, Leipzig 2014 (zit. als: *Lilienthal* et al., Digitaler Journalismus, 2. Aufl. 2014).

Lobe, Adrian, Automatisierter Journalismus – Nehmen Roboter Journalisten den Job weg? FAZ.NET v. 17.4.2015, abrufbar unter: https://www.faz.net/aktuell/feuilleton/medien/automatisierter-journalismus-nehmen-roboter-allen-journalisten-den-job-weg-13542074.html, Abruf v. 8.12.2018 (zit. als: *Lobe*, faz.net v. 17.4.2015).

Lobigs, Frank/Neuberger, Christoph, Meinungsmacht im Internet und die Digitalstrategien von Medienunternehmen – Neue Machtverhältnisse trotz expandierender Internet-Geschäfte der traditionellen Massenmedien-Konzerne (Gutachten im Auftrag der Kommunikation zur Ermittlung der Konzentration im Medienbereich), in: Die Medienanstalten (Hrsg.), Leipzig 2018 (zit. als: *Lobigs/Neuberger*, Meinungsmacht im Internet (Gutachten im Auftrag der KEK), 2018).

Löffler, Martin (Begr.), *Sedelmeier, Klaus/Burkhardt, Emanuel* (Hrsg.), Presserecht, 6. Auflage, München 2015 (zit. als: *Bearbeiter*, in: Löffler, Presserecht, 6. Aufl. 2015).

Löffler, Martin, Die Sorgfaltspflichten der Presse und des Rundfunks, Neue Juristische Wochenzeitschrift 1965, S. 942–946 (zit. als: *Löffler*, NJW 1965, S. 942).

Lokot, Tetyana/Diakopoulos, Nicholas, News Bots, Digital Journalism 2015, S. 682–699 (zit. als *Lokot/Diakopoulos*, Digital Journalism 2015, S. 682).

Lorenz, Bernd, Die Anbieterkennzeichnung im Internet, Stuttgart u. a. 2007 (zit. als: *Lorenz*, Die Anbieterkennzeichnung im Internet, 2007).

Lorenz, Dagmar, Journalismus, Stuttgart u. a. 2002 (zit. als: *Lorenz, D.*, Journalismus, 2002).

Luhmann, Niklas, Die Realität der Massenmedien, 5. Auflage, Berlin 2017 (zit. als: *Luhmann*, Die Realität der Massmedien, 5. Aufl. 2017).

Mahmud, Jala/Zhou, Michelle X./Megiddo, Nimrod/Nichols, Jeffrey/Drews, Clemens, Recommending Targeted Strangers from Whom to Solicit Information on Social Media, 2011, abrufbar unter https://arxiv.org/ftp/arxiv/papers/1405/1405.5574.pdf, Abruf v. 26.11.2018 (zit. als: *Mahmud* et al., Recommending Targeted Strangers from Whom to Solicit Information on Social Media, 2011).

Maier, Michaela/Retzbach, Joachim/Glogger, Isabella/Stenge, Karin, Nachrichtenwerttheorie, Baden-Baden 2010 (zit. als: *Maier* et al., Nachrichtenwerttheorie, 2010).

Mangoldt, Hermann von (Begr.), *Klein, Friedrich/Starck, Christian, Huber, Michael/Voßkuhle, Andreas* (Hrsg.), Kommentar zum Grundgesetz, Band 1, Präambel, Artikel 1–19, 7. Auflage, München 2018 (zit. als: *Bearbeiter*, in: v. Mangoldt/Klein/Starck, GG, Bd. 1, 7. Aufl. 2018).

Mann, Roger/Smid, Jörg, Pressevertriebsrecht, Köln 2008 (*Autor*, in: Mann/Damm, Pressevertriebsrecht, 2008).

Mantz, Reto, Rechtsfragen offener Netze, Karlsruhe 2007 (zit. als: *Mantz*, Rechtsfragen offener Netze, 2007).

Marly, Jochen, Praxishandbuch Softwarerecht, 7. Auflage, München 2018 (zit. als: *Marly*, PK-Softwarerecht, 7. Aufl. 2018).

Marsiske, Hans-Arthur, Schreib-Maschinen – Automatische Textgeneratoren verändern den Journalismus, c't 25 (2012), S. 72–75 (zit. als: *Marsiske*, c't 2012, S. 72).

Martini, Mario, Algorithmen als Herausforderung für die Rechtsordnung, Juristenzeitung 2017, S. 1017–1072 (zit. als: *Martini*, JZ 2017, S. 1017).

Martini, Mario, Blackbox Algorithmus – Grundfragen einer Regulierung Künstlicher Intelligenz, Berlin 2019 (zit. als: *Martini*, Blackbox Algorithmus, 2019.
Martini, Mario/Nink, David, Subsumtionsautomaten ante portas? – Zu den Grenzen der Automatisierung in verwaltungsrechtlichen (Rechtsbehelfs-) Verfahren, DVBl. 2018, S. 1128–1138 (*Martini/Nink*, DVBl. 2018, S. 1128).

Mast, Tobias, Anmerkung zu ThürVerfGH, Urt. v. 8.6.2016, Kommunikation & Recht 2016, S. 542–543 (zit. als *Mast*, K&R 2016, S. 542).

Matthias, Andreas, Automaten als Träger von Rechten, Berlin 2008 (zit. als: *Matthias*, Automaten als Träger von Rechten, 2008).

Maunz, Theodor/Dürig, Günter (Begr.), *Herdegen, Matthias/Klein, Hans* (Hrsg.), Grundgesetz, Loseblatt-Kommentar, Bände: Band I (84. Ergänzungslieferung 2018), Band VI. (60. Ergänzungslieferung 2010), München 2010, 2018 (zit. als: *Bearbeiter*, in: Maunz/Dürig, GG-Kommentar, Bd., Lfg., Jahr).

Matzat, Lorenz, Visualisierungen & Daten zur Bundestagswahl 2013, datenjournalist.de v. 29.9.2013, abrufbar unter: https://www.datenjournalist.de/visualisierungen-daten-zur-bundestagswahl-2013/, Abruf v. 25.12.2018, zit. als: *Lorenz*, datenjournalist.de v. 29.9.2013).

McCutcheon, Jani, The Vanashing Author in Computer-Generated Works, Melbourne University Law Review, 2013, S. 917–966 (zit. als: *McCutcheon*, Melbourne University Law Review 2013, S. 917).

Mende, Tina, „Softwarepatente“ – Patentschutzfähigkeit computerprogrammgestützter Erfindungen, Berlin 2014 (zit. als: *Mende*, Softwarepatente, 2014).

Mengden, Martin, Zugangsfreiheit und Aufmerksamkeitsregulierung – Zur Reichweite des Gebots der Gewährleistung freier Meinungsbildung am Beispiel algorithmengestützer Zugangsdienste im Internet, Tübingen 2018 (zit. als: *Mengden*, Zugangsfreiheit und Aufmerksamkeitsregulierung, 2018).

Merten, Detlef/Papier, Hans-Jürgen (Hrsg.), Handbuch der Grundrechte in Deutschland und Europa, Band 2, Heidelberg 2006 (zit. als: *Bearbeiter*, in: Merten/Papier (Hrsg.), HGR, Bd. 2, 2006).

Metzger, Axel, Rechtsfortbildung im Richtlinienrecht – Zur judikativen Rechtsangleichung durch den EuGH im Urheberrecht, Zeitschrift für Europäisches Privatrecht 2017, S. 836–862 (zit. als: *Metzger*, ZEuP 2017, S. 836).

Meyer, Justus, Produkthaftung für Verlagserzeugnisse, Zeitschrift für Wirtschaftsrecht 1991, S. 1393–1405 (zit. als: *Meyer*, ZIP 1991, S. 1393).

Milker, Jens, Social-Bots im Meinungskampfs, Zeitschrift für Urheber und Medienrecht 2017, S. 216–222 (zit. als: *Milker*, ZUM 2017, S. 216).

Milstein, Alexander/Lippold, Matthias, Suchmaschinenergebnisse im Lichte der Meinungsfreiheit der nationalen und europäischen Grund- und Menschenrechte, Neue Zeitschrift für Verwaltungsrecht 2013, S. 182–187 (zit. als: *Milstein/Lippold*, NVwZ 2013, S. 182).

Mittelstadt, Brent Daniel/Allo, Patrick/Taddeo, Mariarosaria/Wachter, Sandra/Florid, Luciano, The ethics of Algorithms, BIG Data & Society, July–December 2016, S. 1–21 (zit. als: *Mittelstadt* et al., BIG Data & Society 2016, S. 1).

Möhring, Können technische, insbesondere Computer-Erzeugnisse Werke der Literatur, Musik oder Malerei sein? Archiv für Medienrecht und Medienwissenschaft, 50. Jahrgang, 1967, S. 835–843 (zit. als: *Möhring*, UFITA 50 (1967), S. 835).

Möllers, Christoph, Pressefreiheit im Internet, AfP – Zeitschrift für das gesamte Medienrecht 2008, S. 241–251 (zit. als: *Möllers*, AfP 2008, S. 241).

Möllers, Christoph, Staatsfreiheit – Zu Grenzen eines spannungsreichen Rechtsbegriffs im Medienrecht, AfP – Zeitschrift für das gesamte Medien-recht 2013, S. 457–463 (zit. als: *Möllers*, AfP 2013, S. 457).

Montazeri, Danial/Kolbinger, Otto, Die Vermessung der Bundesliga, Spiegel-Online v. 16.8.2017, abrufbar unter: http://www.spiegel.de/sport/fussball/bundesliga-spielernoten-spix-und-spon11-die-vermessung-der-bundesliga-a-1160253.html, Abruf v. 10.12.2018 (zit. als: *Matazeri/Kolbinger*, spiegel-online v. 16.8.2017).

Müller, Michael, Konzentrationskontrolle zur Sicherung der Rundfunkfreiheit, München 2004 (zit. als: *Müller*, Konzentrationskontrolle zur Sicherung der Informationsfreiheit, 2004).

Müller-Hengstenberg, Claus D./Kirn, Stefan, Intelligente (Software-)Agenten – Eine neue Herausforderung unseres Rechtssystems – Rechtliche Konsequenzen der „Verselbst-ständigung“ technischer Systeme, Multimedia und Recht 2014, S. 307–313 (zit. als: *Müller-Hengstenberg/Kirn*, MMR 2014, S. 307).

Müller-Terpitz, Ralf, Einbindung von Intermediären in das medienrechtliche System der Vielfaltssicherung, AfP – Zeitschrift für das gesamte Medienrecht 2017, S. 380–384 (zit. als: *Müller-Terpitz*, AfP 2017, S. 380).

Münch, Ingo von (Begr.), *Kunig, Philip* (Hrsg.), Grundgesetz-Kommentar, Band 1, 6. Auflage, München 2012 (zit. als: *Bearbeiter*, in: v. Münch/Kunig, GG-Kommentar, Bd. 1, 6. Aufl. 2012).

Munson, Sean A./Resnick, Paul, Presenting Diverse Political Opinion, in: Proceedings of the SIGCHI-Conference on Human Factors in Computing Systems, Atlanta 2010, S. 1457–1466 (zit. als: *Munson/Resnick*, CHI 2010, S. 1457).

Münster, Johannes, Medienökonomische Perspektiven, in: *Stern, Klaus/Pfeifer, Karl-Nikolaus/Hain, Karl-E.* (Hrsg.), Media Bias im Internet – Tendenzfreiheit und Vielfalt von Medien(inhalten), Köln 2016, S. 65–83 (zit. als: *Münster*, in: Stern et al. (Hrsg.), Media Bias im Internet, 2016, S. 65).

Müntinga, Maren, Die journalistischen Wahrheits- und Sorgfaltspflichten und die Möglichkeit ihrer Durchsetzung – Eine Untersuchung anhand der Landesmediengesetze, Baden-Baden 1999 (zit. als: *Müntinga*, Die journalistischen Wahrheits- und Sorgfaltspflichten, 1999).

Napoli, Philip M., Automated Media – An Institutional Theory Perspective on Algorithmic Media Production and Consumption, Communication Theory 2014, S. 340–360 (zit. als: *Napoli*, Communication Theory 2014, S. 340).

Neolle-Neumann, Elisabeth, Öffentlichkeit als Bedrohung, 2. Aufl. Freiburg u. a. 1979 (zit. als: *Neolle-Neumann*, Öffentlichkeit als Bedrohung, 2. Aufl. 1979).

Nesterenko, Liubov, Building a System for Stock News Generation in Russian, in: *Gardent, Claire/Gangemi, Aldo* (Hrsg.) Proceedings of the 2nd International WebNLG, Edinburgh 2016, S. 37–40 (zit. als: *Nesterenko*, in: Gardent/Gangemi (Hrsg.) Proceedings of the 2nd International WebNLG, 2016, S. 37).

Neuberger, Christoph/Lobigs, Frank, Die Bedeutung des Internets im Rahmen der Vielfaltssicherung (Gutachten im Auftrag der Kommission zur Ermittlung der Konzentration im Medienbereich (KEK), in: Arbeitsgemeinschaft der Landesmedienanstalten in der Bundesrepublik Deutschland (Hrsg.), Berlin 2010 (zit. als: *Neuberger/Lobigs*, Die Bedeutung des Internets im Rahmen der Vielfaltssicherung (Gutachten im Auftrag der KEK), 2010).

Neuhaus, Stephan, Sekundäre Haftung im Lauterkeits- und Immaterialgüterrecht – Dogmatische Grundlagen und Leitlinien zur Ermittlung von Prüfungspflichten, Tübingen 2011 (zit. als: *Neuhaus*, Sekundäre Haftung, 2011).

Neumann, Conrad, Zugang zu Geodaten – Neue Impulse für das Informationsverwaltungsrecht durch die INSPIRE-Richtlinie, Berlin 2014 (zit. als: *Neumann*, Zugang zu Geodaten, 2014).

Never, Henning, Meinungsfreiheit, Wettbewerb und Marktversagen im Rundfunk – Eine ökonomische Kritik der verfassungsrechtlich geforderten positiven Rundfunkordnung, Baden-Baden 2002 (zit. als: *Never*, Meinungsfreiheit und Wettbewerb, 2002).

Niesmann, Andreas, Der digitale Reporter, handelsblatt.com v. 24.8.2010, abrufbar unter http://www.handelsblatt.com/technik/it-internet/stats-monkey-der-digitale-reporter/3522532.html, Abruf v. 6.11.2017 (zit. als: *Niesmann*, handelsblatt.com v. 24.8.2010).

Nowroth, Maximilian, Packing – Das steckt hinter der statistischen Analyse der Fußball-EM, wiwo.de v. 14. Juni 2016 (zit. als: *Nowroth*, wiwo.de v. 14.06. 2016).

Oberth, Matthias, „Roboter-Journalismus“: Automatisierte Meldungen nehmen zu, nordbayern.de v. 11.3.2019, abrufbar unter https://www.nordbayern.de/politik/roboter-journalismus-automatisierte-meldungen-nehmen-zu-1.8686435, Abruf v. 19.4.2019 (zit. als: *Oberth*, nordbayern.de v. 11.3.2019).

Ohly, Ansgar, Der weite Täterbegriff des EuGH in den Urteilen „GS Media“, „Filmspeler“ und „The Pirate Bay“ – Abenddämmerung für die Störerhaftung?, Zeitschrift für Urheber- und Medienrecht 2017, S. 793–802 (zit. als: *Ohly*, ZUM 2017, S. 793).

Ohly, Ansgar, Urheberrecht als Wirtschaftsrecht, in: *Depenheuer, Otto/Pei-fer, Karl-Nikolaus* (Hrsg.), Geistiges Eigentum: Schutzrecht oder Ausbeu-tungstitel? – Zustand und Entwicklungen im Zeitalter von Digitalisierung und Globalisierung, Wiesbaden 2008 (zit. als: *Ohly*, in: Depenheuer/Peifer (Hrsg.), Geistiges Eigentum, 2008).

Ohst, Claudia, Computerprogramm und Datenbank – Definition und Abgrenzung im Urheberrecht, Frankfurt a. M. u. a. 2003 (zit. als: *Ohst*, Computerprogramm und Datenbank, 2003).

Oppong, Marvin, Investigatives Arbeiten mit Daten – Journalistische Innenansicht zu den Möglichkeiten, Anforderungen und ethischen Implikationen im Bereich CAR, Communicatio Socialis 2015, S. 58–64 (zit. als: *Oppong*, Communicatio Socialis 2015, S. 58).

Paal, Boris, P., Intermediäre – Regulierung und Vielfaltssicherung, Rechtsgutachten im Auftrag der Landesanstalt für Medien Nordrhein-Westfalen (LfM), 2018 (zit. als: *Paal*, Intermediäre (Rechtsgutachten für die LfM Nordrhein-Westfalen), 2018).

Pariser, Eli, Filter Bubble – Wie wir im Internet entmündigt werden, aus dem Amerikanischen von Ursula Held, 1. Auflage, München 2012 (zit. als: *Pariser*, Filter Bubble, 1. Aufl. 2012).

Paschke, Anne, Digitale Gerichtsöffentlichkeit – Informationstechnische Maßnahmen, rechtliche Grenzen und gesellschaftliche Aspekte der Öffentlichkeitsgewähr in der Justiz, Berlin 2018 (zit. als: *Paschke, A.*, Digitale Gerichtsöffentlichkeit, 2018).

Paschke, Marian/Berlit, Wolfgang/Meyer, Claus (Hrsg.), Hamburger Kommentar zum Gesamten Medienrecht, 3. Auflage, Hamburg 2016 (zit. als: *Bearbeiter*, in: Paschke et al., Gesamtes Medienrecht, 3. Aufl. 2016).

Paulus, Andreas/Nölscher, Patrick, Rundfunkbegriff und Staatsferne im Konvergenzzeitalter, Zeitschrift für Urheber- und Medienrecht 2017, S. 177–186 (zit. als: *Paulus/Nölscher*, ZUM 2017, S. 177).

Peifer, Karl-Nikolaus, Beseitigungsansprüche im Äußerungsrecht – Ausweitung der Pflichten des Erstverbreiters (zugleich Besprechung von BGH, Urt. v. 28.7.2015 – VI ZR 340/14, NJW 2016, 56), Neue Juristische Wochenzeitschrift 2016, S. 23–25 (zit. als: *Peifer*, NJW 2016, S. 23).

Peifer, Karl-Nikolaus, Individualität im Zivilrecht – Der Schutz persönlicher, gegenständlicher und wettbewerblicher Individualität im Persönlichkeitsrecht, Immaterialgüterrecht und Recht der Unternehmen, Tübingen 2000 (zit. als: *Peifer*, Individualität im Zivilrecht, 2001).

Peifer, Karl-Nikolaus, Kleine Münze oder Snippets? – Der urheberrechtliche Werkbegriff und das Leistungsschutzrecht, AfP – Zeitschrift für das gesamte Medienrecht 2015, S. 6–11 (zit. als: *Peifer*, AfP 2015, S. 6).

Peifer, Karl-Nikolaus, Presserecht im Internet, in: *Gundel, Jörg/Heermann, Peter W./Leible, Stefan* (Hrsg.), Konvergenz der Medien, Jena 2009, S. 47–59 (zit. als: *Peifer*, in: Gundel et al. (Hrsg.), Konvergenz der Medien, 2009, S. 47).

Peters, Butz, Die publizistische Sorgfalt, Neue juristische Wochenzeitschrift 1997, S. 1334–1340 (*Peters*, NJW 1997, S. 1334).

Petersen, Jens, Der Schutz von Minderheiten als Schranke der Meinungsäußerungsfreiheit, Archiv des Völkerrechts, 55. Jahrgang, 2017, S. 98–114 (zit. als: *Petersen*, Archiv des Völkerrechts 55 (2017)).

Picker, Eduard, Deliktsrechtlicher Eigentumsschutz bei Störungen der Sach-Umwelt-Beziehung, Juristenzeitung 2010, S. 541–553 (zit. als: *Picker*, JZ 2010, S. 541).

Pille, Jens-Ulrich, Die Meinungsmacht Sozialer Netzwerke, Baden-Baden 2016 (zit. als: *Pille*, Die Meinungsmacht Sozialer Netzwerke, 2016).

Piras, Gabriella, Virtuelles Hausrecht? – Kritik am Versuch der Beschränkung der Internet-freiheit, Tübingen 2016 (zit. als: *Piras*, Virtuelles Hausrecht?, 2016).

Preuß, Inge N., Der Rechtsschutz von Computerprogrammen, Zürich 1988 (zit. als: *Preuß*, Der Rechtsschutz von Computerprogrammen, 1988).

Prinz, Matthias/Peters, Butz, Medienrecht – Die zivilrechtlichen Ansprüche, München 1999 (zit. als: *Prinz*/Peters, Medienrecht, 1999).

Rahvar, Zahra, Die Zukunft des deutschen Presserechts im Lichte konvergierender Medien, Baden-Baden 2011 (zit. als: *Rahvar*, Konvergentes Presserecht, 2011).

Rau, Gerhard, Antikunst und Urheberrecht, Berlin 1978 (zit. als: *Rau*, Antikunst und Urheberrecht, 1978).

Raue, Benjamin, Haftung für unsichere Software, Neue Juristische Wochenzeitschrift 2017, S. 1841–1846 (zit. als: *Raue*, NJW 2017, S. 1841).

Rehbinder, Manfred, Nachrichten als Sprachwerke, Zeitschrift für Urheber- und Medienrecht 2000, S. 1–5 (zit. als: *Rehbinder*, ZUM 2000, S. 1).

Rehbinder, Manfred/Peukert, Alexander, Urheberrecht, 17. Auflage 2015 (zit. als: *Rehbinder/Peukert*, Urheberrecht, 17. Aufl. 2015).

Reimer, Franz, Verfassungsprinzipien – Ein Normtyp im Grundgesetz, Berlin 2000 (zit. als: *Reimer*, Verfassungsprinzipien, 2000).

Reinhardt, Jörn, Konturen des europäischen Datenschutzgrundrechts – Zu Gehalt und horizontaler Wirkung von Art. 8 GRCh, Archiv des öffentlichen Rechts, 142. Jahrgang, 2017 (zit. als: *Reinhardt*, AöR 142 (2017), S. 528).

Reinholz, Fabian, Planspiel: Urheberrechtsschutz für den Bundesligaspielplan? Gewerblicher Rechtsschutz und Urheberrecht, Praxis im Immaterialgüter- und Wettbewerbsrecht 2011, S. 438–440 (*Reinholz*, GRUR-Prax 2011, S. 438).

Reiter, Ehud/Dale, Robert, Building Applied Natural Language Generation Systems, Journal of Natural Language Engineering 1997, S. 57–87 (zit. als: *Reiter/Dale*, Journal of Natural Language Engineering 1997, S. 57).

Reiter, Ehud/Dale, Robert, Building Natural Language Generation Systems, Cambridge u. a. 2000 (*Reiter/Dale*, Building NLG-Systems, 2000).

Ress, Georg/Bröhmer, Jürgen, Europäische Gemeinschaft- und Medienvielfalt – Die Kompetenzen der Europäischen Gemeinschaft zur Sicherung des Pluralismus im Medienbereich., Frankfurt a. M. 1998 (zit. als: *Ress/Bröhmer*, Europäische Gemeinschaft, 1998).

Rhode, Lars, Publizistische Sorgfalt und redaktionelle Rechtspflichten – Eine Inhalts- und Strukturanalyse unter Einbezug der neuen Medien, München 2004 (zit. als: *Rhode*, Publizistische Sorgfalt und redaktionelle Rechtspflichten, 2004).

Ricker, Reinhart, Unternehmensschutz und Pressefreiheit, Frankfurt a. M. 1989 (zit. als: *Ricker*, Unternehmensschutz und Pressefreiheit, 1989).

Ricker, Reinhart/Müller-Malm, Friedrich, Auswirkungen des zukünftigen Produkthaftungsgesetzes für Presseverlage, AfP – Zeitschrift für das gesamte Medienrecht 1989, S. 505–510 (zit. als: *Ricker/Müller-Malm*, AfP 1989, S. 505).

Ricker, Reinhart/Weberling, Johannes, Handbuch des Presserechts, 6. Auf-lage, München 2012 (zit. als: *Bearbeiter*, in: Handbuch des Presserechts, 6. Aufl. 2012).

Rieger, Felicitas, Ein Leistungsschutzrecht für Presseverleger, Baden-Baden 2013 (zit. als: *Rieger*, Ein Leistungsschutzrecht für Presseverleger, 2013).

Rieger, Sören, Der rechtliche Schutz wissenschaftlicher Datenbanken, Tübingen 2010 (zit. als: *Rieger, S.*, Der rechtliche Schutz wissenschaftlicher Datenbanken, 2010).

Ritlewski, Kristoff, Pluralismus als Strukturprinzip im Rundfunk – Anforderungen aus dem Funktionsauftrag und Regelungen zur Sicherung in Deutschland und Polen, Frankfurt a. M. u. a. 2009 (zit. als: *Ritlewski*, Pluralismus als Strukturprinzip, 2009).

Roder, Verena, Die Methodik des EuGH im Urheberrecht – Die autonome Auslegung des Gerichtshofs der Europäischen Union im Spannungsverhältnis zum nationalen Recht, Tübingen 2016 (zit. als: *Roder*, Die Methodik des EuGH im Urheberrecht, 2016).

Röhl, Christoph, Der „gläserne" Sportler – Spielstatistiken und das Urheberrecht, Zeitschrift für Sport und Recht 2012, S. 137–140 (zit. als: *Röhl*, SpuRt 2012, S. 137).

Röhl, Christoph, Schutzrechte an Fußballspielplänen – Endgültige Absage durch den EuGH? Zeitschrift für Sport und Recht 2012, S. 90–93 (zit. als: *Röhl*, SpuRt 2012, S. 90).

Rossen, Helge, Freie Meinungsbildung durch den Rundfunk – Die Rundfunkfreiheit im Gewährleistungsgefüge des Art. 5 Abs. 1 GG, Baden-Baden 1988 (zit. als: *Rossen*, Freie Meinungsbildung durch den Rundfunk, 1988).

Rossi, Matthias, Staatliche Daten als Informationsrohstoff, Neue Zeitschrift für Verwaltungsrecht 2013, S. 1263–1267 (*Rossi*, NVwZ 2013, S. 1263).

Roßnagel, Alexander (Hrsg.), Recht der Multimediadienste, 7. Auflage, München 2005 (zit. als: *Bearbeiter*, in: Recht der Mulitmediadienste, 7. Aufl. 2005).

Roxin, Claus, Täterschaft und Teilnahme, 9. Auflage, Berlin u. a. 2015 (zit. als: *Roxin*, Täterschaft und Teilnahme, 9. Aufl. 2015).

Ruck, Silke, Zur Unterscheidung von Ausgestaltungs- und Schrankengesetzen im Bereich der Rundfunkfreiheit, Archiv des Öffentlichen Rechts, 117. Jahrgang, 1992, S. 543–566 (zit. als: *Ruck*, AöR 117 (1992), S. 543).

Sachs, Michael (Hrsg.), Grundgesetz – Kommentar, 8. Auflage, München 2018 (zit. als: *Bearbeiter*, in: Sachs (Hrsg), GG-Kommentar, 8. Aufl. 2018).

Säcker, Franz Jürgen/Rixecker, Roland/Oetker, Hartmut/Limperg, Christina (Hrsg.), Münchener Kommentar zum Bürgerlichen Gesetzbuch, Bände: Band 2 (Schuldrecht – Allgemeiner Teil), Band 6 (Schuldrecht – Besonderer Teil IV), 7. Auflage, München 2016 u. 2017 (zit. als: *Bearbeiter*, in: Müko-BGB, Bd., 7. Aufl., Jahr).

Samson, Benvenuto, Das urheberrechtlich geschützte Werk, Archiv für Medienrecht und Medienwissenschaft, 56. Jahrgang, 1979 (zit. als: *Samson*, UFITA 56 (1979), S. 117).

Sander, Günther M./Hollering, Jörg, Strafrechtliche Verantwortlichkeit im Zusammenhang mit automatisiertem Fahren, Neue Zeitschrift für Strafrecht 2017, S. 193–206 (*Sander/Hollering*, NStZ 2017, S. 193).

Savigny, Friedrich Carl von, System des heutigen Römischen Rechts, Zweiter Band, Berlin 1840 (zit. als: *Savigny*, System des heutigen Römischen Rechts, Bd. 2, 1840).

Schack, Haimo, Urheber- und Urhebervertragsrecht, 8. Auflage, Tübingen 2017 (zit. als: *Schack*, Urheber- und Urhebervertragsrecht, 8. Aufl. 2017).

Schack, Haimo, Urheberrechtliche Gestaltung von Webseiten unter Einsatz von Links und Frames, Multimedia und Recht 2001, S. 9–17 (zit. als: *Schack*, MMR 2001, S. 9).

Schapiro, Loe, Unterlassungsansprüche gegen die Betreiber von Internet-Auktionshäusern und Internet-Meinungsforen, Tübingen 2011 (zit. als: *Schapiro*, Unterlassungsansprüche, 2011).

Schaub, Renate, Interaktion von Mensch und Maschine – Haftungs- und immaterial-güterrechtliche Fragen bei eigenständigen Weiterentwicklungen autonomer Systeme, Juristenzeitung 2017, S. 342–349 (zit. als: *Schaub*, JZ 2017, S. 342).

Scherzberg, Arno, Risiko als Rechtsproblem, Verwaltungsarchiv, Band 84, 1993, S. 484–513 (zit. als: *Scherzberg*, VerwArch 84 (1993), S. 484).

Scherzberg, Arno, Wissen, Nichtwissen und Ungewißheit im Recht, in: *En-gel, Christoph/Halfmann, Jost/Schulte, Martin* (Hrsg.), Wissen, Nichtwis-sen, Unsicheres Wissen, Baden-Baden 2002, S. 113–144 (zit. als: *Scherz-berg*, in: Engel et al. (Hrsg.), Wissen, Nichtwissen, Unsicheres Wissen, 2002, S. 113).

Schickedanz, Willi, Das Patentierungsverbot von „mathematischen Methoden" – „Regeln und Verfahren für gedankliche Tätigkeiten und die Verwendung mathematischer Formeln im Patentanspruch, Mitteilungen der deutschen Patentanwälte 2000, S. 173–180 (zit. als: *Schickedanz*, Pat. Mitt. 2000, S. 173).

Schierbaum, Laura, Sorgfaltspflichten von professionellen Journalisten und Laienjournalisten im Internet – Zugleich ein Beitrag zur rechtlichen Einordnung einer neuen Publikationskultur, Baden-Baden 2016 (zit. als: *Schierbaum*, Sorgfaltspflichten, 2016).

Schirmer, Jan-Erik, Rechtsfähige Roboter, Juristenzeitung 2016, S. 660–666 (zit. als: *Schirmer*, JZ 2016, S. 660).

Schlüter, Oliver, Verdachtsberichterstattung – Zwischen Unschuldsvermutung und Informationsinteresse, München 2011 (zit. als: *Schlüter*, Verdachtsberichterstattung, 2011).

Schmidt, André, Virtuelles Hausrecht und Webrobots, München 2011 (zit. als: *Schmidt*, Virtuelles Hausrecht und Webrobots, 2011).

Schmidt, Jan-Hinrik/Merten, Lisa/Hasebrink, Uwe/Petrich, Isabelle/Rolfs, Amelie, Zur Relevanz von Online-Intermediären für die Meinungsbildung, Arbeitspapiere des Hans-Bredow-Instituts Nr. 40, Hamburg 2017 (zit. als: *Schmidt, J.-H.*, et al., Zur Relevanz von Online-Intermediären für die Meinungsbildung, 2017).

Schmidtmann, Karin, Die verfassungsrechtliche Einordnung konvergenter Massenmedien, Hamburg 2013 (zit. als: *Schmidtmann*, Die verfassungsrechtliche Einordnung konvergenter Massenmedien, 2013).

Schoch, Friedrich (Hrsg.), Informationsfreiheitsgesetz – IFG, 2. Auflage, München 2016 (zit. als: *Schoch*, IFG, 2. Aufl. 2016).

Schoch, Friedrich, Amtliche Publikumsinformation zwischen staatlichem Schutzauftrag und Staatshaftung, Neue Juristische Wochenzeitschrift 2012, S. 2844–2850 (zit. als: *Schoch*, NJW 2012, S. 2844).

Schoch, Friedrich, Die Schwierigkeiten des BVerfG mit der Bewältigung staatlichen Informationshandelns, Neue Zeitschrift für Verwaltungsrecht 2011, S. 193–198 (*Schoch*, NVwZ 2011).

Scholler, Heinrich, Person und Öffentlichkeit – Zum Spannungsverhältnis von Pressefreiheit und Persönlichkeitsschutz, München 1967 (*Scholler*, Person und Öffentlichkeit, 1967).

Schönbach, Klaus, Trennung von Nachricht und Meinung, Freiburg 1977 (zit. als: *Schönbach*, Trennung von Nachricht und Meinung, 1977).

Schönfelder, Christoph, Muße – Garant für unternehmerischen Erfolg, Wiesbaden 2018 (zit. als: *Schönfelder*, Muße, 2018).

Schönke, Adolf (Begr.), *Eser, Albin* (Hrsg.), Strafgesetzbuch, 30. Auflage, München 2019 (zit. als: *Bearbeiter*, in: Schönke/Schröder, StGB, 30. Aufl. 2019).

Schramm, Carl, Das allgemeine Persönlichkeitsrecht – Zum Bundesbahn-Urteil des Bundesgerichthofs, Gewerblicher Rechtsschutz und Urheberrecht 1972, S. 348–352 (zit. als: *Schramm*, GRUR 1972, S. 348).

Schricker, Gerhard (Begr.), *Loewenheim, Ulrich/Leistner, Matthias/Ohly, Ansgar* (Hrsg.), Urheberrecht, 5. Auflage, München 2017 (zit. als: *Bearbeiter*, in: Schricker/Loewenheim, UrhR, 5. Aufl. 2017).

Schuh, Frieder (Hrsg.), Enzyklopädie Naturwissenschaft und Technik, Band 1, München u. a. 1979 (zit. als: Enzyklopädie Naturwissenschaft und Technik, Bd. 1, 1979).

Schuhr, Jan C., Neudefinition tradierter Begriffe (Pseudo-Zurechnungen an Roboter), in: *Hilgendorf, Eric* (Hrsg.), Robotik im Kontext von Recht und Moral, Baden-Baden 2014, S. 13–26 (zit. als: *Schuhr*, in: Hilgendorf (Hrsg.), Robotik im Kontext von Recht und Moral, 2014, S. 13).

Schuhr, Jan C., Recht, Technik, Roboter, Rechtstheorie 46. Jahrgang, 2015, S. 225–261 (zit. als: *Schuhr*, Rechstheorie 46 (2015), S. 225).

Schuhr, Jan C., Willensfreiheit, Roboter und Auswahlaxiom, in: *Beck, Susanne* (Hrsg.), Jenseits von Mensch und Maschine – Ethische und rechtli-che Fragen zum Umgang mit Robotern, Künstlicher Intelligenz und Cy-borgs, Baden-Baden 2012, S. 43–76 (zit. als: *Schuhr*, in: Beck (Hrsg.), Jen-seits von Mensch und Maschine, 2012, S. 43).

Schulz, Thomas, Verantwortlichkeit bei autonom agierenden Systemen, Baden-Baden 2015 (zit. als: *Schulz, T.*, Verantwortlichkeit bei autonom agierenden Systemen, 2015).

Schulz, Wolfgang, Gewährleistung kommunikativer Chancengleichheit als Freiheitsverwirklichung, Baden-Baden 1998 (zit. als: *Schulz*, Gewährleistung kommunikativer Chancengleichheit, 1998).

Schulz, Wolfgang, Kommunikationsverfassung, Kommunikationsgrund-rechte, Staatsfreiheit – Staatsfreiheit als Gestaltungsprinzip, AfP – Zeit-schrift für das gesamte Medienrecht 2013, S. 464–470 (zit. als: Schulz, AfP 2013, S. 464).

Schulz, Wolfgang, Kontrolle vorherrschender Meinungsmacht – Dekonstruk-tion eines medienrechtlichen Schlüsselbegriffs, AfP – Zeitschrift für das ge-samte Medienrecht 2017, S. 373–379 (zit. als: *Schulz*, AfP 2017, S. 373).

Schulz, Wolfgang, Von der Medienfreiheit zum Grundrechtsschutz für Inter-mediäre? – Überlegungen zur Entwicklung der Gewährleistungsgehalte von Art. 5 Abs. 1 GG am Beispiel von Suchmaschinen, Computer und Recht 2008, S. 470–476 (zit. als: *Schulz*, CR 2008, S. 470).

Schulz, Wolfgang, Wie argumentiert, konstituiert und sichert man autonome Institution-en in einer Gesellschaft? – Die Regulierungsperspektive, in: Jarren, Otfried/Steininger, Christian (Hrsg.), Journalismus jenseits von Markt und Staat – Institutionentheoretische Ansätze und Konzepte in der Publizi-stik- und Kommunikationswissenschaft – Festschrift für Marie Luise Kiefer, Baden-Baden 2016, S. 205–208 (zit. als: Schulz, in: Jarren/Steininger (Hrsg.), FS Kiefer, 2016, S. 205).

Schulz, Wolfgang/Dankert, Kevin, Friedrich-Ebert-Stiftung Politische Akade-mie Medienpolitik (Hrsg.), Die Macht der Informationsintermediäre, Bonn 2016, abrufbar unter: http://library.fes.de/pdf-files/akademie/12408.pdf, Abruf v. 18.10.2018 (zit. als: *Schulz/Dankert*, Informationsintermediäre, 2016).

Schulze, Gernot, Schleichende Harmonisierung des urheberrechtlichen Werkbegriffs? – Anmerkungen zu EuGH „Infopaq/DDF“, Gewerblicher Rechtsschutz und Urheberrecht 2009, S. 1019–1022 (zit. als: *Schulze*, GRUR 2009, S. 1019).

Schweiger, Wolfgang, Der (des)informierte Bürger im Netz – Wie soziale Medien die Meinungsbildung verändern, Wiesbaden 2017 (zit. als: *Schweiger*, Der (des)informierte Bürger im Netz, 2017).

Schwencke, Ken, Earthquake aftershock: 2.7 quake strikes near Westwood, latimes.com v. 17.3.2014, abrufbar unter: www.articles.latimes.com/2014/mar/17/news/earthquake-27-quake-strikes-near-westwood-california-rdivor, Abruf v. 1.10.2015 (zit. als: *Schwencke*, latimes.com v. 17.3.2014 [Anm.: Beitrag ist von Deutschland aus seit Erlass der DSGVO nicht mehr abrufbar]).

Schwetzler, Angelika, Persönlichkeitsschutz durch Presseselbstkontrolle – Unter besonderer Berücksichtigung des Ehrenschutzes, Berlin 2004 (zit. als: *Schwetzler*, Persönlichkeitsschutz durch Presseselbstkontrolle, 2004).

Searle, John R., Die Konstruktion der gesellschaftlichen Wirklichkeit – Zur Ontologie der gesellschaftlichen Wirklichkeit, Deutsche Fassung übersetzt von Martin Suhr, Berlin 2011 (zit. als: *Searle*, Die Konstruktion der gesellschaftlichen Wirklichkeit (Deutsche Fassung), 2011).

Segaran, Toby, übersetzt aus dem Englischen von *Demmig, Thomas*, Kollektive Intelligenz analysieren, programmieren und nutzen, Köln 2008 (zit. als: *Segaran*, Kollektive Intelligenz, 2008).

Seidl, Claudius, Der „Spiegel“ und Relotius – Er spielte Schicksal, FAZ.NET v. 23.12.2018, abrufbar unter: https://www.faz.net/aktuell/feuilleton/debatten/der-fall-relotius-er-spielte-schicksal-15955039.html?printPagedArticle=true#pageIndex_0 (Abruf v. 23.12.2018), zit. als: *Seidl*, FAZ.NET v. 23.12.2018).

Siegert, Gabriele, Phänomene des Media Bias im Internet, in: *Stern, Klaus/Peifer, Karl-Nikolaus/Hain, Karl-E.* (Hrsg.), Media Bias im Internet – Tendenzfreiheit und Vielfalt von Medien(inhalten), Köln 2016, S. 45–62 (zit. als: *Siegert*, in: Stern et al. (Hrsg.), Media Bias im Internet, 2016).

Simitis, Spiros (Hrsg.), Bundesdatenschutzgesetz, 8. Auflage, Baden-Baden 2014 (zit. als: *Bearbeiter*, in: Simitis (Hrsg.), 8. Aufl. 2014).

Sinders, Caroline, Microsoft's Tay is an Example of Bad Design, medium.com v. 24.3.2016, abrufbar unter: https://medium.com/@carolinesinders/microsoft-s-tay-is-an-example-of-bad-design-d4e65bb2569f, Abruf v. 4.10.2018 (zit. als: *Sinders*, medium.com v. 24.3.2016).

Sobiray, Lars, Roboterjournalismus – Anwendungsgebiete und Potentiale, fachjournalist.de v. 21.8.2014, abrufbar unter http://www.fachjournalist.de/roboterjournalismus-anwendungsgebiete-und-potenziale/, Abruf v. 15.10.2018 (zit. als: *Sobiray*, fachjournalist.de v. 21.8.2014).

Sodtalbers, Axel, Softwarehaftung im Internet – Die außervertragliche Produkthaftung für online in Verkehr gegebene Computerprogramme, Frankfurt a. M. 2005 (zit. als: *Sodtalbers*, Softwarehaftung im Internet, 2005).

Soehring, Jörg/Hoene, Verena, in: *Wallraf, Georg* (Hrsg.), Presserecht – Recherche, Darstellung, Haftung im Recht der Presse, des Rundfunks und der neuen Medien, 5. Auflage, Köln 2013 (zit. als: *Bearbeiter*, Presserecht, 5. Aufl. 2013).

Sommer, *Lisa*, Die Geschichte des Werkbegriffs im deutschen Urheberrecht, Tübingen 2017 (zit. als: *Sommer*, Die Geschichte des Werkbegriffs, 2017).

Spiecker gen. Döhmann, *Indra*, Medienfreiheit und Datenschutz im Konflikt – Das Medienprivileg des Datenschutzrechts, in: *Hermann*, *Dirk*/*Krämer*, *Achim* (Hrsg.), Festschrift für Christian Kirchberg zum 70. Geburtstag am 5. September 2017, Stuttgart 2017, S. 163–178 (zit. als: *Spiecker gen. Döhmann*, in: Herrmann/Krämer (Hrsg.), FS Kirchberg, 2017, S. 163).

Spiecker gen. Döhmann, *Indra*, Parteien – Medien – Sozialstrukturen, Veröf-fentlichungen der Vereinigung der Deutschen Staatsrechtslehrer – Referate und Diskussionen auf der Tagung der Vereinigung der Deutschen Staats-rechtslehrer in Saarbrücken v. 4.–7. Oktober 2017, 77. Jahrgang, 2018, S. 9-66 (zit. als: *Spiecker gen. Döhmann*, VVDStRL 77 (2018), S. 9).

Spiller, *Ralf*/*Hintzen*, *Thomas*, Empörungswellen im Internet – Genese, Gegenstrategien und Auswirkungen, in: *Haarkötter*, *Hektor* (Hrsg.), Shitstorm und andere Nettigkeiten, Baden-Baden 2016, S. 109–122 (zit. als: *Spiller*/*Hintzen*, in: Haarkötter (Hrsg.), Shitstorm, 2016, S. 109).

Spindler, *Gerald*, Das Leistungsschutzrecht für Presseverlage, Wettbewerb in Recht und Praxis 2013, S. 967–976 (zit. als: *Spindler*, WRP 2013, S. 967).

Spindler, *Gerald*, Die Störerhaftung im Internet – (k)ein Ende in Sicht?, in: *Alexander*, *Christian*/*Bornkamm*, *Joachim*/*Fritzsche*, *Jörg*/*Lettl*, *Tobias* (Hrsg.), Festschrift für Helmut Köhler zum 70. Geburtstag, München 2014, S. 695–714 (zit. als: *Spindler*, in: Alexander et al. (Hrsg.), FS Köhler, 2014, S. 695).

Spindler, *Gerald*, IT-Sicherheit und Produkthaftung – Sicherheitslücken, Pflichten der Hersteller und der Softwarenutzer, Neue Juristische Wochen-zeitschrift 2002, S. 3145–3150 (zit. als: *Spindler*, NJW 2002, S. 3145).

Spindler, *Gerald*, Roboter, Automation, künstliche Intelligenz, selbst-steu-ernde Kfz – Braucht das Recht neue Haftungskategorien?, Computer und Recht 2015, S. 766–776 (zit. als: *Spindler*, CR 2015, S. 766).

Spindler, *Gerald*, Zivilrechtliche Fragen beim Einsatz von Robotern, in: *Hil-gendorf*, *Eric* (Hrsg.), Robotik im Kontext von Recht und Moral, Band 3, Baden-Baden 2014, S. 63–80 (zit. als: *Spindler*, in: Hilgendorf (Hrsg.), Ro-botik im Kontext von Recht und Moral, 2014, S. 63).

Spindler, *Gerald*/*Schmitz*, *Peter* (Hrsg.), Telemediengesetz – TMG, 2. Auf-lage, München 2018 (zit. als: *Bearbeiter*, in: Spindler/Schmitz (Hrsg.), TMG, 2. Aufl. 2018).

Spindler, *Gerald*/*Schuster*, *Fabian* (Hrsg.), Recht der elektronischen Medien, 3. Auflage, München 2015 (zit. als: *Bearbeiter*, in: Spindler/Schuster (Hrsg.), Recht der elektronischen Medien, 3. Aufl. 2015).

Spindler, *Gerald*/*Volkmann*, *Christian*, Die öffentlich-rechtliche Störerhaf-tung der Access-Provider, Kommunikation & Recht 2009 S. 298–409 (zit. als: *Spindler*/*Volkmann*, K&R 2009, S. 298).

Staben, *Julian*, Der Abschreckungseffekt auf die Grundrechtsausübung, Tübingen 2016 (zit. als: *Staben*, Der Abschreckungseffekt auf die Grundrechtsausübung, 2016).

Steinbach, Armin, Zeitschrift für Rechtspolitik 2017, S. 101–105 (zit. als: *Steinbach*, ZRP 2017, S. 101).

Stelkens, Paul/Bonk, Heinz, Joachim (Begr.), *Sachs, Michael/Schmitz, Herbert* (Hrsg.), Verwaltungsverfahrensgesetz, 9. Auflage, München 2018 (zit. als: *Bearbeiter*, in: Stelkens et al., VwVfG, 9. Aufl. 2018).

Stern, Klaus, Das Staatsrecht der Bundesrepublik Deutschland, Band 1: Grundbegriffe und Grundlagen des Staatsrechts, Strukturprinzipien der Verfassung, 2. Auflage, Band 3/1: Allgemeine Lehren der Grundrechte, München 1984, 1988 (zit. als: *Stern*, StaatsR, Bd., Aufl., Jahr).

Stiemerling, Oliver, „Künstliche Intelligenz" – Automatisierung geistiger Arbeit, Big Data und das Internet der Dinge, Computer und Recht 2015, S. 762–765 (zit. als: *Stiermerling*, CR 2015, S. 762).

Stiller, Sebastian, Planet der Algorithmen, 2. Auflage, München 2015 (zit. als: *Stiller*, Planet der Algorithmen, 2. Aufl. 2015).

Stöber, Rudolf, Kommunikations- und Medienwissenschaften – Eine Einführung, München 2008 (zit. als: *Stöber*, Kommunikations- und Medienwissenschaften, 2008).

Stock, Martin, Zur Theorie des Koordinationsrundfunk, Baden-Baden 1999 (*Stock*, Theorie des Koordinationsrundfunk, 1999).

Strack, Guido, Whistleblowing – Öffentlichmachen von Missständen, in: *Arnim, Hans H. von*, (Hrsg.), Transparenz contra Geheimhaltung in Staat, Verwaltung und Wirtschaft – Beiträge auf der 16. Speyerer Demokratietagung v. 23. bis 24. Oktober 2014 an der Deutschen Universität für Verwaltungswissenschaften Speyer, Berlin 2015, S. 105–130 (zit. als: *Strack*, in: v. Arnim (Hrsg.), Transparenz contra Geheimhaltung, 2015, S. 105).

Suires, Nick, Human or „bot"? – Doubts over Italian comic Beppe Grillos Twitter Followers, abrufbar unter: https://www.telegraph.co.uk/technology/twitter/9421072/Human-or-bot-Doubts-over-Italian-comic-Beppe-Grillos-Twitter-followers.html,Abruf v. 30.10.2018 (zit. als: *Squires*, telegraph.co.uk v. 23.7.2012).

Summerer, Thomas/Blask, Holger, Rechte an Spielplänen und Tabellen von Profiligen am Beispiel der DFL, Zeitschrift für Sport und Recht 2005, S. 50–54 (zit. als: *Summerer/Blask*, SpuRt 2005, S. 50).

Thieme, Werner, Über die Wahrheitspflicht der Presse, Die öffentliche Verwaltung 1980, S. 149–154 (zit. als: *Thieme*, DÖV 1980, S. 149).

Thurman, Neil/Dörr, Konstantin/Kunert, Jessica, When Reporters get Hands-on with Robo-Writing – Professionals consider automated journalism's capabilities and consequences, Digital Journalism 2017, S. 1240–1259 (zit. als: *Thurman* et al., Digital Journalism 2017, S. 1240).

Tintarev, Nava/Reiter, Ehud/Black, Rolf/Waller, Annalu/Reddington, Joe, Personal storytelling – Using Natural Language Generation for children with complex communication needs, in the wild, International Journal of Human Computer Studies 2016, S. 1–16 (zit. als *Tintarev* et al., International Journal of Human Computer Studies 2016, S. 1).

Trenkamp, Oliver, Wie wir arbeiten – Journalistische Formate bei Spiegel Online, Spiegel-Online v. 25.3.2015. abrufbar unter: http://www.spiegel.de/kultur/gesellschaft/Journalistische-formate-bei-spiegel-online-a-1024288.html, Abruf. v. 24.12.2018 (zit. als: *Trenkamp*, spiegel-online v. 25.3.2015)

Tretter, Hannes: Urheberrecht und Grundrechte, in: *Dittrich, Robert* (Hrsg.): Die Notwendigkeit des Urheberrechtsschutzes im Lichte seiner Geschichte, Wien 1991, S. 102–123 (zit. als: *Tretter*, in: Dittrich (Hrsg.), Die Notwendigkeit des Urheberrechts, 1991, S. 102).

Tutt, Andrew, An FDA for Algorithms, Administrative Law Review 2016, S. 83–123 (zit. als: *Tutt*, Administrative Law Review 2016, S. 83).

Ulmer, Eugen, Der Urheberrechtsschutz wissenschaftlicher Werke unter besonderer Berücksichtigung der Programme elektronischer Rechenanlagen – Vorgetragen in der gemeinsamen Sitzung beider Klassen am 11. Oktober 1966, Sitzungsberichte der bayerischen Akademie der Wissenschaften, Heft 1, 1967, S. 3–19 (zit. als: *Ulmer*, Sitzungsberichte der bayerischen Akademie der Wissenschaften 1967, S. 3).

Ulmer, Eugen, Urheber- und Verlagsrecht, 3. Auflage, Berlin u. a. 1980 (zit. als: *Ulmer*, Urheber- und Verlagsrecht, 3. Aufl. 1980).

Ulmer-Eifert, Constanze/Obergfell, Eva-Inés (Hrsg.), Verlagsrecht, München 2013 (zit. als: *Bearbeiter*, in: Ulmer-Eifert/Obergfell (Hrsg.), 2013).

Vendt, Stephanie, Die Patentierbarkeit internetbasierter Geschäftsmethoden, Frankfurt a. M. u. a. 2005 (zit. als: *Vendt*, Die Patentierbarkeit internetbasierter Geschäftsmethoden, 2005).

Vesting, Thomas, Prozedurales Rundfunkrecht – Grundlagen, Elemente, Perspektiven, Baden-Baden 1997 (zit. als: *Vesting*, Prozedurales Rundfunkrecht, 1997).

Vogt, Wolfang, Fahrerassistenzsysteme – Neue Technik – Neue Rechtsfragen?, Neue Zeitschrift für Verkehrsrecht 2003, S. 153–160 (zit. als: *Vogt*, NVZ 2003, S. 153).

Volkmann, Uwe, Pfadabhängigkeit im Recht, in: Wagner, Eva Ellen/Grosche, Nils/Bierschenk, Michaela/Buus, Marcel/Czauderna, Christoph/Dechent, Fabian/Deicke, Richard/Finck, Christopher/Mengden, Martin/Natt, Alexander/Naumann, Michael/Oidtmann, Raphael/Tröpp, Daniela (Hrsg.), Pfadabhängigkeit hoheitlicher Ordnungsmodelle, Baden-Baden 2016, S. 27–48 (zit. als: *Volkmann*, in: Wagner et al. (Hrsg.), Pfadabhängigkeit hoheitlicher Ordnungsmodell, 2016, S. 27).

Volkmann, Viktor, Hate Speech durch Social Bots, Multimedia und Recht 2018, S. 58–63 (zit. als: *Volkmann*, MMR 2018, S. 58).

Wagner, Hans (Hrsg.), Objektivität im Journalismus, Baden-Baden 2012 (zit. als: Wagner (Hrsg.), Objektivität im Journalismus, 2012).

Wallraf, Georg (Hrsg.), Soehring/Hoene, Presserecht – Recherche, Darstellung, Haftung im Recht der Presse, des Rundfunks und der neuen Medien, 5. Auflage, Köln 2013 (zit. als: *Bearbeiter*, in: Soehring/Hoene, Presserecht, 5. Aufl. 2013).

Wandtke, Artur-Axel/Bullinger, Winfried (Hrsg.), Praxiskommentar zum Urheberrecht, 4. Auflage, München 2014 (*Bearbeiter*, in: Wandtke/Bullinger (Hrsg), PK-UrhR, 4. Aufl. 2014).

Waschatz, Stefan, Haftungsfalle Behördeninformation – Voraussetzungen und Reichweite der presserechtlichen Privilegierungswirkung staatlicher Auskunftserteilung, Baden-Baden 2014 (*Waschatz*, Haftungsfalle Behördeninformation, 2014).

Weber, Wolfgang, Industrieroboter -Methoden der Steuerung und Regelung, 3. Auflage, München 2017 (zit. als: *Weber*, Industrieroboter, 3. Aufl. 2017).

Weberling, Johannes, Medienrechtliche Bedingungen und Grenzen des Roboterjournalismus, Neue Juristische Wochenzeitschrift 2018, S. 735–739 (zit. als: *Weberling*, NJW 2018, S. 735).

Weberling, Johannes, Zwischen Presserecht und Rundfunkrecht, AfP – Zeitschrift für das gesamte Medienrecht 2008, S. 445–452 (zit. als: *Weberling*, AfP 2008, S. 445).

Weberling, Johannes/Ricker, Reinhart (Hrsg.), Handbuch des Presserechts, 6. Auflage, München 2012 (zit. als: *Bearbeiter*, in: Handbuch des Presserechts, 6. Aufl. 2012).

Webster, James G./Ksiazek, Thomas B., The Dynamics of Audience Fragmentation, Journal of Communication 2012, S. 39–56 (zit. als: *Webster/Ksiazek*, Journal of Communication 2012, S. 39).

Wegener, Bernhard W., Der geheime Staat – Arkantradition und Informationsfreiheitsrecht, Göttingen 2006 (zit. als: *Wegener*, Der geheime Staat, 2006).

Weißgraeber, Robert/Madsack, Andreas, in: Alonso, Jose M./Burgarín, Alberto/Reiter, Ehud (Hrsg.), Proceedings of the 10th International Natural Generation Conference, 4.–7. September 2017, Santiago de Compostela (Spain), Stroudsburg, PA, USA 2017, S. 156–157 (zit. als: *Weißgraeber/Madsack*, in: Alonso et al. (Hrsg.), Proceedings of the 10th International NLG-Conference, 2017, S. 156).

Weissthanner, Margot, Urheberrechtliche Probleme neuer Musik, München 1974 (zit. als: *Weissthanner*, Urheberrechtliche Probleme neuer Musik, 1974).

Wenzel, Karl Egbert (Hrsg.), Das Recht der Wort- und Bildberichterstattung – Handbuch des Äußerungsrechts, 5. Auflage, Köln 2003 (zit. als: *Bearbeiter*, in: Wenzel (Hrsg.), Das Recht der Wort- und Bildberichterstattung, 5. Aufl. 2003).

White, David Manning, The "Gate Keeper" – A Case Study in the Selection of News Journalism Quaterly 1950, S. 383–390 (zit. Als: *White*, Journalism Quaterly 1950, S. 383).

Wiebe, Andreas, Die elektronsiche Willenserklärung, Tübingen 2002 (zit. als: *Wiebe*, Die elektronische Willenserklärung, 2002).

Wiebe, Andreas, Schutz von Maschinendaten durch das sui-generis-Schutzrecht für Datenbanken, Gewerblicher Rechtsschutz und Urheberrecht 2017, S. 338–345 (zit. als: *Wiebe*, GRUR 2017, S. 338).

Wilkening, Michael, Posse um Handball-Terminstreit – Nur Verlierer, Spiegel-Online v. 9.3.2018, abrufbar unter: www.spiegel.de/sport/sonst/rhein-neckar-loewen-und-der-terminstreit-spielball-statt-handball-a-1197358.html, Abruf v. 25.12.2018 (zit. als: *Wilkening*, spiegel-online v. 15.12.2018).

Wilkens, Andreas, KI druckt Kunst: Auktionshaus Christie's versteigert KI-Gemälde für 380.000 Euro, abrufbar unter: https://www.heise.de/newsticker/meldung/KI-druckt-Kunst-Auktionshaus-Christie-s-versteigert-KI-Gemaelde-fuer-380-000-Euro-4204793.html, Abruf v. 25.5.2019 (zit. als: *Wilkens*, heise.de v. 26.10.2018).

Wischmeyer, Thomas, Regulierung intelligenter Systeme, Archiv des öffentlichen Rechts 143. Jahrgang, 2018, S. 1–66 (zit. als: *Wischmeyer*, AöR 143 (2018), S. 1).

Wolff, Heinrich Amadeus/Brink, Stefan (Hrsg.), Beck-Onlinekommentar, Datenschutzrecht, 25. Edition, Stand: 1.8.2018 (zit. als: *Bearbeiter*, in: Wolf/Brink (Hrsg), BeckOK-Datenschutzrecht, Stand: 1.8.2018).

Wolff, Heinrich-Amadeus, Ungeschriebenes Verfassungsrecht unter dem Grundgesetz, Tübingen 2000 (zit. als: *Wolff*, Ungeschriebenes Verfassungs-recht, 2000).

Wollin, Sören, Störerhaftung im Immaterialgüter- und Persönlichkeitsrecht – Zustandshaftung analog § 1004 I BGB, Baden-Baden 2018 (zit. als: *Wollin*, Störerhaftung im Immaterialgüter- und Persönlichkeitsrecht, 2018).

Yao, Jinge/Zhang, Jianmin/Wan, Xiaojun/Xiao, Jianguo, Content Selection for Real-time Sports News Construction from Commentary Texts, in: *Alonso, Jose M./Burgarín, Alberto/Reiter, Ehud* (Hrsg.), Proceedings of the 10th International Natural Generation Conference (INLG), 4.–7. September 2017, Santiago de Compostela (Spain), Stroudsburg, PA, USA 2017, S. 31–40 (zit. als: *Yao* et al., in: Alonso et al. (Hrsg.), Proceedings of the 10th International NLG-Conference, 2017, S. 31).

Young, Mary L./Hermida, Alfred, From Mr. and Mrs. Outliers to Central Tendencies, Digital Journalism 2015, S. 381–397 (zit. als: *Young/Hermida*, Digital Journalism 2015, S. 381).

Ziebert, Lennart, Die Netzneutralität des Grundgesetzes, Baden-Baden 2016 (zit. als: *Ziebert*, Die Netzneutralität des Grundgesetzes, 2016).

Zillmann, Dolf/Chen, Lei/Knobloch-Westerwick, Silvia/Callison, Coy, Effects of Lead Framing on Selective Exposure to Internet News Reports, Communication Research 2004, S. 58–81 (zit. als: *Zillmann*, et al., Communication Research 2004, S. 58).

Zippelius, Reinhold, Juristische Methodenlehre, 11. Auflage, München 2012 (zit. als: *Zippelius*, Juristische Methodenlehre, 11. Aufl. 2012).

Zott, Christine, Aktive Informationen des Staates im Internet – Mittelalterlicher Pranger oder modernes Steuerungsinstrument?, Baden-Baden 2016 (zit. als: *Zott*, Aktive Informationen des Staates im Internet, 2016).